千古第一完人典籍

曾文正公精选集

中

曾国藩 著 肖淑琛 译著

中国文史出版社

图书在版编目（C I P）数据

曾文正公精选集 ： 全3册 /（清）曾国藩著 ； 肖淑琛译著. -- 北京 ： 中国文史出版社，2015.1
ISBN 978-7-5034-6056-2

Ⅰ. ①曾… Ⅱ. ①曾… ②肖… Ⅲ. ①曾国藩（1811～1872）—文集 Ⅳ. ①Z425.2

中国版本图书馆CIP数据核字（2015）第032428号

责任编辑：戴小璇
封面设计：孙希前

出版发行：中国文史出版社
网　　址：www.chinawenshi.net
社　　址：北京市西城区太平桥大街23号　邮编：100811
电　　话：010-66173572　66168268　66192736（发行部）
传　　真：010-66192703
印　　装：北京毅峰迅捷印刷有限公司
经　　销：全国新华书店
开　　本：1/16
印　　张：96.5　字数：914千字
版　　次：2015年5月北京第1版
印　　次：2015年5月第1次印刷
定　　价：168.00元（全三册）

目 录

曾文正公书札

卷一　修身篇

卷二　劝学篇

卷三　治家篇

卷四　理财篇

卷五　交友篇

卷六　为政篇

卷七　用人篇

十八家诗钞第一卷至第二十一卷

卷　一

卷　二

卷　三

卷　四

卷　五

卷　六

卷　七

卷　八

卷　九

卷　十

卷　十一

卷　十二

卷　十三

卷　十四

卷　十五

卷　十六

卷　十七

卷　十八

卷　十九

卷　二十

卷　二十一

曾文正公书札

卷一 修身篇

禀父母·谨守父亲保身之则

【原文】

男国藩跪禀

父亲大人万福金安，自闰三月十四日，在都门拜送父亲，嗣后共接家信五封。五月十五日，父亲到长沙发信，内有四弟信，六弟文章五首。谨悉祖父母大人康强，家中老幼平安，诸弟读书发奋，并喜父亲出京，一路顺畅，自京至省，仅三十余日，真极神速。

迩际男身体如常，每夜早眠，起亦渐早。唯不耐久思，思多则头昏，故常冥心于无用，优游涵养，以谨守父亲保身之训。九弟功课有常，《礼记》九本已点完，《鉴》已看至《三国》，《斯文精粹》诗文，各已读半本，诗略进功，文章未进功。男亦不求速效，观其领悟，已有心得，大约手不从心耳。

甲三于四月下旬能行走，不须扶持，尚未能言，无乳可食，每日一粥两饭。家妇身体亦好，已有梦熊之喜，婢仆皆如故。

今年新进士龙翰臣得状元，系前任湘乡知县见田年伯之世兄，同乡六人，得四庶常，两知县，复试单已于闰三月十六日付回。兹又付呈殿试朝考全单。

同乡京官如故，郑莘田给谏服阙来京，梅霖生病势沉重，深为可虑。黎樾乔老前辈处，父亲未去辞行，男已道达此意。广东之事，四月十八日得捷音，兹将抄报付回。

男等在京，自知谨慎，堂上各老人，不必挂怀。家中事，兰姊去年生育，是男是女？楚善事如何成就？伏望示知。男谨禀，即请母亲大人万福金安。（道光二十一年五月十八日）

【译文】

儿子国藩跪着禀告

父亲大人万福金安。自从闰三月十四日，在京城城门拜送父亲回家，后来共接到家信五封。五月十五日，父亲到长沙发信，里面有四弟的信，六弟的文章五首。恭谨地得知祖父母大人身体康健强壮，家里老小都平安，诸位弟弟发奋读书，并且高兴的知道父亲离京后一路顺畅，从京城到省城，只用了三十多天，真是神速。

眼下儿子身体如常，每晚早睡，起得也早。只是不能用脑过度，过度了便头昏。所以经常静下心来让脑子不想任何事情，身心悠闲以加强涵养工夫，以便谨敬的遵守父亲关于保身的训示。九弟的功课很正常，《礼记》九本已点完，《鉴》已看到《三国》，《斯文精粹》诗文各读了半本，诗歌稍有进步，文章没有进步。但也不求很快见效。看他对书的领会程度，已经有些心得，大约只是手不从心，还表达不出吧。

甲三在三月下旬已能行走，不要别人扶持，还不能说话，没有乳吃，每天一顿粥两饭，家妇身体也好，已有生男的喜兆，婢女仆从都与原来一样。

今年新进士龙翰臣得了状元，是前任湘乡知县见田年怕的世兄，同乡六个，得了四个庶常、两个知县。复试单已经在闰三月十六日寄回，现又寄呈殿试朝考的全单。

同乡的京官还是那些。郑莘田给谏服阙来京城。梅霖生病势严重，很是可虑。黎樾乔老前辈那里，父亲没有去辞行，儿子已代为致意。广东的事，四月十八日得捷报，现将抄报寄回。

儿子等在京城，自己知道谨慎从事。堂上各位老人，不必挂念。家里的事，兰姐去年生育，是男是女？楚善的事怎样成全？儿子希望大人告诉一下。儿子谨禀，即请母亲大人万福金安。（道光二十一年五月十八日）

禀父母·痛改前非自我反省

【原文】

男国藩跪禀

父母亲大人万福金安。十月廿二，奉到手谕，敬悉一切。郑小珊处，小隙已解。

男人前于过失，每自忽略，自十月以来，念念改过，虽小必惩，其详具载示弟书中。

耳鸣近日略好，然微劳即鸣。每日除应酬外，不能不略自用功，虽欲节劳，实难再节。手谕示以节劳，节欲，节饮食，谨当时时省记。

萧辛五先生处寄信，不识靠得住否？龙翰臣父子，已于十一月初一日到；布匹线索，俱已照单收到，唯茶叶尚在黄恕皆处。恕皆有信与男，本月可到也。男妇及孙男女等皆平安，余详于弟书，谨禀。（道光二十二年一月二十六日）

【译文】

儿子国藩跪着禀告

父母亲大人万福金安，十月二十二日，收到手谕，敬悉一切。郑小栅那里，小小嫌隙已经化解。儿子以前对于过失，每每自己忽略了。自十月以来，念念不忘改过，问题虽小也要惩戒。详细情况都写在给弟弟的信中。

耳鸣近日稍好了些，但稍微劳累一点便又响起来了。每天除应酬外，不能不略为自己用功，虽想节劳，实在难以再节了。手谕训示儿子节劳，节欲，节饮食，我一定时刻牢记遵守。

萧辛五先生那里寄信，不知可靠不？龙翰臣父子，已在十一月初一日到了。布匹、线索，都已照单子收到，只是茶叶还在黄恕皆那里。恕皆有信给我，本月可以到。儿媳妇和孙儿和孙女都平安，其余的详细写在给弟弟的信中，谨此禀告。（道光二十二年一月二十六日）

致诸弟·明师益友虚心请教

【原文】

诸位贤弟足下：

十月廿一，接九弟在长沙所发信，内途中日记六页，外药子一包。廿二接九月初二日家信，欣悉以慰。

自九弟出京后，余无日不忧虑，诚恐道路变故多端，难以臆揣。及读来书，果不出吾所料，千辛万苦，始得到家，幸哉幸哉！郑伴之下不足恃，余早已知之矣。郁滋堂如此之好，余实不胜感激！在长沙时，曾未道及彭山屺。何也？

四弟来信甚详，其发愤自励之志，溢于行间；然必欲找馆出外，此何意也？不过谓家塾离家太近，容易耽搁不如出外较净耳。然出外从师，则无甚耽搁，若出夕做书，其耽搁更甚于家塾矣。

且苟能发奋自立，则家塾可读书，即旷野之地，热闹之场，亦可读书，负薪牧豕，皆可读书。苟不能发奋自立，则家塾不宜读书，即清净之乡，神仙之境，皆不能读书。何必择地，何必择时，但自问立志之真不真耳。

六弟自怨数奇，余亦深以为然；然屈于小试，辄发牢骚，吾窃笑其志之小而所忧之不大也。君子之立志也，有民胞物与之量，有内圣外王之业，而后不忝于父母之所生，不愧为天地之完人。故其为忧也，以不如舜不如周公为忧也，以德不修学不讲为忧也。

是故顽民梗化则忧之。蛮夷猾夏则忧之，小人在位，贤人否闭则忧之，匹夫匹妇不被己泽忧之。所谓悲天命而悯人穷，此君子之所忧也。若夫一体之屈伸，一家之饥饱，世俗之荣斥得失，贵贱毁誉，君子固不暇忧及此也。六弟屈于小试，自称数奇，余穷笑其所忧之不大也。

盖人不读书则已，亦既自名曰读书人，则必从事于《大学》。《大学》之纲领有三，明德新民止至善，皆我分内事也。昔卖书不能体贴到身上去，谓此三项，与我身毫不相涉，则读书何用？虽使能文能诗，博雅自诩，亦只算识字之牧猪奴耳，岂不谓之明理有用之人也？朝廷以制艺取士，亦谓其能代圣贤立言，必能明圣贤之理，行圣贤之行，可以居官莅民，整躬率物也。若以明德新民为分外事，则虽能文能诗，而于修己治人之道？

关茫然不讲，朝廷用此等人做官，与用牧猪奴做官，何以异哉？

然则既自名为读书人，则《大学》之纲领皆已立身切要之事明矣。其修目有八，自我观之，其致功之处，则仅二者而已，曰格物，曰诚意。格物，致知之事也。诚意，力行之事也。物者何？即所谓本末之物也。身心意知家国天下，皆物也。天地万物，皆物也。日用常行之事，皆物也。格者，即格物而穷其理也。如事亲定省，物也。究其所以当定省之理，即格物也。事兄随行，物也。究其所以当定省之理，即格物也。吾心，物也。究其存心之理，又博究其省察涵养以存心之理，即格物也。吾身，物也。究其敬身之理，又博究其立齐坐尸以敬身之理，即格物也。每日所看之书，句句皆物也。切己体察，穷其理，即格物也。知一句便行一句，此力行之事也。此二者并进，下学在此，上达亦在此。

吾友吴竹如格物工夫颇深，一事一物，皆求其理。倭艮峰先生则诚意工夫极严，每日有日课册。一日之中，一念之差，一事之失，一言一默，皆笔之于书，书皆楷字。三月则订一本，自乙未年起，今三十本矣。尽其慎独之严，虽妄念偶动，必即时克治，而著之于书，故所卖之书，句句皆切身之要药。兹将艮峰先生日课，钞三叶付归，与诸弟看。

余自十月初一日起，亦照艮峰样，每日一念一事，皆写之于册，以便触目克治，亦写楷书。冯树堂与余同日记起，亦有日课册。树堂极为虚心，爱我如兄弟，敬我如师，将来必有所成。余向来有无恒之弊，自此写日课本子起，可保终身有恒矣。盖明师益友，重重夹持，能进不能退也。本欲抄余日课册付诸弟阅，因今日镜海先生来，要将个子带回去，故不及钞。十一月有折差，准抄几叶付回也。

余之益友，如倭艮峰之瑟僩，令人对之肃然。吴竹如窦兰泉之精义，一言一事，必求至是。吴子序邵慧西之谈经，深思有辨。何子贞之谈字，其精妙处，无一不合，其谈诗尤最符契。子贞深喜吾诗，故吾自十月来，已作诗十八首，兹抄二叶付回，与诸弟阅。冯树堂陈岱云之立志，汲汲不遑，亦良友也。镜海先生，吾虽未尝执贽请业，而心已师之矣。

吾每作书与诸弟，不觉其言之长，想诸弟或厌烦难看矣。然诸弟苟有长信与我，我实乐之，如获至宝，人固各有性情也。

余自十月初一起记日课，念念欲改过自新；思从前与小珊有隙，实是一朝之忿，不近人情，即欲登门谢罪。恰好初九日小珊来拜寿，是夜余即至小珊家久谈。十三日与岱云合队，请小珊吃饭，从此欢笑如初，前嫌盖释矣。

近事大略如此，容再读书。国藩手具。（道光二十二年十月二十六日）

【译文】

诸位贤弟足下：

十月二十一日，接到九弟在长沙所发的信里面有路上日记六页，外药子一包。二十二日接到九月初二日家信，欣悉一切聊以自慰。

自从九弟离京城后，我没有一天不忧虑，生怕道路变故多端；且以预料。等读了来信（果然不出我之所料，千辛万苦，才得到达，幸运！真是幸运！与郑同行不足以依靠，我早知道了，郁滋堂这样好，我实在感激不尽。在长沙时，没有提到彭山屺，为什么？

四弟来信写得很详细，他发奋自励的志向，流露在字里行间。但一定要出外找学堂，这是什么意思？不过说家塾学堂离家里太近，容易耽搁，不如外出安静。然而出外从师，自然没有耽搁。如果是出外教书，那耽搁起来，比在家塾里还厉害。

而且真能发奋自立，那么家塾可以读书，就是旷野地方，热闹场所，也可以读书，背柴放牧，都可以读书。如不能发奋自立，那么家塾不宜读书，就是清净的地方，神仙的环境，都不宜读书，何必要选择地方，何必要选择时间，只要问自己：自立的志向是不是真的。

六弟埋怨自己的命运不佳，我也深以为然。但只是小试失利，就发牢骚，我暗笑他志向大小而心中忧虑的不大，君子的立志，有为民众请命的器量，有内修圣人的德行，外建王者称霸天下的雄功，然后才不负父母生育自己，不愧为天地间的一个完全的人。

所以他所忧虑的，是因自己不如舜皇帝，不如周公而忧虑，以德行没有修整、学问没有大成而忧虑。所以，顽固的刁民难以感化，则忧；野蛮的夷、狡猾的夏不能征服，则忧；小人在位，贤人远循，则忧；匹夫匹妇没有得到自己的恩泽，则忧。这就是通常所说的悲天命而怜悯百姓穷苦，这是君子的忧虑。如果是一个人的委屈和伸张，一家人的饥和饱，世俗所说的荣与辱，得与失，贵与贱，毁与誉，君子还没有功夫为这些去忧虑呢。

六弟委屈于一次小试，自称数奇，我暗笑他所忧的东西大小了。

假如有人不读书便罢了，只要自称为读书人，就一定从事于《大学》。《大学的纲要有三点：明德、新民、止至善，都是我们的分内事情。如果读书不能体贴到身上去，说这三点，与我毫不相干，那读书又有什么用？虽说能写文能做诗，博学雅闻自己吹嘘自己，也只算得一个识字的牧童而已，岂可叫明白事理阶个有用的人。朝廷以制艺来录取士人，也是说他能代替圣人贤人立言，必须明白圣贤的道理，行圣贤的行为，可以为官管理民众，整躬率物。如果以为明德、新民为分外事，那虽能文能诗，而对于修身治人的道理，茫茫然不懂，朝廷用这种人做官；和用牧童做官，又有何区别呢？

既然自称读书人，那么《大学》的纲领，都是自己立身切要的事情已十分明白，《大学》应修的科目共有八个方面，以我看来，取得功效的地方，只有两条，一条叫格物，一条叫诚意。格物，致知的事情，诚意，力行的事情。物是什么？就是本末的物。身、心、惫、知、家、国、天下，都是物，天地万物，都是物。日常用的、做的，都是物。格，是考究物及穷追他的方面理如侍奉父母，定期探亲，是物。何应当定期探亲的理由，就是格物。研究为何应当跟随兄长的理由，就是格物。我的心，是物。研究自己存心的道理，广泛研究心的省悟、观察、涵养的道理，就是格物。我的身体，是物。研究如何敬惜身体的道理，广泛研究立齐坐尸以敬身的道理，就是格物。每天所看的书，句句都是物。切己体察，穷究其理，就是格物，这是致知的事。所滑诚意，就是知道了的东西就努力去做，诚实不欺。知一句，行一句，这是力行的事。两者并进，下学在这里，上达也在这里。

我的朋友吴竹如格物功夫很深，一事一物，都要求它的道理。倭艮峰先生诚意工夫很严，每天有日课册子。一天之中，一念之差，一事之失，一言一默，都写载下来。字都是正楷。三个月订一本，从乙未年起，已订了三十本。因他慎独严格，虽出现妄念偶动，必定马上克服，写在书上。所以他读的书，句句都是切合自身的良药，现将艮峰先生日课，抄三页寄回，给弟弟们看。

我从十月初一日起，也照艮峰一样，每天一个念头一件事情，都写在册子上，以使随时看见了加以克服，也写正楷。冯树堂和我同日记起，也有日课册子。树堂非常虚心，爱护我如同兄弟，敬重我如同老师，将来一定有所成就。我向来有无恒心的毛病，从写日记本子开始，可以保证一生有恒心了。明师益友，一重又一重挟持我。只能进不能退。

本想抄我的日课册给弟弟们看，今天镜海先生来，要将本子带回，所以来不及抄。十一月有通信兵，准定抄几页寄回。

我的益友，如倭艮峰的鲜明端庄，令人肃然起敬。吴竹如、窦兰泉的精研究义，一言一事，实事求是。吴子序、邵蕙西谈经、深思明辨。何子贞谈字，其精妙处，与我无一下合，谈诗尤其意见一致。子贞很喜欢我的诗，所以我从十月以来，已作了十八首，现抄两页寄回，给弟弟看。冯树堂、陈岱云立志，急切而慌忙，也是良友。镜海先生，我虽然没有拿着礼物去请求授业，而心里早已师从他了。

我每次写信与诸位弟弟，不觉得写得长，我想诸位弟弟厌烦不想看。但弟弟们如有长信给我，我实在很已快乐，如获至宝，人真是各有各的性格啊！

我从十月初一日起记日课，念念不忘想改过自新。回忆从前与小珊有点嫌隙，实在是一时的气愤，不近人情，马上想登门谢罪。恰好初九日小珊来拜寿，当天晚上我到小珊家谈了很久。十三日与岱云合伙，请小珊吃饭，从此欢笑如初，嫌隙烟消云散。近来的事大致这样，容我以后再写，兄国藩手具。（道光二十二年十月二十六日）

禀父母·劝弟勿夜郎自大

【原文】

男国藩跪禀

父母亲大人万福金安。六月廿日，接六弟五月十二书，七月十六，接四弟九弟五月廿九日书。皆言忙迫之至，寥寥数语、字迹潦草，即县试案首前列，皆不写出。同乡有同日接信者，即考古老先生，皆已详载。同一折差也，各家发信，迟十余日而从容；诸弟发信，早十余日而忙迫，何也？且次次忙迫，无一次从容者，又何也？

男等在京，大小平安，同乡诸家皆好；惟汤海秋于七月八日得病，初九日未刻即逝。八月十八考教习，冯树堂、郭筠仙、朱啸山皆取。湖南今年考差，仅何子贞得差，余皆未放，惟陈岱云光景最苦。男因去年之病，反以不放为乐。王仕四已善为遣回，率五大约在粮船回，现尚未定；渠身体平安，二妹不必挂心。叔父之病，男累求详信直告，至今未得，实不放心。

甲三读《尔雅》，每日二十余字，颇肯率教。六弟今年正月信，欲从罗维山处附来，男甚喜之！后来信绝不提及，不知何故？所付来京之文，殊不甚好。在省读书二年，不见长进，男心实忧之，而无如何，只恨男不善教诲而已。大抵第一要除骄傲气习，中无所有，而夜郎自大，此最坏事。四弟九弟虽不长进，亦不自满，求大人教六弟，总期不自满足为要。余俟续陈。男谨禀。（道光二十四年七月廿日）

【译文】

儿子国藩跪着禀告

父母亲大人万福金安。六月二十日，接到六弟五月十二日的信。七月十六日，接到四弟九弟五月二十九日的信。都说非常忙，寥寥几句话，字迹也潦草，便是县里考试的头名和前几名，都没有写上。同乡中间有同一天接到信的，就是考古老先生，也都详细写了。同是一通信兵，各家发信，迟十多天而从容不迫。弟弟们早十多天而如此忙碌，为什么？并且每次都说忙，没有一次从容，又为什么？

儿等在京城，大小平安。同乡的各家都好，只是汤海秋在七月八日生病，初九日未刻便逝世了。八月二十八日考教习，冯树堂、郭筠仙、朱啸山都取了。湖南今年的考差，只有何子贞得了，其余的都没有放，只陈岱云的情形最苦。儿子因去年的病，反而以为不放我而高兴。王仕四已经妥善的遣送回去，率五大约乘粮船回，现在还没有定。他们身体平安，二妹不必挂念。叔父的病，儿子多次请求详细据实告诉我，至今没有收到，实在不放心。

甲三读《尔雅》，每天二十多字，还肯受教。六弟今年正月的信，想从罗罗山处附课，儿子很高兴。后来的信绝不提这件事，不知为什么？所寄来的信，写得不好。在省读书两年，看不见进步，儿子心里很忧虑，又无可奈何，只恨儿子不善于教诲罢了。大约第一要去掉骄傲气习。心中无为有，又夜郎自大，这个最坏事。四弟九弟虽说不长进，但不自满，求双亲大人教导六弟，总要不自满自足为要紧。其余下次再陈告。儿子谨禀。（道光二十四年七月二十日）

致诸弟·劝弟谨记进德修业

【原文】

四位老弟左右：

昨廿七日接信，畅快之至，以信多而处处详明也。四弟七夕诗甚佳，已详批诗后；从此多作诗亦甚好，但须有志有恒，乃有成就耳。余于诗亦有工夫，恨当世无韩昌黎及苏黄一辈人可与发吾狂言者。但人事太多，故不常作诗；用心思索，则无时敢忘之耳。

吾人只有进德、修业两事靠得住。进德，则孝弟仁义是也；修业，则诗文作字是也。

此二者由我做主，得尺则我之尺也，得寸则我之寸也。今日进一分德，便算积了一升谷；明日修一分业，又算余了一文钱；德业并增，则家私日起。至于功名富贵，悉由命走，丝毫不能自主。昔某官有一门生为本省学政，托以两孙，当面拜为门生。后其两孙岁考临场大病，科考丁艰，竟不入学。数年后两孙乃皆入，其长者仍得两榜。此可见早迟之际，时刻皆有前走，尽其在我，听其在天，万不可稍生妄想。六弟天分较话弟更高，今年受黜，未免愤怨，然及此正可困心横虑，大加卧薪尝胆之功，切不可因愤废学。

九弟劝我治家之法，甚有道理，喜甚慰甚！自荆七遗去之后，家中亦甚整齐，待率五归家便知。书曰："非知之艰，行之维艰。"九弟所言之理，亦我所深知者，但不能庄严威厉，使人望若神明耳。自此后当以九弟言书诸绅，而时刻警醒。季弟天性笃厚，诚如四弟所云，乐何如之！求我示读书之法，及进德之道。另纸开示。作不具，国藩手草。（道光二十四年八月付九日）

【译文】

四位老弟左右：

昨天，即二十六日接到来信，非常畅快，回信多而所写的事处处详细明白，四弟的七夕诗很好，意见已详细批在诗后面。从此多做诗也很好。但要有志有恒，才有成就。我对于诗也下了功夫，只恨当世没有韩昌黎和苏、黄一辈人，可以引起我口出狂言。但人事应酬大多，所以不常作侍。用心思索，那还是时刻不忘的。

我们这些人只有进德、修业两件事靠得住。进德、指孝、梯、仁、义的品德;修业，指写诗作文写字的本领。这两件事都由我做主，得进一尺，便是我自己的一尺；得进一寸，便是我自己的一寸。今天进一分德，便可算是积了一升谷；明天修一分业，又算剩一分钱。德和业都增进，那么家业一天天兴起。

至于宝贵功名，都由命运决定，一点也不能自主。过去某官员有一个门生，是本省政，便把两个孙儿托他帮忙，当面拜做门生。后来那两个孙儿在临年考时大病一场，到了科考又因父母故去而缺孝，不能入学。几年后，两人才都入学，大的仍旧得两榜。可见入学迟、早，入学时间都是生前注定。考的方面虽尽其在我，但取的方面听其在天，万万不要产生妄想。六弟天分比诸位弟弟更高些，今年没有考取，不免气愤埋怨。但到了这一步应该自己将自己衡量一番，加强卧薪尝胆的工夫，切不可以因气愤而废弃学习。

九弟劝我治家的方法，很有道理，很高兴很安慰！自从荆七派去以后，家里也还整齐，等率五回来便知道。《书》道；“不是认识事物难，而认识了去实行更难。”九弟所片的道理，也是我久已知道的，但不能庄严威厉，使人望着人像神一样。自此以后，当以九弟的批评作座右铭，时刻警惕反省。季弟天性诚笃顾实，正像四弟说的，乐呵呵的！要求我指示读书方法和进德的途径，我另外开列。其余不多写，国藩手草。（道光二十四年八月二十九日）

致诸弟·劝弟切勿恃才傲物

【原文】

四位老弟足下：

吾人为学，最要虚心。尝见朋友中有美材者，往往恃才傲物，动谓人不如已，见乡墨则骂乡墨不通，见会墨则骂会墨不通，既骂房官，又骂主考，未入学者，则骂学院。

平心而论，己之所为诗文，实亦无胜人之处；不特无胜人之处，而且有不堪对人之处。只为不肯反求诸己，便都见得人家不是，既骂考官，又骂同考而先得者。傲气既长，终不进功，所以潦倒一生，而无寸进也。

余平生科名极为顺遂，惟小考七次始售。然每次不进，未尝敢出一怨言，但深愧自己试场之诗文太丑而已。至今思之，如芒在背。当时之不敢怨言，诸弟问父亲、叔父及朱尧阶便知。盖场屋之中，只有文五而侥幸者，断无文佳而埋没者，此一定之理也。

三房十四叔非不勤读，只为傲气太胜，自满自足，遂不能有所成。京城之中，亦多有自满之人，识者见之，发一冷笑而已。又有当名士者，鄙科名为粪土，或好作诗古文，或好讲考据，或好谈理学，嚣嚣然自以为压倒一切矣。自识者观之，彼其所造曾无几何，亦足发一冷笑而已。故吾人用功，力除傲气，力戒自满，毋为人所冷笑，乃有进步也。诸弟平日皆恂恂退让，第累年小试不售②，恐因愤激之久，致生骄惰之气，故特作书戒之。务望细思吾言而深省焉，幸甚幸甚！国藩手草。（道光二十四年十月廿一日）

【译文】

四位老弟足下：

我们研究学问最要虚心。我常看见朋友中有好的人才，往往恃着自己的才能傲视一切，动不动就说别人不如自己。见了乡墨便说乡墨不通，见了会墨便说会墨不通。既骂房官，又骂主考，没有人学便骂学院。平心静气来说，他自己所做的诗或文，实在也没有什么超人之处，不仅没有超过别人的地方，而且还有见不得人的地方。只是因为不肯用对待别的尺度反过来衡量自己，便觉得别人不行。既骂考官，又骂同考先录取的。傲气既然大，当然不能进步，所以潦倒一生，没有一寸长进。

我平生在科名方面，非常顺遂，只是小考考了七次才成功。但每次不中，没有说过一句怨言，但深为惭愧，自己的考试诗文太丑罢了。今天想起来，如芒刺在背上。那时之所以不敢发怨言，弟弟们问父亲、叔父和朱尧阶便知道了。因为考试场里，只有文章丑陋而侥幸得中的，绝没有文章好而被埋没的，这是一定的道理。

三房十四叔，不是不勤读，只因傲气太盛，自满自足，便不能有所成就。京城之中，也有不少自满的人，认识他们的人，不过冷笑一声罢了。又有当名士的，把科名看得和粪土一样，或者喜欢作点古诗，或者搞点考据，或者好讲理学，沸沸扬扬自以为压倒一切。看见的人，以为他们的成就也没有多少，也只好冷笑一声罢了。所以我们用功，去掉傲气，力戒自满，不为别人所冷笑，才有进步，弟弟们平时都询退让，但多年小考没有中，恐怕是因为愤激已久，以致产生骄惰的习气，所以特别写信告诫，务请想一想我说的话，幸甚幸甚！国藩手草。（道光二十四年十月二十一日）

禀父母·做事当不苟不懈

【原文】

男国藩跪禀

父母亲大人万福金安。四月十四日，接奉父亲三月初九日手谕，并叔父大人贺喜手示，及四弟家书。敬悉祖父大人病体未好，且日加沉剧，父叔离诸兄弟服侍已逾三年，无昼夜之间，无须臾之懈。男独一人，远离膝下，未得一日尽孙子之职，罪责甚深。

闻华弟荃弟文思大进，葆弟之文，得华弟讲改，亦日驰千里，远人闻此，欢慰无极！

男近来身体不甚结实，稍一一用心，即癣发于面。医者皆言心亏血热，故不能养肝，热极生风，阳气上肝，故见于头面。男恐大发，则不能入见，故不敢用心，谨守大人保养身体之训，隔一日至衙门办公事，余则在家不妄出门。现在衙门诸事，男俱已熟悉，各司官于男皆甚佩服，上下水乳俱融，同寅亦极协和。男虽终身在礼部衙门，为国家办照例之事，不苟不懈，尽就条理，亦所深愿也。

英夷在广东，今年复请人城；徐总督办理有方，外夷折服竟不入城，从此永无夷祸，圣心嘉悦之至！术帮每言皇上连年命运，行劫财地，去冬始交脱，皇上亦每为臣工言之。

今年气象，果为昌泰，诚国家之福也！

儿妇及孙女辈皆好，长孙纪泽前因开蒙大早，教得太宽。项读毕《书经》，请先生再将《诗经》点读一遍，夜间讲《纲鉴》正史，约已讲至秦商鞅开阡陌。

李家亲事，男因桂阳州往来太不便，已在媒人唐鹤九处回信不对。常家亲事，男因其女系妾所生，已知春不皆矣。纪泽儿之姻事，屡次不就，男当年亦十五岁始订婚，则纪泽再缓一二年，亦无不可，或求大人即在乡间选一耕读人家之女，男或在京自定，总以无富贵气都为主。纪云对郭雨三之女，虽未订盟，而彼此呼亲家，称姻弟，往来亲密，断不改移。二孙女对岱云之次子，亦不改移。谨此禀闻，余详与诸弟书中。男谨禀。（道光二十九年四月十六日）

【译文】

儿子国藩跪着禀告

父母亲大人万福金安。四月十四日，接奉父亲三月初九日手谕，和叔父大人贺喜手示、四弟家信，敬悉祖父病体没有好，而且一天天加重，父亲、叔父领着诸位兄弟服侍已经三年，不分昼夜，没片刻可以松懈。只有儿子一个，远离膝下，没有尽一天孙子的职责，罪责太深重了。听说华弟、荃弟文思大大进步。葆弟的文章，得到华弟的讲改指点，也一日千里。远方亲人听了，太欣慰了。

儿子近来身体不很结实，稍微用心，脸上的癣便发了出来。医生都说是心亏血热，以致不能养肝，热极生风，阳气上肝，所以表现在脸上。儿子恐怕大发，不能入见皇上，所以不敢用心，谨守大人保养身体的训示。隔一天到衙门去办公事，其余时间在家不随便出门。现在衙门的事，儿子都熟悉了。属下各司官对于儿子都很佩服，上下水乳交融，同寅也很和谐。儿子虽终身在礼部衙门，为国家办照例这些事，不苟且不松懈，一概按规矩办理，也是我愿意干的。

英夷在广东，今年又请人诚。徐总督办理有方，外国人折服，竟不入城，从此永无夷祸，皇上嘉奖喜悦得很。相命先生每每说皇上连年命运，交上了劫财运，去年冬天才脱离。皇上也常对臣子们说，今年的气象，果然昌盛太平，真是国家的福气。

儿妇和孙女辈都好，长孙纪泽，因为发蒙大早，教得大宽，近已读完《书经》，请先生再把《诗经》点读一遍，晚上讲《纲鉴》正史，大约已讲到秦商鞅开阡陌。

李家亲事，儿子因为桂阳州往来不便，已经在媒人唐鹤九处回信不对了。常家亲事，儿子因他家女儿是小妾所生，便知道不成。纪泽儿的婚事，多次不成，儿子当年也是十五岁才订婚，纪泽再缓一两年，也没有什么不可以。或者请大人在乡里选择一耕读人家的女儿，或者儿子在京城自定，总以没有宝贵气习为主，纪云对郭雨三的女儿，虽然没有订盟，彼此呼亲家，称姻弟，往来亲密，决不改变。二孙女对岱云的次子，也不改变。谨此禀闻，其余详细写在给弟弟的信中。儿子谨禀，（道光二十九年四月十六日）

致诸弟·劝宜力除牢骚

【原文】

澄侯温甫子植季洪四弟足下：

日来京寓大小平安，癣疾又已微发，幸不为害，听之而已。湖南榜发，吾邑竟不中一人。沅弟书中，言温弟之文，典丽鹂皇，亦尔被抑，不知我诸弟中半来科名，究竟何如？以祖宗之积累，及父亲叔父之居心立行，则诸弟应可多食厥报。以诸弟之年华正盛，即稍迟一科，亦未遂为过时。特兄自近年以来，事务日多，精神日耗，常常望诸弟有继起者，长住京城，为我助一臂之力。且望诸弟分此重任，余亦欲稍稍息肩，乃不得一售，使我中心无倚。

盖植弟今年一病，百事荒废，场中之患目疾，自难见长。温弟天分，本甲于诸弟，惟牢骚太多，性情太懒，前在京华，不好看书，又不作文，余即心甚忧之。近闻还家后，亦复牢骚如常，或数月不搦管为文。吾家之无人继起，诸弟犹可稍宽其责，温弟则实自弃，不得尽诿其咎于命运。

吾尝见朋友不中牢骚太甚者，其后必多抑塞，如吴（木云）台凌荻舟之流，指不胜屈。盖无故而怨天，则天必不许，无故而尤天，则天必不许，无故而尤人，则人必不服，感应之理，自然随之。温弟所处，乃读书人中最顺之境，乃动则怨尤满腹，百不如意，实我之所不解。以后务宜力除此病，以吴（木云）台凌荻舟为眼前之大戒。凡遇牢骚欲发之时，则反躬自思，吾果有何不足，而蓄此不平之气，猛然内省，决然去之。不惟平心谦抑，可以早得科名，亦一养此和气，可以稍减病患。万望温弟再三细想，勿以吾言为老生常谈，不直一哂也。

王晓林先生在江西为钦差，昨有旨命其署江西巡抚，余署刑部，恐须至明年乃能交卸。袁漱六昨又生一女，凡四女，已殇其二，又丧其兄，又丧其弟，又一差不得，甚矣穷翰林之难当也！黄麓西由江苏引入京，迥非昔日初中进士时气象，居然有经济才。

王衡臣于闰月初九引见，以知县用，后于月底搬寓下洼一庙中，竟于九月初二夜无故遽卒。先夕与同寓文任吾谈至二更，次早饭时，讶其不起，开门视之，则已死矣。死生之理，善人之报，竟不可解。

邑中劝捐，弥补亏空之事，余前已有信言之。万不可勉强勒派。我县之亏，亏于官者半，亏于书吏者半，而民则无辜也。向来书吏之中饱，上则吃官，下则吃民，名为包片包解。其实当征之时，是以百姓为鱼肉而吞噬之，当解之时，则以官为雉媒而播弄之。

官索钱粮于书吏之手，犹索食于虎狼之口，再四求之，而终不肯吐，所以积成巨亏。并非实欠在民，亦非官之侵蚀人已也。今年父亲大人议定粮饷之事，一破从前包征包解之陋风，实为官民两利，所不利者，仅书吏耳。即见制台留朱公，亦造福一邑不小，诸弟皆宜极力助父大人办成此事。惟损银弥亏，则不宜操之太急，须人人愿捐乃可。若稍有勒派，则好义之事，反为厉民之举，将来或翻为书吏所借口，必且串通劣绅，仍还包征包解之故智，万不可不预防也。

梁侍御处银二百，月内必送去，凌宅之二百，亦已兑去。公车来，兑六七十金，为送亲族之用，亦必不可缓，但京寓近极艰窘，此外不可再兑也。书不详尽。余俟续县。国藩手草。（咸丰元年九月初五日）

【译文】

澄侯、温甫、子植、季洪四弟足下：

近来京城家里大小平安，我的癣疾又已经开始发了，幸亏还不甚为害，听它去。湖南的榜已发，我们县时一个也没有中。沅弟信中，说温弟的文章黄丽鹂皇，也被压抑，不知道各位弟弟中将来的科名究竟如何？以祖宗的积德、父亲、叔父的居心立行，则各位弟弟应该可以多受些挫折。各位弟弟的年华正盛，就是稍微迟考一科，也不是就过时了。只是愚兄近年以来，事务日多，业神日耗，常常希望各位弟弟有继之而起的人，长住京城，为我助一臂之力。并且希望各位弟弟分点重任，我也想稍为休息一下，却不能实现，使我心里感到无靠。

植弟今年一病，百事荒废，场中又患目疾，自难见长。温弟的天分，在弟弟中算第一，只是牢骚太多，性情太懒，近来听说回家后，还是经常发牢骚，或者几个月不拿笔。我家之所以无人继起，各位弟弟的责任较轻，温弟实在是自暴自弃，不能把责任推诿到命运。

我常常看见朋友中牢骚太甚的人，后来一定抑塞。如吴（木云）台、凌获舟之流，数也数不清。因为无缘无故而怨天，天也不会答应；无缘无故而尤人，人也不会服。感应之理，自然随之。温弟所处的环境，是读书人中最顶的境遇。动不动就怨尤满腹，百不如意，实在使我不理解。以后务宜努力去掉这个毛病，以吴枟台、凌获舟为眼前的大戒。凡遇到牢骚要发之时，就反躬自思，我有哪些不足，而积蓄了这不平之气，猛然内省，决然去掉。不仅平心谦抑，可以早得科名，也是养这和气，可以稍微减少病痛。万望温弟再三细想，不要以为我的话是老生常谈，不值得理会。

王晓林先生在江西为钦差，昨天有圣旨，命他署理江西巡抚，我署理刑部，恐怕要到明年才能交卸。袁漱六昨又生一女，共四女，已死了两个，又丧了兄，又丧了弟，又一个差事不得，究翰林真是太难当了。黄麓西由江苏引见入京，与过去初中进士时的气象迥然不同，他居然有经济才能。

王衡臣在闰月初九引见，用为知县，以后在月底搬到下洼一个庙里住，竟在九月初二日晚无缘无故死了。前一天晚上，还和同住的文任吾谈到二更。第二天早皈时，奇怪他不起床，打开门一看，已经死了。生与死的道理，好人的这种报应，真不可解，一看，已经死了。生与死的道理，好人的这种报应，真不可解。

家乡劝捐，弥补亏空的事，我前不久有信说到，万万不可以勉强勒派，我县的亏空，亏于这收员的占一半，亏于书吏的占一半，老百姓是无辜的。从来书吏的中间得利，上面吃官，下面吃民，名义上是包征包解，其实当征的时候，便把百姓做鱼肉而吞吃。当解送的时候，又以官为招引的雉而从中播弄。官索取钱粮于书吏手上，好比从虎狼口里讨食，再四请求，还是不肯吐，所以积累成大亏。并不是实欠在民，也不是官员自己侵吞了。今年父亲议定粮饷的事，一破从前包征包解的陋风，实在是官民两利，所不利的，只是书吏。就是见制台留朱公，也造福桑粹不小，各位站弟应该都帮父亲大人办成这件事只是捐钱补亏空，不要操之太急，一定要人人自愿捐才行。如果稍微有勒派，那么一件好义的事，反而成了厉民之举，将来或者反而为书吏找到借口，并且必然串通劣绅，闹着要恢复包征收包解送，千万不可不早为防备。

梁侍御处银二百两，月内一定要送去。凌宅的二百两，也已经兑去。官车来，兑六、七十两，为送亲族用，也一定不能缓了。但京城家里近来很难窘迫，除上述几处不可再兑。信写得不详细，其余容以后再写。兄国藩。（咸丰元年九月初五日）

致四弟·不宜露头角于外

【原文】

澄侯四弟左右：

项接来缄，又得所寄吉安一缄，具悉一切。朱太守来我县，王刘蒋唐往陪，而弟不往宜其见怪。嗣后弟于县城省城，均不宜多去。处兹大乱未平之际，惟当藏身匿变，不可稍露圭角于外，至要至要！

吾年一饱阅世态，实畏宦途风波之险，常思及早抽身，以免咎戾，家中一切，有关系衙门者，以不兴闻为妙。（咸丰六年九月初十日）

【译文】

澄侯四弟左右：

刚接到来信，又收到所寄的吉安一信，知道一切。朱太守来我县，王、刘、蒋、唐作陪，而弟弟不去，难怪他见怪了。以后弟弟对于县城、省城，都不宜多去。处在大乱未平的时候，应当藏身匿迹，不可稍微在外面露头角，非常重要、非常重要！

我这一年来看透了世态，实在害怕场风波的危险，经常想到要及早抽身，以免惹祸。家中一切，有关系到衙门的，以不参与为妙。（咸丰六年九月初十日）

致九弟·劝宜息心忍耐

【原文】

沅甫九弟左右：

十二日申刻，代一自县归，接弟手书，具审一切。十三日未刻文辅卿来家，病势甚重，自醴陵带一医生偕行，似是瘟疫之证，两耳已聋，昏迷不醒，问作诸语，皆惦记营中。余将弟已赴营，省城可筹半晌等事，告之四五次。渠已醒悟，且有喜色。因嘱其静心养病，不必挂念营务，余代为函告南省江省等语。渠亦即放心，十四日由我家雇夫送之还家矣。若调理得宜，半月当可痊愈，复原则尚不轻易。

陈伯符十二日来我家，渠因负疚在身，不敢出外酬应，欲来乡来避地计。黄子春官声及好，听讼勤明，人皆畏之。弟到省之期，计在二十日，余日内甚望弟信，不知金八佑九，何以无一人归来，岂因饷来未定，不遽遣使归与？

弟性褊急似余，恐拂郁或生肝疾，幸息心忍耐为要！兹趁便；寄一缄，托黄宅转遁，弟接到后，弟接到后，望（上山而下）人送信一次，以慰悬悬。家中大小平安，诸小儿读书，余自能一一检点，弟不必挂心。（咸丰七年九月廿二日）

【译文】

沅甫九弟左右：

十二日申刻，代一从县里回来，接到弟弟手书，知道一切，十三日未旋文辅卿来家，病势很重，从醋陵带了一个医生同行，似下足瘟疫，两耳已经聋了，昏迷不醒，间或讲梦话，都是惦记军营中事，我把弟弟已上个营、省城可筹半晌这些事，告诉四、五次。

他已醒悟，有了喜色。因此嘱咐他静心养病，不必挂念营署，我代为通知南省江省。他也就放心了。十四日由我家雇人送他因家，如果调理得法，半月可以好转，复原还不太容易。

陈伯行十二日来我家，他因负疚在身，不敢出外应酬，想到乡里来避一避。

黄子春官声很好，办理诉讼案件勤政明断，人人都畏惧他，弟弟到省日期，算来在二十日。我日内很盼望你来信，不知金八、佐九，为什么没有一个人回来？是不是军饷没有定，不急于派人回吗？

弟弟性格偏急，像我，恐怕不得意生出肝病来，希望息息心火，忍耐忍耐。现乘便寄信一封，托内宅转寄，弟弟接信后，请派专人送信一次，以慰我的悬念。家中大小平安，几个小孩读书，我自己可以一一检点，弟弟不必挂念，（咸丰七年九月二十二日）

致九弟·劝弟须保护身体

【原文】

沅甫九弟左右：

接弟十五夜所发之信，知十六日已赴吉安矣，吉字中营尚易整顿否？古之成大事者，规模远大与综理密微，二者缺一不可。弟之综理密微，精力较胜于我。军中器械，其略精者，宜另立一簿，亲自记注，择人而授之。古人以销仗鲜明为威敌之要务，恒以取胜。

刘峙衡于火器亦勤于修整，刀矛则全不讲究。余曾派褚景昌赴河南采买白蜡杆子，又办腰刀分赏各将弁，人颇爱重。弟试留心此事，亦练理之一端也。至规模宜大，弟亦讲求及之。但讲阔大者，最易混入散漫一路。遇事颟顸，毫无条理，虽大亦奚足贵？等差不紊，行之可久，斯则器局宏大，无有流弊者耳。顷胡润芝中丞来书，赞弟有曰“才大器大’四字，余甚爱之。才报于器，良为知言。

湖口贼舟于九月八日焚夺净尽，湖口梅家洲皆于初九日攻克，三年积愤，一朝雪耻，雪琴从此重游浩荡之宇。惟次青尚在坎（上穴下臼）之中，弟便中可与通音问也。李迪庵近有请假回籍省亲之意，但未接渠手信。渠之带勇，实有不可及处，弟宜常与通信，殷殷请益。弟在营须保养身体，肝郁最伤人，余平生受累以此，宜和易以调之也。（咸丰七年十月初四日）

【译文】

沅甫九弟左右：

二十二日晚灯后，佑九、金八归，接到十五日晚所发的信，知道十六日已赴吉安，数手指头计算弟弟二十四日，应当可达到军营，二十五、六应当派专人回来，今天还没有到，真是望眼欲穿。吉安中营还容易整理吗？

古代成就大事业的人，规模远大和综理密微两方面缺一不可。弟弟的综理密微，精力超过了我。军中器械，稍精良的，要另外建立一个账簿，亲自记录注明，选择适当的人授给使用。古人打仗，以铠仗鲜明威慑敌人，常常容易取胜。刘峙衡对于火器勤于修整，对刀矛却完全不讲究。我曾经派诸景昌去河南采买白蜡杆子，又办腰刀，分赏各将弃，他们都很爱重。弟弟也可试一试，留心这件事，也是综理的一方面。

至于说到规模宜大，弟弟也要讲求。但讲大场面，最容易混入一些散漫分子，遇事漫不经心，毫无条理，那么虽说大又何足贵呢？差事繁多而有条不紊，实行可以久远、那么虽然局面宏大，没有流弊产生，胡润之中丞来信称赞弟弟，信中有“才大器大”四字，我很喜欢。才能的根本是器量，这真是了解你的话中啊！

湖口敌船，在九月八日烧的烧夺的夺，全部干净歼灭了。湖口梅家洲，都在九日攻克，三年积累的气愤，这一天真是雪了耻，雪琴从此重新游弋在水面那浩荡的天地。只是次青还在坎坷境遇里。弟弟在方便时可和他通通音讯。润翁来信，仍然想奏请皇上要我东征，我刚复信，陈述了不合适的道理，不知道能不能阻止？

彭中堂复信一封，由弟弟处寄到文方伯署里，请他转寄到京城。弟弟有信呈报藩署，在信尾添上一笔也可以。李迪庵有请假回家探亲的意思，但没有接到他的亲笔信。他带兵实在有人不可及的地方。弟弟宜经常和他通信，殷勤请求教益。弟弟在军营要保养身体，肝郁最伤身，我平生受累就是肝郁，应以和易调和一番。（咸丰七年十月初四日）

致九弟·做人须要有恒心

【原文】

沅甫九弟左右：

十二日正七、有十归，接弟信，备悉一切。定湘营既至三曲滩，其营官成章鉴亦武弁中之不可多得者，弟可与之款接。来书谓“意趣不在此，则兴会索然”，此却大不可。

凡人作一事，便须全副精神往在此一事，首尾不懈。不可见异思迁，做这样想那样，坐这山望那山。人而无恒，终身一无所成，我生平坐犯无恒的弊病，实在受害不小。当翰林时，应留心诗字，则好涉猎他书，以纷其志；读性理书时，则杂以诗文各集，以歧其趋。在六部时，又不甚实力讲求公事。在外带兵，又不能竭力专治军事，或读书写字以乱其意志。坐是垂老而百无一成，即水军一事，亦掘井九仞而不及泉弟当以为鉴戒。

现在带勇，即埋头尽力以求带勇之法，早夜孳孳，日所思，夜所梦，舍带勇以外则一概不管。不可又想读书，又想中举，又想作州县，纷纷扰扰，千头万绪，将来又蹈我之覆辙，百无一成，悔之晚矣。

带勇之法，以体察人才为第一，整顿营规、讲求战守次之，《得胜歌》中各条，一一皆宜详求。至于口粮一事，不宜过于忧虑，不可时常发禀。弟章既得楚局每月六千，又得江局月二三千，便是极好境遇。李希庵十二来家，言迪庵意欲帮弟饷万金。又余有浙盐盈余万五千两在江省，昨盐局专丁前来禀沟，余嘱其解交藩库充饷，将来此款或可酌解弟营，但弟不宜指请耳。

饷项既不劳心，全剧精神讲求前者数事，行有余力则联络各营，款接绅士。身体虽弱，却不宜过于爱惜。精神愈用则愈出，阳气愈提则愈盛。每日做事愈多，则夜间临睡愈快活。若存一爱惜精神的意思，将前将却，奄奄无气，绝难成事。--凡此，皆因弟兴会索然之言而切戒之者也。

弟宜以李迪庵为法，不慌不忙，盈科后进，到八九个月后，必有一番回甘滋味出来。余生平坐无恒流弊极大，今老矣，不能不教诫吾弟吾子。

邓先生品学极好，甲三八股文有长进，亦山先生亦请邓改文。亦山教书严肃，学生甚为畏惮。吾家戏言戏动积习，明年喜在家，当与两先生尽改之。

下游镇江、瓜洲同日克夏，金陵指日可克。厚庵放闽中提督，已赴金陵会剿，准其专招奏事。九江亦即日可复。大约军事在吉安、抚、建等府结局，贤弟勉之。吾为其始，弟善其终，实有厚望。若稍参以客气，将以鼓志，则不能为我增气也。营中哨队请人气尚完固否？下次祈书及。（咸丰七年十二月十四日）

【译文】

沅甫九弟左右：

十二日，正七、有十回，接到弟弟的信，知道一切，定了湘营到三曲滩，营官成章侄，出是营弁并中不可多得之才，弟弟可与他结交。来信说你意趣不在这里，所以干起来索然寡兴，这是大大不行的。凡人做一件事，便须全副精神去做，全神贯注这件事，自始至终不松懈，不能见异思这，做这件事，想那件事，坐这山，望那山。人没有恒心，一生都不会有成就。

我生平犯没有恒心的毛病，实在受害不小。当翰林时，本应该留心诗字，却喜欢涉猎其他书籍，分散了心志。读性理方面的书时，又杂以诗文各集，使学习的路子歧异。

在六部时，又不太用实劲去办好公事。在外带兵，又不能竭力专心治理军事，或者读书写字，乱了意志。这样，人垂老了，百事无一成功。就是水军这件事，也是掘井九仞，而不及泉。弟弟应当以我为鉴戒。

现在带兵，就是埋头苦干，尽心尽力，以求带好兵的方法，日夜孳孳以求，日所思，夜所梦，除带兵一件事，一概不管。不可以又想读书，又想中举，又想做州官县令，纷纷扰扰，千头万绪，将来又走我的老路，百无一成，那时悔也晚了。

带兵的方法，以体察人才为第一；整顿营规，讲求战守次之。得胜歌里说的备条，都要一一讲求，至于口粮，不要过于忧虑，不可时常发禀报。弟弟营中既然得了湖北局每月的六千，又得江西局每月二三千，倒是最好的了。李希庵十二日来家，说迪庵想要帮助弟弟军饷万两。又我有浙盐盈余万五千两，在江省，昨天盐局派兵了前来禀报询问，我嘱咐他解交藩库充军的，将来这笔钱，或者可以酌情解送弟弟军营，但弟弟不合适指定这笔款要求拨给。

恼项既然不操心了，全副精神，讲求前面讲的几件事，再行有余力，就去联络各营，款接绅士，身体虽弱，却不过于爱惜；精神越是用还越精神；阳气越提越盛；每天做事越多，晚上睡觉时越快活。如果存一个爱惜精神的念头，想进又想退，奄奄没有中气，绝难成事。这些都因弟弟说索然寡兴一句话，引发出来的要你切戒的话。弟弟要以李迪庵为法，不慌不忙，盈科后进，到八、九个月以后，必有一番甜美的滋味出来。

我生平没有恒心的流弊极大，如今老了，不能不告诫我的弟弟、我的儿子。邓先生品学极好，甲三八股文有进步，亦山先生也请邓先生批改文章。亦山教书严肃，学生很怕他，我家说话随便、行为不检点的老习惯，明年当为两位老师改正过来。

镇江、瓜洲，同一天克复，金陵指日可攻下，厚庵放任闽中提督，已去金陵会剿，准许他去折奏事，九江也指日可复。大约战事在吉安、抚、建等府结局。贤弟勉之：我开头，弟弟完成，实在期予愿望。如果稍微掺杂一点客气，将会败坏志气，就不能为我争气了。营中哨队那些人，士气还定固吗？下次请在信中提到。（咸丰七年十二月十四日）

致九弟·言凶德有二端

【原文】

沅甫九弟左右：

初三日刘福一等归，接来信，藉悉一切。城贼围困已久，计不久亦可攻克，惟严断文报是第一要义，弟当以身先之，家中四宅平安，余身体不适，初二日住白玉堂，夜不成寐。

温弟何日至吉安？古来言凶德致败者约有两端：曰长傲，曰多言。丹朱之不肖，曰傲曰嚣讼，即多言也。历观名公巨卿，多以此二端败家丧生。余生平颇病执拗，德之傲也；不甚多言，而笔下亦略近乎嚣论。静中默省愆尤，我之处处获戾，其源不外此二者。温弟性格略与我相似，而发言尤为尖刻。凡激之凌物，不必定以言语加入，有以神气凌之者矣，有以面色凌之者矣。温弟之神气稍有英发之姿，面色间有蛮很之象，最易凌人。

凡心中不可有所恃，心有所恃则达于面貌。以门地言，我之物望大减，方且恐为子弟之累；以才识言，近今军中炼出人才颇多，弟等亦无过人之处：

皆不可待。只宜抑然自下，一味言忠信行笃敬，庶几可以遮护旧失，整顿新气，否则人皆厌薄之矣。

沅弟持躬涉世，差为妥协。温弟则谈笑讥讽，要强充老手，犹不免有旧习，不可不猛醒，不可不痛改。闻在县有随意嘲讽之事，有怪人差帖之意，急宜惩之。余在军多年，岂无一节可取？只因傲之一字，百无一成，故谆谆教诸弟以为戒也。（咸丰八年三月初六日）

【译文】

沅甫九弟左右：

初三日刘福一等回后接来信，知道一切。城里敌军队围困已久，估计不久也可攻下，但要严格切断敌之文报，是第一要紧的事，弟弟应做出表率。家中四宅都平安，我身体不舒服，初二日住白玉堂，晚上睡不着。

温弟何日到吉安？古人兑凶德致败的，大约有两点：一是长傲，二是多言。丹朱的不肖，一是傲，二是奸诈而好讼。历代名公巨卿，大都因这两点败家丧身，我生平有执拗的毛病，性格上的傲气，不很多言，而笔下也近于好许好讼。平静时反省我的毛病，每一次受到惩罚，根源不外这两点。温弟与我略似，而发言尤其尖刻。凡属傲气欺凌物事，不必一定是言语伤人，有的是那股子傲气欺人，有的是脸色难看而欺人，温弟的神气，稍微有点蛮狠的样子，脸色有时有蛮狠的表情，最容易凌人。

凡心里不可以有所依仗，心里有了依仗，就会现于脸上，以门第来说，我的物望大减，而且恐怕成子弟的累赘，以才识来说，最近军队里锻炼出来的人才很多，弟弟等也没有超过别人的地方，都没有可依仗的。只能抑然自下，一味地讲话中信，行事诚笃敬谨，也许可以遮盖老的过失，整顿出新的气象，不然，别人都会讨厌看轻你。

沅弟持躬涉世，差为妥恰，温弟则谈笑订飘，强交老手，不免有旧习气，不可不猛醒，不可不痛改。我在军中多年，难道没有一点可取，只因一个傲字，百无一成，所以谆谆教各位弟弟引以为戒。（咸丰八年三月初六日）

致九弟·愿共鉴诫二弊

【原文】

沅甫九弟左右：

二十日胡二等归，接弟十三夜书，具悉一切。所论兄之善处，虽未克当，然亦足以自怡。兄之郁郁不自得者，以生平行事有初鲜终；此次又草草去职，致失物望，不无内疚。

长傲、多言二弊，历观前世卿大夫兴衰，及近日官场所以致祸福之由，未尝不视此二者为枢机，故愿与诸弟共相鉴诫。第能惩此二者，而不能勤奋以图自立，则仍无以兴家而立业。故又在乎振刷精神，力求有恒，以改我之旧辙，而振家之丕基。弟在外数月，声望颇隆，总须始终如一，毋怠毋荒，庶几子弟为初旭之升，而于兄亦代为桑榆之补，至嘱至嘱。

次青奏赴浙江，令人阅之气王。以次育之坚忍，固宜有出头之一日，而咏公亦可谓天下之快人快事矣。

弟劝我与左季高通书问，此次暂未暇作，准于下次寄弟处转递。此亦兄长傲之一端，弟既有言，不敢遂非也。（咸丰八年三月廿四日）

【译文】

沅甫九弟左右：

二十四日胡二等回，接到弟弟十二日的信，知道一切。称誉为兄的长处，虽不恰当，然而也足以使我快乐，为兄之所以郁郁不自得，是因生平办事，有始无终，这次又草草去职，丧失威信，心里感到内疚。

长傲、多言两个弊病，以前的世卿大夫的兴与衰，以及近来官场祸、福的原因，未尝不是看这两个弊病制约得如何为关键；所以愿意与各位弟弟一起鉴诫。弟弟能克服这两个弊病，却不能勤奋以图自立，那仍然无法兴家立业，因此还要振刷精神，力求有恒，不走我的老路，才是振兴家业的根基。弟弟在外面几个月，声望很高，总要始终如一，不懈怠，不荒疏，也许对于弟弟来说为初升的太阳，而对于我来说，等于你代我做到先负而后胜。至嘱至嘱！

次青奏赴浙江，令人看了生气。以次青的坚忍不拔，应该有出头之日，而诵公也算是天下的快人快事。弟弟劝我与左季高通通信，这次暂时不得空，准定在下次寄到你那里转交。这也是为兄长做的一个表现，弟弟既然提出来了，我岂敢还不改正吗。（咸丰 / 畔三月二十四日）

致九弟·注意平和二字

【原文】

沅甫九弟左右：

春二安五归，接手书，知营中一切平善，至为欣慰！次青二月以后，无信寄我，其眷属至江西，不知果得一面否？弟寄接到胡中丞奏伊入浙之稿，示知是否成行？项得耆中丞十三日书，言浙省江山兰溪两县失守，次青前往会剿；是次青近日声光，亦渐渐脍炙人口。广信衢州两府不失，似浙中终无可虑，未审近事究复如何？

广东探报，言洋人有船至上海，亦恐其为金陵余孽所攀缘；若无此等意外波折，则洪杨股匪，不患今岁不平耳。九江竟尚未克，林启荣之坚忍，实不可及。闻林城防兵，于三月十日小挫一次，未知确否？弟于次青迪庵雪琴等处，须多通音问，余亦略有见闻也。

兄病体已愈十之七人，日内并未服药，夜间亦能熟睡，至子正以后则醒，是中年后人常态，不足异也。湘阴吴贞阶司马，于念六日来乡，是厚庵嘱其来一省视，次日归去。

余所奏报销大概规模一折，奉朱批该部议奏，户部旋于二月初九日复奏，言曾国藩所拟，尚属妥协云云。至将来需用部费，不下数万，闻杨彭在华阳镇抽厘，每月可得二万，系雪琴督同凌荫廷刘国斌经纪其事，其银归水营杨彭两大股份用。余偶言可从此项下设法筹出部费，贞阶力赞其议，想杨彭亦必允从。此款有着，则余心又少一牵挂矣。

温弟丰神较峻，与兄之伉直简澹，虽微有不同，而其难于谐世，则殊途而同归，余常用为虑。大抵胸中抑郁，怨天尤人，不特不可以涉世，亦非所以养德，不待无以养德，亦非所以保身。中年以后，则肝肾交受其苟，尽郁而不畅则伤木，心火站烁则伤水。

科今日之目疾，及夜不成寐，其由来不外乎此。故于两弟时时以平和二字相勖，幸勿视为老生常谈，至嘱至嘱！

亲族往弟营者，人数不少，广厦万间，本弟素志。第善乩国者，观贤哲在位，则卜其将兴，见冗员浮杂，则知其将替。善乩军营亦然，似宜略为分别；其极无用者，或厚给途费，遣之归里，或酌凭之撰，而主者宴然不知其不可用，此宜深察者也。附近百姓，果有骚扰事情否？此亦宜深察者也。（咸丰八年三月三十日）

【译文】

沅甫九弟左右：

春二、安五回，接到你的手书，知道营中一切平善，非常欣慰！次青二月以后，没有信寄我，他的眷属到江西，不知道他们见过一面没有？弟弟寄来的胡中丞奏请他入浙的文稿，不知是否去了？刚得耆中丞十三日的信，说浙省江山、兰溪两县失守，次青前去会剿。看来次青近来的名声，也渐渐脍炙人口了。广信、衢州两府不失。似乎浙中并不可虑，未知近来情形究竟如何？

广东探报，说洋人有船到上海，只怕那是金陵余孽拉来的援兵。如果没有这些意外的波折，那洪、杨之祸，不愁今年不平定。九江竟然还没有攻克，林启荣的坚忍，实在是一般人难及的。听说麻城防守的兵，在三月十日小败一次，不知确实不？弟弟对于次青、迪庵、雪琴等处，要多通音问，我也略为有些见闻。

愚兄的病已好了十之七八，近来并没有吃药，晚上也可以熟睡，到子正以后便醒来，是过了中年人的常态，不足奇怪。湘阴吴贞阶司马，在二十六日来乡，是厚庵嘱咐他来看望一次，第二天走了。

我所写的关于报销大概规模的奏折，奉朱批由户部议奏，户部随即在二月初九日复奏，说曾国藩所拟的还比较妥当。将来需要动用部费，不少于几万两。听说杨、彭在华阳镇抽厘金，每月可得二万两，是雪琴督责凌荫廷、刘国斌经手这件事，抽的厘金归水营杨、彭两军分用。我偶尔说可以从这个项目下设法筹出部费，贞阶很赞成，我想杨、彭也会允许的。这笔钱有了着落，我心里又少了一层牵挂。

温弟的风采神气比较外露，与为兄的傲慢、直言、俭朴、淡泊，虽说小有区别，而就处世和谐来说，那是殊途而同归，都难以处世，我常常为此而焦虑。大概心里抑郁，怨天尤人的人，不仅不可以涉世，也不利于品行的修养；不仅不利于品行的修养，也不利于保养身体。我中年以后，就出现肝病、肾病、中医所说的叫郁而不畅，伤木；心火上烁，伤水。我现在的眼病，晚上睡不着，都从这里派出来。所以弟弟俩要时刻用“平和”二字互相勉励。不要看作老生常谈。至嘱至嘱！

亲戚族人去弟弟军营的，人数不少，安得广厦千万间，这本是弟弟素来的志愿。但是，善于观测国家大事的人，看见贤人哲士在掌权，就可预见国家会兴旺；看见多余的官员庞杂相处，就可预卜国家会衰败。善于观测一个军队也是如此，似乎应该区别对待；很无能的，或者多送点路费，遣送回家；或租民房，让他们住在军营外面。不要使军营里出现惰慢、喧闹的现象，也许更适宜。

至于屯兵城下，日子太久，恐怕士气会松懈，像雨后受潮已驰的弓箭，像三天已腐烂的饭菜，而带兵的人茫然不晓得已不能用了，这是要深自省察的。附近百姓，真有骚扰的情况吗？这也是要深自省察的。（咸丰八年三月三十日）

致四弟·必须加意保养

【原文】

澄侯四弟左右：

今年以来，贤弟实在劳苦，较之我在军营，殆过十倍，万望加意保养。祁阳之贼，或可不窜湘乡，万一窜入，亦系定数，余已不复县系。余自去年六月再出，无不批之禀，无不复之信，往来这嫌隙尤悔，业已消去十分之七八。惟办理军务，仍不能十分尽职，盖精神不足也。

贤弟闻我近日在外，尚有错处，不妨写信告我。余派委员伍华瀚在衡州坐探，每二日送信一次；家中若有军情报营，可由衡城交伍转送也。（咸丰九年五月初六日）

【译文】

澄侯四弟左右：

今年以来，贤弟实在劳苦，比我在军营，恐怕要辛苦十倍，万万希望加意保养身体。祁阳和敌人，或者可能不流窜到湘乡，万一窜入，也是无意吧，我已经不去悬念它了。

我自去年六月再度出山，没有一件不批复的禀告，没有一封不复的信件，过去由于往来结下的嫌隙今天很后悔，现在业已消除十之七八。只是办理军务，仍然不能够十分尽职尽力，因精神不足。

贤弟听说我近日在外，还有过错，不妨写信告诉我。我委派伍华瀚在衡州充当坐探，每两无送信一次，家中如有军情报营，可由衡州交伍华瀚转送。（咸丰九年五月初六日）

卷二　劝学篇

禀父母·闻九弟习字长进

【原文】

男国藩跪禀

父母亲大人万福金安，九弟之病，自正月十六日后，日见强旺；二月一日开荤，现全复原矣。二月以来，日日习字，时有长进。男亦常习小楷，以为明年考差之具。近来改临智永千字文贴，不复临颜柳二家帖，以不合时宜故也。

孙男身体甚好，每日佻达欢呼，曾无歇息，孙女亦好。浙江之事，闻于正月底交战，仍尔不胜。去岁所失宁波府城，定海、镇海二县城，尚未收复。英夷滋扰以来，皆汉好助之为卢，此辈食毛践土，丧尽天良，不知何日罪恶贯盈，始得聚而歼灭。

湖北崇阳县逆贼钟人杰为乱，攻占崇阳、通城二县。裕制军即日扑灭，将钟人杰及逆党槛送京师正法，余孽俱已搜尽。钟逆倡乱不及一月，党羽姻属，皆伏天诛，黄河去年决口，昨已合拢，大功告成矣。

九弟前病中思归，近因难觅好伴，且闻道上有虞，是以不复作归计。弟自病好后，亦安心不甚思家。李碧峰在寓三月，现已找得馆地，在唐同年李杜家教书，每月俸金二两，月费一千。男于二月初配丸药一料，重三斤，约计费钱六千文。男等在京谨慎，望父母亲大人放心，男谨禀。（道光二十二年二月二十四日）

【译文】

儿子国藩跪着禀告

父母亲大人万福金安。九弟的病，自正月十六日后，一天天强健起来，二月一日起开始吃荤，现已全部复原。二月以来，天天学习写字，且有所长进。儿子也常习小楷，作为有年考差的工具。近来改了临永千字文帖，不再临颜、柳两家帖了，因为不合时宜的缘故。

孙儿身体很好，每天戏谑欢叫，也不用歇息，孙女也好。浙江的事，听说在正月底交战，仍旧没有取胜。去年失守的宁波府城，定海、镇海两县城，还没有收复。英国人滋扰以来，那帮汉奸助纣为虐，此辈食毛践土，丧尽天良，不知道哪天罪恶贯盈，才得以一起把他们歼灭？

湖北崇阳县逆贼钟人杰作乱，攻占崇阳、通城两县。裕制军即日扑灭，将钟人杰及逆党用囚车关了押达京城正法，余孽已经一网打尽。钟逆倡乱不到一个月，党羽姻属，都受到天诛。黄河去年决口，昨已合拢，大功告成。

九弟前病时想回家，近来因为找不到好伴，并且听说路上不平安，所以已不准备回家了。弟弟自从病好之后，也安心不想家了。李碧峰在家住了三个月，现在已经找到教书的馆地，在唐同年李社家教书，每个月俸金二两，月费一千。儿子在二月初配丸药一料，重三斤，大约花了六千文钱。儿子等在京城谨慎从事，望父母亲大人放心。儿子谨禀。（道光二十二年二月二十四日）

禀父母·教弟写字养神

【原文】

曾国藩跪禀

父母亲大人万福金安。三月初，奉大人正月十二日手谕，具悉一切。又知附有布匹腊肉等，在黄弗卿处，第不知黄氏兄弟，何日进京？又不知家中系专人送至省城，抑托人顺带也？

男在京身体如常，男妇亦清吉。九弟体已复原，前二月间，因其初愈，每日只令写字养神。三月以来，仍理旧业，依去年功课。未服补剂，男分九药六两与他吃，因年少不敢峻补。孙男女皆好，拟于三月间点牛痘。此间牛痘局，系广东京官请名医设局积德，不索一钱，万无一失。

男近来每日习字，不多看书。同年邀为试帖诗课，十日内作诗五首，用白折写好公评，以为明年考差之具。又吴子序同年，有两弟在男处附课看文。又金台书院每月月课，男亦代人作文，因久荒制艺，不得不略为温习。

此刻光景已窘，幸每月可收公项房钱十五千外，些微挪借，即可过度，京城银钱，此外间究为活动。家中去年彻底澄清，余债无多，此真可喜！

蕙妹仅存钱四百千，以二百在新窑食租，不知住何人屋？负薪汲水，又靠何人？率五又文弱，何能习劳，后有家信，望将惠妹家事，琐细详书，余容后呈，男谨禀。（道光二十二年三月十一日）

【译文】

儿子国藩跪着禀告

父母亲大人万福金安。三月初，奉大人正月十二日手谕，知道一切。又知道附来布匹、腊肉等，在黄弗卿处，但不知道黄氏兄弟，何时进京，又不知道家里是专人送到省城的，还是托人顺带？

儿子在京城身体如常，儿媳妇也很精神。九弟身体已复原，前二月间，因他是初愈，每天只叫他写字养神。三月以来，仍然做原来的事业，依去年功课。没有吃补药，儿子分了丸药六两给他吃，因年纪轻，不敢大补。孙儿孙女都好，准备在三月间点牛痘。这里的牛痘局，是广东京官请有名的医生设局积德的，不收钱，万无一失。

儿子近来每天习字，不多看书，，同年邀为试帖诗课，十天内作诗五首，用白折写好公评，以为明年考差之具。又吴子序同年，有两个弟弟在儿子处附裸看文。又金台书院每月月课，儿子也代人作文，因为制艺荒废久了，不得不略为温习。

眼下手头很窘迫，幸亏每月可收公项房钱十五千外，再挪借一点点，就可以度过，京城银钱，此外间究竟活动些。家中去年彻底澄清，余债不多，这真可喜。

蕙妹仅仅存钱四百千，又拿二百在新窑租房吃饭，不知住的何人的屋？担柴挑水，又靠何人？率五身体又文弱，哪能习惯劳动？以后有家信，希望把她的家事，琐琐细细，详细写上，其余的容以后再呈禀；儿子谨禀，（道光二十二年三月十一日）

禀父母·劝两弟学业宜精

【原文】

男国藩跪禀

父母亲大人万福金安。六月廿八日，接到家书，系三月廿四日所发，知十九日四弟得生子，男等合室相庆，四妹生产虽难，然血晕亦是常事；且此次既能保全，则下次较为容易。男未得信时，常以为虑，既得此信，如释重负。

六月底，我县有人来京捐官，言四月县考时，渠在城内，并在彭兴岐丁信风两处，面晤四弟六弟，知案首是吴定五。男十三年前，在陈氏宗祠读书，定五才发蒙人起讲，在杨畏斋处受业，来年闻吴春岗说定五甚为发奋，今果得志，可渭成就甚速。其余前十名，及每场题目，渠已忘记，后有信来，乞四弟写出。

四弟六弟考运不好，不必挂怀；俗语云：“不怕进得迟，只要中得快。”从前邵丹畦前辈，四十二岁入学，五十二岁作学政。现任广西藩台汪朗，渠于道光十二年入学，十三年点状元。阮姜台前辈，于乾隆五十三年，县府试头场皆未取，即于是年入学中举，五十四年点翰林，五十五年留馆，五十六年大考第一，比放浙江学政，五十九年升浙之出抚。些小得失不足患，特患业之不精耳。两弟场中文若得意，可将原卷领出寄京，若不得意，不寄可也。

男辈在京平安，纪泽兄妹二人，体甚结实，皮色亦黑，逆夷在江苏滋扰，于六月十一日攻陷镇江，有大船数十只，在大江游大;江宁扬州二府，颇可危虑。然而天不降灾，圣人在上，故京师人心镇定。同乡王翰城告假出京，男与陈岱云亦拟送家眷南旋，与郑苇田王翰城四家同队出京，男与陈家，本于六月底定计，后于七月初一请人扶乩，似可不必轻举妄动，是以中止。现在男与陈家，仍不送家眷回南也。

正月间，俞岱青先生出京，男寄有鹿脯一方，托找彭山屺转寄，俞后托谢吉人转寄，不知到否？又四月托李丙冈寄银寄笔，托曹西垣寄参并交陈季牧处，不知到否，前父亲教男养须之法，男仅留上唇须，不能用水浸透，色黄者多，黑者少，下唇拟待三十六岁始留，男屡接家信，嫌其不详，嗣后更愿详示，男谨禀。（道光二十二年六用初十日）

【译文】

儿子国藩跪着禀告

父母亲大人万福金安。六月二十八日，接到家信，是三月二十四日所发，知道十九日四弟生了儿子，儿子等全家表示庆贺！四妹生产虽难，但血晕也是常事，并且这次能保无事，下次便容易些了。儿子没有收到来信时，常以忧虑，既得了这封信，如释重负。

六月底，我县有人来京城捐官，说四月县考时，他在城里，并且在彭兴岐、丁信风两处，见了四弟六弟，知道案首是吴定五。儿子十三年前，在陈氏宗祠读书，定五才发蒙作起讲，在杨畏斋那里授业。来年听吴春岗说定五很发奋，今天果然得志，可说成就很快。其余前十名，及每场题目，他已忘记，以后来信，请四弟写出。

四弟六弟考运不好，不必放在心上。俗话说：“不怕进得迟，只要中得快。”从前邵丹畦前辈。四十三岁入学，五十二岁作学政。现任广西播台汪朗，他在道光十二年入学，十三年点状元，阮妄台前辈，在乾隆五十三年，县府试头场都没有录取，就在当年入学中举。五十四年点翰林，五十五年留馆，五十六年大考第一，放任浙江学政，五十九年升浙江巡抚。小小得失不足为怕，只怕学业不精。两弟考场里如果文章得意，可把原卷领出来寄侄京城。如果不满意，就不寄了。

儿子等在京平安，纪泽兄妹二人，身体结实，肤色稍黑。洋人在江苏滋扰，于六月十一日攻陷镇江，有大船几十只，在大江游弋。江宁、扬州两府，很是危急。然而，天不降灾，圣人在上，所以人心安定。同乡王翰城告假出京，儿子和陈岱云也准备送家眷回南方，与郑莘田、王翰城四家同队出京。儿子与陈家，本在六月底计划好了，后在七月初一请人扶乩，似可不必轻举妄动，因此中止了。现在儿子与陈家，仍然不送家眷回南方了。

正月间，俞岱青先生出京，儿子寄有鹿脯一块，托彭山屺转寄，逾后托谢吉人转寄，不知收到没有？前父亲教儿子养须的方法，儿子只留上唇须，不能用水浸透，黄色的多，黑色的少。下唇准备等三十六岁开始留。儿子多次接到家信，都嫌写得不详细，以后希望详细训示，儿子谨禀。（道光二十二年六月日）

致诸弟·读书宜立志有恒

【原文】

诸位贤弟足下：

十一前月八日，已将日课抄与弟阅，嗣后每次家书，可抄三叶付回。日课本皆楷书，一笔不苟，惜抄回不能作楷书耳。

冯树堂时攻最猛，余亦教之如弟，知无不言。可惜弟不能在京，在树堂日日切磋，余无日无刻不太息也！九弟在京年半，余懒散不努力；九弟去后，余乃稍能立志，盖余实负九弟矣！

余尝语贷云曰：“余欲尽孝道，更无他事；我能教诸弟进德业一分，则我之孝有一分，能教诸弟进十分，则我之孝有十分。右作不能教弟成名，则我大不孝矣！”九弟之无所进，是我之大不教也！唯愿诸弟发奋立志，念念有恒；以补我不孝不罪，幸甚幸甚！

岱云与易五近亦有日课册，惜其讥不甚超亘，余虽日日与之谈论，渠究不能悉心领会，颇疑我言太夸。然岱云近汲勤奋，将来必有所成。何子敬近侍我甚好，常彼此作诗唱和，盖因其兄钦佩我诗，且谈字最相合，故子敬亦改容加礼。

子贞现临隶字，每日临七八页，今年已千页矣，近又考订《汉书》之伪，每日手不释卷。盖子贞之学，长于五事，一曰《仪礼》精，二曰《汉书》熟，三曰《说文》精，四曰各体诗好，五曰字好，此五事者，渠意皆欲有所传于后少。以余观之，此二者，余不甚精，不知浅深究竟如何，若字则必传千占无疑矣。诗亦远出时手之上，必能卓然成家。近日京城诗家颇少，故余亦欲多做几首。

金竺虔在小珊家住，颇有面善心非之隙，唐诗甫亦与小珊有隙，余现仍与小珊来往，泯然无嫌，但心中不甚惬洽耳。黄子寿处本日去看他，工夫甚长进，古文有才华，好买书，东翻西阅，涉猎颇多，心中已有许多古董。

何世名子亦甚好，沈潜之至，天分不高，将来必有所成，吴竹如近日未出城，余亦未去，盖每见则耽搁一大也，其世兄亦极沈潜，言动中礼，现在亦学倭艮峰先生。吾观何吴两世兄之资质，与诸弟相等，远不及周受珊黄子寿，而将来成就，何吴必更切实。此其故，诸弟能直书自知之，愿诸弟勉之而已，此数子者，皆后起不凡之人才也，安得诸弟与之联镳并驾，则余之大幸也！

季仙九先生到京服阕，待我甚好，有青眼相看之意，同年会课，近皆懒散，而十日一会如故。余今年过年，尚须借银百十金，以五十还杜家，以百金用。李石梧到京，交出长郡馆公费，即在公项借用，免出外开口更好，不然，则尚须张罗也。

门上陈升，一言不合而去，故余作傲奴诗，现换一周升作门上，颇好，余读《易》旅卦丧其童仆，象曰："以旅与下，其义丧也。"解之者曰："以旅与下者，谓视童仆如旅人，刻薄寡恩，漠然无情，则童仆将视主如逆旅矣。"余待下虽不刻薄，而颇有视如逆旅之意，故人不尽忠，以后余当视之如家人手足也。分虽严明，而情贵周通，贤弟待人，亦宜知之。

余每闻折差到，辄望家信，不知能设法多寄几次否，若寄信，则诸弟必须详写日记数天，幸甚！余写信亦不必代诸弟多立课程，盖恐多看则生厌，故但将余近日实在光景写示而已，伏维绪弟细察。（道光二十二年十一月十六日）

【译文】

诸位贤弟足下：

十一前月八日，已把日课抄给你们看，以后每次写信，可抄三页寄回。我的日课都用楷体，一笔不苟，可惜寄回的抄本就不用楷体了。

冯树堂进步最快，我都他和教弟弟一样，知无不言。可惜九弟不能在这里，与树堂天天切磋学问，我无日无刻不叹息！九弟在京城一年半，我懒散不努力；九弟去后，我才稍微能够立志，因我大有负于九弟了！

我常对岔云说："我想尽孝道，除此没有别的事更重要。我能够教育弟弟们进德修业一分，那我真是尽孝一分；能够教育弟弟们进步十分，那我真是尽孝十分。如果完全不能教弟弟们成名，那我是大大的不孝了。"九弟之所以没有长进，是我的大不孝！只望弟弟们发奋立志，念念有恒，以弥补我的不孝之罪，那就很有幸了！

岱云是易五，近来也有日课册，可惜他们的见识不够超越，我虽天天和他们谈论，他们却不能一一领悟，还怀疑我说的太夸张了。但岱云近来很勤奋，将来一定有成就。

何子名近来对我很好，常常彼此作诗相唱和。这是因为他兄长钦佩我的诗，并已论书法最相合，所以子敬也改变态度，优礼有加。

子忐现在临的是隶书，每天临七八页，今年已临了千页了。近来又考订《汉书》之伪，每天手不释卷。子贞的学问，有五个方面见长。一是《仪礼》精通；二是《汉书》熟悉；三是《说文》精湛；四是各种体裁的诗都写得好；五是书法好。这五个方面的长处，他的想法是都要能传于后世。以我看来，前面三个方面，我不精，不知深浅如何？

如果说到书法，那是必定可传千古疑的了。他的诗，也远远超过了时尚诗人，一定可以卓然成家。近来京城诗家很少，所以我也想多做几首。

金竺虔在小珊家住，两人有嫌隙，面和心不和。唐诗甫也和小珊有嫌隙。我现在仍旧与小珊往来，表面上没有嫌隙，但心里不太乐意和融洽。黄子寿处今天去看他，工夫很长进，古文有才华，喜欢买书，东翻翻，西看看，涉猎很广，心里的古董货收藏不少。

何世兄也日好，沉着潜静得很，天分不高，但将来一定有成就。吴竹如近日没有出城，我也没有去，因为见一次面便耽搁一天时光。他的世兄也很沉着潜静，言行合乎礼节，现在也师事倭良先生。我看何、吴两世兄的资质，和弟弟们不相上下，远不及周受珊、黄子寿，而将来成就，何、吴一定更切实些。因为这个缘故，弟弟自然知道我的意思，希望弟弟们勉励。这几位，都是后起不平凡的人才，如果弟弟们能够与他们并驾齐驱，那是我大感幸运的！委仙九先生到京，丧服满期，对我很好，青眼相看，同年会课，近来都懒散了，但十天一会还维持下来。我今年过年，还要借一百五十两银子，以五十两还杜家，以一百两自己用。李石梧到京，交出长郡馆公费，就在这公费中借用，免得向外面开口更好些，不然的话，又要张罗一番。

门上陈升，因为一言不合，拂袖而去。所以我做了一道《傲奴诗》，现在换了周升作门上，比较好。我读《易》旅封丧其童仆，像曰：“以旅与下，其义丧也。”解释的人说：“以旅与下是说看童仆好比路人，刻薄寡恩，漠然无情，那么童仆也把主人看作路人了。”我对待下人虽说不刻薄，也看得如路人，所以他就不尽忠报效，今后我要把下人当作自己家里人一样亲如手足，办事虽要求严格明白，而感情上还是以沟通为贵。贤弟对特别人，也要知道这个道理。

我每听到通信兵到，便望有家信，不知能不能设法多寄几封？如果寄信，那弟弟们必须详细写日记几天，幸甚！我写信也不必代你们多立课程，恐怕多了产生厌烦心理，所以只写近日实在情形罢了。望弟弟们细看。（道光二十二年十一月十七日）

致诸弟·勉励自立课程

【原文】

诸位贤弟足下：

九弟到家，偏走各亲戚家、必各有一番景况、何不详以音我？四妹小产，以后生育颇难，然此事最大，断不可以人力勉强，劝渠家只需听其自然，不可过于矜持。又闻四妹起最晏，往往其姑反服侍他；此反常之事，最足折福，天下未有不地之妇而可得好处者，诸弟必须时劝导之，晓之以大义。

诸弟在家读书，不审每日如何用功？余自十月初一日立志自新以来，虽懒惰如故，而每日楷书写日记，每日读史十页，每日记茶余偶谈一则，此三事，未尝一日间断。十月廿一日誓永戒吃水烟，洎今已两月不吃烟，已习惯成自然矣，予自立课程甚多，惟记茶余偶谈，读史十页，写日记楷本此三事者，誓终身不间断也。诸弟每日自立课程，必须有日日不断之功，虽行船走路，须带在身边，予除此三事外，他课程不必能有成，而此三事者、将终身行之。

前立志做《曾氏家训》一部，曾与九弟详细道及，后因采择经史，若非经史烂熟胸中，则割裂零碎，毫无线索，至于采择诸子各家之言，尤为浩繁，虽抄数百卷，犹不能尽收，然后知古人作《大学衍义》《衍义补》诸书，乃胸中自有条例，自有议论，而随便引书以证明之，非翻书而偏抄之也。然后知著开之难，故暂且不作《曾氏家训》；若将来胸中道理愈多，议论愈贯串、仍当为之。

现在朋友愈多，讲躬行心得者，则有镜海先生，艮峰前辈，吴竹如窦兰泉冯树堂。穷经知道者，则有吴子序邵慧西。讲诗文字而艺通干道者，则有何子贞。才气奔放，则有汤海秋，英气逼人，志大神静，则有黄子寿。又有王少鹤，名锡振，广西乙未翰要。吴莘畲名尚志，广东人，吴抚台之世兄。庞作人名文寿，浙江人。此四君者，首闻于名而先来拜，虽所造有浅深。要皆有志之上，不甘居于庸碌者也。

京师为人定渊薮，不求则尤之，愈求则愈出，近来闻好友甚多，予不欲先去看别人，恐徒标榜虚声，盖求友以匡己之下逮，此大益也。标榜以盗虚名，是大损也。天下有益之事，即有足损者寓乎其中，不可不辨。

黄子寿近作选将论一篇，共六千余字，真奇才也！黄子寿戊戌年始作破题，而六年之中，遂成大学问；此天分独绝，万不可学而至，诸弟不必反而惊之。予不愿诸弟学他，但愿诸弟学吴世兄何世兄。吴竹如之世兄，现亦学艮峰先生写日记，言有矩，动有法，其静气实实可爱！

何子贞之世兄，每日自朝至夕，总是温书，三百六十日，除作诗文时，无一刻不温书，真可谓有恒者矣。故予从前限功课教诸弟，近来写信寄弟，从不另开课程，但教诸弟有恒而已。盖士人卖书，第一要有志，第二要有识，第三要有恒。有志则断不敢为下流，有识则知学问无尽，不敢以一得自足，如河伯之观海，如井蛙之窥天，皆无识也。有恒则断无不成之事，此三者，缺一不可。诸弟此时惟有识不可以骤炉，至于有志不恒，则诸弟勉之而已。予身体甚弱，不能苦恩，苦思则头晕，不耐久坐，久坐则倦乏，时时属望，惟诸弟而已。

明年正月，恭逢祖父大人七十大寿，京城以进十为正庆；予本拟在戏园设寿筵，窦兰泉及艮峰先生劝止之，故不复张筵，盖京城张筵唱戏，名曰庆寿，实而打把戏；兰泉之劝止，正以此故。现作寿屏两架，一架淳化笺四大幅，系何子贞撰文并书，字有茶碗口大，一架冷金笺八小幅，系吴子序撰文，予自书。淳化笺系内府用纸，纸厚如钱，光彩耀目，寻常琉璃厂无有也。昨日偶有之，因买四张。子贞字甚古，雅惜太太，万不能寄口，奈何奈何？书不能尽言，惟诸弟鉴察，国藩手草。（道光二十二年十二月二十日）

附课程表

一、主敬、整齐严肃、无时不俱，无事时心在腔子里，应事时专一不杂。

二、静坐、每日不拘何时，静坐一会，体验静极生阳来复之仁心，正位凝命，如鼎之锁。

三、早起、黎明即起，醒后勿沾恋。

四、读书不二、一书未点完，断不看他书，东翻西阅，都是徇外为人。

五、读史、廿三史每日读十页，虽有事，不间断。

六、写日记、须端谐，凡日问过恶，身过，心过，口过，皆已出，终身不间断。

七、日知其所亡、每日记茶余偶谈一则，分德行门，学问门，经济门，艺术门。

八、月无忘所能、每月作诗文数首，以验积理之金寡，气之盛否。

九、谨言、刻刻留心。

十、养气、无不可对人言之事，气藏丹田。

十一、保身、谨遵大人手谕，节欲，节劳，节饮食。

十二、作字、早饭后作字，凡笔墨应酬，当作自己功课。

十三、夜不出门、旷功疲神，切戒切戒！

【译文】

诸位贤弟足下：

九弟到家，遍走各亲戚家，一定有一番盛况，为何不详细告诉我？四妹小产，以后生育很难，然而这件事最大，决不可以人力去勉强，要劝他家只要听其自然，不可过于固执。又听说四妹起床最迟，往往是他的姑婆服侍她，这是反常的事情，最容易折去福泽。天下没有不孝的妇女而可以得好处的。

弟弟们要时时劝导她，晓之以大义。

弟弟们在家读书，不知道每天是如何用功的？我自十月初一日立志自新以来，虽淤懒惰仍如往日，而每天用楷书写日记，读史书十页，生病在记茶余偶读一则，这三件事，没有间断过一回。十月二十一日，发誓永远戒掉吃水烟，至今已经两个月不吃，习惯成自然了，我自己设的课程很多，只是记茶余偶谈，读史十页，写日记楷本，这三件事，发誓终身不间断。弟弟们每天自己设立课程，必须天天不间断，就是行船走路，也要带在身边。我除这三件事以外，其他课程不一定求其有成，而这三件，将终身实行。

以前我说过立志做《曾氏家训》一部，曾经与九弟详细说到过，后来因为采择经史，如果不是经史烂熟胸中，那么会割裂零碎，毫无线索，至于采择诸子各家的言论，工作尤其浩繁，虽然抄几百卷，还是不完全。然后才知道古人作《大学衍义》《衍义补》这些书，胸中自有条例，自有议论，而随意引证，不是翻书遍抄。然后才知道著书的难。

所以暂时不作《曾氏家训》。如果将来胸中道理多了，议论贯通了，仍旧可以去作。

现在朋友愈多，讲求躬行心得的，有镜海先生，艮峰前辈，吴竹如、窦兰泉、冯树堂，穷经悟道的，有吴子序、邵慧西，讲诗、文、字而艺通于道的，有何子贞。才气奔放，有汤海秋。英气逼人，志大神静的，有黄子寿，又有王少鹤，名锡振，广西主事，年二十六岁，张筱甫的妹夫。朱廉甫，名琦，广西乙未翰林。吴莘畲，名尚志，广东人，吴抚台的世兄。庞作人，名文寿，浙江人，这四位，先闻我的名来拜访，虽说他们的学问有深浅，却都是有志之士，不甘居于庸碌辈的人物。

京城是人文荟萃之地，不去探求便没有，越去探求就越多。近来听说好朋友很多，我不想先去拜访别人，恐怕徒然标榜虚名。求友用以匡正自己的不到，是大有益处的。标榜以盗虚名，是会受大损失的。天下有获益的事，便有不益的事包含其中，不可不加辨别。

黄子寿近作《选将论》一篇，共六千多字，真是奇才。黄子寿戊戌开始作破题，而六年之中，便成就了大学问，这是天分独一无二，万万不是学得到的，弟弟们不必震惊。我不愿弟弟们学他，但愿弟弟们学吴世兄、何世兄。吴竹如的世兄，现在也学艮峰先生记日记。言，有规矩；行，有法则，他的静气工夫实在可爱！

何子贞的世兄，每天从早到晚，总是温书。三百六十天，除了做诗文外，无一刻不是温书，真是有恒的人。所以我从前限你们的功课，近来写信从不另开课程，都是要你们有恒罢了。因为士人读书，第一要有志气；第二要有见识；第三要人恒心。有志气就决不甘居下游；有见识就明白学无止境，不敢以一得自满自足，如河伯观海、井蛙窥天，都是无知；有恒心就绝没有不成功的事。这三个方面，缺一不可。弟弟们现在只有见识不是马上可以广博的。至于有志有恒，弟弟勉励吧！我身体很弱，不能若想，苦想便头昏；不能久坐，久坐便倦乏。时刻所盼望的，只有几位弟弟罢了。

明年正月，恭逢祖父大人七十大寿。京城以进十为正庆。我本准备在戏园设寿筵，窦兰泉和艮峰先生劝止。所以不准备办。因京城张筵唱戏，名叫庆寿，实际上是打把戏。

兰泉之所以劝止，就是这个缘故，现在作了寿屏两架，一架是淳化笺四大幅，是例子贞撰文并书，字有茶碗口大，一架冷金笺，是吴子序撰文，我自己写字。淳化笺是内府用纸，纸旱如钱币，光彩夺目，平常琉璃厂没有，昨天偶尔有了，因此买了四张。子贞的字很古雅，可昔太大，万不能寄回，奈何？书不尽言，请弟弟鉴察，兄国藩手草。（道光二十二年十二月二十日）

致六弟·述学诗习字之法

【原文】

温甫六弟左右：

五月廿九，六月初一，连接弟三月初一，四月廿五，五月初一，三次所发之信，并四书文二葺，笔力实实可爱！信中有云：“于兄弟出直达其隐，父子祖孙间，不得不曲致其情。”此数语有大道理。余之行事，每自以为至诚可质天地，何妨直情径行。昨接四弟信，始知家人天亲之地，亦有时须委曲以行之者、吾过矣！吾过矣！

香海为人最好，吾虽未与久居，而相知颜深，尔以兄事之可也。丁秩臣王衡臣两君，吾皆未见，在约可为弟之师，或师之，或友之，在弟自为审择。若果威仪可则，淳实宏通，师之可也。若仅博雅能文，友之可也。或师或友，皆宜常存敬畏之心，不宜视为等夷，渐至慢亵，则不复能受其益矣。

弟三月之信，所定功课太多，多则必不能专，万万不可。后信言已向陈季牧借《史记》，此不可不看之书；尔既看《史记》，则断不可看他书。功课无一定呆法，但须专耳。余从前教诸弟，常限以功课，近来觉限人以课程，往往强人以所难；苟其不愿，虽日日遵照限程，亦复无益，故近来教弟，但有一专字耳。专字之外，又有数语教弟，兹待将冷金笺写出，弟可贴之座右，时时省览，并抄一副，寄家中三弟。

香海言时文须家《东莱博议》，甚是，弟先须用笔圈点一遍，然后自选几篇读熟，即不读亦可。无论何书，总须从首至尾，通看一遍；不然，乱翻几页，摘抄几篇，而此书之大局精处，茫然不知也，学诗从《中州集》人亦好，然吾意读总集，不如读专集，此事人人意见各殊，嗜好不同，吾之嗜好，于五古则喜读《文选》，于七古则喜读《昌黎集》，于五律则喜读《杜集》，七律亦最喜《杜诗》，而苦不能步趋，故兼读《元遗山集》。

吾作诗最短于七律，他体皆有心得，惜京都无人可与畅语者。弟要学诗，先须看一家集，不要东翻两阅，先须学一体，不可各体同学，盖明一体，则皆明也。凌笛舟最善为诗律，若在省，弟可就之求救。习字临千字文亦可，但须有恒，每日临一百字，万万无间断，则数年必成书家矣，陈季牧多喜谈字，且深思善悟，吾见其寄岱云信，实能知写字之法，可爱可畏！弟可以从切磋，此等发学之友，愈多愈好。

来信要我寄诗回南，余今年身体不甚壮健，不能用心，故作诗绝少；仅作感春诗七古五章，慷慨悲歌，自谓不让陈卧子，而语太激烈，不敢示人。是仅应酬诗数首，了无可观；项作寄贤弟诗二首，弟观之以为何如？京笔现在无便可寄，总在秋间寄回，若无笔写，暂向陈季牧借一技，后日还他可也；国藩手草。（道光二十三年六月初六日）

【译文】

温甫六弟左右：

五月二十九日，六月初一，接连收到弟弟三月初一，四月二十五，五月初一，三次所发的信，并四书文两篇，笔力确实可爱！信中说，“在兄弟面前直截了当陈速自己的隐情，父子祖孙之间，不得不转弯抹角的表达自己的衷曲。”这几句有大道理。我的办事，每每认为自己是上片至诚可问天地，直截了当又有什么不好？昨接四弟的信，才知道即使是至亲，有时也要委曲行事。这是我的过错！这是我的过错！

香海为人很好，我虽然和他住在一起不久，而了解很深，你可以兄长对待他。丁秩臣、王衡臣两位，我都没有见过，大约可以做弟弟的老师。是认他为师，还是认他为友，弟弟自己决定如果真是威仪可为表率，淳朴实在，宠博通达，认为老师可以。如果只是博雅能文，认为朋友可以。不论是认为师或认为友，都要抱一种敬畏的心理，不要等闲视之，慢慢就怠慢亵渎了人家，那便不能受到教益。

弟弟三月的信，所定功课太多，多了就不专了，万万不可以。后信说已向陈季牧借《史记》，这是不可不熟读的书。你既然读《史记》，便不能看其他书了。功课没有一定的呆办法，只是要专。我从前教各位弟弟，常常限定功课，近来得这样做是强人所难，如果你们不愿意，虽说天天遵守限定功课的进程，也没有益处。所以近来教弟弟，只强调一个专字。专字以外，又有几句话告诉弟弟，现特地用冷金笺写出来，弟弟可以贴在座右，时刻看看，并抄一副，寄家中的三位弟弟。

香海说学时文要学《东莱博义》，很对，弟弟先用笔圈点一遍，然后自选几篇读熟，就是不读也可以。无论什么书，总要从头到尾，通读一遍。不然，乱翻几页，摘抄几篇，而这本书的大的布局，它的精彩之处，却茫然不知道，学诗从《中州集》入手也好，然而，我的意思，读总集不如读专集。这种事情，每个人的看法不同，嗜好也不同。我的嗜好，于五古则喜欢《文选》，于七古则喜欢读《昌黎集》，于五律则喜欢读《杜集》，七律也最喜欢杜诗，而苦于不能亦步亦趋，所以兼读《元遗山集》。

我作诗最不会作七律，其他体裁都有心得，可惜京城里没有入可以在一起畅谈。弟弟要学诗，先要看一家集，不要东翻西看，先要学一体，不可各体同时学，因为明白了一体，便都明白了。凌笛舟最长于诗律，如果在省，弟弟可以就近求教。习字临千字文也可以，但要有恒。每天临帖一百字，万万不要间断，那么几年下来，便成了书法家。

陈季牧喜欢读书法，并且能深思善悟，我看过他给岱云的信，实在了解书法之诀窍，可爱又可畏！弟弟可以和他切磋。这样好学的朋友，越多越好。

来信要我寄诗回去，我今年身体不壮健，不能用心，所以作诗非常少，仅仅作了感春诗七古五章，慷慨悲歌，自己说不让陈卧子，但词语太激烈，不敢给别人看。其余仅是应酬诗几首，没有什么可观的。现作寄贤弟诗两首，弟弟看后以为如何？京笔现在没有便人带寄，总在秋天寄回。如果没有笔写，暂时向陈季牧借一枝，日后还他好了。兄国藩手草。（道光二十三年六月初六日）

致诸弟·劝述孝悌之道

【原文】

澄侯叔淳季洪三弟左右：

五月底连接三月初一，四月十八，两次所发家信。四弟之信，具见真性情，有困心衡虑郁积思通之象。此事断不可求速效，求速效必助长，非徒无益，而又害之。必要日积月累，如愚公之移山，终究必有豁然贯通之侯，愈欲速则愈锢蔽矣，来书往往词不达意，我能深谅其苦。

今人都将学字看错了，若细读贤贤易色一章，则绝大学问，即在家庭日用之间：于孝悌两字上，尽一分，便是一分学，尽十分，便是十分学，今人读书皆为科名起见，于孝悌耸纪之大，反似与书不相关。殊不知书上所载的，作工时所代圣贤的，无非要明白这个道理。若果事事做得，即笔下说不出何妨；若事事不能做，并有亏于伦纪之大，即文章说得好，亦只算个名教中之罪人。

贤弟性情真挚，而短于诗文，何不日日在孝悌两字上用功？《曲礼》内则所说的，句句依他做出，务使祖父母父母叔父母无一时不安乐，无一时不用适；下而兄弟妻子，皆蔼然有恩，秩然有序，此真大学问也！若诗文不好，此时事不足计，即好极亦不值一钱，不知贤弟肯则听此语否？科名之气以可贵者，诈其足以承堂上之欢也，也谓禄仕可以养亲也。今吾已得之矣，即使诸弟不得。亦可以承欢，亦可以养亲，何必兄弟尽得哉？贤弟若细思此理，但于孝梯上用功，不于诗文上用功，则诗文不期进而自进矣。

凡作字总须得势，使一笔可以走千里。三弟之字，笔笔无势，是以局促不能远纵，去年曾与九弟说及，想近来已忘之矣。九弟欲看余白折，余所写折子甚少，故不付。

地仙为人主葬，害人一家，丧良心不少，未有不家败人亡者，不可不力阻凌云也。至于纺棉之说，中直隶之三河市灵寿县，无论贫富男妇，人人纺布为生，如我境之耕田为生也。江南之妇人耕田，独三河之男人纺布也。湖南如浏阳之夏布，祁阳之葛布，宜昌之棉花，皆无论贫富男妇人，皆依以为业，并此不足为骇异也。第风俗难以这变，必至骇人听闻，不如删去一段为妙！书不尽言。国藩手草。（道光二十三年六月初六日）

【译文】

澄侯、叔淳、季洪三弟左右：

五月底连接三月初一，四月十八日两次所发家信，四弟的信，都见真性情，有困心衡虑、郁积思通的气象，这件事决不可以求快，快了便成了拔苗助长，不仅没有益处，而且有害。只要日积月累，像愚公移山一样，终有豁然贯通的时候，越起快越易锢、蔽塞，来信往往词不达意，我能谅解他的苦衷。

今天的人都把学字看错了。如果仔细读贤贤易色一章，那么绝大的学问，就在家庭日用中间，在孝、悌二字上尽一分，便是一分学，尽十分，便是十分学。今天的人读书，都是为了科名，对于孝、悌、伦、纪的大义，反而似乎与读书不相干，殊不知书上所写的，作文时代圣贤说的，无非是要明白这个道理。如果真的事事做到，那么就是笔下写不出来，又有什么关系呢？如果件件事不能做，并且有愧于伦纪之大义，那即使文章说得好，也只算得一个名孝中的罪人。

贤弟性情真挚，而不善诗文，何不天天在孝、悌两字上下功夫？《曲礼》内则所说的，句句依它去做，务使祖父母、父母、叔父母没有一时不安乐，没有一刻不舒适。往下对于兄弟妻子，都和蔼有恩，井然有序，这真是大学问。如果诗人不好，这是小事不必计较，就是好得不得了也不值一个钱。不知道贤弟肯听这话不？科名之所以不贵，是说它足以承堂上大人的欢心，说拿了俸中禄可以养亲。现在，我已得到，即使弟弟们不得，也可以承欢，也可以养亲，何必各位弟弟都得呢？贤弟如果细想这个道理，而在孝、悌上用功，不在诗文上用功，那么诗文不希望它进步都自然会进步。

凡写字总要得一种势头，使一笔可以走千里。三弟的字，笔笔没有气势，所以局促而不能远纵。去年曾经和九弟说过，我想是近来忘记了吧。九弟想看我的白折，我所写的折子很少，所以不寄了。

地仙为人家主持丧事，害人一家，丧良心不少，没有不家败人亡的，不可以不极力去阻止凌云。至于纺棉花的说法，如直隶的三河市、灵寿县，无论贫与富，男与女，人入纺布为生，好比我们那儿靠耕田为生一样，江南的妇女耕田，如同三河的男人纺布是一样，湖南如浏阳的夏布，祁阳的葛布，宜昌的棉花，都是不论贪官男女，都依靠以为生计，这并不足奇怪。只是风俗难于速变，一定要骇人听闻，不如删去一段为纱删言，兄国藩手草。（道光二十三年六月初六日）

致诸弟·温经更增长见识

【原文】

四位老弟左右：

二月初十日，黄仙垣来京，接到家信，备悉一切，欣慰之至。朱啸山亦于是日到，现与家心斋同居。伊兄代伊觅得房子，距余寓甚近，不过一箭远耳。郭筠仙现尚未到，余已为凭本胡同关帝庙房，使渠在庙中住，在余家伙食。冯树堂正月初六日来余家，抉会试后再行上学，因小儿春间怕冷故也。树堂于二月十三日考国子监学正，题而耻恶衣恶食者二句，不以天下奉一人策，共五百人入场，树堂写作俱佳，应可以得。

陈岱云于初六日移寓报国寺，其配之柩，亦停寺中。岱云哀伤异常，不可劝止，作祭文一篇三千余字，余为作墓志铭一首，不知陈宅已寄归否？余懒腾寄也。四川门生，现已到廿余人，我县会试者，大约可十五人，甲午同年，大约可念五六人。然有求于者，颇不乏人。

余今年应酬更繁，幸身体大好，迥不似从前光景，面胖而润，较前稍白矣。耳鸣亦好十之七八，尚有微根未断，不过月余可全好也。内人及儿子两女皆好，陈氏小儿在余家乳养者亦好。

六弟九弟在城南读书，得罗罗山为师，甚妙！然城南课以亦宜应，不应，恐山长不以为然也，所作诗文及功课，望日内付来。四弟季弟从觉庵师读，自佳四弟年已渐长，须每日看史书十页，无论能得科名与否，总可以稍长可识。季弟每日须看史，然温经更要紧，今年不必急急赴试也，余容后陈。国藩手具。（道光二十四年二月十四日）

【译文】

四位老弟左右：

二月初十日，黄仙垣来京，接到家信，备悉一切，欣慰之至。朱啸山也在当天到，住心斋那里。他兄代他找到房子，离我家很近，不过一箭之地，郭筠仙还没有到，我已经为他租了本胡同关帝庙的房子，让他在庙里住，在我家吃饭。冯树堂正月初六日来我家，准备会试以后再上学，因小儿春间怕冷的缘故。树堂在二月二三日考国子监学正，题目是“而耻恶衣恶食者”两句，“不以天下奉一人策”，共五百人入场。树堂写作俱佳，应该可以考上。

陈岱云在初六日移住报国寺，他的夫人灵柩，也停在寺里。岱云非常哀痛，不能劝止，作祭文一篇，三千多字，我为他夫人作了墓志铭，不知陈家已寄回去没有？我懒得誊写寄了。四川门生，现在到了二十多个。我县会试的，大约十五人，甲午同年，大约二十五、六人。然而，有求于我的，还颇为不少呢。

我今年应酬更多，幸亏身体大好，完全不像从前，脸胖而红润，比以前白。耳鸣也好了十之六八，还有点儿没有断根，不过个把月即可全好，内人及儿女都好、陈家小儿在我家乳养，也好。

六弟、九弟在城南读书，得罗罗山为老师，很妙！然而城南的课也似乎要应付，不然，恐怕山长不以为然，所作诗文及功课，望日内寄来，四弟季弟从觉庵师读书，自然好。四弟年纪逐渐大了，要每天看史书十页，不管得不得科名，总可以稍长见识。季弟每天要看史，但温习经书更要紧，今年不急于赴考。余容后陈，兄国藩手具。（道光二十四年八月十八日）

致诸弟·勿为时文所误

【原文】

四位老弟足下：

余于三月廿四，移寓前门内西边碾儿胡同，与城外消息不通，四月间到折差一次，余竟不知，迫既知而折差已去矣。惟四月十九欧阳小岑南归，余寄衣箱银物并信一件。四月廿四梁录庄南归，余寄书卷零物并信一件。两信皆仅数语，至今想尚未到，四月十三黄仙垣南归，余寄闱墨，并无书信，想亦未到。兹将三次所寄各物，另开清单付回，待三人到时，家中照单查收可也。

内城现住房共廿八间，每月房租京钱三十串，极为宽敞，冯树堂郭筠仙所住房皆清洁。甲三三月廿四日上学，天分不高不低。现已读四十天，读至自修斋至平治矣。因其年大小，故不加严，已读者字皆能认。两女皆平安，陈岱云之子，在余家亦甚好。内人身子如常，同又有喜，大约九月可生。

余体气较去年略好，近因应酬太紧，天气渐热，又有耳鸣之病。今年应酬，较往年更增数倍，第一为人写对联条幅，合四川湖南两省，求书者几日不暇给。第二公车来借钱者甚多，无论有借无借，多借少借，皆须婉言款待。第三则请酒拜客，及会馆公事。

第四则接见门生，颇费精神。又加以散馆殿试，则代人料理，考差则自己料理，诸事亢杂，遂无暇读书矣。

五月十一日，接到四月十三家信，内四站六弟各文二首，九弟季弟各文一首，四弟东皋课文甚洁净，诗亦稳妥，则何以哉一篇，亦清顺有法。第词句多不圆足，笔亦平沓不超脱，平沓最为文家所忌，宜力求痛改此病，六弟笔爽利，近亦渐就范围，然词意平庸，无才气峥嵘之处，非吾意中之温甫也，如六弟之天姿不凡，此时作文，当求议论纵横，才气奔放，作如火如荼之文，将来庶有成就。不然，一挑半剔，意浅调插，即使获售，亦当渐其文之浅薄不堪。若其不售，则又两失之矣。

从罗罗山游，不知罗山意见如何，吾谓六弟今年入泮固妙，万一不入，则当尽弃前功，一志从事于先辈大家之文。年过二十，不为少矣。若再扶墙摩壁，役役于考卷搭截小题之中，将来时过而业仍不精，必有悔恨于失计者，不可不早图也，余当日实见不到此，幸而早得科名，未受其害，向使至今未尝入泮，则数十年从事于吊渡映带之间，仍然一无所得，岂不腼颜也哉？此中误人终身多矣，温甫以世家之子弟，负过人之资质，即使终不入泮，尚不至于饥寒，奈可亦以考卷误终身也？

九弟要余改文详批，余实不善改小考文，当请曹西垣代改，下次折弁付回。季弟文气清爽异常，喜出望外，意亦层出不穷。以后务求才情横溢，气势充畅，切不可挑剔敷衍，安于康陋，勉之勉之！初不基不可不大也。书法亦有褚字笔意，尤为可喜！总之吾所望于诸弟者，不在科名之有无，第一则孝悌为端，其次则文章不朽，诸弟若果能自立，当务其大者远者，毋徒汲汲于进学也。冯树堂郭筠仙在寓，看书作文，功无间断。

陈季牧日日习字，亦可畏也！四川门生留京约二十人，用功者颇多。余不尽言。国藩草。（道光二十四年五月十二日）

【译文】

四位老弟足下：

我于三月二十四日，移到前门内西边碾儿胡同居住，与城外不通消息。四月间到通信兵一次，我竟不知道，等到知道通信兵已经走了。四月十九日，欧阳小岑回湖南，我托寄衣箱银物和信一件。四月二十四日，梁录庄回湖南，我托他带书卷零物和信一件。两封信都只有几句话，至今想必还没有到。四月十三日，黄仙垣回湖南，我寄闱墨，没有信，想必也没有到，现把三次所寄各物，另开清单付回，等三人到时，家里照单查收。

内城的住房一共二十八间；每月房租京钱三十串，很是宽敞。冯树堂、郭筠仙所住房屋，都清洁。甲三在三月二十四日上学，天分不高不低，现在已读了四十天，读到修齐到平治。因年龄大小，所以管得不严，已读的字都认得。两个女儿都平安。陈岱云的儿子，在我家也很好。内人的身体如常，现在又怀孕，大约九月间可以生。

我的身体比去年略好些，近来因为应酬太繁忙，天气渐热，又发了耳鸣病。今年应酬。几倍于往年。第一，是为别人写对联、条幅，四川、湖南两省合计起来，求书的人几乎日不暇给。第二是公车来借钱的很多，不管有借没有借，借多借少，都要婉言接待。第三是请酒拜客和会馆的公事。第四是接见门生，颇费精神。又加上散馆殴试，代人料理，考差自己料理，这么多事，便没有时间读书了。

五月十一日，接到四月十三日家信。其中，四弟六弟文章各一篇，九弟季节文章各一篇。四弟东皋课文很干净，诗也稳妥。《则何以哉》一篇，也清顺有法。只是词句不够圆足，笔力也平沓不超脱。平铺直叙最为作文所忌，要力戒这个毛病。六弟笔锋爽利，近来也能就范围、不跑题，但词意平庸，没有才气和峥嵘骨骼，不是我想象中的温甫。以六弟的不凡天姿，这时作文，当求议论纵横，才气奔放，做出如火如荼的文章，将来也许有所成就。不然，一挑半剔，意浅调卑，就是得志，也当惭愧文章大浅薄不堪了。

如果不得志，那又两方面都失掉了。今年从罗罗山学。不知罗山意见如何？

我说六弟今年放学固然很妙，万一不入，应当尽弃前功，一心从事于先辈大家的文章。年过二十，不年轻了，如果再扶墙摩壁，热衷于考试截那些小题目中，将来时间过去了，而学业仍然不精，必有悔恨自己失策的一天，不可以不早自为谋划。我当日实在没有看到这点，幸亏早得了科名，未受其害。就是至今没有入学，那几十年从事于吊渡映带之间，仍然一无所得，那不是腼颜吗？这中间误人终身的大多。温甫以世家子弟，又有过人的资质，就算不能入学，还不至于饥寒，为什么也要在考卷上误终身呢？

九弟要我修改他的文章，详细批注，我实在不会改小考文章，当请曹西垣代改，下次通信兵付回。季弟文气清爽异常，喜出望外，意境也层出不穷。以后务求才气横溢，气势充畅，切不可挑剔敷衍，安于庸陋，勉之勉之！初不基不可不大。书法也有椿字笔意，尤其可喜！总之，我希望于弟弟们的，不在科名的有无，第一是孝、悌，其次才是文章不朽。弟弟如果真能自立，应当去抓大的、长远的，不要徒然汲汲于进学一件事。

冯树堂、郭筠仙在京城寓所，看书作文，工夫不间断，陈季牧天天习字，也可畏，四川门生留京的大约二十人，用功的很多。其余不一一说了。兄国藩草。（道光二十四年五月十二日）

禀父母·教弟注重看书

【原文】

国藩跪禀

父母亲大人万福金安。初十日顺天乡试发榜，湖南中三人，长沙周荇农中南元。率五之归，本拟附家心斋处，因率五不愿坐车，故附陈岱云之弟处，同坐粮船。昨岱云自天津归云：“船不甚好。”男颇不放心，幸船上人多，应可无虑。

诸弟考试后。闻肄业小罗庵巷，不知勤惰若何？此时惟季弟较小，三弟俱年过二十，总以看书为主。我邑惟彭薄墅先生看画略多，自后无一人讲究者，大抵为考试文章所误。

殊不知看书与考试，全不相碍，彼不看书者，亦仍不利考如故也。我家诸弟，此时无论考试之利不利，无论文章之工不工，总以看书为急。不然，则年岁日长，科名无成，学问亦无一字可靠，将来求为塾师而不可得。或经或史，或诗集文集，每日总要看二十页。

今年以来，无日不看书，虽万事业忙，亦不废正业。闻九弟意欲与刘霞仙同读书，霞仙近来见道甚有所得，九弟若去，应有进益，望大人斟酌行之，不敢自主。此事在九弟自为定计，若愧奋直前，有破釜沉舟之志，则远游不负。若徒悠忽因愣，则近处尽可度活，何必远行百里外哉？求大人察九弟之志而定计焉，余容续陈。国藩谨禀。（道光二十四年九月十九日）

【译文】

儿子国藩跪禀

父母亲大人万福金安。初十日顺天乡试发榜，湖南中了三个，长沙周荇农中了南元。率五回，本准备放在心斋处一起回，因率五不愿坐车，所以附在陈岱云弟弟那里，同坐粮船。昨天岱云从天津回来说："船不怎么好。"儿子颇为担心。幸亏船上人多，应该没有什么可虑的。

各位弟弟考试以后，听说肄业小罗庵巷，不知勤情情况如何？这时只有季弟小，其他三个都过了二十，总以看书为主。我们家乡只有彭薄墅先生看书略多，自他以后没有一个人讲究了，大抵是为考试文章所误。殊不知看书与考试，全不互相妨碍。不看书的，也仍然不利于考。我家各位弟弟，现在不管考试利与不利，不管文章工与不工，总以看书为急需之事。不然，年纪一天天大了，科名没有成就，学问也没有一个字可靠，将来就是想做乡下私塾的教书先生也没有人请。或经或史，或诗集文集，每天总要看二十页。

儿子今年以来，没有一天不看书，虽说万事丛忙，也不废正业。听说九弟想与刘霞仙同伴读书，霞仙近来学问很有心得，九弟如果去，应该有益处，希望大人反复斟酌，儿子不敢做主，这件事在九弟应自己定计，如果发奋向前，破釜沉舟的志气。那么就不负这种远游。如果徒然悠忽因循，那在近处尽可以过日子，何若跑到百里之外去呢？求大人观察九弟的志向再定夺。其余以后禀告。儿子国藩谨禀。（道光二十四年九月十九日）

致诸弟·必须立志猛进

【原文】

四位老弟足下：

自七月发信后，未接诸弟信，乡间寄信，较省城寄信百倍之难，故余亦不望。然九弟前信，有意与刘霞仙同伴读书，此意甚佳，霞仙近来读朱子书，大有所见，不知其言话容止，规模气象如何？若果言动有礼，威仪可则，则直以为师可也，岂特友之哉？然与之同居，亦须真能取益乃佳，无徒浮慕虚名；人苟能自立志，则圣贤豪杰，何事不可为？何必借助于人？我欲仁，斯仁至矣。我欲为孔孟，则日夜孜孜，惟孔孟之是学，人谁得而御我哉？若自己不立志，则虽日与尧舜禹汤同住，亦彼自彼，我自我矣，何与于我哉？

去年温甫欲读书省城，我以为离却家门局促之地，而与省城诸胜己者处，其长进当不可限量，乃两年以来，看书亦不甚多，至于诗文，则绝无长进，是不得归咎于地方之促也。

去年余为择师丁君叙忠，看以丁君处太远，不能从，余意中遂无他师可从。今年弟自择罗罗山改文，而嗣后杳无消息，是又不得归咎于无良友也。日月逝矣，再过数年，则满三十，不能不趁三十以前，立志猛进也。

余受父教而余不能教弟成名，此余所深愧者；他人与余交，多有受余益者，而独诸弟不能让人受益，此又余所深恨者也！今寄霞仙信一封，诸弟可抄存信稿而细玩之，此余数年来学思之力，略具大端。六弟前嘱余将所作诗抄录寄回，余往年皆未存稿，近近存稿者，不过百余首耳，实无暇抄写，待明年将全本付回可也。国藩草。（道光二十四年九月十九日）

【译文】

四位老弟足下：

自七月发信以后，没有接到弟弟们的信。乡里寄信，比省城寄信要难百倍，所以我也不望。然而九弟前次信中说他有意与刘霞仙同伴读书，这个想法很好。霞仙近来读《朱子》的书，大有所见，但不知道他的谈吐容貌、规模气象怎样？

如果言语行为有礼。

威仪可为表率，那么师从他也可以，哪里只限于朋友呢？但与他同住，也要真能收益才好，不要徒然仰慕别人的虚名。一个人假若自己能立志，那么，圣贤豪杰，什么事情不可为？何必一定要借助别人呢？我想仁，仁便达到了。我要做孔、孟，那就日夜孜孜以求，唯有孔、孟才去学，那又谁能抵御得住呢？如果自己不立志，那丢虽说天天与尧、舜、禹、汤同住，也是他是他，我是我，又与我有何关系？去年温甫想到省城读书，我以为离开家庭局促的狭小天地，而与省诚那些强过自己的人相处，进步一定不可限量的。

两年以来，看书也很多，至于诗文，则绝没有长进，因而不得归咎于天地的局促。

去年我为他选择了丁君叙忠，后来因丁君处太远了，不从，我意中便没有其他老师可从了。今年弟弟自己选择罗罗山改文，以后却杳无消息，历而又不得归咎于没有良师益友。日月时光飞逝了；再过几年，就满三十，不能不趁三十岁前，立志猛进。

我受父亲教育，而不能教弟弟成名，这是我深感惭愧地。别人与我交，多数受到我的益处，而独独几位弟弟不能受益，这又是我深尧痛恨的。今寄霞仙信一封，各位弟弟可抄下来细细把玩，这是我数年来学习思考的力作，规模大体上具备了。六弟嘱咐我把作的诗抄录寄回，我往年都没有存槁，近年存了稿的，不过百多首。实在没有时间抄写，等明年把全本付回好了。国藩草。（道光二十四年九月十九日）

致诸弟·读书必须有恒心

【原文】

四位老弟足下：

前月寄信，想已接到。余蒙祖宗遗泽，祖父教训，幸得科名，内顾无所忧，外遇无不如意，一无所缺矣。所望者，再得诸弟强立，同心一力，何患令名不显，何愁家运这不兴。欲别立课程，多讲规条，使诸弟遵而行之，又恐诸弟习见而生厌心；欲默默而不言，又非长兄督责之道。是以往年常示诸弟以课程，近来则只教以有恒二字。所望于诸弟者，但将诸弟每月功课，写明告我，则我心大慰矣！

乃诸弟每次写信，从不将自己之业写明，乃好言家事及京中诸事；此时家中重庆，外事又有我照料，诸弟一概不管可也。以后写信，但将每月作诗几首，作文几首，看书几卷，详细告我，则后写信，但将每月作诗几首，作文几首，看书几卷，详细告我，则我欢喜无量！诸弟或能为科名中人，或能为学问中人，其父母之令子一也，我之允喜一也。慎弗以科名稍迟，而遂谓无可自力也。如霞仙今日之身份，则比等闲之秀才高矣。若学问愈进，身份愈高，则等闲之举人进士，又不足论矣。

学问之道无穷，而总以有恒为主，兄往年极无恒，近年略好，而犹未纯熟。自七月初一起，至今则无一日间断，每日临帖百字，抄书百字，看书少须满二十页，多则不论。

自七月起，至今已看过《王荆公全集》百卷，《归震川文集》四十卷，《诗经大全》二十卷，《后汉书》百卷，皆朱笔加圈批。虽极忙，亦须了本日功课，不以昨日耽搁，而今日补做，不以明日有事，而今日预做。诸弟若能有恒如此，则虽四弟中等之资，亦当有所成就，况六弟九弟上等之资乎？

明年肄业之所，不知已有定否？或在家，或在外，无不可者，谓在家不好用功，此巧于卸责者也。吾争在京，日日事务纷冗，而犹可以不间断，况家中万万不可及此间之纷冗乎？

树堂均仙自十月起，每十日作文一首，每日看书十五页，亦极有恒。诸弟试将《朱子纲目》过笔圈点，定以有恒，不过数月，即圈完矣。若看注疏，每经不过数月即完，切勿以家中有事，而间断看书之事，又勿以考试将近，而间断看书之课。虽走路之日，到店亦可看，考试之日，出场亦可看也。兄日夜悬望，独此有恒二字告诸弟，伏愿诸弟刻刻留心。兄国藩手草。（道光二十四年十一月廿一日）

【译文】

四位老弟足下：

前月寄的信，想已接到。我承蒙祖宗留下的遗泽，祖父的教训，幸运的得了科名。没有内顾之忧，却有得意的外遇，算是一无所缺了，所希望的，是弟弟们个个自强自立，同心协力，又怕什么名声不显赫，家运不兴旺呢，想另立课程，多讲条规，使弟弟们遵行，又恐怕弟弟们见而生厌；想默默不说，又怕失了兄长督责的道义。所以往年常限弟弟们的功课，近来只强调有恒二字，所希望弟弟们的，是把每月功课，写明白告诉我，那我的心里便有了安慰。

但弟弟们每次写信，从不把自己的学业写明白，只是喜欢说家事和京城中的事。这个时候，家里正处于庆祝气氛之中，外面的事又有照料。弟弟们可以一概不管，只要把每月作诗几首，作文几篇，看书几卷，详细告诉我，那我太高兴了。各位弟弟或者可以成为科名中的人，或者可以成为学问中的人，但为父母的令子却都一样，这是我高兴的第一一点。要慎重，不要以科名迟了，便说自己不行。如霞仙，今天的身份，比一般的秀才就高一些。如果学问再进，身份更高，那一般的举人进士，又不必去说了。

学问是没有穷尽的，总以有恒为主。兄长往年没有恒心，近年略好，而还没有纯熟。自七月初一起，至今没有一天间断。每天临帖百字，抄书百字，看书至少二十页，多不论。自七月起，到现在已经看过《王荆公文集》百卷，《归震川文集》四十卷，《诗经大全》二十卷，《后汉书》百卷，都朱笔加圈点批注。虽然很忙，也要了结当天功课，不因昨天耽搁了，今天补做，也不因明天有事，今天预先做。弟弟们如果能这样有恒，那四弟虽是中等的资质，也应当有所成就，何况六弟、九弟是上等资质呢？

明年肄业的地方，不知定了没有？或者在家，或者在外，都无不可。说在家不好用功，这是巧于卸责。我现在京城，天天事务纷冗，都可以不间断，何况在家呢？

树堂、筠仙从十月起，每十天作文一篇，每天看书十五页，也很有恒。弟弟们试着把《朱子纲目》过目圈点，坚持有恒，不要几月，就看完了。如果看注疏，每经不过几个月就看完，切不要强调家中有事，而间断看书。也切不要强调考试将近，而间断看书。就是走路的时候，到店的时候，都可以看。考试那天。出场也可以看。兄长日夜悬望，只有“有恒”二字告弟弟们，愿弟弟们时刻留心。兄国藩手草。（道光二十四年二一月二十一日）

致诸弟·按月作文寄京

【原文】

四位老弟足下：

去年十二月廿二日，寄去书函，谅已收到。项接四弟信，谓前信小注中，误写二字，其诗此即付还，今亦忘其所吴语何矣。诸弟写信，总云仓忙，六弟去年曾言南城寄信之难，每次至抚院斋奏厅打听云云，是何其蠢也？静坐书院三百六十日，日日皆可信，何必打听听差行期而后动笔哉？或送至提塘，或送至岱云家，皆万无一失。

何必问了无涉之斋奏厅哉？若弟等仓忙，则兄之仓忙，殆过十倍，将终岁无一字寄家矣。

送王五诗第二首，弟不能解，数千里致书来问，此极虚心，余得信甚喜；若事事勤思善问，何患不一日千里，兹另纸写明寄口。家塾读书，余明知非诸弟所甚愿，然近处实无名师可从。省城如陈尧农、罗罗山，皆可谓名师，而六弟、九弟，又不善求益；且住省二年，诗文与字，皆无大长进。如今我虽欲再言，堂上大人亦必不肯听。不如安分耐烦，寂处里斗，无师无友，挺然特立，作第一等人物，此则我之所期于诸弟者也。

昔婺源汪双池先生，一贫如洗，三十以前，以窑上为人佣工画碗。三十以后，读书训蒙，到老终身不应科举，卒著收百余卷，为本朝有数名儒，彼何尝有师友哉？又何尝出里闾？余所望于诸弟者，如是而已，然总不出乎“立志”“有恒”四字之外也。

买笔付回，须待公车归，乃可带回，大约府试、院试可待用，悬试则赶不到也。诸弟在家作若能按月付至京，则余请树堂随到随改，不过两月，家中又可收到。书不详尽，余俟续县。兄国藩手草。（道光二十五年二月初一日）

【译文】

四位老弟足下：

去年十二月二十二日，寄信一封，想已收到。刚接到四弟的信，说前信小注中，误写二字，那首诗马上附回，现在他忘记所误是什么。诸位弟弟写信，总说忙碌。六弟去年曾说南城寄信的难，每次到抚院斋奏厅打听，真是太蠢了。静坐书院三百六十天，天天都可写信，何必打听通信兵行期再动笔？或者遇到提塘，或者送到岱云家，都万无一失，何必去问了无关涉的斋奏厅？如果弟弟等很忙，那兄长的繁忙，比你们忙碌十倍，那不是一年无一字寄回家了。

送王五诗第二首，弟弟不懂解，几千里写信来问，这很虚心，我读了信很高兴。如件件事都勤思善问，不怕不一日千里。现另纸写明寄回。在家塾读书，我明知弟弟不很愿意，但附近实在没有名师可从。省城如陈尧农、罗罗山，都可说是名师，而六弟、九弟，又不大善于求学。并且住省两年，诗文与字，都没有大长进。如今虽然我想再说，堂上大人也必不肯听，不如安分耐烦，寂处里宅，无师无友，挺然特立，作第一等人物，这是我所期待于弟弟们的。

过去婺源汪双池先生，一贫如洗，三十岁以前，在窑上为别人打工画碗。十岁以后，读书训蒙，到老终身不参加科举考试，终于著书百多卷，为清朝有数名儒，他何尝有师友，又何尝走出家乡一步？我所朗待弟弟们的，如此罢了，总不外乎“立志”“有恒”四字。

买笔付回，要等公车回，才能带回，大约府试可待用，县度则赶不到了。诸位弟弟在家作文，如能按月付到京城，那我请树堂随到随改，不过两个月，家中又不可收到。信写得不详尽，其余等以后再写。兄国藩手草。（道光二十五年二月初一日）

致诸弟·评文字之优劣

【原文】

子植季洪两弟左右：

四月十四日接子植二月三月两次手书；又接季洪信一函，子植何其详，季洪何其略也？今年以来，京中已发信七号，不审俱收到否？第六号第七号；余皆有禀堂上，言今年恐不考差，彼时身体虽平安，而癣疥之疾未愈，头上面上颈上，并斑驳陆离，恐不便于陛见，故情愿不考差。恐堂上诸大人不放心，故特作白折楷信，以安慰老亲之念。

三月初有直隶张姓医生，言最善治癣，贴膏药于癣上，三日一换，贴三次即可拔出脓水，贴七次即痊愈矣。初十日，令于左胁试贴一处，果有效验。廿日即令贴头面颈上，至四月八日，而七次皆已贴毕，将膏药揭去，仅余红晕，向之厚皮顽癣，今已荡然平矣，十五六日即贴遍身，计不过半月，即可毕事，至五月初旬考差，而通身已全好矣。现在仍写白析，一定赴试，虽得不得自有一定，不敢妄想，而苟能赴考，亦可上慰高堂诸大人期望之心。寓中大小关吉，惟温甫前月底偶感冒风寒，遂痛左膝，服药二三帖不效，请外科开一针而愈。

澄弟去年习柳字，殊不足观，今年改习赵字，而参以李北海云麾碑之笔意，大为长进，温弟时文已才华横溢，长安诸友多称赏之！书法以命意大高，笔不足以赴其所见，故在温弟自不称意，而入亦无由称之。故论文则温高于澄，澄难于兄，论书则澄高于温，温难为弟。子植书法，驾涤澄温而上之，可爱之至！可爱之至！但不知家中旧有徐浩书和尚碑，及颜真卿书敦家庙否？若能参以二帖之沉着，直追古人不难矣。狼兼毫四枝，既不合用，可以二枝送莘田叔，以二枝送庵表叔。正月间，曾在岱云处寄羊毫二枝，不知已收到否？五月，钟子宾太守往湖南，可再寄二枝，以后两弟需用之物，随时写信至京可也。

祖父大人嘱买四川漆，现在四川门生留京者仅二人，皆极寒之士，由京至渠家，有五千余里，由四川至湖南，有四千余里，彼此路皆太远。此二人在京，常半年不能得家信，即令彼寄信至渠家，渠家亦万无便可附湖南。九弟须详禀祖父大人，不如在省以重价购顶上川漆为便。

做直牌匾，祖父大人系驰封吵宪大夫，父亲系诰封中宪大夫，祖母驰封恭人，母亲诰封恭人，京官加一级请封，侍读学士是从四品，故堂上皆正四品也。蓝顶是暗蓝，余正月已寄回二顶矣。书不宣尽，诸详澄温书中，今日身上敷药，不及为楷，堂上诸大人，两弟代为禀告可也。（道光。二十六年四月十六日）

【译文】

子植、季洪两弟左右：

四月十四日，接子植二月、三月两次手书，又接季洪信一封。子植那么详细，季洪为什么又那样简略？今年以来，我这里已发信七号，不知都由到没有？第六号、第七号，我都有禀呈堂上大人，说今年恐怕不考差。那时身体虽平安，而癣疥没有好，头上、脸上、颈上，都班剥陆离，恐怕不便于去见皇上，所以情愿不考差，恐怕堂上大人不放心，所以恃写白析楷信，以安慰老亲的悬念。

三月初直隶姓张的医生，说最会治癣，贴了膏药在癣上，三天一换，贴三次就可拔出脓水，贴七次就痊愈。初十日，叫他在左胁试贴一个地方，果然有效。二十日，叫他贴头、脸、颈，到四月八号，七次都已贴完，将膏药揭掉，仅仅剩了红晕，过去的厚皮顽癣，已荡然而平，十、八、六日贴遍身，总共不过半月，就可完毕，到五月初考差，通身全好了。现在仍然写白折，一定赴试，虽说考不上自有一定，不敢妄想，而如果能赴考，也上可慰高堂上各位大人期待的心。家中大小平安，只有温甫前月底偶感冒风寒，左膝痛，吃了两三贴中药，请外科打一针就好了。

澄弟去年习柳字，殊不足观，今年改习赵字，而参以李北海云麾碑的笔意，大为长进。温弟时文已是才华横溢，长安各位朋友都称赞。书法的命意大高，笔不能跟着表现，所以在温弟自己不满意，而别人也没什么可称赞。所以论文，则温高于澄，澄难以为兄；论书法则澄高于温，温难以为弟。子植书法，驾涤、澄、温而上，可爱之至！可爱之至！

但不知家中旧有徐浩书和尚碑，及颜真卿书郭家庙不，如能参以两帖的沉着，那直追古人不难，狼兼毫四伎，既然不合用，可以两枝送莘田叔，以两枝送庵表叔，正月间，曾经在岱云处寄羊毫二枝，不知已收到没有，五月，钟子宾守往湖南，可再奇二枝，以后两弟要用之物，随时写信到京城。

祖父大人嘱咐买四川漆，现在四川门生留京的仅二人，都是很贫寒的士人。由京到他们家乡，有五千多里。由四川到湖南，有四千余里，彼此路都太远。这两人在京城，半年不能收到家信，就是叫他寄信回去，他家也万没有便人附东西到湖南。九弟要详禀祖父大人，不如在省以高价购买上等川漆还便当些。

做直牌匾，祖父大人是驰封中宪大夫，父亲是诰封中宪大夫，祖母驰封恭人，母亲诰封恭人。京官加一级请封，侍读学士是从四品，所以堂上都是正四品。蓝顶是暗蓝。我正月寄回二顶。书不尽宣，诸详澄、温书中。今日身上敷药，不及为楷，堂上诸大人，两弟代为禀告。（道光二十六年四月十六日）

致四弟·读书不可太疏忽

【原文】

澄侯四弟左右：

贺常四到营，接弟信，言早起太晏；诚所有免。去年住营盘，各营皆畏惧早起，自腊月廿六移寓公馆，早间稍晏，各营皆随而渐晏，未有主帅晏而将弁能早者也。犹之一家之中，未能家长晏而子弟能早者也。

沅弟在景德镇，办事甚为称靠，可爱之至！惟据称悍贼甚多，一时恐难克复，官兵有劲旅万余，决可无疑。季弟湖北，已来一信，胡咏帅待之甚厚，家中尽可放心。家中读书事，弟宜常常留心，如甲五科三等，皆须读书，不失在家子弟风范，不可太疏忽也，（咸丰九年六月初四日）

【译文】

澄侯四弟左右。

贺常四到营，接到你的信，说早起大晏，在所难免。去年住营盘，各营都怕早起。

自腊月二十六移庄公馆，早上稍微晏了，各营都随着渐渐晏了。没有主师晏而将弁能早的。好比一家之中，没有家长晏而于弟能早的。

沅弟在景德镇，办事很稳妥可靠，可爱之至！惟据说强悍的敌人很多，一时恐怕难以克复。官兵有劲旅万余，决可无疑。季弟在湖北，已来了一信。胡咏帅待他很厚，家里尽可放心。家里读书的事，弟弟要时刻留心，如甲五科三，都要读书，不失大家子弟风范，不要太疏忽了。（咸丰九年六月初四日）

致四弟·宜劝诸侄勤读书

【原文】

澄弟左右：

沅弟营中久无战事，金陵之贼，亦无粮尽确耗。杭州之贼目陈炳文，闻有投诚之信，克复当在目前。天气阴雨作寒，景象亦不甚匪。吾在兵间日久，实愿早灭此寇，仰斯民稍留孑遗而睹此消息，竟未知何日息兵也？

纪泽兄弟及王甥罗婿读书，均属有恒。家中诸侄，近日勤奋否？弟之勤，为诸兄弟之最，俭字工夫。日来稍有长进否？诸侄不知俭约者，常常训责之否（同治三年三月初四日）

【译文】

澄弟左右：

沅弟营中许久没有战事，金陵之敌，也没有缺粮的确，杭州之敌人头目陈炳文，听说有投降的信，应该不久克复。天气阴雨作寒，景象也不大好。我在战场久了，实在愿意早日消灭敌人，以让老百姓稍留几个后人。而听了这些消息，竟不知哪一天可以息兵？

纪泽兄弟及王甥罗婿读书，都还有恒。家里各位愈来愈侄儿，近来勤奋吗？弟弟的勤奋，是兄弟中之最。俭字工夫，近来稍长进否？侄儿辈不知道俭约的，弟弟常常训责了吗？（同治三年三月初四日）

致九弟·讲求奏议不迟

【原文】

沅弟左右：

弟信言寄文每月以六篇为率，余意每月三次，每次未满千字者则二篇，千字以上者则止一篇。选文之法，古人选三之二；本朝入选三之一，不知果当弟意否？

弟此时讲求奏议，尚不为迟，不必过懊恼。天下督抚二十余人，其奏疏有过弟者，有鲁卫者，不有及者，弟此时用功，不求太猛，但求有恒，以吾弟攻金陵之苦力，用之他事，又何事不可为乎？（同治四年正月廿四日）

【译文】

沅弟左右：

弟弟信中说寄文章每月规定六篇我的意思每月三次，每次不满千字的写两篇，千字以上的只要一一篇。选文的方法，古人选三分之二，本朝入选三分之一，不知合弟弟的意不？

弟弟现在讲求奏议，还不迟，不必过于懊恼。天下督抚二十多人，奏疏超过弟弟的，有鲁卫者，有不及者，弟弟这时用功，不求太猛了，但求有恒心。以我弟攻金陵的苦力，用于其他事，又何事不可以做成。（同治四年正月二十四日）

致四弟九弟·谆嘱瑞侄用功

【原文】

澄沅弟左右：

纪瑞侄得取县案首，喜慰无已！吾不望代代得富贵，但愿代代有秀才。秀才者，读书之种子也。世家之招牌也，礼义之旗帜也。谆嘱瑞侄从此奋勉加功，为人与为学并进，切戒骄奢二字，则家中风气日厚。而诸子侄争相濯磨矣。

吾自受督办山东军务之命，初九十三日两折，皆已寄弟阅看，兹将两次批谕抄阅。吾于廿五日起行登舟，在河下停泊三日，待遣回之十五营，一概开行，带去之六营，一概拔队，然后解维长行，茂堂不愿久在北路，拟至徐州度署。九月间准茂堂还湘，勇丁有不愿留徐者，亦听随茂堂归。总使吉中全军，人人荣归，可去可来，无半句闲话，惹人谈论，沅弟千万放心。

余舌尖蹇涩。不能多说话，诸事不甚耐烦，幸饮食如常耳。沅弟湿毒未减，悬之至！药物断难收效，总以能养能睡为妙！（同治四年五月廿五日）

【译文】

澄、沅弟左右：

纪瑞侄得了县的案首，太高兴了！我不望代代得富贵，但愿代代有秀才。秀才，就是读书的种子，世家的招牌，礼义的旗帜。谆嘱咐瑞侄从此更加奋发，为人与为学并进，世戒骄奢二字，那家里的风气便越淳厚，而子侄们都争相濯磨。

我自受了督办山东军务的命令，初九、十三日两折，都已寄给弟弟看。现将两次批谕抄给你看。我于二十五日起行登船，在河下停泊三天等遣回的十五营，一概开行。带去的六营，一概拔队，然后解维长行。茂堂不愿久在北路，准备到徐州度署，九月间准备茂堂回湖南，士兵有不愿留徐州的，也听其随藏堂回去。总要让吉中全军，人人荣归，可去可未，没有半句闲话，惹人家议论，沅弟千万放心。

我舌尖蹇涩，不能多说话，什么事都不耐烦，幸亏饮食还如常。沅弟湿毒没有减轻，悬念之至！药物绝难收效，总以能养能睡为妙。（同治四年五月二十五日）

致四弟九弟·述为不学有四要事

【原文】

澄沅两弟左右：

屡接弟信，并阅弟给纪泽等谕帖，具悉一切。兄以八月十三出省，十月十五日归署，在外匆匆，未得常寄函与弟，深以为歉小澄生子，岳松入学，是家中近日可庆之事，沅弟夫妇病而速痊，亦属可慰。

吾见家中后辈，体皆虚弱，读书不甚长进，曾以为学四事勉儿辈：一曰看生书宜求速，不多读则太陋。一曰温旧书宜求熟，不背诵则易忘。一曰习字宜有恒，不善写则如身之无衣，山之无木。一曰作文宜苦思，不善作则如人之哑不能言，马之肢不能行。四者缺一不可，盖阅历一生深知之，深悔之者，今亦望家中诸侄力行之。两弟如以为然，望常以此教诫子侄为要。

兄在外倆月有余，应酬极繁，眩晕脑气等症，幸示复发，脚中亦愈。惟目蒙日甚小便太多，衰老相逼，时势当然，无足怪也。（同治六年十月廿三月）

【译文】

澄、沅两弟左右：

多次接到你们的信，并看了弟弟纪泽等的谕帖，具悉一切。兄长八月十三日出省。

十月十五日归署。在外匆匆忙忙，没有常常写信给你们，深以为歉。小澄生子，岳松入学，是家中近日可以庆祝的事。沅弟夫妇病而速愈，也可欣慰。

我见家里后辈，体质虚弱，读书不大长进，曾经以为学等四件事勉励儿辈。一是看生书要求速，不多读就会陋钝。一是温旧书要求熟，不背诵就易忘。

一是习字要有恒，不会写便好比身上无衣，山上无树。一是作文要苦思，不会写文章，好比哑巴不能说话，马跤不能行走。四者缺一不可，这是阅历一生才知道的，今也希望子侄努力实行。两位弟弟如果认为对，望常以这四点教诫子侄。

兄长在外两月有余，应酬很繁忙，眩晕疵气等病，幸亏没有复发，脚肿也好了。只是眼睛蒙蒙一天天厉害，小便太多，衰老相逼而来，时势如此，不足怪。（同治六年十月二十三日）

卷三　治家篇

禀父母·述家和万事兴

【原文】

男国藩跪禀

父母亲大人万福金安。正月八日，恭庆祖父母双寿，男去腊做寿屏二架，今年同乡送寿对者五人，拜寿来客四十人，早面四席，晚酒三席。未吃晚酒者，于十六日廿日补请二席。又请人画椿重荫，观者无不叹羡！

男身体如常，新年应酬太繁，几至日不暇给，媳妇及孙儿女俱平安。正月十五，接到四弟六弟信，四弟欲偕季弟从汪觉庵师游，六弟欲借九弟至省城诚书。男思大人家事日烦，必不能常在家熟照管诸弟，且四弟天分平常，断不可一日无师，读书改诗文，断不可一课耽搁。伏望堂上大人俯从男等之请，即命四弟季弟从觉庵师，其束修银，男于八月付回，两弟自必加倍发奋矣！

六弟实不羁之才，乡间孤陋寡闻，断不足以启其见识而坚其心志。且少年英锐之气，不可久挫，六弟不得入学，即挫之矣，欲进京而男阻之，再挫之矣。若又不许肄业省城，则毋乃太挫其锐气乎？伏望上大人俯从男等之请，即命六弟九弟下省读书，其费用，男于二月间付银什两，至金竺虔家。

夫家和则福自生，若一家之中兄有言，弟无不从，弟有请，兄无不应，和气蒸帮而家不兴者，未之有也。反是而不败者，亦未之有也。伏望大人察男之志！即此敬禀叔父之人，恕不另具。六弟将来必为叔父克家之子，即为吾族光大门弟，可喜也！谨述一二，余续禀。（道光二十三年正月十六日）

【译文】

儿子国藩跪着禀告

父母亲大人万福金安，正月八日，恭敬地庆贺祖父母双寿，儿子去年冬天做了寿屏两架。今年同乡送寿对的五人，拜寿的来宾四十人，早面四席，晚酒三席。没有吃晚酒的，于十六日和二十日补和羡慕的。

儿子身体如常，新年应酬大多，几乎是一天到晚应接不暇。媳妇及孙儿女都平安。正月十五，接到四弟六弟的信，四弟想跟季弟一起从汪觉庵老师学，六弟想跟九弟到省城读书。儿子想父母大人家里的事越来越繁杂，不能经常在家塾学堂照管几位弟弟。并且四弟天分平常，一定不可以一天没有老师讲解课文和修改诗文，一定不可以耽搁一课。

请父母大人就听从儿子的请求，叫四弟季弟从觉庵老师，他们的学费，儿子在八月汇款回来。两位弟弟自然会更加发奋学习了。

六弟实际是一个不愿受约束的人才，由于乡里条件差、见闻少，一定不能够启迪他的见识，坚定他的志向。并且年轻人有一股锐气，不可以久久的受挫折。他为能入学，己是挫折了。想进京了又阻止他。再次受挫折；如果又不准他去省城读书，不是太挫他的锐气了吗？希望父母大人俯从儿子等人的请求，叫六弟九弟到省城读书，他们的学费儿子在二月间付给二十两金竺虔家里。

家庭和睦，那福泽自然产生。如果一家之中，哥哥说了的话，弟弟无不奉行；弟弟有请求，哥哥总是答应，充满和气而家道不兴旺的，从来没有见过。相反的，如果不失败，也从来没有见过。希望大人体谅儿子的心志！就以这封信禀告叔父大人，恕我不另写了。六弟将来必定是叔父家的能承担家事和祖业的人，为我们族上争光，可喜可贺。

谨向大人禀告，其余的容以后再禀告。（道光二十三年正月十六日）

禀父母·教弟以和睦为第一

【原文】

男国藩跪禀

父母大人万福金安。二月十六日，接到家信第一号，系新正初三交彭山屺者，敬悉一切。去年十二月十一，祖父大人忽患肠风，赖神戳佑，得以速痊，烈游子闻之，尚转心悸！六弟生女，自是大喜。初八日恭逢寿诞，男不克在家庆祝，心犹依依。

诸弟在家不听教训，不甚发奋，男观诸来信即已知之。盖诸弟之弟，总不愿在剌的书，自己亥年男在家里，即有此意，牢不可破。六弟欲从男进京，男因散馆去留未定，故此时未许。庚子年接家眷，即请弟等送，意欲弟等京读书也。特以祖父母父母在上，男不敢许，以故但写诸弟而不指定何人。迫九弟来京，其意颇遂，而四弟六弟之惫，尚未遂也。年年株守家园，时有耽搁，大人又不能常在家教之；近地又无良友，考试又不利。兼此数者，佛郁难伸，故四弟六粟不免怨男，其所以怨男者有故。丁酉在家教弟，威克厥爱，甲可怨一矣。云亥在家，未尝教弟一字，可怨二教矣。临进京不肯带六弟，可怨三矣。不为弟择外专，仅延丹阁叔教之，拂厥本意，可怨四矣。明知两弟不厄家居，而屡次信回，劝弟寂守家塾，可怨五矣。

惟男有可怨者五端，故四弟六弟难免内怀隐衷，前此含意不伸，故从不写信与男，去腊来信甚长，则尽情吐露矣。男接信时，又喜又惧，喜者喜弟志气勃勃，不可遏也。惧者，男再拂弟意，将伤和气矣。兄弟和，虽穷氓不户必兴，兄弟不和，虽世家宦族必败。男深知此理，故禀堂上各位大人，俯从男等兄弟之情实以和睦兄弟为第一。九弟前年欲归，男百般昔留，至去年则不复强留，亦恐拂弟意也。临别时彼此恋恋，情深似海，故男自九弟去后，思之尤切，信之九深，谓九弟纵不为科目中人，亦当为孝弟中人。兄弟人人如此，可以终身互相依倚，则虽不得禄位，亦伤哉？

伏读手谕，谓男教弟宜明责之，不宜琐琐告以阅历工夫。

男自忆边年教弟之信，不下数万字，或明责，或婉劝，或博称，或约指，知无不言，总之尽心竭力而已，男妇孙男女身体皆平安，伏乞放心，男谨禀。

（道光二十三年二月十九日）

【译文】

儿子国藩跪着禀告

父母大人万福金安。二月十六，接到家里第一纣信，是新年正月初三交彭山屺的那封，已明白一切。去年十二月十一日，祖父大人忽然患肠风，依靠神灵的保佑，很快痊愈了。但在外的游子听了，心里还是心跳呢。六弟生了一个女儿，这自然是大喜。初八日恭逢寿诞，儿子不能在家里参加庆祝，心里老是依依难忘。

几位弟弟在家里不听大人的教训，不很发奋，儿子看来信已经知道了。看来几位弟弟的意思，总不愿意在家塾学堂读书。儿子还在家里时，就有这个意思，而且牢不可破。六弟想跟儿子进京，儿子在庶常馆学习的去世留尚没有定，所以没有答应。庚子年接家眷进京，请弟弟们送，意思是想弟弟们来京读书，特别是因为祖父母、父母在上，儿子不敢答应，所以只写诸弟而不指定何人。九弟来京，他的意思如愿以偿了，而四弟六弟却没有。年年待在家里，学问时时搁了，大人又不能在家里教他们，附近又没有好的朋友，考试又失败了，有这么几种原因，所以觉得很受压抑而闷郁不乐，所以四弟六弟不免埋怨我。他们埋怨我是有原因的。丁酉年在家教他们时，威严过头而缺少爱抚，可以埋怨的第一点。己亥年在家，没有教弟弟一个字，可以埋怨的第二点。临到进京了不肯带六弟，可以埋怨的第三点。不为弟弟另外选择外面的老师，仅仅只请了凡阁叔，违背了他们的意思，可以埋怨的第四点。明明知道两弟弟不愿在家而屡次回信，劝他们在家读家塾，可以埋怨的第五点。

正因为儿子有可埋怨的五点，所以四弟六弟难免心里藏着这些隐衷，以前一直闷在肚子里没有申述的机会，所以从不给我写信。去年腊月写了一封长信，才把这一肚子怨气都吐了出来，儿子接信时，又高兴又害怕。喜的是弟弟们志气勃勃有生气，不可阻挡。怕的是儿子若再次违背他们的意愿，将会伤了兄弟的和气。兄弟和睦，虽说是穷困的小户有家也必然兴旺。兄弟不和，虽说是世代官宦人家也必然败落。儿子深知这个道理，所以禀告堂上大人，俯从儿子等兄弟的情价，实在是把和睦摆在第一位。九弟前年想回，儿子百般苦苦挽留，到去年才不再强留，也是恐怕违背了他们的意愿。临走时彼此依依不舍，情深以海，所以儿子从九弟走后，非常相信他，也非常想念他，九弟即使不是科场中人，也会是孝、悌中人、兄弟个个如此，可以终身互相依靠，就是不当官，又有什么关系呢？

恭读父母的手书教诲，说儿子教育弟弟应该以明白责备为好，不适宜唠叨教他们阅历。儿子回忆多年来教育弟弟的信，不下数万字，或者明白的责备，或者委婉的规劝，或者从大的广泛的论述，或者从小的方面细细的指点，知无不言，总之，尽一切努力罢了。媳妇和孙子孙女都平安，请放心。儿子谨禀，（道光二十三年二月十九）

禀父母·勿因家务过劳

【原文】

男国藩跪禀

父母亲大人膝下：十六夜，接到六月初八日所发家信，欣悉一切。祖父大人病已十愈八九，尤为莫大之福！六月二十八日，曾发一信升官事，想已收到。冯树堂六月十六日出京，寄回红顶补服袍褂手钏笔等物。廿八月可以到家。贺礼惟七月初五日出京，寄回鹿胶高丽参等物，廿九月可以到家。

四弟九弟信来，言家中大小诸事，皆大人躬亲之，未免过于劳苦。勤俭本持家之道，而人所处之地各不同，大人之身，上奉高堂，下荫儿孙，外为族党乡里所模范，千金之躯，诚宜珍重！且男忝窃卿贰，服役已兼数人，而大人以家务劳苦如是，男实不安于心。此后万望总持大纲，以细微事付之四弟，四弟固谨慎者，必能负荷；而大人与叔父大人惟日侍祖父大人前，相与娱乐，则万幸矣！

京寓大小平安，一切自知谨慎，堂上各位大人，不必挂念，余容另禀。（道光二十六年十八日）

【译文】

儿子国藩跪着禀告

父母亲大人膝下：十六日晚，接到六月初八日所发出的家信，高兴的知识一切，祖父大人的病已好了十之八九，尤其是极大的福分。六月二十六日，曾发了一封信，说升官的事，想必已经收到了。冯树堂六月十六日离开京城，寄回红顶礼服、袍褂、手钏、笔等东西，预廿八月可以到家里。贺礼唯七月初五离开京城，又托他带回鹿胶、高丽参等，预计九月可以送到家里。

四弟九弟写信来，说了家中大小事情，都是大人亲自管理着，不免过于劳苦了些。勤俭本来是持家的道理，而各人所处地位则不同。大人身上，上要奉养高堂，下要养育子孙，对外要做族党乡里的模范人物，千金贵体，应该对身体十分珍重才好，儿子很侥幸的升了官职，帮忙的还有几人，而大人家务如此辛苦，儿子实在心里不安。以后希望大人总揽大政方针，而将细微的事交给四弟。四弟为人谨慎，必定可以担负。而大人与叔父大人，只要天天侍候在祖父大人左右，一起娱乐，那便是万幸了。

在京合家大小都平安，一切都懂得谨慎，堂上各位大人，请不必挂念。其余的函再禀告吧！（道光二十七年七月十八日）

禀叔父母·勿因劳累过度

【原文】

侄国藩谨禀

叔父母大人礼安。十六接家信二件，内父亲一谕，四弟一书，九弟季弟各一书，欧阳牧云一书，得悉一切。祖大人之病，不得少减，日夜劳心，父亲叔父辛苦服侍，而侄无离膝下，竟不得效丝毫之力，终夜思维，刻不能安。

江岷樵有信来，告渠已买得虎骨，七月当亲送我家，以之熬膏：可医痿痹云云，不知果送来否？

闻叔父去年起公屋，劳心劳力，备极经营。外面极堂皇，工作极坚固，费钱不过百千，而见者拟为三百千模范。焦劳太过，后至吐血，旋又以祖父复病，勤劬弥甚；而父亲亦于侍奉祖父之余，撰理家政，刻不少休，侄窃伏思父亲叔父二大人年寿日高，精力日迈，正宜保奏神气，稍稍休息，家中琐细事务，可命四弟管理。至服侍祖父凡劳心细察之事，则父亲叔父躬任之，凡劳力粗重之事，则另添用雇工一人，不够则雇二人。

侄近年以来，精力日差，偶用心略甚，癣疾即发，夜坐略久，次日即昏倦。晃以力加保养，不甚用功，以求无病无痛，上慰堂上之远怀。外间作文，求写字，求批改诗文者，往往历久而莫偿宿诺，是以时时抱疚，日日无心安神恬之时，前四弟在京，能为我料理一切琐事，六弟则毫不无能管；故四弟归去之后外问之回信，家乡应留心之事，有免疏忽发驰。

侄等近日身体平安，合室大小皆顺。六弟在京若劝其南归，一则免告回避，二则尽仰事俯蓄之态，三则六弟两年未作文，必在家中、父亲叔父严责，方可用功。乡试渠不肯归，侄亦无论如何。

叔父去年四十晋一，侄谨备袍套一副；叔母今年四十大寿，侄谨备棉外套一件，皆交曹西垣管回，服满后即可着。母亲外褂并汉禄布夹袄，亦一同付回。闻母亲近思用一丫鬟，此亦易办，在省城买，不过三四十千，若有湖北逃荒者来乡，则更为便益，望叔父命四弟留心速买，以供母亲叔母之使令，其价侄即寄回。

侄今年光景之窘，较甚于往年，然东支西扯，尚可敷衍。若明年能得外差，或升侍郎。便可弥缝。家中今年季弟喜事，不知窘迫否？侄于八月接到俸银。即当寄五十金回，即去年每岁几百金之说也。在京一切张罗，侄自有调停，毫不费力，堂上大人不必挂念，谨禀。（道光二十八年七月二十日）

【译文】

侄儿国藩谨此禀告

叔父母大人礼安。十六日接家信两件，其中父亲的谕示一封，四弟信一封，九弟季弟在省的信各一封，欧阳牧云的信一封，得以知道一切，祖父大人的病，没有减轻，日夜劳心，父亲和叔父辛苦的服侍，而侄儿远离膝下，竟不能出丝毫的力气，整晚翻来覆去地想，实在一刻都不得安宁。

江岷樵有信来，告诉我他已买到虎骨，七月份当会送到我家，用它熬膏，可以医治痿痹病，不知真的送了没有？

听说叔父去年起公房，劳心劳力，尽心尽力经营，外面很堂皇，工程很坚固，花钱不过百千，而参观的人都觉得三倍百千也不为过。但由于焦劳太过分了，以致后为竟吐起血来，接着祖父又生病，勤恳的眼侍非常累。而父亲也在侍奉祖父的闲余，管理家政，一刻也不休息。侄儿心想父亲、叔父两位大人年纪一天天大了，精力也一天天老迈起来，正合适保养神气，稍微休息，家里的琐细事务，可以叫四弟管，至于服侍祖父，凡属劳心粗细的事，由父亲、叔父亲自担任。凡属粗重的事，可以添一名雇工做，不够还可雇两个。

侄儿近年来精力一天天差了，偶尔用心多一点，癣疾便会发。晚上坐得久了，第二天便感到疲倦。所以努力保养身体，不很用功，以便求得没有病痛，上慰堂上大人远方怀念。外面的人来求写文章、题字、批改诗文的，往往很久都不能如愿以偿，因此，经常抱着歉疚，天天没有心安神恬的时候，从前四弟在京，可以帮我料理一切琐事，六弟却毫不能管。四弟回去以后，侄儿对于外面的回信和家乡应当留心的事，不免就疏忽了。

侄儿等近日身体平安，全家大小都顺遂。六弟在京城，侄儿苦苦劝他回湖南，一是免得别人说我不知回避；二是尽他上事堂上大人，下养儿孙的诚意；三是六弟两年来没有作文，一定要在家里，父亲、叔父严加督责，可以用功，乡试他不肯回去参加，侄儿也没有办法。

叔父去年四十晋一岁，侄儿谨备了袍套一副。叔母今年四十大寿，侄儿谨备棉袍一件。都交曹西垣带回，等守孝服满之日就可以穿了，母亲的外褂和汉禄布夹袄，也一起付回家。听说母亲近来想雇一名丫鬟，这件事也容易办。到省城去买，不过三、四十千，如果有湖北逃荒的来乡下，还会便宜些。希望叔父叫四弟留心，迅速去买，以供母亲、叔母的使唤，所需的钱侄儿立即寄回。

侄儿今年窘困的情形，还过于往年。但东支西扯，还勉强可以敷衍过去，明年如能得一外差，或升侍郎，便可以弥补亏空了。家里今年季弟办喜事，不知窘迫不？侄儿在八月接到俸银，马上寄五十金回家，就是去年我说的每年一百金的许诺。在京城的一切张罗，侄儿自己调停妥当，并不费力，堂上大人，不必挂念。侄儿谨禀。（道光二十八年七月二十日）

致诸弟·无时不想回家省亲

【原文】

澄侯子植季洪足下：

正月十一日发一家信，是日子极不闲，又见温甫在外未归，心中懊恼；故仅写信与诸弟，未尝为书禀堂上大人，不知此书近已接到否？

温弟自去岁以来，时存牢骚抑郁之气，太史公所谓居则忽忽若有所亡，出则不知其往者，温甫颇有此象。举业工夫，大为抛荒，闲或思一振奋，而兴致不能鼓舞，余深忧虑，每劝其痛着祖鞭，并心一往。

温弟辄言思得一馆。使身有管束，庶心有维系。余思自为京官，光景尚不十分窘迫，焉有不能养一胞弟，而必与寒士争馆地；向人求荐，实难启口，是以久不为之谋馆。

自去岁秋冬以来，间温弟妇有疾，温弟羁留日久，牢落无偶，而叔父抱孙之念甚切，不能不思温弟南归，且余既官二品，明年顺天主考，亦在可简放之列，恐温弟留京三年，又告回避，念此数者，欲劝温弟南旋，故上次信道及此层，欲诸弟细心斟酌。

不料发信之后，不过数日，温弟即定得黄正斋馆地。现在既已定馆，身有所管束，心有所系属，举业工夫，又可渐渐整理。待今年下半年再看光景，如我或圣眷略好，有明年主考之望，则到四五月，再与温弟商入南闱或北闱行止。如我今年圣眷平常，或别有外放意外之事，则温弟仍留京师，一定观北闱，不必议南旋之说也。坐馆以羁束身心，自是最好事，然正斋家澄弟所深知者。万一不合，温弟亦难久坐。见可而留，知难而退，但能不得罪东家，好来好去，即无不可耳。

余自去岁以来，日日想归省亲，所以不能者，一则京帐将近一千，归家途费，又须数百，甚难昔办。二则二品归籍，必须具折，折中难于措辞。私心所愿者，得一学差，三年任满，归家省亲，上也。若其不能，或明年得一外省主考，能办途费，后年必归，次也，若二者不能，只望六弟九弟，明年得中一人，后来得一京官，支持门面；余则告养归家，他日再定行止。如三者皆不得，则直待六年之后，至母亲七十之年，余誓具折告养；虽负债累万，归无储栗，亦断断不顾矣。然此实不得已之计，奢能于前三者之中，得其一者，则后年可堂上各大人，乃如天之福也！不审祖宗默佑否？

现在寓中一切平安，癣疾上半身全好！惟腰下尚有纤痕。家门之福，可谓全盛，而余心归省之情，难以自慰，固偶书及，遂备陈之。

毅然伯之项，去年已至余寓，余始觅便寄南，家中可将书封好，即行送去，余不详尽，诸唯心照，兄国藩手草。（道光二十八年正月廿一日）

【译文】

澄侯、子植、季洪足下：

正月十一日发了一封家信，那天我很忙，又见温甫外出没有回来，心里很恼火，所以只写信给弟弟，没有给堂上大人写信。不知道这封信近日收到没有？

温弟自从去年以来，存在一肚子牢骚和抑郁不得志的情绪，像太史公所讲的，在家好像丢失了什么一样不自在，大为抛弃和荒废，间或也想振作一番，但兴致总是鼓不起来，我深深地感到忧虑，经常劝他痛下决心争取进步，一心一意奔前程。

温弟则说他想安排一个教席，使自己有所管束，使思想有所维系。我想自己自从做京官，光景还不是很窘迫，难道养不起一个同胞弟弟，而必须与贫寒的士人去争夺一个教席：向别人请求荐一差事，是难以启齿的了，所以许久都没有去做。

自去年秋冬以来，温弟媳妇有病，温弟在京城待得太久，孤身一人，而叔父抱孙子的心情很迫切，不能不想温弟回南方的事。而且我既然做了二品官员，明年顺天主考，我也在可能简放的范围之内，恐怕温弟留在京城三年，有回避的问题。想到这几点，想劝温弟回湖南，所以上次信中谈到这一层，想诸位弟弟细心斟酌。

不断发信过后不几天，温弟就定了黄正斋的教馆。现在既已定了馆，他的身子有所管束，思想也有所维系，应考的工夫，又可以渐渐整理。等今年下半年再看光景，如果圣上对我的看法略好些，明年有当主考的希望，到了四五月，再与温弟商量是参加江南乡试或者顺天乡考的事情，如果当今皇上对我的看法平常，或者有意想不到的外放的事，那么温弟仍旧留在京城，一定参加顺天乡试，不必再考虑回乡了。坐馆用以管束自己的身心，自然是好事、然而正斋家，澄弟最了解，万一不合，温弟也难久留。看见可以就留下，知道难处就退出，但不能得罪东家，好来好去，就没有什么不可以的了。

我自从去年以来，天天想回家探亲，所以不能够的原因，一是京城欠的债将近一千，回家路费，又要几百，恐难筹集。二是二品官回籍，必须写奏折，奏折难于措辞。自己内心所想的，是得一个学差，三年任满，回家探亲，这是上策。如果不行，或者明年得到一个外省主考，能筹集路费，后年必定回家，这是中策，如果两条都不可能，只希望六弟九弟明年两人之中考起一人，后来得一个京官，支持门面，我便告养归家，以后再定行上。如果三条都不利润，便等六年之后，到母亲七十岁时，我发誓要奏明皇上，告老归家。虽说欠债上万，没有一文钱的路费，也决不顾及了，然而这实在是不得已的，如果能在三条之中得其中一条，那么后年可以见到堂上大人，真是天大的的福气了，不知祖宗在暗中保佑我否？

现在我寓中一切平安！癣疾上半身全部好了。只是腰下面还有一点点。我家的福气，可说是全盛时期，而我回家探亲的心情，难以自慰，所以我一写到这里，便详细的禀告一番。

毅然伯之项去年已到了我住处，我便乘便寄回。家中可将信封好，马上送去，其余不详细说了，彼此心照不宣。兄国藩手草。（道光二十八年正月二十一日）

致诸弟·告诫弟弟要清白做人

【原文】

澄侯子植季洪三弟左右：

澄侯在广东，前后共发信七封；至郴州耒阳，又发二信，三月十一到家以后，又发二信，皆已收到。植洪二弟，今年所发三信，亦均收到。

澄弟在广东处置一切，甚有道理。易念园庄生各处程仪，尤为可取。其办朱家事。亦为谋甚忠，虽无济于事，而朱家必可无怨。《论语》曰：“言忠信，行笃敬，虽蛮貊之邦行矣。”吾弟出外，一切如此，吾何虑哉？

贺八爷冯树堂梁俪裳三处，吾当写信去谢，澄弟亦宜各寄一书，即易念园处，渠既送有程仪，弟虽未受，亦当写一谢信寄去；其信即交易宅，由渠家书汇封可也。若易宅不便，即托岱云觅寄。

季洪考试不利，区区得失，无足介怀。补发之案，有名不去复试，甚为得体。今年院试，若能得意，固为大幸！即使不遂获售，去年家中既售一个，则今岁小挫，亦盈虚自然之理，不必抑郁，植弟书法甚佳，然向例未经过岁考者，不合选拔。弟若去考拔，则同人必指而且之，及其不得，人不以为不合例而失，且以为写作不佳而黜，吾明知其不合例，何必受人一番指目乎？

弟书问我去考与否？吾意以科考正场为断，若正场能取一等补廪，考则拔之时，已是廪生入场矣。若不能补廪，则附生考拔，殊可不必，徒招人妒忌也。

我县新官加赋，我家不必答言，任他加多少，我家依而行之；如有告官者，我家不必入场。凡大员之家，无半字涉公诞，乃为得体；为民除害之说，为辖之属言之，非谓去本地方官也。

曹西垣教习服满，引见以知县用，七月却身还家；母亲及叔父之衣，并阿胶等项，均托西垣带回。

去年内赐衣料袍褂，皆可裁三件；后因我进闱考教习，家中叫裁缝做，裁之不得法，又窃去整料，遂仅裁祖父父亲两套。本思另办好料，为母亲制衣寄回，因母亲尚在制中，故未遽寄。

叔父去年四十晋一，本思制衣寄祝，因在制未遽寄也。兹托西垣带回，大约九月可到家，腊月服阕，即可着矣。

纪梁读书，每日百余字，与泽儿正是一样，只要有恒，不必贪多。澄弟亦须常看《五种遗规》及《呻吟语》，洗尽浮华，朴实谙练，上承祖父，下型子弟，吾于澄弟实有厚望焉！兄国藩手草。（道光二十八年五月初十日）

【译文】

澄侯、子植、季洪三弟左右：

澄侯在广东，前后一共发信七封，到了郴州耒阳，又发两封。三月十一日到家以后，又发了两封。都已收到。植、洪两位弟弟，今年所发的三封信，也都收到了。

澄弟在广东处置一切事务，都比较合理。易念园庄生几处送上路的财物，尤其办得好。办理朱家的事，谋划忠诚，虽然不能解决问题，朱家必定不会有怨言。《论语》说：“言语忠诚老实，行为忠厚严肃，纵然到了野蛮人国度，也行得通。”弟弟在外面，处理一切都能这样，我还有什么顾虑呢？

贺八爷、冯树堂、梁俪裳三个地方，我当去信道谢，澄弟也应该各寄一封信去。就是易念园处，他既送了路费，弟弟虽说没有接受，也应该写一封信致谢，信交到易家住宅，由他家一起封寄。如果易宅不方便，就托岱云设法寄好了。

季洪考试失利，小小的得失，不足以放在心上。补发有名没有去复试，很是得体。今年院试，如果考得得意，固然是大好事，就是没有考好，去年家里既然已考上一人，那么今年有点小挫折，也是有盈有亏的自然道理，不必要压抑忧郁。植弟书法很好，但从来的惯例，没有经过年考的，不合选拔条件。弟弟如果去考，那么同考的人必然指责你、看着你，等到考不取，别人不会认为你是不合惯例而未录取，而是说你写作不佳而落榜。我们明知不合惯例，何必因此受人一番指责呢？

弟弟信中问我去不去考？我的意见以科场考试的情况来判断：如果正场能考取一等增补凛生，并且马上选拔，那已经取得廪生资格了。如果不能增补廪生，那么作附生去考，就不必了，因为徒然招来别人的妒忌。

我县新官增加赋税，我家不要去干预，随他加多少，我家都照给。如果有告状的，我家不要掺和进去。凡属大官的家庭，要做到没有半个字涉及公庭，才是得体的。为民除害的说法，是指除掉地方官管辖地域内所属之害，不是要除去地方官。

曹西垣教习服务期满，引见之后，用为知县，七月动身回家。母亲和叔父的衣服、阿胶等，都托他带回。

去年赐的衣料袍褂，都可裁三件。后来因为进闱考教习，家里叫裁缝做，裁得不得法，又偷他整段的衣料，结果只裁得祖父、父亲两套，本想另外买好衣料，为母亲制衣寄回。因母亲还在守制，所以没有急忙寄回。叔父去年四十晋一岁，本想做衣祝寿，也因在守制没有急忙寄。现托西垣带回，大约九月可以到家，腊月守制服满，就可穿了。

纪梁读书，每天百余字，与泽儿正好一样，只要有恒心，不必要贪太多。澄弟必须常看《五种遗规》和《呻吟语》，把浮华的习气洗干净，朴实干练，上可继承祖风，下可为子弟做模范，我对于澄弟寄予厚望，兄国藩手草。（道光二十八年五月初十日）

致诸弟·述改建祖屋之意见

【原文】

澄侯温甫子植季洪四弟左右：

十二月初九，接到家中十月十二日信，初十日一信，具悉一切。家中改屋，有与我意见相同之处，我于前次信内，曾将全屋画图寄归，想已收到，家中即已改妥，十一月初一日一信，则不必依我之图矣。但三角丘之路，必须改于檀山嘴下面，于三角丘密种竹木，此我画之要叫嘱，望诸弟禀告堂上，急急行之。

家中改房，亦有不与我合意者，已成则不必再改，但六弟房改在炉子内，此系内外往来之屋，欲其通气，不欲其闷塞，余危以为必不可．不若以长横屋上半节间断作屋为妥。内茅房在石柱屋后，亦嫌太远；不如于季洪房外高坎打进七八尺，既可起茅房澡堂，而后边地面宽宏，家有喜事，腕盏菜货。亦有地安置，不至局促，不知可否，家中高丽参已完，明春得便即寄，彭十九之寿屏，亦准明春寄到。此间事务甚多，我更多病，是以迟迟。

澄弟办贼，甚快人心，然必使其余志人等，知我家是图地方安静，不是为一家逞势张威，庶人人畏我之威，而不恨我之太恶。贼既办后，不特而上不可露得意之声色，即心中亦必存一番哀矜的意思，诸弟人人当留心也。

征一表叔在我家教读甚好，此次未写信请安，诸弟为我转达，同乡周荇农家之鲍石卿，前与六弟交游；近因在妓家饮酒，担督府捉交刑部，革去供事，而荇农荻舟尚游荡不畏法，真可怪也！

余近日常有目疾，余俱康泰，内人及二儿四女皆平安，小儿甚胖大，西席庞公，拟十一回家，正月半来，将请来笔锋代馆。宋芗宾在道上扑跌断腿，五十余天始抵樊城，天可悯也！余不一一，国藩手草，（道光二十八年十二月初十日）

【译文】

澄侯、温甫、子植、季洪四弟左右：

十二月初九，接到家中十月十二日一封信，十一月初一日一封信，初十日一封信，知道一切，家里改建房屋，有和我意见相同的地方。我在前次信内，曾经将房屋的图纸寄回去，想必已收到了。家中既然已经改了，就不必依我的图纸了。但是三角丘的路，必须改在檀山嘴下面，在三角丘密密的种上竹木，这是我的设计图中最重要的嘱托，希望诸位弟弟禀告堂上大人，急速的实行。

家中改建屋，也有与我意见不合之处，已经改了的也不必再改。但是六弟的房改在炉子里，这是内外往来的屋子，要它通气，不要闭塞，我的意思以为必定不可以，不如把长横屋上半节间断做屋为妥，内茅房在石柱屋后面。也嫌太远，不如在季洪房外面记坎打进七、八尺，既可以起茅房和澡堂，而后面地面宽大，家里有喜事，碗盏菜货也有地方安放，不至于局促。不知可不可以。

家中高丽参已经用完，明年春天有便人会带回。彭十九的寿屏，也准在明年春寄到。这边事务很多，我的病也多，所以什么都迟迟才办。

澄弟惩治土匪，人心大快。然而必须使那些土匪的亲朋好友，知道我家这么做是图地方上的安静，不是为自家逞威气、显权势，这样才会使大家既畏我的威严，又不恨我做得太恶毒。惩治之后，不仅表面上不要露出得意之色，就是心里也要存一种同情的心情。诸位弟弟人人都要留心。

征一表叔在我家教书很好，这次没有写信请安，弟弟们代我转达。同乡周荇农家的鲍石卿，从前与六弟交朋友，近来因为在妓女院吃酒，提督府把他捉了交到刑部，革掉了职务，而荇农、获舟还在外游游荡荡，一点不畏王法，真是怪事。

我近来常常犯眼病，其余地方还康泰。内人和两个儿子四个女儿都平安。小儿子又胖又大。西席老师庞公，准备十一回家，正月半再来，准备请李笔锋代教。宋芗宾在路上摔了一跤，把腿跌断，五十多天才到樊城，真是可怜！其他不一一说了。国藩手草。（道光二十八年十二月初十）

致诸弟·拟定于明年归家探亲

【原文】

澄侯温甫子植季洪四弟左右：

十月十六日，发一家信，由廷芳宇明府带交。便寄曾希六陈体元从九品执照各一纸，欧阳沧溟先生陈开煦换执照并批回各二张，添梓坪叔庶曾祖母百褶裙一条，曾陈二人九品补服各一副。母亲大人耳帽一件，膏药一千张，服药各种，阿胶二斤，朝珠二挂，笔五枝，针底了六十个。曾陈二人各对一副，沧溟先生横幅篆字一副。计十二月中旬应可到省，存陈岱云宅，家中于小除夕前二日遣人至省走领可也。芳字在汉口须见上司，恐难早到，然遇顺风，则腊月初亦可到，家中或者人早去亦可。

余于十月初五起至十一止，在闱较射，十六出榜，四闱共中百六十四人，余闱内分中五十二人。向例武举人武进士复试，如有弓力不符者，则原阅之王大臣，每人各罚俸半年。今年仅张字闱不符者三名，王大臣各罚俸一年半。余闱幸无不符之人。不然则罚俸半年，去银近五百，在京官已视为切肤之痛矣。

寓中大小平安，纪泽儿体已全复，纪鸿儿甚壮实。邹墨林近由朝内移至我家住，拟明年再行南归。袁漱六由会馆移至虎坊桥，贞斋榜后，本拟南旋，因愤懑不甘，仍寓漱六处教读。刘镜清教习已传到，因丁艰而竟不能补，不知命途之外，何至于此，凌获舟近病内伤，医者言其甚难奏效。黄恕皆在陕差旋，述其与陕抚殊为冰炭。

江岷樵在浙，署秀水县事，百姓感戴，编为歌谣。署内一贫如洗，藩台闻之，使人私借千金，以为日食之资，其为上司器重如此，其办赈务，办保甲，无一不合于古金。

顷湖南报到，新宁被齐匪余孽煽乱，杀前令李公之阖家，署令万公亦被戕，焚掠无算，则岷樵之父母家属，不知消息若何？可为酸鼻！余于明日当飞报岷樵，令其即行言旋，以赴家难。

余近日忙乱如常，幸身体平安，惟八月家书，曾言及明年假归省亲之事，至今未奉堂上手谕，而九月诸弟未中，想不无抑郁之怀，不知尚能自为排遣否？此二端时时挂念，望澄侯详写告我。祖父大人之病，不知日内如何？余归心箭急，实为此也。

母亲大人昨日生日，寓中早面五席，晚饭三席，母亲牙痛之疾，近来家信未曾提及，望下次示知。书不一一，余俟续具，兄国藩手具。（道光二十九年十一月初五日）

【译文】

澄侯、温甫、子植、季洪四弟左右：

十月十六日，发了一封家信，由廷芳宇太守带交。便寄曾希六、陈人本元从九品执照各一张，欧阳沧溟先生，陈开煦换执照及批回各两张，添梓坪叔庶曾祖母百褶裙一条，曾、陈两人九品补服各一副。母亲大人耳帽一件，膏药一千张，服药几种，阿胶两斤，朝珠两挂，笔五枝，针底子六十个，曾、陈两人各对子一副；沧溟先生横幅篆字一副。

预计十二月中旬应该可以到省城，放在陈岱云家，家里在除夕前两天派人到省城去领回。芳字在汉口要见上司，恐怕难以早到。但遇到顺风，腊月初也可以到，家里或者早派人去也可以。

我在十月初五起到十一日止，在考场较射，十六日出榜，四个考场一共考中一百六十四人，我的考场内中了五十二人。惯例武举人武进士复试，如果有弓力达不到标准的，王大臣各罚俸禄一年半。我的考场侥幸没有不符合标准的，不然要罚俸半的，银子近五百两，这对京官来说，那是有切肤之痛的。

家里大小平安，纪泽身体已全部恢复，纪实很壮实。邹墨林最近搬到我家里庄，准备明年再回南方。袁漱六由会馆搬到虎坊桥。贞斋落榜以后，本准备回去，但因气愤不甘心，仍旧住漱六处读书。刘镜清教习朝廷已传他报到，因为守丧竟然不能补官，不晓得一个人的经历中，为什么有这么多曲折？凌荻舟近来得内脏里的疾病，医生说很难治好。黄恕皆在陕西出差回来，说他与陕西巡抚水火不容。

江氓樵在浙江，署理秀水县知事，百姓很感激拥戴他，还编了歌谣。府署里是一贫如洗，藩台听说后，派人私自借了千金给他做每天的食费，他为上司器重可见一斑。他办理赈济事务，办理保甲，没有一处不合于祖宗的法度，刚刚湖南有消息，新宁被斋匪的余孽煽动暴乱，杀了前县令李公的全家，现任署令万公也被杀，遭火烧、受抢劫的不知有多少，不知岷樵的父母、家属情形如何？真令人伤心！我在明天一定迅速告诉岖樵，叫他马上提出回家，以奔赶家园处置灾祸。

我近来还是一样忙乱，幸喜身体还好。只是八月的家信曾经说到明年请假回家探亲的事；至今没有奉到堂上大人亲手写来的指示，而九月弟弟们又没有考中，我想大约心里都感到压抑忧郁，不知道还能不能自己把这件事放开些？这两件事时时挂念，希望澄侯详细写信告斥我。祖父大人的病，近来怎样？我归心似箭，也是因为这些呢。

母亲大人昨天生日，京城我家里开了早面五桌，晚饭三桌，母亲牙痛病情，近来信中没有提到，希望下次告诉我。就写这些，下次再告。兄国藩手具。（道光二十九年十一月初五日）

致诸弟·迎养父母叔父

【原文】

澄侯温甫子植季洪四位老弟足下：

正月初六日接到家信三函，一系十一月初三所发，有父亲手谕，温弟代书者。一系十一月十八所发，有父亲手谕，植弟代书者。一系十二月初三澄侯弟在县城所发一书，甚为详明，使游子在外，巨细了然。

庙山上金叔，不知为何事而可取腾七之数？若非道义可得者，则不可轻易受此。要做好人，第一要在此处下手，能令鬼服神钦，则自然识日进，气日刚。否则不觉坠入卑污一流，必有被人看不起之日，不可不慎。诸弟现处极好之时，家事有我一人担当，正当做个光明磊落神钦鬼服之人，名声既出，信义既著，随便答应，无事不成，不必受此小便宜也。

父亲两次手谕，皆不欲予乞假归省，而予之意甚思日侍父母之侧，不得不为迎养之计。去冬曾以归省迎养二事，与诸弟相商；今父亲手示，不许归省，则迎养之计更不可缓。所难者，堂上有四位老人，若专迎父母而不迎叔父母，不特予心中不安，即父母心中亦必不安。若四位并迎，则叔母病未全好，远道跋涉尤艰。予意欲子今年八月初旬，迎父亲母亲叔父三位老人来京，留叔母在家，诸弟妇细心伺候，明年正月元宵节后，即送叔父回南，我得与叔父相聚数月，则我之心安。父母得与叔父同行数千里到京，则父母之心安。叔母在家半年，专雇一人服侍，诸弟妇又细心奉养，则叔父亦可放心。叔父在家，抑郁数十年，今出外潇洒半载，又得与侄儿侄妇侄孙团聚，则叔父亦可畅快。在家坐轿至湘潭，澄侯先至潭，雇定好船，伺候老人开船后，澄弟即可回家，船至汉口，予遣荆七在汉口迎接，由汉口坐三乘轿至京，行李婢仆，则用小车，甚为易办。求诸弟细商堂上老人，春间即赐回信，至要至要！

李泽县李英灿进京，余必加意庇护。八斗冲地，望绘图与我看。诸弟自持病至丧事，十分劳苦，我不克帮忙，心甚歉愧！

京师大小平安。皇太后大丧，已于正月七日二十六日满，脱去孝衣。初八日系祖父冥诞，我作文致祭，即于是日亦脱白孝，以后照常当差。心中万绪，不及尽书，统容续布。兄国藩手草。（道光三十年正月初九日）

【译文】

澄侯、温甫、子植、季洪四位老弟兄下：

正月初六日，接到家信三封：一封是十一月初三发的，有父亲手谕，温弟代写的；一封是十一月十八日发的，有父亲手谕，植弟代写的；另一封是十二月初三，澄侯弟在县城发的，很详细明白，使我们在外面的游子，家中大小事情都明了。

庙山上的金叔，不知道为了什么事可取腾七的钱，如果不是合乎道义的，那就不可以轻易接受。要做一个好人，第一要在这个地方下手，能使得鬼服神钦，自然见识一天天增进，正气一天天刚健。不然的话，不知不觉便坠落到卑污一流，必定有被人看不起的一天，不可以不慎重。诸位弟弟现在正处在极好的时候，家里事有我一个人担当，正应该做一个光明磊落、神钦鬼服的人，名声一旦传了出去，信义一经确立，随便说一句，无事不成，不必要贪这点小便宜。

父亲两次手谕，都说不想我请假探亲，而我的意思是想天天恃侯父母身边，这点做不到，便不得不行迎养的计划了。去年冬天曾经与你们相商，今天父亲不许我回家探亲，那迎养的计划便不可以再迟了。所为难的地方，是堂上有四位老人，如果专迎接父母，而不迎接叔父母，不仅我心里不安，就是父母亲心里也一定不安。如果四位都接来，又考虑叔母病没有全好，远道旅行，跋山涉水尤其艰苦。我的意思想在今年八月初旬，接父母亲和叔父三位老人来京城，留叔母在家，诸位弟媳妇细心伺候，明年正月元宵节以后，送叔父回乡。我能够和叔父相聚几个月，我的心安，父母能够与叔父同行几千里到京城，父母的心也安。叔母在家半年，专门请一个人服侍 ，诸位弟媳妇又细心奉养，叔父也可以安。叔父在家，抑郁了几十年，现在出外潇洒半年，又可与侄儿侄媳妇侄孙团聚，叔父也可快乐舒畅。在家坐轿到湘潭，澄侯先去，雇好船只，伺候老人开船之后，澄弟即可回家。船到汉口，我派荆七在那里迎接，由汉口坐三乘轿子到京城。行李和婢女仆人，用小车，比较容易力鲤。请诸位弟弟和堂上老人细细商量，春间即赐回信，至要至要！

李泽显、李英灿进京，我一定加倍注意庇护他们。八斗冲地，希望绘个图给我看。诸位弟弟从服侍老人疾病直到办丧事，十分辛苦，我不能帮忙，心里很抱歉很惭愧！

京城的大小都平安。皇太旨大丧事，已经在正月七月日至二十六日满了，脱掉孝衣。初八日是祖父冥诞，我作文致祭，即在这天也脱白孝，以后照常当差。思绪万千，不得一一写出，等以后继续再写。兄国藩手草。（道光三十年正月初九日）

卷四　理财篇

禀祖父母·述京中窘迫状

【原文】

孙男国藩跪禀

祖父大人万福金安。廿九日早，接丹阁十叔信，系正月廿八日发，始知祖父大人于二月间体气违和，三月已痊愈，至今康健如常，家中老幼均吉，不脸欣幸！四弟于五月初九寄信物于彭山屺处，至今尚未到，大约七月可到。丹阁叔信内言：去年楚善叔田业卖于我家承管，其曲折甚多。

“添梓坪借钱三百四十千，其实只三百千，外四十千，系丹阁叔因我家景况艰窘，勉强代楚善叔解危，将来受累不浅，故所代出之四十千，自去冬至今，不敢向我家明言。

不特不敢明告祖父，即父亲叔父之前，渠亦不敢直说。盖事前说出，则事必不成，不成则楚善叔逼迫无路，二伯祖母奉养必阙，而房日见凋败，终无安静之日矣。事后说出，则我家既受其累，又受其欺，祖父大人必怒，渠更无辞可对，无地自容。”故将此事写信告知孙男，托孙原其不得以之故，转禀告祖父大人现在家中艰难，渠所代出之四十千，想无钱可以付渠。

八月心斋兄南旋，孙在京借银数十两，付回家中，归兹此项，大约须腊底可到，因心斋兄走江南回故也。孙此刻在京，光景渐窘，然当京官者，大半皆东扯西支，从无充裕之时，亦从无冻饿之时，家中不必系怀。孙现今旨长郡会馆事，公项存件，亦已无几。

孙日内身体如常，九弟亦好。甲三自五月计三日起病，至今虽痊愈，然十分之中，尚有一二分未尽复旧。刻下每日吃炒米粥一餐，泡冻米吃二次，乳已全无，而伊亦要吃。据医云：“此等乳最不养人，”因其夜哭甚，不能遽断乳。从胶发热烦躁，夜卧不安，食物不化，及一切诸患，此时皆已去尽，日日嬉笑好吃，现在尚服补脾之药，大约再服四五帖，本体全复，即可不药，孙妇亦感冒三天。郑小珊云：“服凉药后，须略吃安胎药。”目下亦健爽如常。

甲三病时，孙妇曾跪许装家中观世音菩萨金身，伏求家中今年酬愿。又言四冲有寿佛祖像，祖母曾叩许装修，亦系为甲三而许，亦求今年酬谢了愿。李霖生身后事，办理颇如意，其子可于七扶梓回南，同乡各官如常。家中若有信来，望将王率五家光景写明，肃此，谨禀。

祖父母大人万福金安。（道光二十一年六月廿九日）

【译文】

孙儿国藩跪禀

祖父大人万福金安。二十九日早，接丹阁十叔的信，是正月二十八日所发。才知祖父大人于二月间身体欠佳，三月已痊愈，至今康健如常，家中老幼都平安，不胜欣幸！

四弟在五月初九寄信寄物于彭山屺处，至今没有收到；大约七月可到。丹阁叔信中说：“去年楚善叔的田来卖与我家承管，其中曲折很多。”

“添梓坪借钱三百四十千，其实只有三百千，另外四十千，是丹阁叔因我家情况窘困。勉强代楚善叔解危，将来受累不浅，所以所代出四十千自去年冬天到现在，不敢向我家明言，不仅不敢明告祖父，就是父亲、叔父的面前，也不敢直说。因事前说出，则事必定不成，不成则楚善叔逼得无路，二伯祖母奉养必缺。而本房日见凋败，终无安静的日子，事后说出，则我家既然受了他的累，又受他的欺；祖父大人必定发怒，他更无辞可对，无地自容。所以把这件事写信告知孙儿。托孙儿原谅他的不得已的缘故，转享祖父大人现在家里艰难，他所代出的四十千，想必无钱可以付与他。

八月心斋兄回湖南，孙儿在京借银几十两，付回家中，归还这笔钱，大约要腊月底可到，因心斋兄走江南回湖南的缘故。孙儿现在京城，光景渐渐窘迫。当京官的，大半东扯西支，从没有充裕的时候，也从没有受冻挨饿的时候，家里不必系挂。孙儿现在管长郡会馆的事务，公项存件，也已经无几了。

孙儿日内身体如常，九弟也好，甲三自五月二十三起病，到现在虽然好了、但还有一两分没有复原。如今每天吃炒米粥两餐，泡冻米两次，乳已没有了，而他也要吃。据医生说“这种乳最不养人。”因为他晚上哭得厉害，不能急于断乳。从前发热烦躁，晚上睡不安稳，食物不化，种种毛病，现在都好了，天天嬉笑好吃。还吃点补脾的药，大约再吃四、五帖，全部复原，就可不吃药了。孙媳妇也感冒三天，郑小珊说：“吃凉药后，要略吃些安胎药。”眼下也健爽如常。

甲三病时，孙媳妇曾经在家中观世菩萨金身面前跪许装修菩萨金身；请求家今年酬愿，又京西冲有寿佛神像，祖母曾经叩头答应装修，也是为甲三答应的，也要今年酬愿。

李霖生身后事。办得很如意，他儿子可以七月扶梓亲自回湖南。同乡各位官员如常，家中如果有信来，望将王率五家光景写明。肃穆的禀告祖父母大人万福金安。（道光：十一年六月二十九日）。

禀父母·筹划归还借款

【原文】

男国藩跪禀

父亲大人万福金安，彭山屺进京，道上为雨泥所苦，又值黄河水涨，渡河时大费力，行旅衣服皆湿。惟男所寄书，渠收贮箱内，全无潮损，真可感也！到京又以腊肉莲茶送男，渠于初九日到，男到十三日请酒。二十六日将四十千钱交楚。渠于十八日赁住黑巾，离城十八里，系武会试进场之地，男必去送考。

男在京身体平安，国荃亦如常，男妇于六月廿三四感冒，服药数帖，痊愈，又服安胎药数帖。纪泽自病愈后，后又服补剂十余帖，辰下体已复原，每日行走欢呼，虽不能言，已无所不知，食粥一大碗，不食零物。仆婢皆如常。周贵已荐随陈云心回南，其人蠢而负恩。萧祥已跟别人，男见其老成，加钱呼之复来。

男目下光景渐窘，恰有俸银接续，冬下又往外官例寄炭资。今年尚可勉强支持。至明年则更难筹划，借钱之难，京城与家乡相仿，但不勒追强逼耳。前次寄信回家，言添梓坪借项内，松轩叔兄弟代出钱四十千，可男寄银回家，完清此项，近因彭山屺项，又移徙房屋，用钱日多，恐无付银回家，男现看定屋在绳匠胡同北头路东，准于八月初六日迁居，初二日已搬一香案去，取吉日也。棉花六胡同之屋，王翰城言冬间极不吉，且言重庆下者，不宜住三面悬空之屋；故遂迁移绳匠胡同，房租每月大钱十千，收拾又须十余千。

心斋借男银已楚，渠家中付来银五百五十两，又有各项出息。渠言尚须借银出京，不知信否？男已于七月留须，楚善叔有信寄男系四月写，备言其苦。近闻衡阳田已卖，应可勉强度日。戊戌冬所借十千二百，男曾言帮他，曾禀告叔父，未禀祖父大人，是男之罪，非渠之过。其余细微曲折，时成时否，时朋买，时独买，叔父信不甚详明，楚善叔信甚详，男不敢尽信。总之渠但免债主追迫，即是好处，第目前无屋可住，不知何处安身？若万一老亲幼子，栖托儿所，则流离四徒，尤可怜悯！以男愚见，可仍使渠住近处，断不可住衡阳；求祖父大人代渠谋一安居，若有余铲，则佃田耕作，又求父寄信问朱尧阶，备言楚善光景之昔，与男关注之切，问渠所营产业，可佃与楚善耕否？渠若允从，则男另有信求尧阶，租谷须格外从轻。但中太远，至少亦须耕六十亩，方可了吃。

尧阶寿屏，托心斋带回。严丽生在湘乡，不理公事，甫艮不饬，声名狼藉。如查有真实劣绩，或有上案，不妨抄录付京，因有御史在男处查访也，但须机密。四弟六弟考试，不知如何？得水中喜，失不足忧，总以发愤读书为主。史宜日日看，不可间断，九弟阅《易知录》，现已看到隋朝。温经须先穷一经，一经勉后，再治他经，切不可兼营并骛，一无所得，男谨禀。父母亲大人万

福金安。（道光二十一年八月初三日）

【译文】

儿子国藩跪着禀告

父亲大人万福金安，彭山屺进京城，路上为雨泥所苦，又正值黄河水涨，渡河时很费力，行李衣服都湿了。只是儿子所寄的书，他收贮在箱里，一点潮损都没有，真是太感激了！到京后又以腊肉、莲子、茶叶送儿子，他在初九日到，儿子在十三日请酒。十六日将四十千钱交楚。他在十八日在黑巾租房住下，离城十八里，是武会试进场的地方，儿子一定去送考。

儿子在京身体平安，国荃也如常。儿媳妇于六月二十三日感冒，吃药几帖后好了，又吃了几帖安胎药。纪泽自病好后，又吃了十多帖补药，现在已复原了，每天行走欢呼，虽然不能说话，已什么都知道，每天吃粥一大碗，大吃零食。仆人婢女如常。周贵已荐随陈云心回湖南，这个人又蠢又忘恩负义。萧祥已跟别人，儿子见他老成，加了钱叫他又回来了。

儿子眼下情形渐渐窘迫，恰好有俸银接续，冬又指望外官例寄防寒费，今年还可勉强支持。到明年那更难筹划。借钱的困难，京城与家乡相仿佛，只是这里不勒索追逼罢了。前次寄信口家，说添粹坪借项内，松轩叔兄弟实在代出钱四十千，儿子可寄钱回家，还清这笔债，近来因为还彭山配的款项，又搬房屋，用钱；一天天多，恐洎难以再付钱回。儿子现在看定房子在绳匠胡北头路东，准于八月初六搬家，初二日已经搬了一个香案去，是图个吉日。棉花六条胡同的房子，王翰城说冬天很不吉利，并且说正处于庆贺气氛中的人，不宜住三面悬空的房子，所以才迁到绳匠胡同，房租每月大钱十千，收拾又要十多千。

心斋借儿子的钱已全部还清，他家付来银子五百五十两，又有各项息钱。他说还要借钱离京，不知是不是？儿子已于七月留须。楚善叔有信给儿子，是四月写的，详细说了他的困苦。近来听说衡阳的田民卖掉，应该可以勉强度日了。戊戌冬天所借的十千二百，儿子曾说过是帮他，曾经禀告叔父，没有禀告祖父大人，是儿子的罪，不是他的过错。其余细微曲折，一时成，一时不成，一时友人买，一时又单独买，叔父信中说利润不很详细明白，楚善叔的信很详细，儿子不敢都相信。总之他但求免债主追迫，便是好处，只是目前没有屋住，不知道何处安身？如果万一老亲幼子，栖托都没有着落，则流离四徒，尤其可怜！以儿子的愚见，仍旧要他住在近处，决不可住衡阳，求祖父大人代他找一个安居之所，如果有多余的钱，那么就佃田耕作，又求父亲寄信问朱尧阶，详说楚善情形的困苦，和儿子关注的殷切，问他所经营的产业，可佃给楚善耕种否？他如果同意，那儿子另写信求尧阶，租谷要格外轻，但是路远，至少也要耕六十亩，才能生活。

尧阶寿屏，托心斋带回，严丽生在湘乡，不理公事，做官不廉洁，声名狼藉，如果查到有他的真实劣绩，或者案子，不妨抄录付来京城，因为有御史在儿子处查访，但要机密。四弟、六弟考试，不知考得如何？得中，不足以高兴；不中，也不足以忧虑，总以发奋读书为主，史书要天天看，不可间断，九弟看《易知录》，现已看到隋朝，温习经书要先穷研一种经书，然后再治其他，不能兼研并骛，一无所得。儿子谨禀父母亲大人万福金安。（道光二十一年八月初三日）

禀父母·借银寄回家用

【原文】

男国藩跪禀

父母亲大人万福金安，十四日接家信，内有父亲叔父并丹阁叔信各一件，得悉丹阁叔入伴，且堂上各大人康煌，不胜次幸！男于八月初六日，移寓绳匠胡同，北头路东，屋甚好，共古八间，每月房租京钱二十千文，前在棉花胡同，房甚逼仄，此时房屋爽垲，气象轩敞；男与九弟言，恨不能接堂上各大人来京住此。

男身体平安，九弟亦如常，前不过小恙，两日即愈，示服补剂，甲三自病体复原后，日见肥胖，每日欢呼趋走，精神不倦，家妇亦如恒，九弟《礼记》读完，现读《周礼》。

心斋兄于八月十六日，男向渠惜银四二千，付寄家用，渠允于到湘乡时，送银廿八两交勤七处，转交男家，且言万不致误，男订待渠到京日，偿还其银，若到家中、不必还他，又男寄有冬菜一篓，朱尧阶寿屏一副，在心斋处，冬菜托勤七叔送至家，寿屏托交朱啸山转寄。

香海处，月内准有信去，王雅园处，去冬有信去，至今无回信，殊不可解，颜字不宜写白折，男拟防改临褚柳，去年跪托叔父大人之事，承已代觅一具，感戴之至！稽首万拜，若得再觅一具，即于今冬明春办就更妙，敬时叔父，另有一函。在京一切自知谨慎，跪禀。（道光二十一•年八月十七日）

【译文】

儿子国藩跪着禀告

父母亲大人万福金安，十四日接到家信，内有父亲、叔父、丹阁叔的信各一件，知道丹阁叔考取县学生员，堂上各大人身体康健，不胜欣幸！儿子于八月初六日，移住绳匠胡同北头东屋，房子很好，一共十八间，每月房租京钱二十千文，以前在棉花胡同，房子太促，现在房子清爽干燥，气象轩敞，儿子和九弟说，恨不能接堂上各大人来京城居住。

儿子身体平安，九弟也如常，日前不过一点小病，两天便好了，没有吃补药，甲三自病体复原后，一天天胖了，每天欢呼趋走，精神不倦，长媳妇也如常，九弟《礼记》已读完，现在读《周礼》，心斋兄在八月十六日，儿子向他借银四十千，寄回家用，他答应到湘乡时，送银子二十八两交勤七处，转交儿子家，并且说万无一失，儿子与他约定，他回京城时，偿还他，如果到家里，不必还他，又儿子寄有冬菜一篓，先尧阶寿屏一副，在心斋处，冬菜托交勤七叔送到家里，寿屏托交朱啸山转寄。

香海处，月内准定有信去，王睢园处，去年冬天有信去，至今没有因信，真不可理解。颜字不适且写白折，儿子准备改临褚、柳。去年跪托叔父大人的事，承他找了一具，感激之至！叩头万拜。如果再找一具，就在今冬明春办更妙，敬谢叔父，另有信一封，在京城一切自己知道谨慎，儿子跪禀。（道光二十一年八月十七日）

禀父母·在外借债过年

【原文】

男藩跪禀

父母亲大人万福金安。昨十二月十六日，奉到手谕，知家中百事顺遂，不胜欣幸！

男等在京，身体平安，孙男孙女皆好，现在共用四人，荆七专抱，孙男以春梅事多，不兼顾也，孙男每日清晨，与男同起，即送出外，夜始接归上房，孙女满月有客一席，九弟读书，近有李碧峰同居，较有乐趣，男精神不甚好，不能勤教，亦不督责，每日兄弟笑语欢娱，萧然自乐，而九弟似有进境，兹将昨日裸文原稿呈上。

男今年过年，除用去会馆房租六十千外，又借银五十两，前日冀望外间或有炭资之赠，今冬乃绝无此项，闻今年家中可尽完旧债，是男在外有负累，而家无负累，此最可喜之事，岱云则南北负累，时常忧贫，然其人忠信笃敬，见信于人，亦无窘迫之时。

同乡京官俞侧青先生告假，拟明年春初出京，男便附鹿肉，托渠带回，杜兰溪周华南皆拟送家眷出京，岱云约男同送家眷，不肯送，渠谋亦中止，彭山屺出京，男为代借五十全，昨已如数付来。心斋临行时，约送银廿八两至勤七叔处，转交我家，不知能践言否？嗣后家中信来，四弟、六弟各写数行，能写长信更好，谨禀。（道光二十一年十二月二十一日）

【译文】

儿子国藩跪着禀告

父母亲大人万福金安。昨十二月十六日，按到手谕，知道家里百事顺遂，不胜欣幸！儿子等在京城，身体平安。孙儿孙女都好，京寓现在请了四人，荆七专门带人，孙儿因春梅事情多了，不能兼顾的缘故。孙儿每天早晨，与儿子同时起床，便送他出外，晚上才接回上房，孙女满月，请了一桌。九弟读书，近来有李碧峰同住，比较有乐趣，儿子精神不很好，不能勤教，也不督责，每天兄弟笑语欢娱，治然自乐，而九弟似乎有了进步，现将昨天的课文原稿呈上。

儿子今年过年，除花掉会馆房租人十千以外，又借了五十两银。前天希望外面或者会送寒炭费，今年冬天绝没有这个项目，今年家里可以把旧债还清。儿子在外有负担拖累，家里没有，这是最可喜的事，岱云则南北两方面负担扛累，时常忧贫，这个人忠诚可信，笃厚敬重；使人相主，也没有窘迫的时候。

同乡京官俞岱青先生告假，准备明年春初离京，儿子托便附回鹿肉，托他带回。杜兰溪、周华甫准备送家眷离京。岱云约儿子同送家眷，儿子不肯送，他的计划只得停止，彭山屺离京，儿子为他代借了五十两银子，昨已如数付来，心斋临走时，约他送二十八两银子到勤七叔处，转交我家，不知道他能照着办不？以后家中来信，四弟、六弟各写几行，能够写长信更好，儿子谨禀。（道二十一年十二月二十一日）

禀父母·家中费用窘迫

【原文】

男国藩跪禀

父亲大人万福金安。男与九弟身体清洁，家妇亦平安，孙男甲三体好，每日吃粥两顿，不吃零星饮食，去冬已能讲话，孙女亦体好，乳食最多，合寓顺适。今年新正，景象阳和，较去年正月，甚为燠暖。

兹因俞岱青先生南回，付鹿脯一方，以为堂上大人甘旨之需，鹿肉恐难寄远，故薰腊附回，此间现有煎腊肉猪舌猪心腊鱼之类，与家中无异，如有便附物来京，望附茶叶大布而已。茶叶须托朱尧阶清明时在水丰买，则其价亦廉，茶叶亦好，家中之布，附至此问，为用甚大，但家中费用窘迫，无钱办此耳。

同县李碧峰，苦不堪言，男代为张罗，已觅得馆，每月学俸银三两。在男处将住三月，所费无几，而彼则感激难名，馆地现尚未定，大约可成。在京一切自知谨慎，即请父母亲大人万福金安，（道光二十二年正月初七日）

【译文】

儿子国藩跪着禀告

父亲大人万福金安。儿子与九弟身体清洁，长媳妇也平安，孙儿甲三身体好，每天吃两顿粥，不吃零食，去年冬天已经能说话。孙女身体也好，吃乳很多，全家顺适，今年新正，景象阳和，比去年正月，要暖和些。

兹因俞岱青先生南回，付鹿脯一方，供堂上大人食用，因路程远，鹿肉薰腊了一下。这里现在有熏腊肉、猪舌、猪心、腊鱼之类，与家里一样，如有便人来京城，希望只附茶叶，大布罢了。茶叶要托朱尧阶清明时节在永丰买，价格便宜，茶叶也好，家里的布，附到这里，用处很大，只是家里窘迫，没有钱办这些。

同县李碧峰，昔不堪言，儿子代为张罗，已找到教书的馆地，每月学钱三两银子。他在儿子处将住三个月，所费没有多少，而他却非常感激，馆地现在还没有定，大约会成功，在京一切自己知道谨慎，即请父母亲大人万福金安。（道光二十二年正月初七日）

禀祖父母·要叔父教训诸弟以管家事

【原文】

孙男国藩脆禀

祖父母大人万福金安。四月廿一日，接壬寅第二号家信，内祖父父亲叔父手书各一，两弟信并诗文俱收，伏读祖父家谕，字迹与早年相同，知精神较健，家中老幼平安，不胜欣幸。游子在外，最重惟平安二字，承叔父代办寿具，兄弟感恩，何以图报？

湘潭带漆，必须多带，此物难辨真假，不可邀人去同买，反有奸弊。在省考试时，与朋友问看漆之法，多问则必能知一二。若临买时，向纸行邀人同去，则必心亏。如不知看漆之法，则今年不必买太多，待明年讲究熟习，再买不迟，今年漆新寿具之时，祖父母寿具，必须加漆。以后每年加漆一次，四具同加，约计每年漆钱多少，写信来京，付至省城甚易，此事万不可从俭，子孙所为报恩之处，唯此最为切产，其余毕竟虚文也。

孙意总以厚漆为主，由一层以加至数十层，愈厚愈坚，不必多用瓷灰夏布等物，恐其与漆不相胶粘，历久而脱壳也，然此事孙未尝经历讲究，不知如何而后尽善。家中如何办法，望四弟写信详细告知，更望叔父教训诸弟，经理家事。

心斋兄去年临行时，言到县即送银廿八两至我家，孙因十叔所代之钱，恐家中年底难办，故向心斋通挪，因渠曾挪过孙的，今渠既未送来，则不必向渠借也。家中目下敷用不缺，此孙所第一放心者，孙在京已借银二百两，此地通挪甚易，故不甚窘迫，恐不能顾家耳。

曾孙妹妹二人体甚好，四月念三日，已种牛痘，万无一失，系广东京官，设局济活贫家婴儿，不取一钱，兹附回各法一张，敬呈慈览，湘潭长沙皆有牛痘公局，可惜乡间无人知之。

英夷去年攻占浙江宁波府及定海镇海两县，今年退出宁波，攻占乍浦可痛恨，京城人心，安静如无事时，想不日可殄灭也。孙谨禀。（道光二十十年四月廿七日）

【译文】

孙儿国藩跪禀

祖父母大人万福金安。四月二十一口，接到壬寅第二号信，其中祖父，父亲，叔父亲笔信各一封，两位弟弟的信和诗文都收到了，伏读祖父手谕，字迹和早年相同，知道精神比较强健，家中老少平安，不胜欣幸！游子在外，最重要的只有“平安”二字，承叔父代办寿具，我们兄弟十分感恩，不知如何如何报答？

湘潭带漆，必须多带，这种东西难以分清真货假货，不可以邀人去同买，反而有奸诈弊病产生。在省考试时，向朋友请教看漆的方法，多问就能略知一二了，如果临买漆时，向纸行邀人同去，那一定吃亏，如不知看漆的方法，那今年不必买得大多，而必须加漆。以后每年加漆一次，四具同时加，大约每年漆钱要多少，写信来京城，孙儿付到省城很容易，这件事万万不可以从俭，子孙所要报恩的地方，只有这个最为切实，其余的都是空文章，孙儿的意思，总以厚漆为主，由一层加到几十层，越厚越坚固，不必多用瓷灰、夏布等，恐怕这些东西与漆不相黏合，时间久了会脱壳。然而这件事孙儿没有经历讲究，不知道要怎样，不知道要怎样做才尽善尽美。家中怎么办，希望四弟详细写信告知，更希望叔父教训几位弟弟，经理家事。

心斋兄去年临走时，说到县便送银二十八两到我家，孙儿因为十叔所代的钱，恐家里年底难办，所以向心斋挪借，因他曾经挪过孙儿的，现在他既然没有送来，那就不必向他借了。家里现在还不缺钱花，是孙儿所第一放心的，孙儿在京城，已借了银子二百两。这里挪借很容易，所以不很窘迫，只恐怕不能顾家。

曾孙妹妹两人身体很好。四月二十三日，已种了牛痘，万无一失，是广东京官设局救济贫困婴儿，不取分文。现寄回种牛痘法一张，敬呈堂上大人一看。湘潭、长沙都有牛痘公局，可惜乡里没有一人知道。

英夷去年攻占浙江宁波府及定海、镇海两县，今年退出宁波，攻占乍浦，极可痛恨，京城人心，安静得好像没事一样，我想不久当可歼灭的。孙儿谨禀。（道光二十二年四月二十六日）

禀祖父母·无钱寄回家

【原文】

孙男国藩跪禀

祖父母大人万福金安。孙兄弟在京平安，孙妇身体如常。曾孙兄妹二人种痘后，现花极佳，男种六颗，出五颗，女种四颗，出三颗，并皆清吉，寓内上下平善。

逆夷海氛甚恶，现在江苏滋扰，宝山失守，官兵退缩不前，反在民间骚扰，不知何日，方可荡平。天津防堵甚严，或可无虑，同乡何子贞全家住南京，闻又将进京，谢果堂太守，于六月进京，初意欲捐复，多恐不能，郑莘田放贵州西道，黎樾乔转京畿道，同乡京官，绝少在京。

孙光景虽艰，而各处通挪，从无窘迫之时，但不能寄货回家，以奉甘旨之需，时深愧惊，前寄书征一表叔，言将代作墓志，刻下实无便可寄，蕙妹移居后，

究不知光景如何？孙时为挂念，若有家信来京，里详明书示，孙在京自当谨慎，足以仰慰慈怀，孙谨禀。（道光二十年六月初十日）

【译文】

孙儿国藩跪禀

祖父母大人万福金安。孙儿兄弟在京平安，孙媳妇身体如常。曾孙兄妹二人种痘后，现出痘情形很好，曾孙子种六颗，出了五颗，曾孙女种四颗，出三颗。都清吉。全家上下平善。

洋人和逆匪在沿海闹得很嚣张，现在江苏滋扰，宝山失守了。官兵退缩不敢前进，反而在民间骚扰，不知哪天才能平定，天津防范堵截很严密，或者可以无虑，同乡何子贞全住南京，听产又将进京，谢果堂太守，于六月进京，原来的意思是捐复，恐怕不能办到，郑辜田放了贵州贵西道。黎榴乔转京哉道。同乡京，在京的很少。

孙儿的光景虽说很艰难，而到处挪借，从来没有受过窘迫，但不能寄钱回家，以侍奉父母祖父的生活需要，时刻深深感到惭愧，前不久写信给征一表叔，说将代作墓志，眼下实在没有便人可寄。蕙妹搬家后，光景究竟怎么样？孙儿时时挂念，如有家信来京城，希望详细明白告诉我。孙儿在京自当谨慎，才能使堂上大人得到安慰。孙儿谨禀。（道光二十二年六月初十日）

禀父母·寄银还债济人

【原文】

男国藩跪禀

父母亲大人万福金安，男在四川，于十一月廿日返京，彼时无折弁回南，至十二月十六日始发家信，十二月除夕又发一信，交曾受恬处，受恬名兴仁，善化丙子举人，任江西分宜县知县，上年进京引见，正月初四日出都，迂道由长沙回江西；男与心斋各借银一百两，与渠作途费，男又托渠带银三百两，系蓝布密缝三包，鹿胶二斤半，阿胶二斤，共一包，高丽参半斤一包，荆七银四十两一包，又信一封，交陈宅，托其代为收下，面交六弟九弟，大约二月下旬可到省。

受恬所借之银百两，若在省能还更好，若不能还，亦不能急索；俟渠到江西必还，只订定妥交陈宅，毋寄不可靠之人耳，若六月尚未到，则写信寄京，男作信至江西催取也。

廿二夜，男接家信，得悉一切，欣喜之至！祖父大人七旬晋一大庆，不知家中开筵否？男在京仅一席，以去年庆寿故也，祖母大人小恙旋愈，甚喜！以后断不可上楼，不可理家事，叔父大人之病，不知究竟如何？下次求详书示知，男前次信回，言付银千两至家，以六百为家中完债及零用之费，以四百为馈赠戚族之用，昨由受恬处寄归四百，即分送戚族可也，其余六百，朱啸山处兑钱百三十千，即除去一百两，四月间再付五百回家，与同乡公车带回，不同县者亦可男自有斟酌也。

男自四川归后，身体发胖，精神甚好，夜间不出门，虽未畜车，而每出必以车，无一处徒步；保养之法，大人尽可放心，男妇及孙男女皆平安，本家心斋，男待他甚好，渠亦凡事必问，男所作诗赋，男知无不言。冯树堂于正月十六来男寓住，目前渠自用功，男尽心与之讲究一切，会试后，即命孙儿上学，每月修金四两。郭筠仙进京，亦在男处住，现在尚未到，四川门生，已到四人，二月间即考国子监学正。

今年正月初三，下诏举行恩科，明年皇太后万寿，定有覃恩，可请诰封，川国所最为切望者也，去年因科场舞弊，皇上命部议定，以后新举人到京，皆于二月十五复试；倘有理文荒谬者，分别革职停科等罚，甚可惧也！在京一切，男自知慎，余容续陈，谨禀。（道光二十四年正月廿五日）

【译文】

儿子国藩跪禀

父母亲大人万福金安。儿子在四川，于十一月二十日回到京城。那时没有折弁回湖南，到十二月十六日才发家信，十二月除夕，又发一封信，交曾受恬处。受恬名兴仁，善化丙子举人，任江西分宜县知县，去年进京引见，正月初四日离京，绕道由长沙回江西，儿子与心斋各借银子一百两给他作路费，儿子又托他带了三百两银子，是蓝布密缝的三包。鹿胶二斤半，阿胶两斤，共一包，高丽参半斤，一包。荆七的银子四十两，一包。又信一封，交陈宅，托他代收，面交六弟九弟，大约二月下旬可以到省。

受恬所借的一百两银子，如果在省里能还更好，如不能还，也不要急于索取，等他到江西后必须归还，只交代他一定交陈宅，不要托不可靠的人，如果六月还没有到，那写信给我，儿子再写信到江西去催取。

二十二日晚，儿子接到家信，得知一切，欣喜之至！祖父大人七十岁晋一的大庆，不知家里开了筵席没有？儿子在京城只办了一桌，因为去年已做过七十大寿的缘故，祖母大人小病马上好了，很高兴，以后决不能上楼不可以管家务，叔父大人的病，不知究竟怎样？下次求家里详细告知，儿子上次的家信，说付银子一千两到家里，用六百两还债和零用，用四百两送亲戚族人，昨由受恬处寄回四百两，就送亲戚族人吧，其余六百，朱啸山处兑钱百三十千，即除去一百两，四月间再付五百两回，与同乡入京应试的举人带回，不同县的也可以，儿子自有考虑的。

儿了自四川回后，身体发胖，精神很好，晚上不出门，虽然自己没有专车，但每次出门必定用车，没有一处是走路，保养的方法，大人尽可放心，儿媳妇及孙儿孙女都平安，本家心斋，儿子待他很好，他也什么事都请教，儿子所作赋，儿子知无不言，冯树堂在正月十六日来儿子处住，目前他自己用功，儿子尽和他讲究一切，会试以后，就叫孙儿上学，每月学贫四两，郭筠仙进京，也在儿子处住，现在还没有到，四川门生，已到了四个，二月间就考国子监学正。

今年正月初三，皇上已下诏举行恩科，明年皇太后万寿，定有覃恩，可请诰封，这是儿子最为关注的。去年因为考场舞弊，皇上命令部里讨论，以后举人到京，都在二月十五复试，倘若有文理荒谬的人，对主考官员分别给予革职、停科等处罚，很可怕的。

在京一切，自己知道谨慎。其余容以后再陈，儿子国藩。（道光十四年正月二十五日）

致诸弟·取款及托带银

【原文】

四位老弟足下：

二月有折差到京，余因眼蒙，故未写信，三月初三，接到正月付四所发家信，无事不详悉，欣喜之至！此次眼尚微红，不敢多作字，故未另禀堂上，一切详此书中，烦弟等代禀告焉，去年所寄，余有分债亲族之意，厥后屡次信问，总未详明示悉，顷奉父亲示谕云："皆已周到，酌量减半。"然以余所闻，亦有过于半者，亦有不及一半者，下次信来，务求九弟开一单告我为幸！

受恬之钱，既专使去取，余又有京信去，想必可以取回，则可以还江岷山东海之项矣，氓山东海之银，本有利息，余拟送他高丽参共半斤，挂屏对联各一副，或者可减少利钱，待公车归时带回。父亲手谕，要寄百两回家，亦待公车带回，有此一项，则可以还率五之钱矣，率五想已到家，渠是好体面之人，不合责备他，唯以体面待他，渠亦自然学好。兰姊买田，可喜之至！唯与人同居，小事要看松些，不可在讨人恼。

欧阳牧云要与我重订婚姻，我非不愿，但渠与其妹是同胞所生，兄妹之子女，犹然骨肉也，古者婚姻之道，所以厚别也，故同姓不婚，中表为婚，此俗礼之大失，譬如嫁女而号泣，奠礼而三献，丧事而用乐，此皆俗礼之失，孝辈不可不力辨之，四弟以此义告牧云，吾徐当作信复告也。

罗芸皋于二月十八日到京，路上备尝辛苦，为从来进京者所未有，地廿七日在圆明园正大光明殿补行复试，所带小菜布匹茶叶，俱已收到，但不知付物甚多，何以并无家信？四弟去年所寄诗，已圈批寄还，不知收到否？汪觉庵师寿文，大约在八月前付到。

五十已纳征礼忱，可贺可贺！朱家气象甚好，但劝其少学官款，我家亦然，啸山接到咨文，上有祖母已殁字样，甚为哀痛，归思极迫，余再三劝解，场后即来余寓同住，我家共住三人，郭二于二月初八日到京，复试二等第八。树堂榜后要南归，将来择师尚未定。

六弟信中言功课在谦让之间，引语殊不可解，所需书籍，惟《子史精化》家中现有，准托公车带归，《汉魏六朝百三家》，京城甚贵，余已托人在扬州买，尚未接到。《稗海》及《绥寇纪略》亦贵，且寄此书与人，则帮人车价，因此书尚非吾弟所宜急务者，故不买寄，元明名古文，尚无选本，近来邵蕙西已选元文，渠劝我选明文，我因无暇，尚未选，古文选本，惟姚姬传先生所选本最好，吾近来圈过一遍，可于公车带回，六弟用墨笔加圈一遍可也。

九弟诗大进，读之为之距跃三日，即和四章寄回，树堂筠仙意城三君，皆各有和章，诗之为道，各人门径不同，难执一已成见以概论，吾前教四弟学袁简斋，以四弟笔情与袁相近也，今观九弟笔情，则与元遗山相近，吾教诸弟学诗无别法，但须看一家之专集，不可读选本，以汨没性灵，至要至要！

吾于五七古学社韩，五六律学杜，此二家无一字不细看，外此则古诗学苏黄，律诗学义山，此三家，亦无一字不着，五家之外；则用功浅矣，我之门径如此，诸弟或从我行，或别寻门径随人性之所近而为之可耳，余近来事极紊，然无日不着书，今年已批韩诗一部，正月十八批毕，现在批史记三之二，大约四月可批完。诸弟所看书，望详示，邻里有事，京望示知，国藩手草。（道光二十五年三月初五日）

【译文】

四位老弟兄下：

二月通信兵到京，我因为眼睛蒙障，所以没有写信，三月初三，接到正月二十四日所发家庸，没有事情不详知，欣喜之至！这次眼还微微呈红色，不敢多写字，所以没有另外写信禀告堂上大人，一切详写在这封信里，烦弟弟们代为禀告，去年所寄银子，我有分送亲戚族人的意思，以后多次写信询问，都没有得到详细明白的回示，刚奉父亲示谕说：“都已周到办理，考虑具体情况减少一半。”然而，从我听说的，也有超过一半的，也有不到一半的，下次来信，务求九弟开一个单子告我为幸！

受恬的钱，既然派专人去取了，我又有信去催，想必可以取回，那就可以还清江氓山、东海的帐了，氓山、东海的银子本来有利息，我准备送他高丽参半斤，挂屏、对联各一副，或者可以减少一点利息，等官车回时带回，父亲之谕，要寄一百两回家，也等官车带回，有这一笔钱，那就可以还率五的钱了，率五想必已到家，他是好体面的人，不要时刻责备他，只以体面对待他，他也自然会学好，兰姊买田，可喜之至！只是与别人同住，小事情要看轻松点，不可处处讨人嫌。

欧阳牧云要与我家重订婚姻，我不是不愿意，但他与他妹妹是同胞所生，兄妹的子女、好比骨肉亲人，古人的婚姻观念，所以非常注重区别，所以同姓不通婚，亲老表为婚，是世俗礼仪的大忌，如嫁女时哭泣，祭礼时三献，丧事时用乐器，都是习俗不允许的，我们不可以不加明辨，四弟要把这个意思告诉牧云，我过些时候也会给他复信。

罗芸皋于二月十八日到京，路上辛苦备尝，为从来来京城的人所没有的，二十六日，在圆明园正大光明殿补行复试，所带小菜、布匹茶叶，都已收到，但不知寄东西多，却没有信？四弟去年所寄的诗，已圈批寄回，不知收到没有？汪觉庵师的寿文，大约在八月前寄到，五十已纳征礼成，可喜可贺！朱家气象很好，但劝他少学官员款式，我家也一概，啸山接到咨文，上有“祖母已歿”的字样，很是哀痛，很想回家，我再三劝他，考试以后便到我家同住，我家共住三人，郭二于二月初八日到京，复试中了二等第八名，树堂发榜后要回湖南，将来选择谁当老师还没有定。

六弟信中说功课在谦让之间，这句话真不好理解，所需书籍，只《子史精华》家里现有，准托官车带回，《汉魏六朝百三家》，京城很贵，我已托人到扬州买，还没有接到。《稗海》和《绥寇纪略》也贵，并且托寄这本书，要付人家车费，这本书还不是弟弟现在急需读的，所以不买了，《无名明古文》，还没有选本，近来邵蕙西已选元文，他劝我选明文，我因没有空，还没有选，古文选本，只有姚姬传先生所选本最好，我近来圈过一遍，可托官车带回，六弟用墨笔加圈一遍吧！

九弟写诗在有进步，读了为他高兴得跳个不止，马上和了四章寄回，树堂、筠仙、意诚三君，都各有和诗，诗为文学的一种形式，各人的门径不相同，难于偏执一个人的见解去概括议论，我从前教四弟学袁简斋，是因为四弟的诗情与袁相近，现在看九弟的风格，则和元遗生相近，我教弟弟们学诗没有别的方法，强调要看一家的专集，不可以读选本，以致把自己的性灵、个性弄没了，至为重要啊！

我对于五、七言古体学杜、韩，五、七言律诗学杜，这两家没有一个字细看，此外，古诗学苏，黄，律诗学文山，我三家也没有一个字不看，五家之上，用的工夫就浅了，我的门径就这样，弟弟们或者走我的门，或者另外找自己的门径，随自己的性情相近的去做好了，我近来事情很繁，但没有一天不看书，今年已批韩诗一部，正月十八日批完，现在批《史记》三分之二，大约四月可批完，弟弟们所看的书，希望详细告诉我，邻里间有事，也希望告知。

国藩手草。（道光二十五年三月初五）

禀父母·送参冀减息银

【原文】

男国藩跪禀

父母亲大人，男于三月初六日，蒙恩得分会试房，四月十一日，发榜出场，身体清洁，合室平安，所有一切事宜，写信交折差先寄。兹因啸山还家，托带纹银百两，高丽参斤半，《子史精华》六套，《古文辞类纂》二套，《绥寇纪略》一套，皆六弟信要看之书。

高丽参，男意送江岷山东海二家六两，以冀少减息银。又送金虔竺之尊人二两，以报东道之谊，听大人裁处，男尚办有送朱岚暄挂屏，候郭筠仙带回，又有寿屏及考试笔等物，亦俟他处寄回，余俟续具，男谨禀。（道光二十五年四月十五日）

【译文】

儿子国藩跪禀

父母亲大人。儿子于三月初六日，蒙皇上恩典得了分会试房，四月十一日，发榜出场，身体清洁平安，全家平安，所有一切事宜，写信交通信兵先寄，兹因啸山回家，托他带纹银一百两，高丽参斤半，《子史精华》六套，《古文辞类纂》两套，《绥寇纪略》一套，都是六弟来信要看的书。

高丽参，儿子的意思，送江氓山、东海两家六两，希望减少息钱，又送金虔竺的尊人二两，以报他东道的情谊，听大人裁处，儿子还办有送朱岚暄挂屏，等郭筠仙带口，又有寿屏及考试用笔等，也等他处寄回，其余等下次再禀告，儿子谨禀。（道光二十五年四月十五日）

禀父母·取借款须专人去

【原文】

男国藩跪禀

父母大人万福金安。男于五月中旬，染瘟症，服药即效，已痊愈矣，而余热未尽，近日头上生癣，身上生热毒，每日服银花甘草等药，医云："内热未故，宜发不宜遏抑，身上之毒，至秋即可全好，头上之癣，亦不至蔓延。"又云："恐家中祖坟上有不洁处，虽不宜扰动，亦不可不打扫。"男以皮肤之患，不甚经意，仍读书应酬如故，饮食起居，一切如故。

男妇服附片高丽参熟地白术等药，已五十余日，饭量略加，尚未十分壮健。然行事起居，亦复如常，孙男女四人，并皆平安，家中仆婢皆好，前有信息寄金年伯高丽参二两，此万不可少，望如数分送。去年所送戚族银，男至今未见全单，男年轻识浅，断不敢自作主张，然家中诸事，男亦愿闻其详，求大人谕四弟将全单开示为望。

诸弟考试，今年想必有所得，如得入学，但择亲属拜客，不必遍拜，亦不必请酒，益恐亲族难于尖酬也，曾受恬去年所借钱，不知已寄到否？若未到，须专人去取，万不可缓。如心斋亦专差，则两家同去；如渠不专差，则我家独去，家中近日用度如何？男意有人做官，则待邻里不可不略松，而家用不可不守旧，不知是否？男谨禀。（道光二十五年六月十九日）

【译文】

儿子国藩跪禀

父母亲大人万福金安，儿子于五月中旬，传染瘟病，吃药马上见效，已经好了，但余热没有尽，近口头上生癣，身上生热毒，每天吃银花、甘草这些药，医生说："内热没有散，适且发出来不宜压下去，身上的毒，到秋天当可好，头上的癣，也不至于蔓延，"又说："恐怕祖坟上有不干净的地方，虽说不适合去挑动，也不可以不打扫。"（编者按：此纯系迷信。）儿子以为是皮肤上的病，不很留意，仍旧读书、应酬，饮食起居，一切照常。

儿媳妇吃附片、高丽参、熟地、的术这些药，已五十多天，还没有十分健壮，但做事起居也照常了，孙儿孙女四个都平安。家中婢女、仆人都好，前有信说寄金年伯高丽参二两，这万万不可少，希望如数分送，去年送亲戚族人的银子，儿至今没有见到全部清单，儿子年轻识浅，决不敢自作主张，但家中的事情，儿子还是想详细知道，求大人叫四弟把单子开示为盼。

弟弟们的考试，今年想必有所得，如果能入学，只要选择亲属拜客，不必普遍的拜，也不必请酒，因为怕亲戚族人难于应酬。曾受恬去年所借的钱，不知已经寄到没有？如果没有到，要专人去取，万万不可以迟，如心斋也派专差，那么两家一起去，如他不派专差，那我家一家去，家中近日用度如何？儿子的意思有人做官，那对待邻里不可以不略为宽松，而家用不可以不仍旧照旧，不知对不？儿子谨禀。（道光二十五年六月十九日）

禀父母·在京事事节俭

【原文】

男国藩跪禀

父母亲大人礼次，正月十五日，接到父亲，叔父十一月二十所发手书，敬悉一切，但折弃于腊月念八，在长沙起程，不知四弟何以尚未到省？祖母葬地，易敬臣之产甚是，男去冬已写信与朱尧阶，请渠寻地，兹又寄书与敬臣，尧阶看妥之后，可请敬臣一看，以尧阶为主，而以敬臣为辅，尧阶看定后，若毫无疑义，不再请敬臣可也，若有疑义，则请渠二人商之，男书先寄去，不再请敬臣可也，若有疑义，则请渠二人商之，男书先寄去，若请他时，四弟再写一信去，男有信禀祖父大人，不知祖父可允从否？若执意不听，则遵命不敢违拗，求大人相机而行。

大人念及京中恐无钱用，男在京事事省俭，偶值阙乏①之时，尚有朋友可以通挪，去年家中收各项，约共五百金，望收藏二百勿用，以备不时之需，丁戊二年不考差，男恐无钱寄回，男在京用度，自有打算，大人不必挂心，此间情形，四弟必能详言之，家中办丧事情形，亦望四弟详告，共发孝衣几十件，飨祭几堂，远处来吊者几人，一一细载为幸！

男身体平安，一男四女，痘后俱好，男妇亦如常，闻母亲想六弟回家，叔父信来，亦欲六弟随公车南旋；此事须由六弟自家做主，男不劝之归，亦不敢留，家中诸务浩繁，四弟可一人经理；九弟季弟，必须读书，万不可耽搁他，九弟季弟亦万不可懒散自弃，去年江西之行，已不免为人所窃笑，以后切不可轻举妄动，只要天不管，地不管，伏案用功而已，在京时时想望者，只望诸弟中有一发愤自立之人，虽不得科名，亦是男的大帮手，万望家中勿以琐事耽搁九弟季弟；亦望两弟鉴我苦心，结实用功也，男之癣疾，近又小发，但不似去春之甚耳，同乡各家如常，刘月搓已于十五日到京，余俟续呈，谨禀。（道光二十六年正月十八日）

【译文】

儿子国藩谨禀

父母亲大人礼次，正月十五日，接到父亲、叔父十一月二十日所发手书，敬悉一切，但通信兵于腊月二十八日，在长沙起程，不知四弟何以还没有到省城？祖父葬地，易敬臣的说法很对，儿子去年冬天已写信给朱尧阶，请他选一块地方，现又寄信与敬臣。尧阶看妥之后，可给敬臣看一看，以尧阶为主，以敬臣为辅，尧阶看定之后，如果没有一点疑义了不再请敬臣也可以，如果有疑义，那不请他二人商量，儿子的信先寄去，如果请他时，四弟再写信去，儿子有信禀告祖父大人，不知祖父大人答应吗？如执意不听，那就遵命不耽违反，求大人相机而行。

大人挂念京城恐怕缺钱用，儿子在京城事事俭省，偶尔遇到缺钱的时候，还有朋友可以挪借，去年家里各项收入，大约共五百两，希望收藏二百两不用，以备不时之需，丁戊二年不考差，恐怕儿子没有钱寄回家，儿子在京城的用度，自己有打算，大人不必挂念，这边的情形，四弟一定可详细介绍，飨祭几堂，远处来吊丧的多少人，请一一详细写明。

儿子身体平安，一男四女，种痘以后都好。儿媳妇也如常，听说母亲想叫六弟回家，叔父来信，也想要六弟随官车回家，这件事要由六弟自己做主，儿子不劝他回，也不留他，家中事务浩蔗，四弟可以一个人经理，九弟季弟必须读书，万万不可耽搁，九弟季弟也万万不可以们散自弃，去年江西之行，已不免为人家暗笑，以后切不可轻举妄动，只要天不管，地不管，伏案用功罢了，儿子在京城时刻想的，只希望弟弟们中间，有一个发愤自立的人，虽说不一定得考取科名，也是儿子的大帮手，万万希望家里不要拿一些琐细事，耽搁九弟季弟，也望两位弟弟鉴于我这一番苦心，扎实用功，儿子的癣疾，近来又小发，但不像去年春天那样厉害，同乡各家如常，刘月搓已在十五日到京，其余等以后再行禀告，儿子国藩谨禀。（道光二十六年正月十八日）

禀叔父母·托人带银两归家

【原文】

侄国藩跪禀

叔父母大人福安，九月初十日，接到四弟九弟季弟等信，系八月中在省城所发者，知祖大人之病，又得稍减，九弟得补廪，不胜欣幸！前劳辛垓廉访，八月十一出京，侄寄去衣包一个，计衣十件，不知已到否？侄有银数十两，欲寄回家，久无妙便。十月间武冈张君经赞回长沙，拟托带回，闻叔父为坍上公屋加工修治，侄亦欲寄银数十两，为叔父助犒赏匠人之资，罗六所存银廿二两在侄处，右三项，皆拟托张君带归。

前欧阳沧溟先生馆事，伍太尊已复书季仙九先生，兹季师又回一信于伍处，侄便寄家中，可送至欧阳家，嘱其即投伍府尊也，牧云又托查万崇轩先生选教馆迟早，兹已查出，写一红条，大约明冬可选，此二事可嘱澄候写信告知牧云，侄等在京，身体平安，常南陔先生欲为幼女许配纪泽，托郭筠仙说媒，李家尚未说定，两家似可对，不知堂上大人之意若何？望未知，余容续具，侄谨禀，（道光二十八年九月十二日）

【译文】

侄儿国藩跪禀

叔父母大人福安，九月初十日，接到四弟九弟季弟等的信，是八月中在省城所发的，知祖父大人的病，又减轻了些，九弟补了廪生，不胜欣幸！前不久劳辛垓廉访，八月十一口离京，侄儿寄去衣包一个，共计衣十件，不知已收到没有？侄儿有几十两银子想寄回家，许久没有可靠方便的人，十月间，武冈张经赞君回长沙，准备托他带回，听说叔父为坍上公屋加工修治，侄儿想寄几十两银子，作为协助叔父赏工匠的钱，罗六所存的银子二十二两，在侄儿处，以上三项，都准备托张君带回。

前欧阳沧溟先生谋教馆的事，伍太尊已复信季仙九先生，现季师又回一封信到伍太尊处，托侄儿方便带到家里，可送到欧阳先生家，嘱咐他马上去投伍府尊，牧云又托查万轩先生选教馆迟早，现已查出，写一红条，大约明年冬天可选，这两件事可嘱咐澄候写信告知牧云，侄儿等在京城，身体平安，常南陔先生想以幼女配纪泽，托郭筠仙来说媒，李家还没有说定，两家似乎可对，不知堂上大人的意思怎样？希望指示，其余以后再行禀告示。侄谨禀。（道光二十八年九月十二日）

致诸弟·家中务请略有积蓄

【原文】

四位老弟足下：

去腊寸六日，接温弟在湖北所发信，正月初八日，接诸弟腊月十五所发信，而温弟在河南托邹墨林转寄一信，则至今未到，澄弟十一月十九所发一信，亦至今未到也，澄弟生子，庆贺庆贺！吾与澄弟，去年报最，今年轮应温植洪三人报最矣，但植弟之媳问已有吉语，恐政成当在温弟之前，植弟未免疾行先长耳，四位弟媳，问皆率母亲叔父之教，能勤能俭，予闻之不胜欣喜！已办有材料，今春为四弟媳各制一衣，觅便即行寄回。

澄弟捐监执照，说准于今年寄回，父亲中书呈祥，取麟趾呈祥之义也，前年温弟捐监，叔父名书呈材，取天骤呈材之义也，当时恐六弟尚须小试，故捐监填名略变，以为通融地步，而今温弟既一成不易，故用呈祥配呈材，暗寓麟字骥字于中，将来即分两房，曰呈祥房曰呈材房，亦免得直写父叔官中耳。

李子山曾希六族伯，托我捐功名，其伙计陈体元亦托捐，我丁酉年在栗江煤垄，此二人待我不薄，若非煤垄之钱，则丁酉万不能进京，渠来托我，不能不应，拟今岁为之办就，其银钱嘱渠送至我家，有便将执照付至家中，渠银钱一到，即发执照与渠可也，即未收全，亦可发也，丁酉年办进京盘费，如朱文八王隧三隧六等，皆分文不借，则曾陈二人，岂可不敢也哉？现在乔心农放常德知府，二月出京，四弟监照与二人执照，大约可托渠带至湖南也。

去年年内，各族戚之钱，不知如数散给否？若未给，望今春补给，免得我时时挂心，考试者十千，及乞丐之十千，不审皆给否？务乞详以示我，竹山湾找当价，不知比楚善叔一头原价何如？乞明告我，即买竹山湾，又买庙堂上，银钱一空，似非所宜，以后望家中毋买田，忽略积钱，以备不时之需。

植弟诗才颇好，但须看古体专集一家，乃有把握，万不可徒看选本；植弟则一无所看，故无把握也，季洪诗文，难于进攻，须用心习字，将来即学叔父之规模，亦有功于家庭。

纪泽儿自去腊庞先生归河间，请李碧峰来代馆，日加奖护，悟性大进，一日忽自作四言诗一篇，命题曰《舜征有苗篇》，余始不信；次日余与黄翥吾面试之，果能清顺，或者得祖父德荫，小有成就，亦未可知，兹命其誊出寄呈堂上，以博一笑，然记性不好，终不敢信其可造也，兹寄回正月初一至初十日上谕及宫门抄，以后按月寄归，予身体平安，家中大小如常，二儿肥胖，余不一。兄国藩手草。（道光二十五年正月初十日）

【译文】

四位老弟足下：

去年十二月二十六日，接到温弟在湖北所发的信，正月初八日，接弟弟们十二月十五日所发的信，而温弟在河南托邹墨林转寄的一封信，却至今没有收到，澄弟十一月十九日所发的信，也至今没有收到，澄弟生了儿子，祝贺祝贺！我与澄弟去年是成绩最好的，所以要报最，今年应该轮到温、植、洪三个报最了，但植弟的媳妇，据说有了喜，生育应该在温弟之前，植弟不免走得前边去了，四位弟媳妇，听说都秉承母亲、叔父的教导，又勤又俭，我听了非常高兴，已经办了材料，今年春天为四位弟媳妇各做一件衣，找到便人寄回家。

澄弟捐监生的执照，也准定在今年寄回，父亲名字与作呈祥，取麟趾呈祥的意义，前年温弟捐监，叔父名字写作呈材，取天骥呈材的意义，当时恐怕六弟还要小考，所以捐监填名字略微变了一下，以为通融的地步，而现在温弟既然一成不易，所以用呈祥配呈材，暗暗包含麟字骥字在中间，将来就是分两房，一个叫呈祥房，一个叫呈材房，也免官直接写父亲、叔父的官名。

李子山、曾希六族伯，托我捐一个官名，他们的伙计陈体元也托我捐官，我丁酉年在栗江煤垄，这两位待我很好，如果不是煤垄的钱，那丁酉年我万不能进京，他来托我，不能不答应，准备今年为他们办好，需用的钱嘱咐他们达到我家，有便人便把执照寄回家里，他的钱一到，便发执照给他好了，即使没有全部收齐，也可发给，丁酉年办进京的路费，如朱文八、王隧三、遂六等，都分文不借，那曾、陈两人，岂不是令人感动吗？现在乔心农放了常德知府，二月离京，四弟监生执照与曾、陈两人执照，大约可托他带到湖南。

去年一年内送各族人亲戚的钱，不知如数散给没有？如果没有，希望今部春天补发，免得我时刻挂记，考试的十千，乞丐的十千，不知都给了没有？一责请详细告诉我，既然买竹山湾，又买庙堂上，银钱都统统花光，好像不合适，以后希望家中不要买田，要略为积点钱，以备不时之需。

植弟诗才很好，但要看古体专集一家，才有把握，万万不可徒然去看选本，植弟什么都不循，所以没有把握，季洪诗文，难以进步，要用心习字，将来就是学叔父的榜样，也是有功于家庭的。

纪泽儿自去年十二月庞先生回河南，请李碧峰来代课，每天奖励称赞，悟性大有进步，一天，忽然自己作了一首四言诗，题目是《舜征有苗篇》，我开始不信，第二天与黄翥吾当面考试，果能写得清顺，或者是得祖父的德泽余荫，小有成就，也不一定，现他誊正寄呈堂上大人，以博一笑，但记性不好，我还在怀疑他是否有造化，现寄回正月初一至初十日上谕和宫门抄，以后按月寄回，我身体平安，家中大小如常，二儿肥胖，余不一一。兄国藩手草。（道光二十五年正月初二日）

谕纪泽·托人带银至京

【原文】

字谕纪泽儿:

余于八月十四日，在湖北起行，十八日到岳州，由湘阴宁乡绕道，于念三日到家，在腰裹新屋，痛哭吾母，廿五日至白杨坪老屋，敬谒吾祖星冈公坟墓，家中老小平安，地方亦安静，合境团练，武艺颇好，土匪可以无虑。

吾奉父亲大人之命，于九月十三日，暂厝吾母于腰裹屋后，俟将来寻得吉地，再行迁葬。家眷在京，暂时不必出京，俟长沙事平，再有信来，王吉云同年在湖北主考回京，余交三百计金，托渠带京，想近日可到。

余将发各处讣信，刻尚无暇，待九月再寄，京中寄回信，交湖北常大人处最妥，岳父岳母，于廿五日来我家，身体甚好，尔可告知母，余不尽，涤生手示。（咸丰二年八月计六日）

【译文】

字谕纪泽儿

我于八月十四日，在湖北起程，十八日到岳州，由湘阴、宁乡绕道，于二十三日到家，在腰里新屋，痛掉我的母亲，二十五日到白杨坪老屋，敬谒了我祖星冈公坟墓。家中老小平安。地方安静，到处办团练，武艺很好，土匪可以不必担心。

我奉父亲大人的命令，于九月十三日，暂时安葬我母亲在腰里屋后，等将来找到吉祥坟地，再行改葬，家眷在京城，暂时不要离京，等长沙的事平定后，再有信来，王吉云同年在湖北主考回京，我交他三百二十两银子，再有信来，王吉云同年在湖北主考回京，我交他三百二十两银子，托他带京，想必近日可到。

我将发各处讣告，眼下没有空，等九月再寄，京在寄信回，可交湖北常大人处最妥当，岳父岳母，都于二十五日来我家，身体很好，你可告诉你母亲，余不一一写了，涤生手示。（咸丰二年八月二十六日）

致诸弟·带归度岁之资

【原文】

澄候子植季洪四位老弟足下：

廿五日遣春二维五归家，曾寄一函，并谕旨奏折二册，廿六日水师在九江开仗获胜，陆路塔罗之军，在江北蕲州之莲花桥，大获胜仗，杀贼千余人，廿八日克复广济县城，初一日在大河埔大获胜仗，初四日在黄梅城上，大获胜仗，初五日克复黄梅县城，该匪数万，现屯踞江岸之小池口，与九江府城相对，塔罗之军，即日追至江岸，始可水陆夹击，能将北岸扫除，然后可渡江以剿九江府之贼，自至九江后，即可专夫由武宁以达平江长沙。

兹由魏荫亭亲家还乡之便，付去银一百两，为家中卒岁之资，以三分计之，新屋人多，取其二以供用，老屋人少，取其一以供用，外五十两一封，以送亲族各家，即往年在京寄回之旧例也，以后我家光景略好，此项断不可缺，家中却不可过于宽裕；因处乱世，愈穷愈好。

我现在军中声名极好，所过灾害处，百姓爆竹焚香跪迎，送酒米猪羊来犒军者，络绎不绝，以祖宗累世之厚德，使我一人食此隆报，享此荣名，寸心兢兢，且愧且慎。现在但愿官阶不再进，虚名不再张，常葆此以无咎，即是持家守身之道，至军事之成败利钝，此关乎国家之福，吾惟力尽人事，不敢存丝毫侥幸之心，诸弟禀告堂上大人，不必悬念。

冯树堂前有信来，邀功牌百张，兹亦交荫亨带归，望澄弟专差送至宝庆，妥交树堂为要，衡州所捐之部照，已交朱峻明带去，外带照千张，交郭云仙，从原奏之所指也，朱于初二日起行，江隆三亦同归，给渠钱已四十千，今年送亲族者，不必送隆三可也，余不一一。（咸丰四年十一月初七日书于武穴舟中）

【译文】

澄候、温甫、子植、季洪四位老弟足下：

二十五日派春二、维五回家，曾经寄了一封信，并谕旨奏折二册。

二十六日水师在九江开仗得胜，陆路塔罗的军队，在江北蕲州的莲花桥，大获全胜，杀敌二千多人，二十八日史复广济县城，初一日在大河埔大获全胜，初四日在黄梅县城外，大获全胜，初五日克复黄梅县城，敌军几万人，现屯踞江岸的小池口，和丸江府城相对，塔罗的军队，当日追到江岸，便可水陆珍攻，能将北岸扫除，然后可以渡江进剿九江府之敌，自到九江后，便可有专人由武宁到达平江、长沙。

兹乘魏荫亭家回家之便，付去银子一百两，为家中年底的用度。分成三份，新屋人多，可占两份供他们用，老屋人少，可分一份，外五十两的一封，送亲戚族人各家，即往年的旧例，以后我家光景略好，这个项目决不可缺，家中却不可过于宽裕，因处在动乱年代，越穷越好。

我现在军队中声名极好，所过之处，百姓放爆竹，焚香跪着，迎接、送酒、米、猪、羊来犒赏军队的，络绎不绝，以祖宗一代又一比积累下来的厚德，使我一个人得到隆重的回报，享这么大的荣名，心里真是战战兢兢，又惭愧又谨慎，现在只愿官阶不要再升，虚名不要再张大，保持现状，不出过失，便是持家守身的道理，至于军事的成与败，利与不利，这是关系国家的福泽，我只能尽人事，不敢存一点侥幸心理，弟弟们请禀告堂上大人，不必悬念。

冯树堂前不久有信来，邀功牌百张，现也交荫亭带回：希望澄弟派专差送到宝庆，妥交树堂为要，衡州所捐的部要，已交朱峻明带去，此外带照千张，交郭云仙，从原奏的所指，朱于初二日起程，江隆三也同回，给他的钱已有四十千，今年送亲戚族人的，隆三可不必送了，余不一一。（咸丰四年十一月初七日写于武穴船中）

致九弟·述捐银作祭费

【原文】

沅甫九弟左右：

十四日胡二等归，我弟初七夜信，具悉一切，初五日城贼猛扑，凭壕对击，坚忍不住，最为合拍。凡扑人之壕，扑人之墙，朴者客也，应者，主也，我若越壕而应之，则是反主为客，所谓置人于人者也，我不越壕，则我常为主，所谓致人而不致于人者也，稳守稳打，彼自意与萦然；峙衡好越濠击贼，吾常不以为然，凡此等悉心推求，皆有一定之理。迪庵善战，其得雇在不轻进不轻退六字，弟以类求之可也。

洋船至上海天津，亦系恫吓之常态，彼所长者，船炮也，其所短者路极远，人极少，若办便得宜，终不足患，报销奏稿，及户部复奏，当日即缄致诸公，沅弟来书之意，将来不开局时，拟即在湖口之次，盖银钱所张小山魏召亭李复生诸公，多年亲友，该所现存银万余两，即可为开局用费，及部中使费，六君子不必皆到此局，但得伯符小泉，二人入场，可了办，若六弟在浔较久，则可至局中旋也，至户部承书说定费资。目下筠仙在京，以可办理，将来胡莲舫进京，主料可帮助，筠仙顷有书来，言弟名远震京师，盛名之下，其实难副，弟须慎之又慎，兹将原书，抄送一阅。

家中四宅，大小平安，兄夜来渐能成寐，先大父先太夫人，尚未有祭祀之费，温弟临行，银百两，余以刘国斌之赠，亦捐银百两，弟可设法捐赀否？四弟季弟则以弟昨寄之银两，提百金为二人捐款，合之当业处，每年可得谷六七十石，起祠堂，树墓表，尚属易办，吾精力日衰，心好古文，吾知其而不能多用，日内思为三代考妣作三墓表，虑不克工，亦尚惮于动手也。

先考妣祠宇，若不能另起，或另买一宅作住屋，即以腰裹新宅为祠，亦无不可，其天家赐物，及宗祭器等，概藏于祠堂，庶有所归宿，将来京中运回之书籍，及家中先后置书，亦贮于祠中。吾生平不善收拾，为咎甚巨，所有诸物，随手散去，至今追悔不已，然趁此收拾，亦尚有可为，弟收拾佳物，较善于诸昆从，后益当细心检点，凡有用之物，不宜抛散也。（咸丰八年四月十七日）

【译文】

沅甫九弟左右：

十四日胡二等回，弟弟初七晚上的信，知悉一切，初五日城敌猛扑，凭壕沟对攻，坚忍不住，最是合怕。凡属扑入的壕，扑入的墙的，是客，应战的，是主，我军如果越壕而应战，便是反主为客，就是我们常说的至于人，我不越壕沟，那我还是主，即常说的致人，稳守稳打，他自然觉得没有意思，峙衡喜欢越壕攻敌，我常不以为然，这些事仔细考究，都有一定道理，迪庵善战，他的秘诀在于“不轻进攻，不轻易后退”，弟弟可好好研究。

洋人的船到上海、天津，也是恫吓的常态，他的长处，船上火炮，他的短处，离他的国家路远，人也很少，如果办理得好，不足患，报销奏稿和户部复奏，当天便寄给诸位，接弟弟来信的意思，将来开局时，准备就在湖口水次，因银钱所张小山、魏召亭、李复生诸公，多年亲友，该年现存银子万多两，即可用为开快用费和部里使费，六君子不必都到这个局，只要伯符、小泉二人入场，便可以了，如果六弟在浔阳比较久，则可到局中照护周旋，如果六弟不在浔阳，则弟弟克复吉安后，回家走一趟，仍然要往该局照护周旋，至于户部承书说定费资，眼下筠仙在京，似乎可以办理，将来胡莲舫进京，也可帮助，筠仙刚有信来，说弟弟的名声远震京师，盛名之下，其实难副，弟弟要慎之又慎，现将原信，抄送一看。

家中四宅，在小平安，兄长晚上可以安睡，先大父先太夫人，还没有祭祀的费用，温弟临走，捐银一百两，我以刘国斌送我的也捐一百两，弟弟可以设法捐点钱财吗？四弟季弟则以弟弟昨天寄的银两，提出一百两作为他两人的捐款，合之当业处，每年可得谷六、七十石，起祠堂、树墓表，还容易办，我精力一天不如一天，心喜古文，而不能多做，日内想为二代考妣作三个墓表，顾虑写不好，还怕动得手呢。

先考妣祠，如不能另外起，或别外买一屋作住屋，便以腰里新屋为祠，也无不可，天家赐物及宗器祭器等，一概放在祠堂，让这些有个归宿之处，将来京城运的书籍，及家里先后买的书，也藏在里面，我生平不会收拾，过失很大，所得的东西，随手又丢了，至今后悔不已，便趁此收拾，也还有可为，弟弟收拾比其他几个弟弟强，今后更应细心检点，不宜抛散。（咸丰八年四月十六日）

致九弟·劝捐银修祠堂

【原文】

沅甫九弟左右：

五月二日，接四月廿三寄信，藉悉一切，城贼于十六早，廿日廿二夜，增来扑我壕，如飞蛾之扑烛，多灭几次，受创愈甚，成功愈易。惟日夜巡守，刻不可懈，若攻围日久，而仍令其逃窜，则咎责匪轻，弟既有统领之名，自须认真检察，比他人尤为辛苦，乃足以资董率，九江克复，闻抚州亦已收复，建昌想亦于日内可复，吉贼无路可走，败功当在秋间，较各处独为迟滞，弟不必慌忙，但当稳围稳守，虽迟至冬间克复亦可，只求不使一名漏泄耳，若似瑞临之有贼外窜，或似武昌之半夜潜窜，则虽速亦为人所诟病，如九江之斩刈殆尽，则虽迟亦无后患，愿弟忍耐谨慎，勉卒此功，至要至要！

余病体渐好，尚未痊愈，夜间总不能酣睡，心中纠缠，时忆往事，愧悔憧扰，不能摆脱，四月底作先大夫祭费记一首，滋送贤弟一阅，不知尚可用否？此事温弟极为认真望弟另誉一本，寄温弟阅看，此本仍便中寄回，盖家中抄手太少，别无副本也，弟在营所银回，先后顽抗照数收到，其随处留心，数目多寡，斟酌妥善。

余在外未付银寄家，实因初出之时，默立此誓，又于发州县信中，以不要钱不怕死六字，明不欲自欺之志；而令老父在家，受尽窘迫，百计经营，至今以为深痛，弟之取与，与塔罗杨彭二李诸公相仿，有其不及，无或过也，尽可如此办理，不必多疑。

顷与叔父各捐银五十两，积为星冈公，余又捐二十两子辅臣公，三十两于竟希公矣，若弟能干竟公星公竹三世，各捐少许，使修立三代祠堂，即于三年内可以兴工：是弟有功于先人，可以盖阿兄之愆矣。修辞或腰裹新宅，或于利见斋另修，或另买田地，弟意如何？便中复示，公费则各力经营，祠堂则三代共之，此余之意也。

初二日接温弟信，系在湖北所发，九江一案，杨李皆赏黄马褂，官胡皆加太子少保，想弟处亦已闻之，温弟至安黄，与迪庵相会后，或留营，或进京，尚未可知，弟素体弱，比来天热，尚耐劳苦否？至念至念！饵滋补，较善于药，

良方甚多，较善于专服水药也。（咸丰八年五月初五日）

【译文】

沅甫九弟左右：

五月二日，接到四月二十三日所发信，借以知道一切，城敌于十七日早，二十、二十二晚，来扑我壕沟，好像飞蛾的扑蜡烛，扑一次，受一次重创，成功越容易，只是日夜巡守，三刻也松懈不得，如果攻围日久，而仍然叫他逃窜，那过失不轻，弟弟既然挂了统领的名，自然要认真检察，比别人更要辛苦，才可不负众望，九江克复，听说抚州也已收复，建昌便也可望在日内克复，吉安敌人无路可走，收功应当在秋天，比较其他各处要迟滞。弟弟不必慌忙，稳围稳守，就是迟到冬天克复也可以，只求不使一名敌人漏网，如者像瑞临的有敌外沈，或像武昌的夜晚潜逃，那即使时间快而不免为人家指责，如九江的斩杀殆尽，那即使时间迟一点却没有后患，希望弟弟忍耐谨慎，勉力把这场仗打到底打成功，非常重要！

我病体逐渐好了，晚上还是不能熟睡，心里纠缠不清，回忆往事，又悔又愧，不能摆脱，四月底作先大夫祭祀记一首，现送贤弟看看，不知还可用不？这事温弟极为认真，望弟另誉一份，寄温弟看看，这本方便时仍旧寄回，因家里抄手太少，没有副本，弟弟在军营里的银钱，先后都如数收到，要随处留心，数目多少，要考虑妥当。

我在外没有付钱回家，实在是因为开初曾暗暗立下誓言，又在发给州县的信中，曾经以“不要钱，不怕死”六个字，表明了自己的志向，而今老父在家，受尽窘迫，百计经营，至今都深为痛心，弟弟的取与，与诺、罗、杨、彭、二李相似，有还不及他们的，是叫你不要超过他们，尽可这么做，不必多疑。

我与叔父各捐五十两，积为星冈公，星公、竹亭三世，各捐少许，使修立三代祠堂，可在三年内兴工，那是弟弟有功于先人，可以掩盖阿兄我的罪过了，修祠或在腰里新宅，或者在利见斋另外修，或者另买田地，弟弟意见如何？方便时请回信告知，公费则各方经营，祠堂则三代共之，这是我的意见，初二日接温弟信，是在湖北抚署所发，九江一案，杨、李都赏黄马褂，官、胡都加太子少保，想弟弟那边已听到了，温弟到安黄，与迪庵相会后，或都留营，或者进京，还不知道，弟弟身体素来虚弱，眼下天热，还能耐劳吗？至念至念！吃点人参燕窝滋补，比吃药强，好的方子很多，比专吃水药强。（咸

丰八年五月初五日）

禀祖父母·请给族人以资助

【原文】

祖父大人万福金安，四月十一日，由折差第六号家信，十六日折弁又到，孙男等平安如常，孙妇亦起居维慎，曾孙数日内添吃粥一顿，因母乳日少，饭食难喂，每日两饭一粥，今年散馆，湖南三人皆留，全单内共留五十二人，惟三人改部属，三人改知县，翰林衙门，现已多至百四五十人，可谓极盛。

琦善于十四日押解到京，奉上谕派亲王三人，郡王一人，军机大臣大学士六部尚书会同审讯，现未定案，梅霖生同年因去岁咳嗽未愈，日内颇患咯血，同乡各京官宅皆如故，澄候弟三月初四日在县城发信，已经收到，正月廿五信，至今未接，兰姊以何时分娩？是男是女？伏望下次示如。

楚善八叔事，不知去冬是何光景？如绝无解危之处，则二伯祖母将穷迫难堪，竟希公之后人，将见笑于乡里矣，孙国藩去冬已写信求东阳叔祖兄弟，不知有补益否？引事全求祖父大人做主，如能救焚拯溺，何难嘘枯回生。伏念祖父平日积德累仁，救难济急，孙所知者，已难指数；如廖品一之孤，上莲叔之妻，彭定五之子，福益叔祖之母，及小罗巷樟树堂各庵，皆代为筹划，曲加矜恤，凡他人所束手无策，计无复之者，得祖父善为调停，旋乾转坤，无不立即解危；而况楚善八叔，同胞之亲，万难之时处？

孙国念及家事，四千里外，杳无消息，不知同堂诸叔目前光景，又念及家中此时，亦甚难窘，辄敢冒昧饶舌，伏求祖父大人宽有无知之罪，楚善叔事，如有设法之外，望详细寄信来京，兹逢折便，敬禀一二，即跪叩祖母大人万福金安。（道光二十一年四月十六日）

【译文】

祖父大人万福金安，四月十一日，由通信兵发第六号家信，十六日通信兵又到，孙儿等平安如常，孙媳妇也起居维慎，曾孙儿天内加吃一顿粥，因为母乳不够，饭食难喂，所以每天两饭一粥，今年庶常馆学成的人，湖南三个都留在馆里，共留五十二个，只有三人改部属，三人改知县，翰林院现在已多到一百四、五十人，可说是极盛了。

琦善已于十四日押解到京城，奉了皇上谕旨，派了三个亲王，一个郡王，与军机大臣、大学士、六部尚书会同审讯，现在没有定案，梅霖生同年因为去年咳嗽没有好，近日吐血，同乡各京官家一切如常，澄候第三月初四日在县城发信，已经收到，正月二十五日信，至今没有收到，兰姐什么时候分娩？是男是女？伏望下次告知。

楚善八叔的后事，不知去年冬天情形如何？如果绝对没有解危的地方，那二伯母必将穷迫难堪，竟希公的后人，将被乡里的人见笑了，孙儿国藩地去年冬天已写信求东阳叔祖兄弟，不知有帮助不？这件事全求祖父大人做主，如能救他于水深火热之中，有哪里不可以回生有望，伏念祖父平日各德累仁救难济急，孙儿了解的，已难以数清，如救助廖品一的孤儿，上莲叔的妻子，彭定五的儿子、福益叔祖的母亲，以及小罗巷、樟树堂各尼庵，都代为筹划，尽力体恤，凡属别人束手无策的，只要祖父出面认真调停，便能扭转乾坤，没有不立即解危的，何况有同胞亲谊的楚善八叔正在万难之中呢！

孙儿因想到家中的事，四千里上，杳无消息，不知同堂各位叔叔目前情形，又想家中这时，也很艰难窘迫，才敢冒昧多嘴，伏求祖父大人宽恕我无知的罪过，楚善叔的事，如有设法的地方，希望详细写信寄京城，现逢折差的便利，恭敬的禀告一二，跪叩祖母大人万福金安。（道光二十一四月十六日）

禀祖父母·先馈赠亲戚族人

【原文】

孙国藩跪禀

祖父母大人万福金安，去年腊月十八，曾寄信到家，言寄家银一千两，以六百为家还债之用，以四百为馈赠亲族之用，其分赠数月，另载寄弟信中，以明不敢自专之义也，后接家人，知兑啸山百三十千，则此银已亏空一百矣，顷闻曾受恬丁艰，其借银恐难遽完，则又亏空一百矣，所存仅八百，而家中旧债尚多，馈赠亲族之银，系孙一人愚见，不知祖父母父亲叔父以为可行否？伏乞裁夺。

孙所以汲汲馈赠者，盖有二故，一则我家气运太盛，不可不格外小心，以为持盈保泰之道，旧债尽清，则好处太全，恐盈极生亏，留债不清，则好中不足，亦处乐之法也，二则各亲戚家绵贫，而年老者，今不略为资助，则他日不知如何？孙自入都后，如彭满舅曾祖彭五姑母，欧阳岳祖母，江通十舅，已死数人矣，再过数年，则意中所欲馈赠之人，正不知何若矣，家中之债，今虽不还，后尚可还，赠人之举，今若不为，后必悔之！此二者，孙之愚见如此。

然孙少不更事，未能远谋一切，求祖父叔父做主，孙断不敢擅自专权，其银待欧阳小岑南归，孙寄一大籍衣物，银两概寄渠处，孙认一半车钱，彼时再有信回，孙谨禀。（道光二十四年三月初十日）

【译文】

孙儿国藩跪禀

祖父母大人万福金安，去年十二月十八日，曾经寄信到家，说寄家用银子一千两，其中，用六百两还债，用四百两赠送亲戚族人，分送数目另写在给弟弟的信中，表明我不敢自己专断的意思，后来接到家信，知道兑啸山百三十千，那这笔银子便亏空一百两了，刚刚听说曾受恬堂上有丧事，他借的银子恐怕难以迅速付还，那不又亏空一百两吗。所以仅仅剩下八百两，我家旧债还多，送亲戚族人的钱，是孙儿一个人的愚蠢见解，不知祖父母大人，父亲，叔父以为可行不？伏乞裁决定夺。

孙儿所以急于赠送，有两个缘故，一是我家气运太盛了，不可以不格外小心，要注意持盈保泰的功夫，旧账还尽，好处最全，恐怕盈到极点便转为亏损，留点债不还清，那只以嫌美中不足，但也是处于乐处的办法，二是各亲戚家都穷，而年老的，现在不略加资助，那以后不知怎么样？自从孙儿进入京城后，如彭满舅、曾祖彭王姑母、欧阳岳祖母，江通十舅，已死了几个，再过几年，那我们想要赠送的人中，还不知道怎样，家里的债，今天虽不还，以后还可以还，送人的事，今天不做，以后便只有后悔了，这两个说法，是孙儿的愚见。

然而孙儿年轻不懂事，没有远些谋划一切，求祖父叔父做主，孙儿决不敢自己专权，这笔银子等欧阳小岑回湖南时，孙儿寄回一大衣箱衣物，银两一概寄到渠那里，孙儿负担一半路费，那时再有信回，孙儿谨慎。（道光二十四年三月初十日）

卷五　交友篇

致诸弟·交友拜师宜专一

【原文】

四位老弟左右：

正月二十三日，接到诸弟信，系腊月十六日中省城发，不胜欣慰！四弟女许朱良四姻伯子孙，兰姊女许贺孝七之子，人家甚好，可贺！惟蕙妹家颇可虑，亦家运也。

六弟九弟今年仍读书省城罗罗山兄处，附课甚好，既以此附课，则不必送诗文于他处看，以明有所专主也，凡事皆贵专，求师不专，则受益也不入，求友不专，则博爱而不亲，心有所专宗，而博观他涂以扩其只，亦无不可，无所专宗，而见异思迁，此眩彼夺，则大不可，罗山兄甚为刘霞仙欧晓岑所佩服，有杨生任光者，亦能道其梗概，则其可为师表明矣，惜吾不得常与居游也。

在省用钱，可在家中支用银三十两，则够二弟一年之用矣，亦在吾寄一千两之内，予不能别寄予弟也，我去年十一月廿日到京，彼时无折差回南，至十二月中旬始发信：乃两弟之信，骂我糊涂，何不检点至此？赵子舟与我同行，曾无一信，其糊涂更何如！即余自去年五月底至腊月初，未尝接一家信，我在蜀，可写信由京寄家，岂家中信不可由京寄蜀耶？又将骂何人糊涂耶？凡动笔不可不检点。

九弟与郑陈冯曹四信，写作俱佳，可喜之至！六弟与我信，字太草率，此关系一生福分，故不能告汝也，四弟写信，语太不圆，由于天分，吾不负责，

余容续布，诸唯心照，国藩手具。（道光二十四年正月二十六日）

【译文】

四位老弟左右：

正月二十三日，接到弟弟们的信，是十二月十六日在省城所发，不胜欣慰！四弟的女儿许配朱良四姻伯的孙儿，兰姐的女儿许配贺孝七的儿子，人家很好，可喜可贺！只是惠妹家的情况很值得忧虑，也是家运啊！

六弟、九弟今年仍旧在省城罗罗山处读书，很好，既然在那里读书，就不必送诗文在其他老师处看，以表示罗罗山是专主老师，任何事情都贵在专一，求师不专，那受益也难步入堂奥，求友不专，那是大家都亲亲热热而没有至交，心里有专一的宗旨，而见异思迁，这山望着那山高，那却大错，罗山兄很为刘霞仙，欧晓岑他们所推崇，有一个叫杨任光的，也能说出他的大概，那他为人师表是为之无愧了，可惜我不能常常和他一起交流。

在省城的用费，可在家里支用三十两银子，两个弟弟的一年用度便够了，也在我家里的一千两内，我不能另外再寄了，我去年十一月二十日到京，那时没有折差回湖南，到十二中旬才发信，结果，两个弟弟来信，骂我糊涂，为何这样不检点？赵子舟和我同路，一封信也没有写，那他的糊涂更如何？就是我自去年五月底到十二月初，没有接过一封家信，我在四川，可以写信由京城寄家里，难道家里不可以写信由京城转寄四川吗？那又骂谁糊涂呢？凡动笔，不可以不检点。

九弟与郑、陈、冯、曹的信各一封，写作俱佳，可喜之至！六弟给我的信，字太潦草，这是关系一生的福分的事，所以不能不告诉你，四弟写信，语言太不圆熟，是因天分的，我不再责备他，其余的容我以后再写，请各位心照，兄国藩手具。（道光二十四年正月二十六日）

致诸弟·必须亲近良友

【原文】

四位老弟左右：

四月十六日，曾写信交折弁带回，想已收到，十六日，朱啸山南归，托带纹银百两，高丽参一斤半，书一包，计九套，兹因冯树堂南还。又托带寿屏一架，狼兼毫笔廿枝，鹿胶二斤，对联堂幅一包，内金年伯耀南四条，朱岚暄四条，萧辛五对一幅，江岷山母舅四条，东涤舅父四条，父亲横批一个，叔父折扇一柄，乞照单查收，前信息送江岷山东海高丽参六两，送金耀南年伯参二两，皆必不可不送之物，惟诸弟禀告父亲大人送之可也。

树堂归后，我家先生尚未定，诸弟若在省得见树堂，不可不殷勤亲近，亲近愈久，获益愈多，今年湖南萧史楼得状元，可谓极盛，八进士皆在长沙，黄琴坞之胞兄及令嗣皆中，亦长沙人也，余续具，国藩手草。（道光二十五年四月二十四日）

【译文】

四月十六日，曾写信交折弁带回，想已收到，十六日，朱啸山回湖南，托他带一百两银子，一斤半高丽参，一包书共九套，兹因冯树堂回湖南，又托他带寿屏一架，狼兼毫笔二十枝，鹿胶二斤，对联、堂幅一包，其中，金年伯耀南四条，朱岚暄四条，萧辛五对一幅，江山母舅四条，东海舅父四条，父亲横批一个，叔父折扇一柄，请照单查收，前不久的信上说送江岷山、东海高丽参六两，送金耀南年伯参二两，都是一定不可不送的，只是弟弟们要禀告父亲大人再送。

树堂回去后，我家老师还没有定，弟弟们如果在省城遇见树堂，不可不殷勤亲近，亲近越久，得益越多，今年湖南萧史楼得了状元，可说极盛，八个进士都在长沙，黄琴坞的胞兄及其儿子都考中，也是长沙人，共余以后再写，兄国藩手草。（道光二十五年四月二十四日）

禀叔父·不辞劳苦料理朋友的丧事

【原文】

侄国藩谨启

叔父大人座下：

九月十五十六，连到两折差，又无来信，想四弟六弟已经来京矣。若使未来，则在省还家时，必将书信寄京。侄身上热毒，近日头面大减，请一陈医生，每早吃丸药一钱，而小有法术，已请来三次，每次给车马大钱一千二百文，自今年四月得此病，请医甚多，服药亦五十余剂，皆无效验，唯此人来，乃将面上治好，头上已好十分之六，身尚未好，渠云："不过一月，即可痊愈。"侄起居如常，应酬如故，读书亦如故，惟不伏诗文，少写楷书而已，侄妇及侄孙儿女皆平安，陈岱云现又有病，虽不似前年之甚，而其气甚馁，亦难骤然复原。

湘乡邓铁松孝廉，于八月初五出京，竟于十一日卒于献县道中，幸有江岷樵忠源同行，一切附身附棺，必信必诚，此人义侠之士，与侄极好，今年新化孝廉邹柳溪，在京久病而死，真侠士也，挟两友之柩，行数千里，亦极难矣。

侄曾作邹君墓志铭，兹付两张回家，今年七月，忘付黄芽白菜籽，八月底寄出，已无及矣，请封之典，要十月十五始可颁思诏，大约明年秋间，始可寄回，闻彭庆三爷令朗入学，此是我境后来之秀，不可不加意培植，望于家中贺礼之外，另封仪大钱一千，上书侄名，以示奖劝，余不具，谨启。（道光二十五年九月十六日）

【译文】

侄儿国藩谨启

叔父大人座下：

九月十五日、十六日，连接到了两次折差，又没有来信，我想四弟。六弟已经来京了，如果没有来，那在省城回家时，一起寄信到京城。侄儿身上热毒，近来头部的好多了，请了一位姓陈的医生，每天早上吃一钱丸药，小用法术，已请了三次，每年车马费一千二百文，自从今年四月得了这病，请的医生很多，吃药也吃了五十多剂，都没有效，只有这陈医生，才将脸上的治好，头上的好了十分之六，身上的还没有好，他说："不要一个月，便可以全好。"侄儿起居如常，应酬也照旧，读书也照旧，只是不做诗文，少写楷书罢了，侄媳妇及侄孙儿女都平安，陈岱云现在又病了，虽然不像前年那么厉害，而他自己很气馁，也难马上复原。

湘乡邓铁松孝廉，在八月初五离京，竟死在去献县的路上。幸亏有江岷樵、忠源同路，一切葬衣葬棺都是二位必信必诚操办，他们是义侠之士，与侄儿极要好，今年，新化孝廉邹柳溪，在京城病了很久死了，一切后事都是江君料理，并送他的灵柩回湖南。现在又在他抱病之时送他赴任，路上死了，又给他办丧事，真是侠义之士啊！扶着两位朋友的棺木，走几千里路，也真难啊！

侄儿曾作邹君墓志铭，现寄两张回去，今年七月，忘记寄黄芽白菜种子，八月份寄出，时间已来不及了，请封的恩典，要十月十五日才可颁发恩诏，大约要到秋天，才可寄回。听说彭庆三的儿子入了学，这是我们家乡的后起之秀，不可不加意的培养，希望在家里的贺礼之外，另外封一个一千大钱的礼包，上面写上侄儿的名字，以示奖励，其余不一一禀告。侄儿谨启。（道光二十五年九月十七日）

致诸弟·交友须勤加来往

【原文】

澄侯四弟子植九弟季洪二弟左右：

昨接来信，家中诸事，琐屑毕知，不胜欢慰！祖大人之病，意以眼沉香少愈，幸甚！然予终疑祖大人之体本好，因服补药大多，致火窒于上焦，不能下降，虽服沉香而愈，尚恐非切中肯綮之剂，要须服清导之品，降火滋阴为妙，予虽不知医理，窃疑必须如此，上次家书，亦曾写及，不知曾与诸弟商酌否？丁酉年祖大人之病，亦误服补剂，赖泽六爷投以凉药而效，此次何以总不请泽六爷一诊？泽六爷近年待我家甚好，既不请他诊病，亦须澄弟到他处常常来往，不可太疏，大小喜事，宜常送礼。

尧阶既允为我觅妥地，如其觅得，即听渠买，买后或迁或否，仍由堂上大人做主，诸弟不必执见，上次信息，予思归甚切，嘱弟探堂上大人意思何如？顷奉父亲手书，责我甚切，兄自是谨遵父命，不敢作归计矣，郭筠仙兄弟于二月二十到京，筠仙与其叔及江岷樵住张相公庙，去我家甚近，翌臣即住我家，树堂亦在我家入场，我家又添二人服侍李郭二君，大约榜后退一人，只用一打杂人耳。

筠仙自江西来，述岱云母之意，欲我将第二女许配渠第二子，求婚之意甚诚，前年岱云在京，亦曾托曹西垣说及，予答以缓几年再议，今又托筠仙为媒，情与势皆不可却，岱云兄弟之为人，与其居官治家之道，九弟在江西一一目击，烦九弟细告父母，并告祖父，求堂上大人吩咐，或对或否，以便答江西之信，予夫妇现无成见，对之意有六分，不对之意亦有四分，但求直大人主张，九弟去年在江西，予前信稍有微词，不过恐人看轻耳，仔细思之，亦无妨碍，且有莫之为而为者，九弟不必自悔艾也。

碾儿胡同之屋东，四月要回京，予已年南横街圆通观东间壁房屋一年，大约三月尾可移寓，此房系汪醇卿之宅，比碾儿胡同狭一小半，取其不费力易搬，故暂移彼，若有好房，当再迁移，黄秋农之银已付还，加利十两，予仍退之，曹仪斋正月廿六在省起行，二月廿九日到京，凌笛舟正月廿八起行，亦廿九到京，可谓快极，而澄弟出京，偏延至七十余天始到，人事之无定如此。

新举人复试题，人而无恒二句，赋得鸲鹏鸣，得鸣字，四等十一人，各罚停会式二科，湖南无之。我身癣疾，青间略发而不甚为害；有人说方，将石灰澄清水，用水调桐油擦之，则白皮立去，现二三日一擦，使之不起白皮，剃头后不讨微露红影，虽召见亦无碍，除头顶外，他处皆不擦，以其仅能济一时，不能除根也，内人及子女皆一一安。

今年分心，同乡仅恕皆，同年仅松泉与寄云大弟，未免太少，余虽不得差，一蒦自有张罗，家中不必挂心，今日余写信颇多，又系冯李诸君出场之日，实无片刻暇，故予未作楷信禀堂上，乞弟代为我说明，澄弟理家事之间，须时时看《五种遗规》，植弟洪弟须发愤读书；不必管家事，国藩草。（道光二十六年三月初一日）

【译文】

澄候四弟、子植九弟。李洪二弟左右：

昨天按到来信，家里的大小事情，全都知道了，非常高兴！祖父大人的病，竟然吃了沉香之后好些，真幸运，但是我总是怀疑祖父大人身体本来很好，因为吃补药太多，以至火壅在上焦，不能下降：虽说吃了沉香好了些，恐怕并不是切中要害的方剂，而要吃清理疏导的药，降火滋阴，才是上策，我虽不懂医理，暗想一定是这样，上次信中，也曾经写到，不知曾经和弟弟们商量斟酌过没有？丁酉年祖父大人的病也是误吃补药，搭帮泽六爷下了凉药才好，这次为什么总不请泽六爷看病？泽六爷近年对待我家很好，就是不请他诊病，也要澄弟到他家常常往来，不可太疏，大小喜事，要常送礼。

尧阶既然答应为我找妥坟地，如果找到，就叫他买，买后迁与不迁，仍然由堂上大人做主，弟弟不必固执己见，上次信中说，我想回家心切，嘱咐弟弟们探询堂上大人意思如何？刚刚奉到父亲手书，责备我很厉害，兄长当然谨遵父命，不敢有回家的打算了，郭筠仙兄弟于二月二十到京，筠仙与他叔父以及江氓樵都住张相公庙，离我家很近，翌臣就住在我家，树堂也在我家入场，我家又加了两个人服侍李、郭二君，大约发榜后退掉一个，只用一个打杂的。

筠仙从江西来，说了岱云母子的意思，想要把二女许配他家二少爷，求婚的意思很诚恳，前年岱云在京城，也曾经托曹西垣说过，我主缓几年再议，现在又托筠仙做媒，不论从感情上和形势上来看都难以推脱，岱云兄弟的为人，以及他做官治家的表现，九弟在江西都是亲眼所见，麻烦九弟详细告诉父母、祖父，求堂上大人吩咐，是答应对还是不答应，以便回答他，我夫妇卉没有什么成见，答应的意思有六分，不答应的意思有四分，求堂上大人做主，九弟去年在江西，我上次信中稍许有点责备的意思，不过是恐怕别人看轻罢了，仔细想起来，也没有妨碍，并且有无所为而为的情况，九弟也必自悔自艾。

碾儿胡同的房东，四月要回京城，我已看了南横街圆通观东间壁的房子一所，大约三月底搬家，这房子是汪醇卿的住宅，比碾胡同的房子狭小一半，可取之处是不费力容易搬，所以暂时移居，如果有好房子，再搬家，寅秋的银子已还了，加利息十两，我都退还了。曹仪斋正月二十六日在省城起程，二月二十九日到京城，凌笛舟正月二十八日起程，也是二月二十日到京城，可说很快了，而澄弟离京城，却延至七十多天才到，事情的不能定调就这样。

新举人复试题目是“人而无恒，不知其可”二句，赋得鸽鹁鸣字，四等十一人，各罚停会试两科，湖南没有。我的癣疾、春天略为了一点，但为害不太大，有人说，用石灰澄清水，用水调桐油擦，白皮马上可去，现在两三天擦一次，使不起白皮，剃头后不过露点红斑，虽说皇上召见也没有妨碍，除头顶外．其他地方都不擦，因这方子只能治标，不能治本，内人及子女都平安。

分年分房，同乡只有恕皆，同年只有松泉和寄云弟，不免太少，我虽然没有得差事，一切自有张罗，家中不必挂念，今天我写信很多，又是冯、李诸君出场的日子，实在没有一点闲暇，所以没有写楷书信禀告堂上，求弟弟代我说明，澄弟在料理家事的余闲，要时刻看看《五种遗规》。植弟要发愤读书，不必管家事，兄国藩草。（道光二十六年三月初十日）

致诸弟·切勿占人便宜

【原文】

澄候子植委洪三弟足下：

二十五日，接到澄弟六月一日所发信，具悉一切，欣慰之至！发卷所走各家，一半系余旧友，惟屡次扰人，心殊不安，我自从己亥年在外把戏，至今以为恨事，将来万一作外官，或督抚，或学政，从前施情于我者，或数百，或数千，皆钓饵也。渠若到任上来，不应则失之刻薄，应之则施一报十，尚不足满其欲，故自庚子到京以来，于今八年，不肯轻受人惠，情愿人占的便益，断不肯我占人的便益，将来若作外官，京城以内，无责报于我者，澄弟在京年余，亦得略见其概矣，此次澄弟所受各家之情，成事不说，以后凡事不可占人半点便益，不可轻取人财，切记切记！

彭十九家姻事，兄意彭家发泄将尽，不能久于蕴蓄，此时以女对渠家，亦若从前之以蕙妹定王家也，目前非不华丽，而十年之外，局面亦必一变，澄弟一男二女，不知何以急急订婚若此？岂少缓须臾，恐无亲家耶？贤弟从事多躁而少静，以后尚期三思，儿女姻缘，前生注定，我不敢阻，亦不敢劝，但嘱贤弟少安毋躁而已。

京寓中大小平安，纪泽读书，已至宗族称孝焉，大女儿读书，已至吾十有五。前三月买骡子一头，顷赵炳坤又送一头，二品本应坐绿呢车，一切向来俭朴，故仍坐蓝呢车。寓中用度，比前较大，每年进项亦较多，其他外间进项，尚与从前相似，同乡人毕如旧，李竹屋在苏寄信来，立夫先生许以乾馆，余不一一，兄手草。（道光二十六年六月二十七日）

【译文】

澄侯、子植、季洪三弟足下：

二十五日，接到澄弟六月一日所发信，知道一切，欣慰之至！发卷所走各家，一半是我的老朋友，只是多次去打扰别人，心里很不安，我自从已亥年到外面周游，到今天仍然感到遗憾，将来万一做外官，或做督抚，或做学政，以前对我有过感情的人，或者几百，或者几千，都像钓鱼的食饵，他如果到我的衙门上来，不答应他的要求吧，那未免太刻薄了，答应他的要求吧，给他十倍的报偿，还不一定能满足他的欲望，所以自从兄长调到京城以来，至今八年不肯轻易受别人的恩惠，情愿别人占我的便宜，决不能去占别人的便宜，将来如果做外官，京城以内，没有人会责备我不报偿的。澄弟在京城一年多，也大概知道的，这次澄弟所收各家的情，成事不去说它，以后凡事不可以占人半点便宜，不可轻易受人钱财，切记切记！

彭十九家姻事，兄长的意思彭家家运已到尽头，不可能长久了，这个时候，把女儿许配他家，也好比以前把蕙妹许配王家一样，眼前，他家也不是不华丽，但十年之后，这种局面一定会变化，澄弟只有一男二女，不知道为什么要这么急急忙忙订婚？难道稍微迟一刻，就怕找不到亲家？贤弟做事，毛躁不冷静，以后遇事都要三思而行，儿女姻缘，前生注定，我不敢阻止，也不敢劝止，不过嘱咐贤弟少安毋躁罢了。

京城家里大小平安，纪泽读书，已读到“宗族称孝焉”。大女儿读书。已读到“吾十有五”。前三月买骡子一头，刚才赵炳坤又送一头，二品官本应坐绿呢车，兄长平时一切简单朴实，所以仍旧坐蓝呢车，家中用度，比过去大了，每年收入也多些了，其他收入，还和以前一样，同乡人都照旧，李竹屋在我处寄住，宋立夫先生答应他教馆，其余不一一写了，兄手草。（道光二七年六月二十六日）

禀父母·述接待朋友之法

【原文】

男国藩跪禀

父母亲大人万福金安，十二月初五，接到家中十一月初旬所发家信，俱悉一切，男等在京，身体平安，癣疾已痊愈，六弟体气如常，纪泽兄妹五人皆好。男妇怀喜，平安不服药，同乡各家亦皆无恙，陈本六先生来京，男自有处置之法，大人尽可放心，大约款待从厚而打发从薄，男光景颇窘，渠来亦必自悔。

九弟信息母亲常睡不着，男妇亦患此病，用熟地当归蒸母鸡食之，大有效验。九弟可常办与母亲吃，乡间鸡肉猪肉，最为养人；若常用黄芪当归等类蒸之，略带药性而无药气，堂上五位老人食之，甚有益之，望诸弟时时留心办之。

老秧田背后角丘，是竹山湾至我家大路，男曾对四弟言及，要将路改于坎下，在檀山嘴那边架一小桥，由豆土排上横穿过来，其三角丘则我栽竹树；上接新塘坎大枫树，下接檀山嘴大藤，包裹甚为完紧，我家之气更聚，望堂上大人细思，如以为可，求叔父于明年春栽竹种树；如不可，叔父写信示之为幸，男等于二十日期服已满，敬谨祭告，廿九日又祭告一次，余俟续具，（道光二十六年十二月初六日）。

【译文】

儿子国藩跪禀

父母亲大人万福金安，十二月初五日。接到家中十一月上旬所发的信，知道一切，儿子等在京城，身体平安，儿子癣疾已好了，六弟的身体气色如常，纪泽兄妹五个都好，儿媳妇又有喜，身体平安，不吃药，同乡各家也都平安无事，陈本七先生来京城，儿子自有处理安置的办法，大人尽可放心，大约是款待客气些，打发则少些，儿子的光景比较窘迫，他来了也一定后悔的。

九弟来信说母亲经常睡不好，儿媳妇也犯这种毛病，用熟地、当归蒸母鸡吃，很有效验，九弟可经常办给母亲吃，乡里鸡肉猪肉最养人，如果经常和黄芪、当归等蒸着吃，稍微有点药性，又没有药味，堂上五位老人吃了，很有益处，希望弟弟们留心办理。

老秧田背后的三角丘，是竹山湾到我家的大路，儿子曾对四弟说过，要把路改到坎下，在檀山嘴那边架一座小桥，由豆土排上面横穿过来，在三角丘多栽竹子，上可接新塘坎的大枫树，下可接檀山大藤，包成一圈，很是完整紧密，我家的兴旺气象，使更加聚合了，希望叔父大人在明年春栽竹种树，如果不同意，请叔父大人来信指示，儿子等于二十日期限已满，敬谨亲告，二十九日又祭告一次，其余下次再行禀告。（道光二十七年十二月初六日）

致九弟·述挽胡润帅联

【原文】

沅弟左右：

调巡湖营田刘家渡拖入白湖之札，今日办好，即派人送去，吾所虑者，水师不能由大江入白湖，白湖不能通巢湖耳，今仅拖七八宽堤，即入白湖，斯大幸矣！若白湖能通巢，则更幸矣！

余昨日作挽润帅一联云："道寇在吴中，是先帝与荩臣临比终憾事；荐贤满天下，愿后人初我公未竟勋名。"（咸丰十一年九月十四日）

【译文】

沅弟左右：

调遣巡湖营幢刘家渡拖入白湖的札子，今天已办好，马上派人送去，我所顾虑的，是水师不能由大江进入白湖，白湖不能通巢湖，现在只拖七八丈宽堤便进了白湖，已是大幸，假如白湖通巢湖，更是大幸。

我昨天作了一首挽润帅的对联：

"通寇在吴中，是先帝与尊臣临终憾事；荐贤满天下，愿后人补我公未

竟勋名”（咸丰十一年九月十四日）

致九弟季弟·述有负朋友

【原文】

沅季弟左右：

湖南之米，昂贵异常，东征局无米解来，安庆又苦于碾碓无多，生日不能舂出三百石，不足以应诸路之求，每月解子药各三万斤，不能再多；望弟量入为出，少操几次，以省火药为嘱，扎宫图阅悉，得几场大雨，吟昂等管必日松矣，处处皆系两层，前层拒城贼，当可稳固无虑，少泉代买之洋枪，今日交到一单，待物即解弟处，洋物机栝太灵，多不耐久，宜慎用之。

次青之事，弟所进箴规，极是极是，吾过矣！吾过矣！吾因郑魁士享当世大名，去年袁翁两处，及京师台谏，尚细疏保郑为名将，以为不妨与李并举，又有郑罪重，李情轻，暨王锐意招之等语，以为比前折略轻，逮拜折之名，通首读来，实使次青难堪，今弟指出，余益觉大负次青，愧悔无地！余生平于朋友中，负人甚少，惟负次青实甚，两弟为我设法，有可挽回之处，余不惮改过也。（同治元年六月初三日）

【译文】

沅弟季弟左右：

湖南的米，价格太高，东征快没有米解送来营，安庆又苦干没有许多碾碓，每天舂米不超过三百石，不足以供应各路官兵的需求，每月解送子弹、火药各三万斤，不能再多，希望弟弟量入为出，少操演几次，以节省火药，扎营地图已看过了，得下几场大雨，吟昆等处的防守一定一天天松懈，到处都是两层，前一层是抵抗城里敌人，后一层是预防支援的敌人，这应当可以稳固没有危险，少泉代买的洋枪，今天收到一个单子，等货到了马上解送弟弟营中，洋枪机栝太灵，多数不耐久用，要慎用。

次青的事，弟弟对我的规劝，很对很对，是我的过失！是我的过失！我因为郑魁士享当世大名，去年袁、翁两处，以及京城台谏，还多次上疏保郑为名将，认为失守的事是与郑李两人同罪的，再者，郑罪重、李情轻，及皇上锐意招之这些话，以为比前面的奏折分量减轻了，等到拜读了奏折了以后，通篇文字，实在使次青难堪，现在弟弟指出来，我更感觉有负次青，悔愧无地！我生平对于朋友、负人很少，但有负于次青却太多了，两弟为我设法，只要能够挽回，我一定勇于改过。（同治元年初三日）

卷六　为政篇

禀父母·述盘查国库巨案

【原文】

男国藩跪禀

父母亲大人万福金安。男因身子不甚壮健，恐今年得差劳苦，故现服补药，预为调养，已作丸药两单。考差尚无信，大约在五月初旬。四月初四御史陈公上折直谏，此近所仅见，朝臣仰之如景星庆云，兹将折稿付回。

三月底盘查国库，不对数银九百二十五万两，历任军官及查库御史，皆革积分赔，查库王大臣亦摊赔，此从业未有之巨案也，湖南库查御史有石承藻刘梦兰二人，查库大臣有周系英刘权之何凌汉三人，已故者令子孙分赔，何家须赔银三千两，同乡唐诗甫李杜选陕西靖边县，于四月廿一出京，王翰城选山西冀宁州知州，于五月底可出京，余仅如故，男二月接信一，至今望信甚切，男谨禀（道光二十三年四月二十日）

【译文】

儿子国藩跪禀

父母亲大人万福金安，儿子因身体不很强健，恐怕今年得到差事劳苦，所以现在在吃补药，预先把身体调养好，已经做了丸药两单。考差的事还没有消息，大约在五月初吧！四月初四日御史陈公上了一个奏折，直截了当的批评朝政，这是近来仅有的事，朝廷的臣僚们敬他好比天上的星星和云彩，现将他们的折稿寄回。

三月底盘查国库，有九百二十五万两银子不对数，历任管库管员，查库御史都革了职，还要分别赔偿，查库大臣也摊了一份赔偿，这是从来没有的大案，湖南库查御史有石承藻，刘梦兰二人，查库大臣有周系英、刘权之、何凌汉三人，已死的由子孙分赔，何家要赔三千两银子。同乡唐诗甫、李杜选任陕西靖边县，于四月二十一日离京城，王翰城选任山西冀宁州知州，于五月底可望离京城，其余的都仍旧，儿子二月接信后．至今盼望家信很迫切。儿谨禀。（道光二十三年四月二十日）

禀父母·具折奏请日讲

【原文】

男国藩跪禀

父母亲大人福安，潢男三月十五到京，十八日发家信一件，四月内应可收到，想男十九日下园子，二十日印刻，恭送大行皇太后上西陵，西陵在易州，离京二百六十里，二十四下午到，廿五日辰致祭，比日转身，赶走一百公里，廿六日走百四十里，申刻到家，一路清吉，而昼夜未免辛苦，廿八早复命，数日内作奏折，拟初一早上具折，因前奏举行日讲，圣上已允谕于百日后举行兹折要，将如何举行之法，切实是奏也。

廿九日申刻，接到大人二月廿一日手示，内六弟一信，九弟二十六之信，并大弟与他之信，一并付来，知堂上四位大人康健如常，合家平安，父母亲大人俯允来京，男等内外不胜欣喜！手谕云：“起程要待潢男秋冬两季归，明年二月，潢男仍送二大人进京云云。”男等效谨从命，叔父一二年内既不肯来，男等亦不敢强，潢男归家，或九月，或十月，容再定妥，男等内外及两孙孙女皆好，堂上大人不必悬念，余俟续禀。（道光三十年三月三十日）

【译文】

儿子国藩跪禀

父母亲大人万福金安，潢男三月十五日到京城，十八日发家信一件，四月内应该可以收到，春男十九日下园子，二十日卯刻，恭送大行皇太后上西陵，西陵在易州，离京城二百六十里，二十四日下午到，二十五日辰刻致祭，当日回程，赶走了一百二十里路，二十六日走一百四十里，申刻回到京城家里，一路上清洁平安，早晚也不免辛苦些，二十八日复命，几天之内写奏折，初一早上向皇上报告，因为前不久奏请举行日讲，圣上已允许在百天以后举行，现扼要把如何举行的方法，切切实实上奏。

二十九日申刻，接到大人二月二十一日的信，其中有六弟信一封，九弟二十六日信一封，以及大弟给他的信，一起附来，知道堂上四位大人身体康健，全家平安，父母亲大人答应来京城，儿子一家内外都高兴，信中指示说："起程要等潢男秋冬两季回明年二月。潢男仍旧送二位大人进京等等。"儿子等敬谨从命，叔父一两年之内既然不肯来，儿子也不等不敢勉强，潢男回家，或九月，或十月，容许以后再行决定，儿子等内外及两孙，孙女都好，堂上大人不必悬念，其余容以后再行禀告。（道光三十年三月三十日）

致诸弟·具奏言兵饷事

【原文】

澄温植洪四弟左右：

三月初四发一家信，其后初九日，予上一折，言兵饷事，适于是日持以粤西事棘，恐现在彼中者，不堪寄此重托，特放赛中堂前往予折所言甚是，但目前难以举行，命将拆封存军机处，待粤西定后，再行办理，赛中堂清廉公正，名望素著，此行应可迅奏肤功。但湖南近粤西，兵差过境，恐州县不免借此生端，不无一番蹂躏耳。

魏亚农以三月十日出都，向于借银二十两，既系姻亲，又系黄生之侄，不能不借与渠，渠言到家后，即行送交予家，未知果然否？叔父前信要鹅毛管眼药，并硇砂膏药，兹付回眼药百筒，膏药千张，交魏亚农带回，呈叔父收存，为时行方便之用，其折底付回查收。

澄弟在保定，想有信交刘午峰处；昨刘有信寄子彦，而澄弟书未到，不解何故？已有信往保定去查矣，澄弟去后，吾极思念，偶自外归，辄至其房，早起辄寻其室，夜或遣人往呼。想弟在路途，弥思我也，书不一一，余俟续具，兄国藩手草。（咸丰元年三月十二日）

【译文】

澄、温、植、洪四弟左右：

三月初四发一封家信，以后初九日，我上了一个奏折，讲军饷的事，恰巧皇上因为广东西部的事情棘手，恐怕现在在那里主事的官员，难以担当这个重任，特地放任赛中堂到那里去，认为我的奏折所讲的很对，但是目前难以实行，命令把奏折封存在军机处，等粤西的事情平定后，再来办理，赛中堂清廉公正，名声威望素来有名，他这次去一定可迅速取得成功，但是湖南与粤西很相邻近，兵差过境，恐怕州官，县官以此为借口生出事端，不免有一番蹂躏。

魏亚农三月十三日离京城，向我借了二十两银子，既是姻亲，又是黄生的侄儿，不得不借给他，他说到家以后，便把银子还到家里，不知道还了没有？叔父前次信中要鹅毛管眼药、硇砂膏药，现寄回此药一百筒、膏药一千张，交魏亚农带回，呈叔父收存，可以在平时行方便，折底寄回查收。

澄弟在保定，想必有信交刘午峰处，昨天刘有信寄子彦，而澄弟的信没有到，不知什么缘故？已写了信到保定查去了，澄弟去后，我很想念。偶尔从外回来，便到他住房里，早晨起来也去他住房处，晚上还派人去喊他，想弟弟在路上，使我经常想念，不一一写了，以后再写，兄国藩手草。（咸丰元年三月十二日）

致诸弟·进谏言戒除骄矜

【原文】

澄候温甫子植季洪四位老弟足下：

四月初三日发一家信，厥后折差不来，是以月余无家书，五月十二折弁来，接到家中一信，乃四月一日所发者，具悉一切，植弟大愈，此最可喜！京寓一切平安，癣疾又大愈，比去年六月，更无形迹，去年六月之愈，已为五年来所未有，今又过之，或者从此日退，不复能为恶臭，皮毛之疾，究不甚足虑，久而弥可信也。

四月十四日考差，题乐民之乐者，民亦乐其乐，经文题，必有忍，其乃有济，有容德乃大，赋得廉溪乐处，得焉字，二十六日余又进一谏疏，敬陈圣德三端，预防弊，其言颇过激切，而圣量如海，尚能容纳，岂没唐以下之英主所可及哉？余之意，盖以受惠深重，官至二品，不为不尊，堂上则诰封三代，儿子则荫任六品，不为不荣，若于此时，再不尽忠直言，更待何时乃可建言，而皇上圣德之美，出于天，自然满廷臣工，遂不敢以片言逆耳，将来恐一念骄矜，遂至恶直而好谀，则此日臣工不得辞其咎，是以趁此元年新政，即将骄矜之机关说破，使圣心日就兢业，而绝自是之萌，此余区区之本意也，现在人才不振，皆谨小而忽于大，人人皆趋习脂韦唯阿之风，欲以此疏稍挽风气，冀在廷管趋于骨鲠，而遇事不敢退缩，此余区区之众意也。

折子初上之时，余意恐犯不测之感，业将得失祸福，置之度外，不意圣慈含容，曲赐全。自是以后，余益当尽忠报国，不复顾身家之私，然此后折奏虽多，亦思无有做此折之激直者；此折尚蒙优容，则以后奏折，必不致或触圣怒可知，诸弟可将吾意，细告堂上大人，无以余奏折不慎，或以戆直干天威为虑也。

父亲每次家书，皆教我尽忠图报，不必系念家中，余敬体吾父之教训，是以公而忘私，国而忘家，计此后但略寄数百金，偿家中旧债，即一心以国事为主，一切升官得差之念，毫不挂于意中，故昨五月初七大京堂考差，余即未往赶考，侍郎之得差不得差，原不关乎与考不与考，上年己酉科，传郎考差而得者三人，瑞常花沙纳张带是也，未考而得者亦三人，灵桂福济王广荫是也，今年侍郎考差者五人，不考者三人，是曰题，以义制事，以礼制心论，诗题迷观沧海曰，得涛字，五月初一放云贵差，十二放两广福建三省，名见京报内，兹不另录，袁漱六考差颇为得意，诗亦工妥，应可一得以救积困。

朱石翘明府初政甚好，睚是我邑之福，余下次当写信与之，霞仙得县首，亦见其犹能拔取真士，刘继振既系水口近邻，又送钱至我家，求请封典，义不可辞，但渠三十年四月选授训道，已在正月廿六恩诏之后，不知尚可办否？当再向吏部查明，如不可办，则当俟明年四月升付查明，乃可呈请，若并升付之时，根思不能及于餐官，则当以钱退，家中须于近日详告刘家，言目前不克呈请，须待明年六月，乃有的信耳。

澄弟河南汉口之信，皆已接到，行路之难，乃至于此，自汉口以后，想一路戴福星矣，刘午峰张星垣陈谷堂之银皆可收，刘陈尤宜受之，不受以议拘泥，然交际之道，与其失之滥，不若失之隘，吾弟能如此，乃晋之所欣慰者也！西垣四月廿九到京，住宅内，大约八月可出都，此次所寄折底，如欧阳家及诸亲族，不妨钞送共阅；见余忝窃高位，亦欲忠直图报，不敢唯阿取容，惧其玷辱宗族，辜负期望也。余不一一。国藩手草。（咸丰元年五月十四日）

【译文】

澄候、温甫、子植、季洪四位老弟足下：

四月初三日发一家信，以后通信兵很久不来，所以有一个多月没有家信，正月十二日通信兵来了，接到家信一封，是四月一日发的，知道一切，植弟的病好了，这最可喜。京城寓内一切平安，癣疾又大有好转，比去年六月，没有留下形迹，去年六月的好转，本已是五年来没有的，现在更好一些，或者从现在开始一天比一天好，这病便不一再为害了。皮毛上的病，不足以忧虑，经过这几年的经历，这话更可以相信。

四月十四日考差，题目是“乐民之乐者，民亦乐其乐。”经文题目是：“必有忍，其乃有济，有容德乃大。”赋得溪乐处，得焉字。二十六日，我又进了一个谏在，敬陈圣德三端，预防流弊，言词过于激切，但皇上容人的气量像大海一样，还能容纳得下，哪里是汉唐以来的英明主子所可比拟的？我的意思，是自己所受的恩泽太深重了，官到了二品，不能不算荣贵，假设在这种时候，再不尽忠直言，那还等什么时候进言呢？而皇上对从人德行的美好，是天赋于他的，自然整个朝廷的臣工们，才不敢去说他一个不字，恐怕长此下去便骄傲了，以至于不喜欢听刚直批评意见，而喜欢听颂扬吹嘘，那么到了这一天，臣工们是不能推卸自己的罪责的，因此来看咸丰元年实行新政的机会，把这个关键说破，使皇上心里一天天兢兢业业，断绝自以为是的思想萌芽，这是我小小的一点用心。现在国家人才不振作，都在小的地方谨小慎微，而在大的地方疏忽大意，人人都习惯于唯唯诺诺、阿谀奉承，想通过这个折子稍微挽回一下风气，使这些人在朝廷里敢于说话，遇事不敢退缩，这是我小小的一点余意。

折子刚上去时，我思想上害怕可能会触犯天威，已经把得失祸福置之度外。没料到皇上包涵下来，曲加保全。自此以后，我越要尽忠报国，不再去顾虑身家性命这些私事，然而以后折奏虽多，也绝没有像这么激烈直言的了，这么激直的折子还蒙皇上优容，那么以后的折子一定不至于触犯天威，那是一定的了，弟弟们可以把这个意思，详细告知堂上大人，不要以铁奏折不那个直干天威而忧虑。

父亲每次家信，都教育我尽忠报国，不必挂念家里，我恭敬的体会父亲的教训，所以公而忘私，国而忘家，今后，准备只略寄几百两银子，还家里的旧债，便一心以国家大事为主，一切升官得差使的念头，丝毫不挂在心上，所以昨五月初七大京堂考差，我便没有去赴考。侍郎的得差使不得差使，本来就和考与不考无关，去年己酉科，侍郎考差而得差使的三个：瑞常、花沙纳、张带，没有差而得差使的也是三个：灵桂、福济、王广荫，今年侍郎考差得差使的五个，不考得差使的三个，那天的题目是“以义制事，以利制心论”，诗题是“楼观沧海口”，得涛字。五月初一日，放任云南、贵州的差事，十二日放任广东、广西、福建三省的差事，名字登在京报上，现不另外抄了，袁漱六考差很是得意，诗也做得工妥，应该可以得一差使，救他长期积累下来的困难。

朱石翘明同任以来政事处理很好，自然是我们家乡的福气，我下次也写信给他，霞仙考中县首，也可见他尤其能够选拔真正的士人，刘继振既然是水口的近邻，又送钱到我家，他请求封典，义不容辞，但他三十年四月选拔了训导，已经在正二十六日恩诏以后，不晓得进可以办不？我当再向吏部去查明，如不可以办，那应当等明年四月升付庙祭的恩诏下来，教授可呈请，如若升付的时候，推恩不能适应于外官，那应当把钱退还给他，家里要在近日详细告诉刘家，说目前不能呈请，要等明年六月才有确信。

澄弟河南、汉口的信，都已接到，行路的艰难，达到这种程度，从汉口开始，想必是一路福星高照了，刘午峰、张星垣、陈谷堂的银子都可以收齐，齐、陈得尤其要收受，不受反而好像有点拘泥。然而交际的道理，与其失之过滥，不如失之狭隘，弟弟能够这样，是我最高兴的，西垣四月二十九日到京城，住我家，大约八月可离京城，这次所寄信的底稿，不妨抄达欧阳家、汪家看看，使他们知道我愧窃高位，也想忠直报国，不敢唯诺阿谀，怕那只会玷辱宗族，辜负祖宗的期望，其余不一一写了，兄国藩手草。（咸丰元年五月十四日）

致诸弟·详述办理巨盗及公议粮饷事

【原文】

澄侯温甫子植季洪四位老弟足下：

八月十七日接到家信，欣悉一一，左光八为吾乡巨盗，能除其根株，扫其巢穴，则我境长享其利，自是莫阴功，第湖南会匪，所在勾结，往往牵一发而全身皆动，现在刺军程公，将至湖南，即是奉旨查办此事，盖恐粤西匪徒穷窜，一入湖南境内，则楚之会匪，因而窃发也，左光八一伙，想尚非巨伙入会者流，然我境办之，不可过激而生变，现闻其请正绅保举，改行为良，且可捉贼自效，此是一好机会，万一不然，亦须相机图之，不可用力太猛，易发难收也。

公义粮饷一事，果出通邑之愿，则造福无量，至于帮钱垫官之亏空，则我家万不可出力，盖亏空万六千两项大钱三万余千，每都畿须派千串，现在为此说者，不过数大绅士一时豪气，为此急公好义之言，将来各处分派，仍是巧者强者少出，而讨好于官之前，拙者弱者多出，而不免受人之勒，穷乡殷实小户，必有怨声载道者，且此风一开，则下次他官来此，既引师令之借钱办公为证，又引来朱公之民帮垫亏为证，或亦分派民间出钱帮他，反觉无辞以谢，若相援为例，来一官，帮一官，吾邑自此无安息之日，凡行公事，须深谋远虑，此事若各绅有意，吾家不必拦阻，若吾家倡议，万万不可。

且官之补缺，皆有保法，何缺出轮何班补，虽抚藩不能稍为变动，澄弟在外多年，岂此等亦未知耶？朱公若轮不到班，则虽帮垫亏空，这邑挽留，而格于成例，亦不可行，若已轮到班。则虽不垫亏空，亦自不能不补缺，间有特为变通者，督抚专折奏请亦不敢大建成例，季弟来书，若以朱公之实授与否，全视乎亏空之能垫与否，恐亦不尽然也，曾仪斋若纱革职，早不复能空补子，若系大计一致，则尚可穿。

季弟有志于道义身心之学，余闻其书，不胜欣喜！凡人无不可为圣贤，绝不系乎读书之多，吾弟诚有志于此，须熟读《小学》及五种《遗规》二书，睇外各书，能读固佳，不读亦初无所捐，可以为天地之完人，可以为父母之肖子，不必因读书而后有所加于毫末也，匪但四大古诗，可以不看，即古文为吾弟所愿学者，而不看亦是无妨，但守《小学》《遗规》二书，行一句，算一句，行十句，算十句，贤于记诵词章之学万万矣。

季弟又言愿尽孝道，唯亲命是听，此尤足补我之缺憾，我在京十余年，定省有阙，色笑远违，寸心之疚，无刻或释，着诸弟在家，能婉愉孝养，视无形，听无声，则余能尽忠，弟能尽孝，岂非一门之详瑞哉？愿诸弟坚持此志，日日勿忘，则兄之志可以稍释，幸甚幸甚！书不上一，余俟续具，国藩手草。（咸丰元年八月十九日）

【译文】

澄候、温甫、子植、季洪四位老弟足下：

八月十七日，接到家信，高兴的知道一切，左光八是我们家的乡盗，能够斩草除根，发落他的巢穴，那么我们家乡便会长享太平，也是积了很大的阴功，只是湖南的会党帮匪，互相勾结，往往是动一根头发而牵动全身，现在刺军的程公，特地到湖南，就是奉了圣命查办这件事，因为恐怕粤西的匪徒逃窜，一旦窜入湖南境内，那么湖南湖北的会党，说不定也通同作乱，左光八这一股，我想还不是大团伙，然而我们家乡去惩办他。不可以太过激了。使他发生变化，听说他们请了体面的绅士出面保养，去恶从善。而且可以效力为朝廷命贼，这是一个极好的时机，万一不行，也要抓住机会智取，不可用力太猛。发动攻巢容易，收拾残局便难了。

公议粮饷这件事，如果真的是家乡父老的要求，那么带来的福利是极丰厚的，至于出钱去垫付官府的亏空，那我们家里万万不可以出办事处，因亏空一万六千两，要大钱三万多千，京城地区每户都要摊派千串，现在这么创导的人，不过几个大绅士一时夸海口，出此济公好义的计议，将来各处分派的结果，仍旧是取巧的人、强项的人出得少，却在官府面前讨好，笨拙的人，弱小的人出得多，还不免受别人的勒索，穷乡僻壤的殷实小户，一定会有怨声载道的，并且，这种风气一开，则下次其他官员来了，便会引用这个借钱办公为例证，又引用朱令百姓出钱垫付官府亏空为例证，也分派民间出钱帮他，那时反而没有话好拒绝人家，如果这样攀比起来，来一个官员，要帮一个官员。我们家乡从此没有安静的日子，凡属办公事，要深谋远虑，这件事如绅士们有意办，我家不必去拦阻，如果我家出面倡议，万万不可以。

并且官员的补缺，都有固定的办法，什么地方出缺了，轮到何班去补，就是抚藩衙门也不能稍微变动，澄弟在外多年，难道这些事都不知道？朱公如果没有轮到班，那虽说帮他垫付了亏空，全县的人挽留，但因这种惯例的阻隔，也行不通，如果已经轮到班，那虽说不垫付亏空，也自然不能不补这个缺，间或有特别变通办理的，要督抚专门写奏折请示，恐怕也不尽对。曾仪斋如果是革职，那不能再穿补袜子，如果是因为吏部三年一次的考绩中改休的，还可以穿。

季弟有志于仁义道德、修身养性的学问，我看了信，非常高兴，凡属是人都可以做圣人贤者，决不在于读书的多少，弟弟真的有此志向，要熟读《小学》及《五种遗规》两书，实行一句，算一句，实行十句，算十句，比诵词章强万倍。

季弟又说愿意尽孝道，唯亲命是听，这尤其可以弥补我的缺憾。我在京城十多年，侍奉堂上大人有缺憾，久不在父母身边逗笑取悦娱亲，内心十分惭愧，没有一天可以放下这桩心病，如弟弟们在家，能够委婉愉悦孝顺堂上大人，一点一滴，在默默地实行，那么，我能尽忠，弟弟能尽孝，那难道不是我家的祥瑞之气象吗？愿弟弟们坚持这个志向，天天不忘记，那么，兄长的心病可以放下，多么幸运！不一一写了，以后再写，国藩手草。（咸丰元年八月十九日）

致九弟季弟·以勤字报君以爱民二字报亲

【原文】

沅季弟左右：

兄膺此巨任，深以为俱！若如陆阿二公之道辙，则贻我父母羞辱，即兄弟子侄，亦将为人民侮，祸福倚伏之儿，意不知何者为可喜也？默观近日之吏治人心，及各省之督抚将帅，天下似无戡定之理，吾唯以一勤字报吾君，以爱民二字书报吾亲，才识平常，断难立功，但守一勤字，终日劳苦，以少分宵旰之忧，行军本扰民之事，但刻刻存爱民之心，不使先人积累，自我一人耗尽，此兄之所自矢者，不知两弟以为在否？愿我两弟亦常常存此念也。

沅弟多置好官；遴将才二语，极为扼要，然好人实难多得，弟为留心采访，凡有一长一技者，兄断不敢轻视。谢恩析今日拜发，宁国日内无信，闻池州杨七麻子将往攻宁，可危之至！（咸丰十年七月十二日）

【译文】

沅弟、季弟左右；

兄长荣膺这个重任，深深地感到恐惧！假设又走像陆、阿二公的老路，那会给父母带来羞辱，就是兄弟子侄，也将受到别人的侮辱，祸福倚伏的机栝，竟然不明白什么是可喜的预兆？暗暗观察这些官员管理之道、人心的动向，以及各省的督抚将帅的所作所为，天下似乎并没有一个固定不变的道理，我唯一的点子，是以一个勤字报答皇上，以爱民二字报答父母，自己才能见识都平常，绝难立功，但守一个勤字，终日劳苦，以减少是上日夜操心的忧虑，行军本来是骚扰百姓的事，但时刻存一种爱民的心，不让祖先积累的德泽，从我一人手中消耗殆尽，这是兄长自己的决心，不知两位弟弟以为对不？愿弟弟也有这种想法。

沅弟“多置好官，遴选将才”两句话，极为扼要，然而好人难以多得，弟弟们也代为留心采访，凡有一技之长的，兄长绝不敢轻视，谢恩的折子今天拜发了，宁国日内没有信，听说池州杨七麻子将会进攻宁国，很是危险！（咸

丰十年七月十二日）

致九弟·暂缓祭祀望溪

【原文】

沅弟左右：

望溪先生之事，公私均不甚惬，公牍中须有一事宝册，将生平履历，某年中举中进士，某年升官降官，某年得罪某年昭雪，及生平所著书中，与列祖褒赞其学问品行之语，一一罗列，不作影响约略之词，乃合定例，望溪两次获罪，一为戴名世《南山集》序，入刑部狱，一为其放人方某挂名逆案，将方氏响族，编入旗籍，雍正间始准赦宥，免隶旗籍，望溪文中所云。“因臣而宥及合族者也。”今欲请从祀孔庙，须将两案历奉谕旨，一一查出，尤须将国史本传查出，恐有严旨碍眼者，易于驳诘，从前人祀两庑之案，数十年而不一见，近年层见叠出，向于无岁无之，去年大学士九四等议复陆秀夫从祀之案，声胆以后外间不得率请从祀，兹甫及一年，若遽违新例而入奏，必驳无疑，右三者公事之不甚惬者也。

望溪经每有贬词，最后《皇治经解》中，并未收其一册一句，姬傅先生最推崇方氏，亦不称其经说，其古文号为一代正宗，国藩少年好之，近十余年，亦另有崇尚矣，国藩王于本朝大儒，学间则宗顾亭林王怀祖两先生，经济则宗陈文恭公，若奏请从祀，须自三公始;李厚庵与望溪。不得不置之后图，右私志之不甚惬者也。（咸丰十一年六月廿九日）

【译文】

沅弟左右：

方望溪先生的事，于公于私都不满意，公牍中要有一本事实册，把生平履历，某年中举中进士，某年升职降职，某年获罪，某年昭雪，以及生平所著书名，先人表扬称赞他的学问品行的评语，一一罗列，不写一句空泛大约的话，才合乎公文的体例，望溪两次获罪，一次是为戴名世的《南世集》作序，被列入刑部狱，一次是他的族人方某挂逆案，将方氏全族，编入旗谱，到雍正时才准予赦宥，免于隶属旗籍，望溪文中说："因为我而宥及合族。"今天想请求将他陈列孔庙与孔子一起祭祀，要将两案历来所奉的谕旨一一查出来，尤其要把国史中他的本传查出来，恐怕有严厉的圣旨碍眼，容易招来驳斥诘责，从前入祀两庑的案子，几十年难见一次，近年来则层出不穷，几乎每年都有，去年大学士，九卿待义复陆秀夫从祀案，曾经声明以后外面不得群臣效尤，这还只一年的事，如急着违反新规定而入奏，一定会受到驳斥是无疑的了。这三点是公事不令人满意之处。

望溪经学，勇于自信，而前清一代的大儒，大多不太佩服，《四库书目》中对于望溪常常有贬低他的地方，最后《皇经经解》中，并没有收他一本书，一句话，姬传先生最推崇方先生，也不称赞他的经学，他的古文称为一代正宗，我少年时喜欢，近十多年，也有了别的师从。我对本朝大儒，学问方面，师从顾亭林，王怀祖两先生，经济方面，师从陈文蔡公。如果奏请从祀，要从这三个个开始，李厚庵与方望溪，不得不放在后面，这是从私人角度看，感到不满意的。（咸丰十一年六月十九日）

致季弟·述长江厘卡太多

季弟左右：

接家书，知季弟妇于二月初七日仙逝，何以一病不起？想系外感之正，弟向来襟怀不畅，适闻此噩耗，谅必哀伤不能自遣。惟弟体亦不十分强壮；尚当达观节哀，保重身体，应否回籍一行，待沅弟至三山来，与弟熟商，再行定夺。

长江数百里内，厘卡太多，若大通再抽船厘，恐商贾裹足，有碍大局，拟不批准，荻港厘局，分设为数不多，拟批令改于华阳镇分设，为数较多，弟之所得较厚，又于外江水师，无交涉争利之嫌，更为妥善，诸嘱保重，至要至要！（同治年元二月廿一日）

【译文】

季弟左右：

接到家信，知道季弟媳妇在二月初七日去世，为什么一病便不能好？想必是外感的病吧，弟弟向来襟怀不太畅快，又听了这种不好的消息，想必哀伤不能自己排遣，只是弟弟的身体也不强壮，还是应当抱达观态度，节制哀伤，保重身体，要不要回家一趟，等沅弟到三山来，和弟弟反复商量，再做出决定。

长江几百里内，设的厘金关卡太多，如果大通再收船厘，恐怕商人们会不敢行走，对大局有妨碍，准备不予批准，荻港厘局，分设机构不多，准备批令改在华阳镇分设，为数较多，弟弟的所得比较丰厚，对长江水师，没有办交涉和争利的嫌疑，更加妥当。多多保重，至要至要！（同治元年二月二十一日）

致九弟季弟·述筹办粤省厘金

【原文】

沅季弟左右：

复奏朱侍御一疏，定于五日内拜发，请钦派大员再抽广东全省厘金，余奏派委员随同筹办，专济苏浙杭皖四省之饷，大约所得每月在二十成上下，胜于江西厘务也，此外实无可生发，计今年春夏必极穷窘，秋冬当渐优裕。

马队营制余往年所定，今阅之，觉太宽而近于滥，如公夫长夫之类是也，然业已久行且姑仍之，弟新立营头，即照此办理，将来裁减，当与华字顺字两营并载，另行新章也。

上海派洋船来接少荃一军舟，带银至十八万两之多，可骇而亦可怜！不能不令少荃全军舟行，以顺舆情，三月之内，陆续拔行，其黄昌岐水军，则俟三四月之交，遇大顺风，直冲下去，弟到运漕，可告昌岐来此一晤也。（同治元年三月初三日）

【译文】

沅弟、季弟左右：

复奏朱侍御的疏折，定在五日内拜发，请皇上钦派大员，再抽广东全省厘金，我奏派委员随同筹办，专门接济苏、浙、杭、皖四省的饷，大约所收的厘金每月在二十万上下，胜过江西厘务，除此之外，实在没有地方拿出这么多钱来，预计今年春夏一定很窘迫，到秋冬便慢慢优裕了。

马队营的制度，是我往年定的，现在看起来，觉得太宽了，因此近于滥，如公夫、长夫，但是，因为已实行了多年，姑且仍旧保持不变，弟弟新建的营，就照这些制度办，将来裁减，应当与华字顺字两营一起裁减，另外制订新章程。

上海派洋船来接少荃一军，带的银子达到十八万两之多，可怕又可怜！不能不叫少荃全军坐船走，以顺从舆论，三月以内，陆续开拔，他的黄昌岐水军，等三、四月之间，遇上大顺风，直冲下去，弟弟到运糟，可告诉昌岐到我这里见一次面。（同治元年三月初三日）

致九弟·述抽本省之厘税

【原文】

沅弟左右：

接信知弟目下将操练新军，甚善甚善！惟称欲过江，斜上四华山扎营，则断不可。四华山上带芜湖，下逼东梁，若一两月不破此二处，则我军无势无趣，不得不退回北岸矣。

弟军欲渡，总宜在东梁山以下，采石太平一带，如嫌采石形势太宽，即在太平以上渡江，总宜夺柱关，占内河江面为主，余昨言妙处有四：一曰隔断金陵芜湖之气，二曰水师打通泾县宁国之粮路，三曰芜湖四面被围，四曰抬船过东霸，可达苏州，尤妙之小者耳。

又有最大者，金柱关可设厘卡，每月进数五六万，东霸可高厘卡，每月亦五六万，二处皆系苏皖交界，弟以本省之藩司，抽本省之厘税，尤为名正言顺，弟应从太平关南渡，毫无疑义，余可代作主张，其迅速则仍由弟做主耳，西梁上下两岸，从三山起，至采石止，望弟绘一图寄来，至要至要！（同治元年四月实六日）

【译文】

沅弟左右：

接到信后，知道弟弟眼下准备操练新兵，很好，很好。只是说要过江，斜上四华山扎营，则决不可以，四华山上逼近芜湖，下逼近东梁，如果一两月内不攻破这两处，那我军没有势没有趣，不得不退回北岸。

弟弟的部队要渡江，适宜在东梁山以下，采石、太平一带，如果嫌采石下形势太宽，便在太平以上渡江，总要适宜攻夺金柱关，占内河江面为主，我昨天说妙处有四点：一是隔断金陵、芜湖的气势；二是水师可打泾县、宁国的粮路；三是芜湖四面被包围，四是抬船过东霸，可到达苏州，更是大妙中的小妙。

又有件最大的事，金柱关可设厘卡，每月可收入五、六万，东霸可设厘卡，每月也可收入五、六万，两处都是苏皖交界，弟弟以本省的藩司，抽本省的厘税，尤其是名正言顺的，弟弟应该从太平关南渡，毫无疑义，我可以代作主张，但或迟或早，由你做主。西梁上下两岸，从三山起，到采石止，希望弟弟画一幅图来，至要至要！（同治元年四月初六日）

致九弟·处事修身宜明强

【原文】

沅弟左右：

来信乱世功名之际，颇为难处十字，实获我心，本田余有一片，亦请将钦篆督篆，二者分出一席，另简大员。吾兄弟常存兢兢业业之心，将来遇有机缘，即便抽身引退。庶几善始善莫，免蹈大戾乎？

至于相当大事，全在明强二字，《中庸》学问思辨行五者，其要归于思必明，柔必强。弟向来倔强之气，却不可因位高而顿改。凡事非气不举，非刚不济，即修身齐家，亦须以明强为本，巢县既克，和含必可得手，以后进攻二浦，日弟主持，余相隔太远，不遥制也。《同治二年四月廿七日》

【译文】

沅弟左右：

你来信中所说：乱世功名之际，颇为难处十个字，真是说了我想说的话，今天我有一个片子，也是访是上把钦篆、督繁二者，分出一个席位，另外选拔大员，我们兄弟常常存着兢兢业业的心情，将来理到机会，马上抽身引退，也许可以善始善终，免蹈大祸！

至于担当大事，全部诀窍在“明强”二字之中。《中庸》所说学、问、思、辨、行五方面，它的要害归结为：思必明、柔必强。弟弟向来倔强，不可以因为地位高了马上改变，凡事没有气便办不成；没有刚强，便不济事。就是修身齐家，也要以明强为根本。巢县既已克夏，和含一定可以到手，以手进攻二浦，希望弟弟主持，我相隔太远，难以遥控。（同治二年四月二十七日）

致诸弟·喜述大考升官

【原文】

诸位老弟足下：

三月初六巳刻，奉上谕于初十日大考翰詹，余心甚着急，缘写作俱生，恐不能完卷。不图十三日早，见等第单，余名次二等第一，遂得仰荷天恩；赏擢不次，以翰林院侍讲升用。格外之恩，非常之荣，将来何以报称？唯有时时惶悚，思有补于万一而已。

兹因金竺虔南旋之便，付回五品补服四副，水晶顶两座，阿胶二封，鹿胶二封，母亲耳环一双。竺虔到省时，老弟照单查收。阿胶系毛寄云所赠，最为难得之物，家中须慎重用之。竺虔曾借余银四十两，言定到省即还，其银二十二两为六弟九弟读书省城之资，以四两为买书笔之资，以六两为四弟季弟衡阳从师束修之资，以四两为买漆之费，即每岁漆一次之谓也。以四两为欧阳太岳母奠金，贤弟接到银后，各项照数分用可也。

此次竺虔到家，大约在五月节后，故一切不详写，待折差来时，另写一详明信付回，大约四月半可到。贤弟在省，如有欠用之物，可写信到京。余不具述。国藩手草。（道光二十三年三月十九日）

【译文】

诸位老弟足下：

三月初六巳刻，奉圣旨在初十日大考翰林詹事，我心里很着急，因为写作都生疏了，怕不能做完试卷。没有想到十三日早上，看到发榜的等第名单，我的名次列为第二等第一名，这样便仰仗皇上的恩典，又是赏赐又是擢升，升为翰林院侍讲。这种格外的恩惠，非常的荣誉，将来又如何报答？只有时刻保持惶恐惊悚，想报答万分之一罢了。

现因金竺虔回湖南，请他便带回家五品补服四副，水晶顶两座，阿胶二封，鹿胶二封，母亲耳环一双。竺虔到省城时，老弟照清单查收。阿胶是毛寄云送的，是最难得的药品，家里要慎重的使用。竺虔曾经借我银子四十两，说好到省便归还。这四十两的用途，二十二两是六弟和九弟在省城读书的学费，四两是买书买笔的费用，六两是四弟季弟衡阳从师的礼金，四两是买漆的费用（就是每年漆一次寿材的费用），四两是给欧阳太岳母的祭奠礼金。贤弟接到银子后，可按以上分配数照付。

这次竺虔到家，大约在五月节后，所以一切不详细写了，等通信兵来时，另外写一封详细的信附回，大约四月半可以到。贤弟在省城，如有什么缺乏，可以写信到京城。其余不一一写了。兄国藩手草。（道光二十三年三月十九日）

禀祖父母·报告荣升侍讲

【原文】

孙男国藩跪禀

祖父母大人万福金安。三月初六日，奉上谕于初十日大考翰詹，在圆明园正大光明殿考试。初闻之，诚惶诚恐，盖久不作赋，率亦生疏。向来大考，大约六年一次，此间自己亥岁二月大考到今，仅满四年，万不料有此一举。故同人闻命下之时，无不惶怕！

孙与陈岱云等在园同寓，初十日卯刻进场，酉正出场，题目另纸敬录，诗录亦另钞出，通共翰詹一百二十七人，告病不入场者五人，病愈仍须补考。在殿上搜出夹带，比交刑部治罪者一人，其余皆整齐完场。十一日，皇上亲阅卷，二月十二日，钦派阅卷大臣七人，阅毕，拟定名次，进呈皇上钦定。一等五名，二等五十五名，三等五十六名，四等七名。孙蒙皇上天恩，取二等第一名。湖南六翰林，二等四人，三等二人，另有全单。十四日引见，共升官者十一人，记名候升者五人，贷缎者十九人，升官者不贷缎。

孙男蒙上格外天恩，升翰林院侍讲，十七日谢恩。现在尚未补缺，有缺出即应对。其他升降贷资，另有全单。湖南以大考升官者，从前雍正二年，惟陈文肃公，一等第一，以编修升侍讲。近来道光十三年，胡云阁先生，一等第四，以学士升少詹，并孙三人而且。孙名次不如陈文肃之高，而升官与之同，此皇上破格之恩也。孙学问肤浅，见识粗鄙，受君父之厚恩，乃祖宗之德荫，将来何以为报？惟当竭力尽忠而已。

金竺虔于廿一日回省，孙托带五品补服四副，水晶顶戴二座，阿胶一斤半，鹿胶一斤，耳环一双，外竺虔借银五十两，即以付回。昨天竺虔处寄第三号信，寄函信里，管写银四十两，发信后，果又借去十两，前后二信不符。竺虔千五月半可到省，若大弟九弟在省城，可百交。若无人在省，则家中专人去取，或请弟有高兴到省者托带。

今年考差，大约在五月中旬，孙拟于四月半万国用功。孙妇现已有喜，约七月可分娩，曾孙兄弟并如常。寓中今年派用一老妈，用度较去年略多，此次升官，约多用银百两；东扯西得，尚不窘迫，不知有邯郸报来家否？若其已来，开销不可太多，孙十四引见，渠若于廿八日以前报到，是真邯郸报，赏银四五十两可也。若至四月始报，是省城伪报，赏数两足矣。但家中景况不审何如？伏思示悉为幸！孙谨禀。（道光二十三年三月廿三日）

【译文】

孙儿国藩跪禀

祖父母大人万福金安。三月初六日，奉了谕旨初十日大考翰林詹事，在圆明园正大光明殿考试。孙男刚开始听了，心里又惊又恐，因好久不作赋了，字也生疏。向来大考，大约六年一次，这次自从己亥年二月大考到今天，只满四年，万万没有料到有这个举措，所以同人等听到谕旨下的时候，没有不感到惶恐惊悚的。

孙儿与陈岱云等在园同住。初十卯时进考场，酉正出场，题目另外用纸敬录，诗也另外抄了，总共翰林詹事一百二十七人，告病未入考场的三人，病好了仍旧要补考。在殿上搜查出夹带，则交刑部治罪的一人，其余都整整齐齐考完。十一日皇上亲自阅卷。

二月十二日，钦派阅卷大臣七人，看完，拟定名次，进呈皇上钦定。一等五名，二等五十五名，三等五十六人，四等七名。孙儿蒙皇上天恩，拔取二等第一名，湖南六个翰林，二等四人，三等二人，另有全部名单。十四月引见，共升官的十一人，记名候升的五人，赏缎的十九人，升官的不赏缎。

孙儿承蒙皇上格外天思，升授翰林院的诗讲，十七日谢思。现在还没有补缺，有缺出马上由孙儿补。其他升降贷资，另有全部单子。湖南因大考升官的，从前雍正二年，只有陈文肃公，一等第一名，以编修升侍讲。近来道光十三年，胡云阁先生，二等第四，以学士升少詹，加上孙儿，只三人罢了。孙儿名次不如陈文肃公高，而升官与他相同，这是皇上破格的恩典。孙儿学问肤浅，见识陋鄙，受君父的厚思，蒙祖宗的德荫，将来如何报答？只有竭力尽忠罢了。

金竺虔于二十一日回省，孙地托他带五品补服四副，水晶顶戴两座，阿胶一斤半，鹿胶一斤，耳环一双，向竺虔借的银子五十两，也付给家里，昨天在竺虔处寄了第三号信，上面写的都是银子四十两。发信之后，他又借去十两，所以前后两信不符。竺虔在五月半可以到省城，如果六弟、九弟在省城，可面交。如果没有人在省城，家里可派专人去取。或者弟弟们有高兴去省城的，也妙。

今年考差，大约在五月中旬。孙儿准备在四月中、下旬用功。孙媳妇现在已有身孕，约七月可分娩，曾孙兄弟像以前一样正常。京寓中今年又用了一个老妈子，用度比去年略多。这次升官，大约要多用银子一百两；东挪西借，还不是显得很窘迫。不知有邯郸喜报到家了么？若喜报已来，开销不可太多，孙儿以为，喜报若于廿八日以前报到，是真的邯郸报，可以赏给报子银子四五十两。若到四月才报，则是省城的伪报，赏给报子几两就可以了。但家中景况不知道怎么样？伏思祖大人示悉为幸！孙谨禀。（道光二十三年三月廿三日）

禀祖父母·报告考差信

【原文】

孙男国藩跪禀

祖父母大人万福金安。五月廿九日接到家中第二号信，系三月初一发。六月初二日接第三号信，系四月十八发的，具悉家中老幼平安，百事顺遂，欣幸之至！六弟下省读书，从其所愿，情意既畅，志气必奋，将来必有大成，可为祖父预贺。祖父去岁曾赐孙手书，今年又已半年，不知目力如何？下次信来，仍求亲笔书数语示孙。大考音信，不知开销报人钱若干？

孙自今年来，身体不甚好，幸加意保养，得以无恙。大考以后，全未用功；五月初六日考差，孙妥当完卷，虽无毛病，亦无好处。首题使诸大夫国人皆有所矜式，经题天下有道，则行有枝叶，诗题赋得角黍，得经字，共二百四十一人进场。初八日派卷大臣十二人，每人分卷廿本。传闻取七本，不取者十三本，弥封未拆，故阅卷者亦不知所取何人，所黜何人，取与不取，一概进呈，恭候钦定。外间谣言，某人第一，某人未取，仅不足凭，总待放差后方可略测端倪。亦有真第一而不得，有其未取而得差者，静以听之而已。同乡考差九人，皆妥当完卷。

孙在京平安，孙妇及曾孙兄妹皆如常。前所付报，谅已到家。高丽参目前难寄，容当觅便寄回。六弟在城南，孙已有信托陈尧农先生。同乡官皆如旧，黄正斋坐粮船来，已于六月初三到京。余容后禀。（道光二十三年六月初六日）

【译文】

孙儿国藩跪禀

祖父母大人万福金安。五月二十九日，接到家里第二号信，是三月初一发的。六月初二日接到第三号信，是四月十八日发的。知道家里老幼平安，百事如意，高兴之至！六弟下省读书，突出了他的愿望，情绪既然已经通畅，志气一定会奋发，将来必定有大的成就，可以为叔父大人预贺。祖父去年曾经赐予孙儿手书，今年又已半年了，不知视力如何？下次来信，仍然请求祖父亲笔写几句话指示孙儿。大考音信，不知家里开销报喜人多少钱？

孙儿自今年以来，身体不太好，幸亏加意保养，得以没有出毛病。大考以后，全没有用功。五月初六日考差，孙儿妥当做完试卷，虽说没有毛病，也没有佳作。首题是使诸大夫国人都有所矜式，经题是“天下有道，则行有枝叶”，诗题是“赋得角黍”得经字。共有二百四十一人进考场。初八日派阅卷大臣十二人，每人分卷子二十本。传说每二十本中取七本，淘汰十三本。都是弥封未拆的，所以阅卷人也不知道所取的是谁，所淘汰的是谁。取与不取，一概进呈，恭候钦定。外面谣言，某人第一，某人未取，都不足信，都得等放差以后才看得出一点眉目。也有真取而不得差、真未取而得差的。冷静听消息罢了。同乡考差九八，都妥当交了全卷。

孙儿在京平安。孙媳妇及曾孙兄妹都好。前次付的银子，想已到家。高丽参目前难寄，容许我以后找到便人寄回。大弟在城南，孙儿已有信托陈尧农先生。同乡官员都是老伴子。黄正斋坐粮船来，已于六月初三到京城。其余容许我以后再行禀告。（道光二十三年六月初六日）

禀祖父母·报告补侍读

【原文】

孙国藩跪禀

祖父母大人万福金安。廿九日祖母大人寿辰，孙等叩头遥祝，寓中客一席，次日请同县公车一席。初七日皇上御门，孙得转补翰林院侍读，听遗侍讲缺，许乃钊补升。诗讲转侍读，照例不谢恩，故孙未具折谢恩。今冬京中未得厚雪，初九日设三坛求雪，四五六阿哥诣三坛行礼，皇上亲诣大高殿行礼。十一日即得大雪，天心感召，呼吸相通，良可贺也！

孙等在京平安，曾孙读书有恒，惟好写字，见闲纸则乱画，请其母订成本子。孙今年用度尚宽裕，明年上半年尚好，至五月后再作计较。昨接曾兴仁信，知渠银尚未还。孙甚着急，已写信去催，不知家中今年可不窘迫否？同乡京官皆如故，冯树堂郭筠仙在寓亦好。

荆七自五月出去，至今未敢见面，在同乡陈洪钟家，光景亦好。若使流落失所，孙亦必宥收而恤之。特渠对人言，情愿饿死，不愿南回，此实难处置。孙则情愿多给银两，使他回去，不愿他在京再犯出事，望大人明示以计，俾孙遵行。

四弟等自七月寄信来后，至今未再得信，孙甚切望，严太爷在京引见，来拜一次，孙回拜一次，又请酒，渠未赶席。此人向有狂妄之名，孙己亥年在家，一切不与之计较，故相安于无事，大约明春可回湘乡任。孙谨禀。（道光二十四年十二月十四日）

【译文】

孙儿国藩跪禀

祖父母大人万福金安。二十九日祖母大人寿辰，孙儿等叩头遥祝，寓中客一席，次日清同县公车一席。初七日皇上御门，孙得转补翰林院侍读，所遗侍讲缺，许乃钊补升。侍讲转侍读，照例不谢恩，故孙未具折谢恩。今冬京中未得厚雪。初九日设三坛求雪，四五六阿哥诣三坛行礼，皇上亲诣大高殿行礼。十一日即得大雪，天心感召，呼吸相通，又可贺也；

孙儿等在京平安，曾孙读书有恒心，只是喜欢写字，看见纸便乱涂，请他母亲订成本子。孙儿今年用度还宽治，明年上半年还可以，到五月以后再唯物计较。昨接曾兴仁的信；知道他的银子还没有还来，孙儿很着急，已经写信去催，不知家里今年困难不？同乡京官都仍旧。冯树党郭筠仙在寓所也好。

荆七自五月出走，至今不敢见孙儿的面，在同乡陈洪钟家，光景也好。假使流离失所，孙儿也一定原谅他并收养抚恤他。不过他对别人说，情愿饿死。不愿回湖南，这实在难以处置。孙儿则情愿多给银两，使他回去，不愿他在京城再生事。希望大人明白指示我的计策，以使孙儿遵照执行。

四弟等自七日寄信来后，至今没有信来，孙儿很盼望。严太爷在京引见，来拜访过一次，又请酒，他没有来。这个人向来有狂妄的名声。孙儿己亥年在家，一切不与他计较，所以相安先事，大约明年春天可回湘乡任。孙儿谨禀。（道光二十四年二月十四日）

致诸弟·喜述得会试房差

【原文】

四位老弟足下：

三月初六日，蒙皇上天恩，得会试分差，即于是日始阅卷。十八房每位分卷二百七十余，到廿三日头场即已看毕，廿四看二三场，到四月初四皆看完。各房荐卷，多少不等，多者或百余，少者亦荐六十四卷，而唯余中卷独多，共中十九人，他房皆不能及。十一日发榜，余即于是日出闱，在场月余，极清吉。

寓内眷口，大小平安。出闱数目、一切忙迫，人客络绎不绝。朱啸山于十六日出京，余寄有纹银百两，高丽参一斤半，书一包，内《子史精华》六套，《古文辞纂》二套，《绥寇纪略》一套，到家日查收。加紧有寿及等项，尚未办齐，待筠仙带归。十四日新进士复试，题曰“君子喻义”，赋得竹箭有筠，得行字。我县谢吉人中进士后，因一切不便，故邀来在余寓住。

十五日接三日初十日家信，内有祖父父亲叔父手谕，及诸弟诗文并信。

其文此次仅半日，忙不及改，准于下次付回。四弟信，所问盖窦牟窦痒巩兄弟，皆从昌黎游，去年所写牟尼，实误写尼字也。汪双池先生灿系雍正年间人，所著有《理学逢源》等书。郭筠仙翌臣兄弟，及冯树堂，俱要出京。寓内要另请先生，现尚未定，草布一二，祈贤弟禀堂上各位大人。今日上半天，已作了一函呈父亲大人，交朱啸山，大约六月可到。国藩手草。（道光二十年四月十五日）

【译文】

四位老弟足下：

三月初六日，承蒙皇上天恩，得放会试分房阅卷差事，就在当天开始阅卷。十八日每房分二百七十多卷，到二十三日头场就已看完，二十四看二场三场，到四月初都看完。各房推荐的卷子，多少不相同，多的或者百多卷，少的六十多卷。我推荐的六十四卷，而只有我推荐的卷子中了的最多，共中十九卷，是其他房不能比的。十一日发榜，我就在当天出考场。在考场一个多月，很清苦。

寓内眷属人丁，大小平安。出场几天，一切很忙碌，人客络绎不绝。朱啸山于四月十六日离京城，我寄纹银一百两，高丽参一斤半，书一包，内有《子史精华》六套，《古文辞类纂》两套，《绥寇纪略》一套，到家时查收。另有寿屏和笔等项，还没有办齐，等郭筠仙带回。十四日新进士复试，题目是“君子喻义”，赋得竹箭有筠，得行字。我县谢吉人中进士后，因一切不便，所以邀他住在我寓中。

十五日接三月初十日家信，内有祖父、父亲、叔父手谕，诸位弟弟的诗文和信。诗文因这次只有半天，忙得来不及改，准定在下次寄回。四弟的信，所问是泰牟、窦痒、窦巩兄弟，都从昌黎游学。去年所写牟尼，实际上是误写尼字。汪双池先王灿是雍正年间人，所著有《理学逢源》等。郭筠仙、翌臣兄弟及冯树堂都要离京城。寓内要另外请先生，现在还没有完。草草写了几句，希望贤弟代为禀告堂上各位大人。今日上半天，已写了一封信呈父亲大人，交朱啸山，大约六月可以到。国藩手草。（道光二十年四月十五日）

卷七　用人篇

致诸弟·述营中急需人才

【原文】

澄温沅季四位贤弟左右；

于十六日在南康府接父亲手谕，及澄沅两弟纪泽儿之信；系刘一送来；二十日接澄弟一倍，系林福秀由县送来，具悉一切。

余于十三日自吴城进扎南康，水师右营后营啊道营，于十三日进扎青山。十九日贼带炮船五六十号，小划船百六十号，前来扑营，鏖战二时，未分胜负。该匪以小划二十号，又自山后攒出，袭我老营。老营战船，业已余数出队，仅坐船水字数人，及雇民船水手，皆逃上岸。各战船哨官见坐船已失遂尔慌乱，以致败挫。幸战船炮位，毫无损伤，尤为不幸中之大幸！且左营定湘营尚在南康，中营在吴城，是日未与其事，士气依然振作。现在六营三千人，同泊南康，与陆勇平江营三千人相依护，或可速振军威。

现在来所统之六军，塔公带五千人在九江，罗山带三千五百人在广信一带，次青带平江营三千人在南康，业已成为三枝，人数亦不少。赵玉班带五百湘勇来此，若独成一枝，则不足以自立，若依附塔军，依附罗军，则去我仍隔数百里之远。若依附平江营，则气类不合，且近来口粮实难接济，玉班之勇，可不必来。玉班一人独来，则营中需才孔亟，必有以位置之也。

蒋益澧之事，后公如此办理甚好，密传其人家详明开导，勒令缴出银两，足以允我人心，面面俱圆，请莘翁即行速办。但使深翎德珠，即轻轻着笔，亦可以速办矣。

此间自水师小挫后，急需多办小划以胜之，但乏能管带小划之人。若有实能带小划者，打仗时并不靠他冲陈。只要开仗时，在江过攒出攒入，眩贼之眼，助我之势，即属大有裨益。吾弟若见有此等人，或赵玉下班能荐此等人，即可招募善驾小划之水手一百余人来营。冯玉河所缴水勇之枪银，及各项应缴之银，可酌用为途费也。

余在营平安，精神不足，惟癣疾未愈，诸事未能一一照管，小心谨慎，冀尽人事，以听天命。诸不详尽，统俟续布。（咸丰五年四月二十日书于南康城外水营）

【译文】

澄、温、沅、季四位贤弟左右：

我于十六日在南康府接到父亲手谕，以及澄、沅两位弟弟、纪泽儿的信，是刘一送来的，二十日接到澄弟一封信，是林福秀由县里送来，知悉一切。

我于十三日从吴城进扎南康。水师右营、后营，响道营，于十三日进扎青山。十九日，敌人带炮船五、六十号，小划船一百六十号前来扑营，激战了两个小时，不分胜负。敌人又以小划二十多号，从山后攒了出来，袭击我老营。老营战船，已经全部出队，只有坐船水手几个以及雇用民船水手，都逃上岸去。各战船哨官见坐船已丢失，便展望张忙乱起来，以至于吃了败仗。幸亏战船炮位，没有一点损失，尤其是不幸中的大幸，并且左营、定湘营还在南康，中营还在吴城，那天没有参与战斗，士气仍然振作。现在六营三千人，同停靠在南康，与陆军平江管三千人互相依护，或者还可迅速振兴军威。

现在我所统率原大军，塔公带五千人在九江；罗山带三千百人在广信一带；次青带平江营三千人在南康，已经成了三枝部队，人数也不少。赵玉班带五百湘勇来这里，如果单独成一枝部队，不能够自立，如果依附塔军，依附罗军，那离我这里还隔几百里。如果依附平江管，那么气类不合，而且近来口粮实在难以接济。玉班的士兵，可不必来。玉班一个人来，那军营中需要人才很紧急，一定且有他的位置。

蒋益澧的事，这么办理很好，秘密传召人家详细开导，勒令缴出银两，可以取得我方人心的同情，面面俱到，请莘翁马上办理，假使探骊而得珠，就是轻轻着笔，也可以快办。

这边自从水师小败以后，急需多置办小划船去战胜敌人，但缺乏能管理带领小划船的人，如果有实实在在可以带领小划船的人，打仗时并不靠他冲阵。只要打仗时，在江边攒出攒人，弄得敌人晕头转向，以帮助我水师的声势，便是大有益处。弟弟如果看见有这种人才，或者赵玉班能推荐这种人，就可以招募会驾小划船水手一百多人来军营。冯玉河所缴水军的银枪，以及各项应该缴纳的银子，可考虑作路费用。

我在军营平安，精神不足，只是疾疾没有好，许多事情没有能够一一小心谨慎，希望能够尽人事，以听天命，写得不详细，等以后再续告。（咸丰五年四月二十日书于南康城外水营）

致诸弟·调彭雪琴来江

【原文】

澄侯温甫子植季洪四位老弟左右：

刘朝直来营，得植弟手书，具悉一切。内湖水师自六月十五日开仗后，至今平安。本拟令李次青带平江勇，流邵阳湖之东，与水师会攻湖口。亲自六月底至今十日，大风不克东渡。初四日风力稍息，平江勇登部舟，甫经解缆，狂飙大作，旋即折回。并勇衣被帐篷，寸缕皆湿，天意茫茫，正未可知，不知湖口之贼，运数不宜灭乎？抑此勇渡湖，宜致败挫，故特阻其行，以全此军乎？现拟俟月半后，请塔军渡湖会剿。

罗山进攻义宁，闻初四日可止界上，初五六日当可开仗。湖南三面用兵，骆中丞请罗山带兵回湘，业经入奏。如义宁能攻破，恐罗山须回湖南，保全桑梓，则此间又少一劲旅矣。内湖水师，船炮俱精，特少得力营官，现调彭雪琴来江，当有起色。

盐务充饷，是一大好事，惟浙中官商，多思专利。邵位西来江，会议已有头绪，不知渠回浙后，彼中做事人能允行否？舍此一筹，则饷源已竭，实有坐困之势。东安土匪，不知近日如何？若不犯邵阳界，则吾邑尚可不至震惊。带军之事，千难万难，澄弟带勇至衡阳，温弟带勇至新桥，幸托平安，嗣后总以不带勇为妙。吾阅历二年，知此中怨这事，造孽之端，不一而足，恨不得一诸弟在，当一一缕述之也。

诸弟在家，侍奉父亲，和睦族党，尽其力之所能力。至于练团勇却不宜，澄弟在外已久，谅知吾言之具有苦衷也。宽二弟去年下世，未寄奠分，至今歉然于心。兹付回银廿两，为宽二弟奠金，望送交任尊叔夫妇手收。

植弟前信言身体不健，吾谓读书不求强记，此亦养身之道。凡求强记之者，尚有好名心横亘于方寸，故愈不能记。若全无名心，记亦可，不记亦可，此心宽然无累，反觉安舒，或反能记一二处，亦未可知。此余阅历语也。植弟试一体验行之，余不一一，即问近好。（咸丰五年七月初八日）

【译文】

澄侯、温甫、子植、季洪四位老弟左右：

刘朝相来营，接谈植弟手书，知悉一切，内湖水师从六月十五日开仗后，到现在平安。本准备命令李次青带平江兵，渡鄱阳湖东边，与水师会攻湖口。无奈从六月底到现在十天内，都因大风不能东渡，初四日风力略为小点，平江兵上船，正好解了缆绳准备出发，突然狂风大刮。只得马上靠岸。兵士们的衣服被褥和帐篷，全部都湿了。老天爷的意思茫茫不可知，不知湖口上的敌人，运数还没有到马上被歼灭的地步，才特别刮风阻止平汉兵东渡招致失败，以保全这支部队吗？现在打算等半个月后，请塔军渡湖会剿。

罗山进攻义宁，听说初四日可停在界让，初五、六日可以开战。湖南三面用兵，骆中丞请罗山带兵回湖南，已经入秦朝廷了。如义宁能冲破，恐怕罗山要回湖南，保全家乡，那这边又少了一支善战的部队了。内湖水师，船好炮精，只少得力的营官，现在调彭雪琴来，应当有起色。

盐税用来充军饷，是一件大好事。只是浙中官商，都想专利。邵位西来江，会议已有头绪，不知他回浙后，他们里面任事听的人能答应实行不？除了这个办法，则军饷来源已经枯竭，实在有被困的形势。东安土匪，不知近来如何？如不犯邵阳地界。那么我们家乡还不至于受到波及。带兵的事，千难万难。澄弟带兵到衡阳，温弟带兵到新桥，幸亏平安。以后总以不带兵最好，我阅历了两年，知道这里面得罪人的事情，造孽的事情，不一而足，恨不得与弟弟们一桩一桩详细介绍呢。

弟弟们在家，侍奉父亲，与族党和睦相处，尽力而为。至于办团练带兵这些事，不宜于去参与。澄弟在外已久，相必懂得我说这句话的苦衷。宽二弟去年死去，没有寄奠仪，至今还有歉疚。现付回二十两银子，作宽二弟的奠礼，希望送交任尊叔夫妇手收。

植弟前次信中说身体不好，我说读书不要求强记，这也是养身之道。凡属要求强记的人，还有一种好名的压力在他脑子里，所以越不能记。如果没有好名的心，记也可，不记也可，这种思想便轻松没有思想包袱，反而觉得安静舒畅，或者反而能记一点，也未可知。这是我的经验之谈，植弟试着体验一番。其余不一一写了，即问近好。（咸丰五年七月初八日）

致九弟·催周凤山速来

【原文】

沅甫九弟足下：

十七日李观察送到家信，系沅弟在省城所发者。黄南兄劝捐募勇，规复吉安，此豪杰之举也。南路又来此一枝劲兵，则贼势万不能支。金田老贼，癸甲二年北犯者，既已只轮不返，而曾天养罗大纲之流，亦频遭殛诛。现存悍贼，惟石达开韦俊陈玉成数人，奔命于各处，实有日衰就落之势。所思江西民风柔弱，见各属并陷，遂靡然以为天覆地拆，不复作反正之想。不待其迫胁以从，而甘心蓄发助贼，希图充当军旅帅，以讹索其乡人，掳掠郡县村镇，以各肥其私囊，是以每战动盈数万人，我军为之震骇。若果能数道出师，擒折以万平计，始则江西从逆这发有悔心，继广东新阳之贼生疑二，而江西之局势必转，粤贱之衰象亦见矣。

南袁能于吉安一路，出师合瑞，兄已列为三路，是此间官绩上民所祷祀以求者也。即日当先行具奏，沅弟能随南翁以出，料理戎亦足增长识力，南翁能以赤手空拳干大事，而不甚着着声色，弟当留心收而效之。夏渡兄前亦欲援江之师，不知可与南兄同办一路否？渠系簪缨巨族，民望所归，又奉特旨援江，自不能不速图兄共办一枝，则众擎易举汁若另筹一路，则独力难成，沅弟若见憩翁，试先将鄙意道及，余续有信奉达也。

周凤山现在省城，余飞札调之来江，盖欲令渠统一军，峙衡龙一军，一扎老营，一作游兵，不知渠已接扎否？望沅弟催之速来，其现在袁州之伍化蛟黄三清，本系渠部典，可令渠带来也。（咸丰六年九月十七日）

【译文】

沅甫九弟足下：

十七日李观察递到家信，是沅弟在省城所的。黄南兄劝捐募兵，规划恢复吉安，这是豪杰举动。南路又多一支强悍的军队，那敌人万不能支持。金田老敌，癸甲二年北犯的那一股，既然已一只船也没有返回，而曾天养、罗大纲之流，也连连遭到致命打击。现在的敌军，只有石达开、韦俊、陈玉成几个，奔命在各地，实在有一天天衰落的势头。所引以为患的是江西民众风尚十分柔弱，看见所在的一些地方陷于敌手，便以为是天翻地覆，不再有反正的思想，不等敌军的胁迫，便甘心去助长敌人，并想弄个军长，师长、旅长、元帅当当，以便去讹诈勒索乡下人，抢劫郡县村镇，填满他们的腰包。所以每打一仗动辄以万人计算，开始是江西民众依附敌人的民众有所悔悟，后来广东新阳的敌人也表现出悔悟，江西的局势一定可扭转，则广东衰落的势头也更加明显可见了。

南袁能够在吉安一路，山师合瑞。兄长已经列为三路，是这里官长绅士民众所祈求的，当天便先向是上奏报。沅弟能随南翁一起出兵，料理军事，也可以增长见识。南翁能够赤手空拳干大事，而不太露声息，弟弟应当留心学习仿效。夏憩兄前不久也想办理援助长江的军事，不知可不可以和南兄一起办；他是军事世家，又在民众中有威望，又奉旨援助长江，自然不能不让他带一枝部队。只是与南昆共办一支，则各路人马容易齐心举事，如果另外筹办一支，那就力量单薄难于成事。沅弟如见憩翁，或可把我的意见告诉他，我接着有信寄给他。

周凤山现在省城。我用飞札把他调长江，因想要地统领一支部队。崎衡龙一支部队，一部分扎在老营，一部分游动，不知他已接到札子没有，希望沅弟催他快来，现在袁州的伍化蛟黄三清，本来是他的部下，可命令他一起带来。（咸丰六年九月十七日）

致九弟·交人料理文案

【原文】

沅甫九弟左右：

十一月初二日，春二甲四归，接廿四夜来书，具悉一切。弟营中事要尚顺，家中大小欣慰。帅逸斋之叔号小舟者，于初二日来，携有张六琴太守书缄，具告逸斋死事之惨。余具奠金五十两，交小舟为渠赴江西之旅资。又作书寄雪琴，嘱其备战船至广西，迎护逸斋之眷口，由浙江来，又备舟至省城，迎护逸斋与其侄之灵枢于南康，会齐同出湖口，由湖口段窑至黄梅帅宅，不过数十里耳。

前此仙舟先生墓门，被贼掘毁，余曾寄书润芝中丞，莲舫员外，筹银三四百两，为修葺之资。此次小舟归里，可一并妥为安厝，少有余资，即以赡济逸斋之眷口，然亦极薄，难以自存矣。

东乡败挫之后，李镇军周副将均退守武阳渡。闻香中丞缄致长沙，请夏憩亭募勇数千，赴江应援，不知确否？自洪杨内乱以来，贼中大纲紊乱，石达开下顾金陵，上顾安庆，未必能再至江西。即使果来赴援，亦不过多裹乌合之卒，悍贼实已无几。我军但稍能立脚，不特吉安力能胜之，即临江萧军，亦自可胜之也。

胡爵之将于初十日回省，家中以后不必请书启朋友。韩升告假回家，余文案尚繁，不可无一人料理，望弟饬王福于腊月初回家交代后，既令韩升回省度岁。韩子正初赴吉营，计弟处有四十日无人经营文案，既交彭椿年一手料理，决无疏失。韩升与王福二人，皆精细勤敏，无所轩轾。凌荫迁于日内赴雪琴处，若弟处再需好手，亦可令凌赴吉也。咸丰七年十一月初五日）

【译文】

沅甫九弟左右；

十一月初二日，春二、甲四归，接到二十四日晚上来信，知道一切。弟弟军营里的事情还顺遂，家中大小都高兴。帅逸斋的叔叔叫小舟的，在初二回来了，带了张六琴太守的信，详告逸斋死难的惨况，我备了五十两奠金，交小舟作为他去江西的路费。又写了信给雪琴，嘱咐他准备战船到广西，迎接护送逸斋的家眷从浙江来，又准备船只到省城，迎接护送逸斋和他侄儿的棺木于南康，到齐之后一起出湖口，由湖口段窑到黄梅帅宅，不过几十里。

前不久仙舟先生的坟墓被敌人掘毁，我曾经写信号给润芝中丞，莲航员外，筹集了三、四百两银子作为复修的资金。这次小舟回家，可一起妥善安葬。如略有余钱，便用于周济逸斋的家眷，但也很少，难以养活这一家子。

东乡失败之后，李镇军、周副将都是退守武阳渡。听说耆中丞写信到长沙，请憩亭招募士兵几千，到长江增援，不知道的确不的确？自从洪、杨动乱以来，敌军中的指导思想紊乱，石达开下顾金陵，上顾安庆，未必能再到江西。我军只要能够稍微立住脚，不但吉安能打胜仗，就是临江萧军，也可打胜仗。

胡爵之将在初十日回省，家中以后不必请书启朋友。韩升告假回家，我这里文案工作还很繁重，不可以没有一个人料理，希望弟弟叫王福在十二月初回家交代后，就叫韩升回省过年。韩在正月初到吉安营中，预计弟弟那儿有四十天没有人经营文案，可交彭椿年一手料理，绝不会有疏忽错失，韩升与王福两个，都办事精细勤敏，没有轻重之分，凌荫迁于日内去雪琴那儿，如弟弟那里再需好手，也可命令凌去吉安。（咸丰七年十一月初五日）

致九弟·愧对江西绅士

【原文】

沅捕九弟左右：

十九日亮一等归，接展来函，具悉一切。临江克复，从此吉安当易为力，弟邑勉为之，大约明春可复吉郡，明夏可复抚建。凡兄所未了之事，弟能为我了之，则余之愧憾可稍减矣。

余前在江西，所以郁郁不得意者，第一不能干预民事，有剥民之权，无泽民之位，满腹诚心，无处施展。第二不能接见官员，凡省中文武官僚，晋接有稽，语言有察。第三不能联络绅士，凡绅士与我营款惬，则或因而获咎。

坐是数者，方寸郁郁，无以自伸；然此只坐不宜驻扎省垣，故生出许多烦恼耳。弟今不驻省城，除接见官员一事，毋庸议外，至爱民联外二端，皆宜实心求之。

现在饷项颇充，凡抽厘劝损，决计停之，兵勇扰民，严行禁之，则吾夙昔爱民之诚心，弟可为我宣达一二。吾在江西，各绅士为我劝捐作八九十万，未能为江西除贼安民。

今年丁忧，奔丧太快，若恝然弃去，置绅士于不顾者，此余之所悔也。若少迟数日，与造外往复书问乃妥。弟当为余弥缝此阙，每与绅士书札还，或接见畅谈，具言江绅待家兄甚厚，家兄抱槐甚深等语。

就中刘仰素甘子大二人，余尤对之有愧。刘系余清之带水师，三年辛苦，战功日著，渠不负吾之知，而吾不克始终与共患难，甘系余清之管粮台，委曲成全，劳怨兼任，而余以丁忧遽归，未能为渠料理前程。此二人皆余所愧对，弟为我救正而补苴之。余在外数年，吃亏受气，实亦不少，他无所惭，独惭对江西绅士，此日内省躬责己之一端耳。

弟此次在营，境遇颇好，不可再有牢骚之气，心平志和，以近天休，至嘱至嘱！承寄回银二百两，收到。今冬收外间银数百，而家用犹不充裕；然后知往岁余之不寄银回家，不孝之罪，上通于天，四宅大小平安，余日内心绪少佳，夜不成寐，盖由心血积亏，水不养肝之故。春来当好为调理。（咸丰七年十二月廿一日）

【译文】

沅甫九弟左右：

十九日亮一等回来，接到来信，知悉一切，临江克复，从此吉安应当容易得手了，希望弟弟好好处置，大约在明年春天可以克复吉安，明年夏天可以克复抚建。凡属做兄长的没有了结的事情，弟弟能够替我了结，那么，我的愧疚之情可以稍微减轻一点。

我从前在江西，之所以郁郁不得志，第一，不能干预民众的事情，有剥夺民众的权，没有施惠于民众的地位，满腹仁爱的心思，没有地方施展。第二，不能接见官员，凡属省里的文武官僚，接见有稽查，语言有监察。第三，不能联络绅士。凡属地方绅士与我通往来，便因此受到来咎。因为以上三点，便郁郁不乐，没法施展，然而，这只是不适宜驻扎省城，生出的许多烦恼罢了。弟弟现在不驻扎在省城，除了接见官员这件事，没有必要讨论以外，其他爱民和联络两件事，都应该实实在在去做。

现在军饷很是充足，凡属抽厘金和劝捐款这些，都下决心停止。士兵骚扰百姓的事，严加禁止。那么我过去一腔爱民的诚心，弟弟可以为我表达一二了，我在江西，绅士们为我劝捐了八、九十万，没有能够为江西消灭敌军、安抚百姓。今年奔丧太快，若忽然不敢而别，弃置绅士们不加理睬，这是我很后悔的。如果奔丧迟走几天。与绅士们多商量，那才妥当，弟弟应当我弥补这个缺憾，凡与绅士书札往来，或者接见畅谈时，都说江西绅士对待兄长很宽厚，家兄愧疚很深这类的话。

这些人中，如刘仰素、甘子大两位，我尤其对他们有愧。刘仰素是我请他带水师，三年辛苦，战功很显著，他没有辜负我的知遇之恩，而我却没有有始有终和他共患难，甘子大是我请他掌管粮台，他委曲求全，任劳任怨，而我因奔丧急忙回家，没有为他料理前程。这两个人都是我愧对他们，弟弟要为我纠正这个缺憾，弥补这个不足。我在外面几年，吃亏受气，实在也不少，其他地方没有什么愧疚的，独独只愧对江西绅士，这是我近来经常反省一点。

弟弟这次在军营，环境很好，不可以再有牢骚，要心平气和，以便保养老天赐给自己的福气，嘱咐你了！承蒙你寄回银子二百两，收到了。今年冬天收外面的银子几百两，然而，家用还是不充裕，这使我明白过去我不寄钱回家，不孝的罪过，已是上通到天了。四家大小平安，我近来心情不太好，晚上睡不好，是因为心血积亏，水不养肝的缘故，春天自己会好好调理。（咸丰七年十二月十一日）

致九弟·宜以求才为在事

【原文】

沅甫九弟左右：

四月初五日得一等归，接弟信，得悉一切。回忆往事，时形交悔，想六弟必备述之。弟所劝譬之语，深中机要，素位而行一章，比亦常以自警。只以防分素亏，血不养肝，即一无所思，已觉心慌肠空，如极饿思食之状，再加以憧扰之思，益觉心无主宰，怔悸不安。

今年有得意之事两端：一则弟在吉安，声名极好，两省大府及各营员弁，江省绅民，交口称颂，不绝于吾之耳。各处寄弟书，及弟与各处禀牍信缄，俱翔实妥善，犁然有当，不绝于吾之目。一则家中所请邓葛，品学俱优，勤严并著，邓师终日端坐，有威可畏，文有极抵，又曲合时趋，讲节极明正义，而又易于听爱。葛师志趣方正，学规谨严，小儿等畏之如神明，此二者，皆余所深慰，虽愁闷之际，足以自宽解者也。

第声闻之美，可恃而不可恃，兄昔在京中，颇著清望，近在军营，亦获虚誉。善始者不必善终，行百里半九十里，誉望一损，远近滋疑。目下义名望正降，务宜力持不懈，有始有卒。治军之道，总以能战为第一义，倘围攻半岁，一旦被贼冲突，不克抵敌，或致小挫，则今望隳于一朝。故探骊之法，以善战为得珠，能爱民为第二义，能和谐上下官绅为三义。愿吾弟兢兢业业，日慎一日，到底不懈，则不特为兄补救前非，亦可为吾父增光泉壤矣。

精神愈用而愈出，不可因身体素弱，过于保昔，智慧愈苦而愈明，不可因境遇偶拂。遽尔摧阻。此次军务，如杨彰二李次青辈。皆系磨炼出来，即润翁乏长进；弟营趁此番识见，力求长进也。

求人自辅，时时不可忘此意。人才至难，往时在余幕府者，余亦平等相看，不甚钦敬。洎今思之，何可多得？弟当常以求才为急，其阘冗者，虽至亲密友，不宜久留，恐贤者不愿共事一方也。余自四月来，眼兴较好，近读杜佑通典，每日二卷，薄者三卷。惟目力极劣，余尚足支持。（咸丰八年四月初九日）

【译文】

沅甫九弟左右：

四月初五，得一回来，接到你的信，知道一切。兄长回忆过去，时刻悔恨交加，我想六弟一定都跟你说了。弟弟劝导我的话，深刻击中我的要害。“素位而行”一章，我眼下也常引以自己警惕自己。只是阴分素亏，血不养肝，便是一点事不想，还觉得心里慌，肠里空，好像非常饥饿的模样，再加上忧心忡忡，更觉得心里没有了主宰，悸燥不安得很。

今年有得意的事两件，一是弟弟在吉安，名声很好，两个省的官长和各营的将士，江西省的绅士，都很称赞，我经常听到。各处寄弟弟的信，弟弟给各处的书札信牍，都详细、实在、妥善、我经常看到。一是家里所请的邓、葛两位老师，品学兼优，又勤教又严管。邓老师整天端端正正坐堂，威仪可畏，文章有根底，而且又能够与时尚相结合，讲课很明正义，而又深入浅出；葛老师的志趣方正，教学规矩严谨，小孩们怕他如同怕神明一样。这两件事，都是我深欣慰的，虽说是愁闷不乐的时候，也足以自宽自解了。

只是声望虽然是令人陶醉的东西，可以依靠又不可以依靠。兄长过去在京城，也很有声望。近来在军队，也有些虚名。但开始好不一定始终好，走一百里路，走了九十里只能算走了一半，声望一旦下降，远近的人都产生怀疑。你目前名望正高，务必要坚持不懈，有始有终。治理军队的道理，能战争是第一要义。如果围攻半年，一旦被敌人冲突，不能取胜，或者受到小挫折，那么你的名声一个早晨的时间便下落了，所以说探验的方法，是以会战斗为得珠。能爱民为治军第二要义。希望弟弟兢兢业业，一天比一天谨慎，一直到底决不松懈，那不仅为我补救了从前的过失，也可以为我父增光于九泉之下。

精神这个东西越用越好用，不可以因为身体虚弱而过于爱惜；智慧这个东西越是苦越闪光，不可以因为偶然遇到挫折，便急忙自弃。这次军务，如杨、彭、二李、次青他们，都是磨炼出来的。就是润翁、罗翁、也大有进步，几乎是一日千里。只有我素来有抱负，这次却太没有进步了。弟弟的军队乘这次军务增长见识，力求进步。

求人自辅，时刻不可以忘证这一点，人才难得。过去在我的幕府中的人，我只是平等相待，不很钦佩，如今想起来，哪里可以多得这些人才啊！弟弟应当常常把访求人才为当务之急。军营中的庸碌多余的人，就算是至亲密友，也不宜久留，那样做恐怕真正的贤者不肯前来共事。我从四月以来，睡眠较好。近日读杜佑的《通典》，每天读两卷，薄的读三卷。只是眼力很差，其余还足以支持。（咸丰八年四月初九日）

致九弟·拟保举李次青

【原文】

沅甫九弟左右：

八月初一日，罗逢元专丁归，接得廿四日信，知弟病渐痊愈复原。自长沙开船后，四十一日不接弟手书，至是始一快慰。而弟信中所云："先一日曾专人送信来兄处者。"则至今尚未到，不知何以耽搁若是？余廿五日自江西开船，廿六日至瑞洪。廿八日就谢弁之便，寄信与弟。八月初二日至安仁，初四日至贵溪，王人瑞张凯章及萧浚川之弟萧启源，均在此相候。初六七可至湖口，沈幼丹李次青良觌不远矣。

闽省浦城之贼，于七月上旬中旬，出犯江西，围庆丰玉山两城。次青以一军分守两县，各力战五六日夜，逆贼大创，解围以去。现在广信地方，次青勋名大著，民望亦孚。浙抚晏公，于全浙肃清案内，保举次青以道员记名，遇有江西道员缺出，请旨简放。将来玉山守城内，余亦当优保之，苦尽回甘，次青今日得蔗境矣。

玉山之贼，窜至复兴婺源一带，将归并于皖南芜湖，余至湖口，拟留萧军守湖口，而自率张王朱吴国佐进剿围之。崇安贼势日乱，尚或易于得手。（咸丰八年八月初四日）

【译文】

沅甫九弟左右：

八月安一日，罗逢元派的专人回来，接到二十四日信，知道弟弟的病已渐好了，复原了，自从长沙开船以后，四十一天没有接到弟弟的信，到现在才感到快慰。而弟弟信中说：先一天曾经派专人送信。那么到现在也还没有到，不知道为什么耽搁这么久？我二十五日从江西开船，二十六日到瑞洪。二十八日，就谢通信兵的方便，寄信给你。八月初二到安仁，初四日到贵溪。王人瑞、张凯章及萧浚川的弟弟萧启源，都在这里等候。初六、七日可到湖口。与沈幼丹、李次清欢聚之日不远了。

福建浦城的敌人，在七月上旬侵犯江西，围攻庆丰、玉山两座城，李次青的军队分别防守两个县，各努力战斗了五六个日夜，敌人受到重创，解了两城的围。现在广信地方，李次青的勋名大大著名，民众里的名望也日高。浙江巡抚晏公，在全浙肃清的报告中，保举李次青以道员记名，遇到江西道员出缺，便请求圣旨简任他。将来玉山守城报告中，我也要优惠保举他，苦尽甜来，李次青现在才得以尝到甘蔗的甜味了。

玉山的敌人，窜到复兴，婺源一带，将归并于皖南芜湖。我到湖口，准备留下萧军守湖口，而自己亲率张王、朱品佐、吴国佐进攻包围。崇安敌人阵势越来越乱，或者还容易得手。（咸丰八年月初四日）

致九弟季弟·拟和陈射仙办大通厘金

【原文】

季沅弟左右；

出队以护百姓收获，甚好！与吉安散耕牛籽种，用意相似。吾辈不幸生当乱世，又不幸而带兵，日以杀人为事，可为寒心！惟时时存一爱民之念，庶几留心弟既掘长濠，切不可过濠打仗，胜则不能多杀贼，败则不能收队也。营中柴尚多否？煤已开出否？红单船下去后，吾拟扎陈舫仙办大通厘金，以便弟就近稽查，闻该处每月可二万余串也。魏柳南宜办厘乎？宜作吏乎？弟密告我。潘意卿何时可到？此间需才极急，浙事岌岌，请援之书如麻。次青今日到祁门，其部下十四五可到。季弟所言诸枉，聆悉，当一一错之，不姑息也。（咸丰十年八月初七日）

【译文】

沅弟、季弟左右：

带兵用以保护老百姓收割庄稼，很好！与吉安散发耕牛及种子的用意相同。我们不幸生于乱世，又不幸带兵打仗，每日以杀人为要事，实在寒心！

唯有每时每刻存在爱民的念头于心里。

弟弟既然挖壕沟，切不可以过壕沟打仗，打胜了不能多杀敌人，打败了不能收队。军营中的柴还多吗？煤已经开出了吗？红单船下去以后，我准备令陈舫仙办理大通厘金，以便弟弟就近稽查，听说他那里每月可以收两万多串。

魏柳南适合办理厘金？还是做行政长官？弟弟请秘密告诉我。潘意卿什么时候可以到？这里需要人才很急。浙省的事岌岌可危。请求援救的信多如麻。次青今日到祁门，他的部下十四、五日可到，季弟所说的种种问题。已知道了，我会一个一个处理，不会姑息。（咸丰十年八月初七日）

致九弟·述告办事好手不多

【原文】

沅弟左右；

接陈东友蔡东祥周惠堂禀，知雍家镇于十九日克夏。惜日内雨大，难以进兵，若跟踪继进，则裕溪口亦可得手矣。小泉赴粤，取其不开罪于人，内端方而外贺融。今闻幼丹有出省赴广信之行，小泉万不可赴粤矣。

丁雨生笔下条畅，少荃求之幕府相助，雨生不甚愿去，恐亦不能至弟处，碍难对少荃也。南坡才大之外，人皆乐为之用，惟年岁太大；且粤湘交涉事多，亦须留南翁在湘，通一切消息。拟派鹤汀前往，鹤与劳公素相得，待大江通行后，请南翁来此商办盐务，或更妥洽。

又接弟信，知巢县含山，于一日之内克夏，欣慰之至！米可以多解，子药各解三万，惟办事之手，实在木可多得，容觅得好手，请赴弟处。受山不乐在希帅处，即日当赴左帅大营，亦不便留也。（同治元年三月廿七日）

【译文】

沅弟左右：

接到陈东友、蔡东祥、周惠堂的禀合，知道雍家镇在十九日克复，可惜近日雨大，难以进兵，如果跟踪继续前进，那么裕溪口可得手了。小泉去广东，我取他不得罪人，人品端方而处事圆融。今天听说幼丹有出省去广信的说法，那小泉万万不可以去广东了。

丁雨生笔下条理清楚而通畅，少荃求他参与幕府帮忙，他不太愿意，恐怕也不能到弟弟那边，碍着面子不好向少荃交代。南坡才大，都乐意用他，只是年纪太大，而且广东，湖南交涉的事情多，也要留南翁在湖南，通一切消息，准备派鹤汀去，鹤汀素来和劳公要好，等大江通行以后，请南翁来这里商量办理盐务，或者更妥当。

又接到弟弟的信，知道巢县、含山，在一天之内克复，欣慰之至！米可以多解送些，子弹火药各解送三万，只是办事的人手，实在不可多得，允许我找到好手，派到弟弟那里，受山不乐意在希帅那里，即日将到左帅大营，也不便挽留。（同治元年三月二十七日）

致沅弟季弟·随时推荐出色的人

【原文】

沅季弟左右：

辅卿而外，又荐意卿柳南二人，甚好！柳南之笃慎，余深知之，惠卿亮亦不凡。余告筱辅观人之法，以有操守而无官气，多条理而少大言为主，又嘱其求润帅左郭及沅荐人，以后两弟如有所见，随时推荐，将其人长处短处，一一告知阿兄，或告筱荃，尤以司劳苦为办事之本。引用一班能耐劳苦之正人，日久自有大效。

季弟言出色之人，断非有心所能做得，此语确不可易。名位大小，万般由命不由人，特父兄之教家，将帅之训全，不能如此立言耳。季弟天分绝高，见道甚早，可喜可爱！然办理营中小事，教圳弁勇，仍宜以勤率做主，不宜以命字谕众。

润帅抚见陈奏，以释群疑之说，亦有函来余处矣。昨奉六月二十四日谕旨，实援两江总督，兼授钦差大臣，恩眷方渥，尽可不必陈明。所虑考，苏常淮扬，

无一支劲兵前往，位高非福，恐徒为物议之张本耳。余好出汗，似不宜过劳。（咸丰十年七月初八日）

【译文】

沅弟。季弟左右：

除了辅卿以外，又推荐意卿，柳南两位、很好！柳南的诚笃谨慎，我很了解。意卿看来也不同凡响。我告诉筱辅观察人的方法，主要是有爱憎分明操有原则而没有官气，办事有条件有理而不是口出狂言。又嘱咐他求润帅、左、郭以及沅弟荐人，以后两位弟弟如果有所发现，随时推荐，把推荐人的长处短处，一五一十告诉兄长，或者告诉筱荃，尤其是习惯于劳苦为办事的根本。引用一班能吃苦耐劳的正人君子，日子久了自然可以看见大的效应。

季弟说出色的人，绝不是有心做得出来的，这话是至理不可更改。名位的大小，万般都是由于天命不由人定的，只是父兄的教育家庭，将帅的训导士兵，不能这么说罢了。季弟天分很高，见道很早，可喜可爱！然而办理军营中小事，教训士兵，仍然以劝导为主，不适宜以命令口吻来训谕大家。

润帅几次陈奏，以释大家疑团的说法，也有信到我这里。昨天奉到六月二十四日的谕旨，实授两江总督。兼授钦差大臣，皇上的恩典如此隆重，如此受到信任，尽可以不必陈明。所忧虑，苏、常、淮、扬，没有一支强有力的部队去。我喜欢出汗，弟弟也喜欢出汗，似乎不适宜过分劳累。（咸丰十年七月初八日）

致九弟季弟·述杨光宗不驯

【原文】

沅季弟左右：

接专丁来信，下游之贼，渐渐蠢动，九月当有大仗开。此贼惯技，好于营盘远远包围。断我粮道。弟处有水师接济，或可无碍，不知多李二营何如？

有米有柴，可济十日半月否？贼虽多，善战者究不甚多，礼希或可御之田以饭子孙耳。

杨镇南子哨官杨光宗，头发模而盘，吾早虑其不驯。杨镇南不善看人，又不善断事，弟若看有不妥洽之意，即饬令仍回兄处，另拨一营与弟换可耳。

吾于初十日至历口，十一日拟行六十里，赶到祁门县。十二日先太夫人忌辰，不欲纷纷迎接应酬也。宁国府一军，紧急之至，吾不能拨兵往援，而拟少济之饷，亦地主之道耳。（咸丰十年六月初十日）

【译文】

沅弟、季弟左右：

接到专人送来的信，下游的敌人，慢慢又在蠢蠢欲动，九月份会有大仗打。这是敌人的惯技，喜欢在营盘远远包围。切断我军粮道。弟弟那里有水师接济，或者可以没有妨碍，不知多、李两营如何？有米有柴可以对付十天半月不？敌人虽多，会打仗的毕竟不太多，礼希或者可以抵御。

杨镇南的哨官杨光完，头发又横又盘，我早就料到他不驯服。杨镇南不会看人，又不会决断，弟弟如果看到有什么不妥当的地方，马上叫他仍旧回到我这里，我另外拨一个营给弟弟交换。

我在初十日到历口，十一日准备走六十里，赶到祁门县。十二日，先太夫人忌辰，不想纷纷迎接应酬。宁国府一军，非常紧急，我不能调兵去救援，准备稍微接济他一点军切，也是尽地主之谊吧。（咸丰十年六月初十日）

致沅弟季弟·嘱文辅卿二语

【原文】

季沅弟左右：

探报阅悉，此路并无步拨，即由东流建德驿夫送祁；建德令已死，代理者新到，故文递迟延。弟以后要事，项专勇送来，三日可到，或逢三八专人来一次，每月六次。其不要紧者，仍由驿发来，则兄弟之消息常通矣。

文辅卿办理厘金甚好，现在江西厘务，经手者皆不免官气太重。此外则不知谁何之人？如辅卿者，能多得几人，则厘务必有起色。吾批二李详文云："须冗员少而能事者多，入款多而坐支者少。"又批云："力除官气，严裁浮费。"弟须嘱辅卿二语，无官气，有条理，守此行之，虽至封疆不可改也。有似辅卿其人者，弟多荐几人更好。甲三起行时，温弟妇甚好，此后来之变态也。（咸丰十年六月廿八日）

【译文】

沅弟、季弟左右：

探报已看过了。这一路没有送信的人，马上由东流、建德驿站的驿夫送祁门。建德县令已死了，代理的人新来，所以文件专递迟延了，弟弟以后有要事，要派专门的人送来，三天可以到，或者逢三八派来一次，一个月六次。其中不要紧的文书，仍然由驿站发来，那么我们兄弟之间便常消息了。

文辅卿办理厘金很好。现在江西厘务，经手的人都不免官气太重了。除此以外不知还有何人？像辅卿这样的人，能够多几个，那厘务一定有起色，我批的关于二李的申详文字中说："要多余的官员减少，能干的官员增多；要收入的钱多，坐着支取钱款的人少。"又说："要努力戒除官气，严格裁削不应开支的费用。"弟弟要嘱咐辅卿两句：没有官气，却有条理。遵这条执行，虽然当了封疆大吏也不能改变。如有类似辅卿这样的人才，弟弟多推荐几个更好。甲三起程时，温弟媳妇很好，这是后来的变态了。（咸丰十年六月二十八日）

十八家诗钞第一卷至第二十一卷

卷　一

曹子建五古诗词

箜篌引

置酒高殿上，亲友从我游。
中厨办丰膳，烹羊宰肥牛。
筝何慷慨，齐瑟和且柔。
阳阿奏奇舞，京洛出名讴。
乐饮过三爵，缓带倾庶羞。
主称千金寿，宾奉万年酬。
久要不可忘，薄终义所尤。
谦谦君子德，磬折欲何求。
惊风飘白日，光景驰西流。
盛时不可再，百年忽我遒。
生存华屋处，零落归山丘。
先民谁不死，知命复何忧。

薤露行

天地无穷极，阴阳转相因。
人居一世间，忽若风吹尘。
愿得展功勤，输力于明君。
怀此王佐才，慷慨独不群。
鳞介尊神龙，走兽宗麒麟。
虫兽犹知德，何况于士人。

孔氏删诗书，王业粲已分。
骋我径寸翰，流藻垂华芬。

惟汉行

太极定二仪，清浊始以形。
三光炤八极，天道甚著明。
为人立君长，欲以遂其生。
行仁章以瑞，变故诫骄盈。
神高而听卑，报若响应声。
明主敬细微，三季瞢天经。
二皇称至化，盛哉唐虞廷。
禹汤继厥德，周亦致太平。
在昔怀帝京，日昃不敢宁。
济济在公朝，万载驰其名。

豫章行二首

穷达难豫图，祸福信亦然
虞舜不逢尧，耕耘处中田。
太公未遭文，渔钓终渭川。
不见鲁孔丘，穷困陈蔡间。
周公下白屋，天下称其贤。
鸳鸯自朋亲，不若比翼连。
他人虽同盟，骨肉天性然。
周公穆康叔，管蔡则流言。
子臧让千乘，季札慕其贤。

蒲生行浮萍篇

浮萍寄清水，随风东西流。
结发辞严亲，来为君子仇。

恪勤在朝夕，无端获罪尤。
在昔蒙恩惠，和乐如瑟琴。
何意今摧颓，旷若商与参。
茱萸自有芳，不若桂与兰。
新人虽可爱，无若故所欢。
行云有反期，君恩傥中还。
慊慊仰天叹，愁心将何愬。
日月不恒处，人生忽若寓。
悲风来入怀，泪下如垂露。
发箧造裳衣，裁缝纨与素。

野田黄雀行

高树多悲风，海水扬其波。
利剑不在掌，结友何须多。
不见篱间雀，见鹞自投罗。
罗家得雀喜，少年见雀悲。
拔剑捎罗网，黄雀得飞飞。
飞飞摩苍天，来下谢少年。

门有万里客

门有万里客，问君何乡人。
褰裳起从之，果得心所亲。
挽裳对我泣，太息前自陈。
本是朔方士，今为吴越民。
行行将复行，去去适西秦。

泰山梁甫行

八方各异气，千里殊风雨。
剧哉边海民，寄身于草野。

妻子象禽兽，行止依林阻。
柴门何萧条，狐兔翔我宇。

怨歌行

为君既不易，为臣良独难。
忠信事不显，乃有见疑患。
周公佐成王，金胜功不刊。
推心辅王室，二叔反流言。
待罪居东国，泣涕常流连。
皇灵大动变，震雷风且寒。
拔树偃秋稼，天威不可干。
素服开金胜，感悟求其端。
公旦事既显，成王乃哀叹。
吾欲竟此曲，此曲悲且长。
今日乐相乐，别后莫相忘。

当欲游南山行

东海广且深，由卑下百川。
五岳虽高大，不逆垢与尘。
良木不十围，洪条无所因。
长者能博爱，天下寄其身。
大匠无弃材，船车用不均。
锥刀各异能，何所独却前。
嘉善而矜愚，大圣亦同然。
仁者各寿考，四坐咸万年。

白马篇

白马饰金羁，连翩西北驰。
借问谁家子，幽并游侠儿。

少小去乡邑，扬声沙漠垂。
宿昔秉良弓，楛矢何参差。
按弦破左的，右发摧月支。
仰手接飞猱，俯身散马蹄。
狡捷过猴猿，勇剽若豹螭。
边城多警急，胡虏数迁移。
羽檄从北来，厉马登高堤。
长驱蹈匈奴，左顾陵鲜卑。
弃身锋刃端，性命安可怀。
父母且不顾，何言子与妻。
名编壮士籍，不得中顾私。
捐躯赴国难，视死忽如归。

远游篇

远游临四海，俯仰观洪波。
大鱼若曲陵，承浪相经过。
灵鳌戴方丈，神岳俨嵯峨。
仙人翔其隅，玉女戏其阿。
琼蕊可疗饥，仰首吸朝霞。
昆仑本吾宅，中州非我家。
将归谒东父，一举超流沙。
鼓翼舞时风，长啸激清歌。
金石固易敝，日月同光华。
齐年与天地，万乘安足多。

种葛篇

种葛南山下，葛藟自成荫。
与君初婚时，结发恩义深。
欢爱在枕席，夙昔同衣衾。
窃慕棠棣篇，好乐和瑟琴。

行年将晚暮，佳人怀异心。
恩纪旷不接，我情遂抑沉。
出门当何顾，徘徊步北林。
下有交颈兽，仰见双栖禽。
攀枝长叹息，泪下沾罗襟。
良马知我悲，延颈代我吟。
昔为同池鱼，今为商与参。
往古皆欢遇，我独困于今。
弃置委天命，悠悠安可任。

弃妇篇

石榴植前庭，绿叶摇缥青。
丹华灼烈烈，璀彩有光荣。
光荣晔流离，可以处淑灵。
有鸟飞来集，拊翼以悲鸣。
悲鸣夫何为，丹华实不成。
拊心长叹息，无子当归宁。
有子月经天，无子若流星。
天月相终始，流星没无精。
栖迟失所宜，下与瓦石并。
忧怀从中来，叹息通鸡鸣。
反侧不能寐，逍遥于前庭。
踟蹰还入房，肃肃帷幕声。
搴帷更摄带，抚弦调鸣筝。
慷慨有余音，要妙悲且清。
收泪长叹息，何以负神灵。
招摇待霜露。何必春夏成。
晚获为良实，愿君且安宁。

赠徐干

惊风飘白日，忽然归西山。
圆景光未满，众星灿以繁。
志士荣世业，小人亦不闲。
聊且夜行游，游彼双阙间。
文昌郁云兴，迎风高中天。
春鸠鸣飞栋，流猋激棂轩。
顾念蓬室士，贫贱诚足怜。
薇藿弗充虚，皮褐犹不全。
慷慨有悲心，兴文自成篇。
宝弃怨何人，和氏有其愆。
弹冠俟知己，知己谁不然。
良田无晚岁，膏泽多丰年。
亮怀璠玙美，积久德逾宣。
亲交义在敦，申章复何言。

赠丁仪

初秋凉气发，庭树微销落。
凝霜依玉除，清风飘飞阁。
朝云不归山，霖雨成川泽。
黍稷委畴陇，农夫安所获。
在贵多忘贱，为恩谁能博。
狐白足御冬，焉念无衣客。
思慕延陵子，宝剑非所惜。
子其宁尔心，亲交义不薄。

赠王粲

端坐苦愁思，揽衣起西游。
树木发春华，清池激长流。

中有孤鸳鸯，哀鸣求匹俦。
我愿执此鸟，惜哉无轻舟。
欲归忘故道，顾望但怀愁。
悲风鸣我侧，羲和逝不留。
重阴润万物，何惧泽不周。
谁令君多念，自使怀百忧。

又赠丁仪王粲

从军度函谷，驱马过西京。
山岑高无极，泾渭扬浊清。
壮哉帝王居，佳丽殊百城。
员阙出浮云，承露概泰清。
皇佐扬天惠，四海无交兵。
权家虽爱胜，全国为令名。
君子在末位，不能歌德声。
丁生怨在朝，王子欢自营。
欢怨非贞则，中和诚可经。

赠丁翼

嘉宾填城阙，丰膳出中厨。
吾与二三子，曲宴此城隅。
秦筝发西气，齐瑟扬东讴。
肴来不虚归，觞至反无余。
我岂狎异人，朋友与我俱。
大国多良材，譬海出明珠。
君子义休偫，小人德无储。
积善有余庆，荣枯立可须。
滔荡固大节，时俗多所拘。
君子通大道，无愿为世儒。

送应氏诗二首

步登北邙阪，遥望洛阳山。
洛阳何寂寞，宫室尽烧焚。
垣墙皆顿擗，荆棘上参天。
不见旧耆老，但睹新少年。
侧足无行径，荒畴不复田。
游子久不归，不识陌与阡。
中野何萧条，千里无人烟。
念我平常居，气结不能言。

清时难屡得，嘉会不可常。
天地无终极，人命若朝霜。
愿得展燕婉，我友之朔方。
亲昵并集送，置酒此河阳。
中馈岂独薄，宾饮不尽觞。
爱至望苦深，岂不愧中肠。
山川阻且远，别促会日长。
愿为比翼鸟，施翮起高翔。

三良诗

功名不可为，忠义我所安。
秦穆先下世，三臣皆自残。
生时等荣乐，既没同忧患。
谁言捐躯易，杀身诚独难。
揽涕登君墓，临穴仰天叹。
长夜何冥冥，一往不复还。
黄鸟为悲鸣，哀哉伤肺肝。

游仙诗

人生不满百，戚戚少欢娱。
意欲奋六翮，排雾凌紫虚。
蝉蜕同松乔，翻迹登鼎湖。
翱翔九天上，骋辔远行游。
东观扶桑曜，西临弱水流。
北极玄天渚，南翔陟丹丘。

闺情

揽衣出中闺，逍遥步两楹。
闲房何寂寞，绿草被阶庭。
空室自生风，百鸟翩南征。
春思安可忘，忧戚与我并。
佳人在远道，妾身单且茕。
欢会难再遇，芝兰不重荣。
人皆弃旧爱，君岂若平生。
寄松为女萝，依水如浮萍。
赍身奉衿带，朝夕不堕倾。
傥终顾盼恩，永副我中情。

七哀诗

明月照高楼，流光正徘徊。
上有愁思妇，悲叹有余哀。
借问叹者谁，言是荡子妻。
君行逾十年，孤妾常独栖。
君若清路尘，妾若浊水泥。
各异势，会合何时谐。
愿为西南风，长逝入君怀。
君怀良不开，贱妾当何依。

情诗

微荫翳阳景，清风飘我衣。
游鱼潜绿水，翔鸟薄天飞。
渺渺客行士，遥役不得归。
始出严霜结，今来白露晞。
游子叹黍离，处者歌式微。
慷慨对嘉宾，凄怆内伤悲。

喜雨诗

天覆何弥广，苞育此群生。
弃之必憔悴，惠之则滋荣。
庆云从北来，郁述西南征。
时雨中夜降，长雷周我庭。
嘉种盈膏壤，登秋必有成。

七步诗

煮豆持作羹，漉豉以为汁。
其向釜中然，豆在釜中泣。
本是同根生，相煎何太急。

失题

双鹤俱遨游，相失东海旁。
雄飞窜北朔，雌惊赴南湘。
弃我交颈欢，离别各异方。
不惜万里道，但恐天网张。

卷　二

阮嗣宗五古诗词

咏怀古诗

夜中不能寐，起坐弹鸣琴。
薄帷鉴明月，清风吹我衿。
孤鸿号外野，翔鸟鸣北林。
徘徊将何见，忧思独伤心。

二妃游江滨，逍遥顺风翔。
交甫怀环佩，婉娈有芬芳。
猗靡情欢爱，千载不相忘。
倾城迷下蔡，容好结中肠。
感激生忧思，萱草树兰房。
膏沐为谁施，其雨怨朝阳。
如何金石交，一旦更离伤。

嘉树下成蹊，东园桃与李。
秋风吹飞藿，零落从此始。
繁华有憔悴，堂上生荆杞。
驱马舍之去，去上西山趾。
一身不自保，何况恋妻子。
凝霜被野草，岁暮亦云已。

天马出西北，由来从东道。
春秋非有托，富贵焉常保。

清露被皋兰，凝霜沾野草。
朝为媚少年，夕暮成丑老。
自非王子晋，谁能常美好。

平生少年时，轻薄好弦歌。
西游咸阳中，赵李相经过。
娱乐未终极，白日忽蹉跎。
驱马复来归，反顾望三河。
黄金百镒尽，资用常苦多。
北临太行道，失路将如何。

昔闻东陵瓜，近在青门外。
连畛距阡陌，子母相钩带。
五色曜朝日，嘉宾四面会。
膏火自煎熬，多财为患害。
布衣可终身，宠禄岂足赖。

炎暑惟兹夏，三旬将欲移。
芳树垂绿叶，青云自逶迤。
四时更代谢，日月递参差。
徘徊空堂上，忉怛莫我知。
愿睹卒欢好，不见悲别离。

湛湛长江水，上有枫树林。
皋兰被径路，青骊逝骎骎。
远望令人悲，春气感我心。
三楚多秀士，朝云进荒淫。
朱华振芬芳，高蔡相追寻。
一为黄雀哀，泪下谁能禁。

昔日繁华子，安陵与龙阳。
夭夭桃李花，灼灼有辉光。

悦怿若九春，磬折似秋霜。
流眄发姿媚，言笑吐芬芳。
携手等欢爱，宿夕同衣裳。
愿为双飞鸟，比翼共翱翔。
丹青著明誓，永世不相忘。

登高临四野，北望青山阿。
松柏翳冈岑，飞鸟鸣相过。
感慨怀辛酸，怨毒常苦多。
李公悲东门，苏子狭三河。
求仁自得仁，岂复叹咨嗟。

开秋兆凉气，蟋蟀鸣床帷。
感物怀殷忧，悄悄令心悲。
多言焉所告，繁辞将诉谁。
微风吹罗袂，明月耀清晖。
晨鸡鸣高树，命驾起旋归。

昔年十四五，志尚好书诗。
被褐怀珠玉，颜闵相与期。
开轩临四野，登高望所思。
丘墓蔽山冈，万代同一时。
千秋万岁后，荣名安所之。
乃悟羡门子，口敫口敫令自嗤。

徘徊蓬池上，还顾望大梁。
绿水扬洪波，旷野莽茫茫。
走兽交横驰，飞鸟相随翔。
是时鹑火中，日月正相望。
朔风厉严寒，阴气下微霜。
羁旅无俦匹，俯仰怀哀伤。
小人计其功，君子道其常。

岂惜终憔悴，咏言著斯章。

独坐空堂上，谁可与欢者。
出门临永路，不见行车马。
登高望九州，悠悠分旷野。
孤鸟西北飞，离兽东南下。
日暮思亲友，晤言用自写。

悬车在西南，羲和将欲倾。
流光耀四海，忽忽至夕冥。
朝为咸池晖，濛汜受其荣。
岂知穷达士，一死不再生。
视彼桃李花，谁能久荧荧。
君子在何许，旷世未合并。
瞻仰景山松，可以慰吾情。

西方有佳人，皎若白日光。
被服纤罗衣，左右佩双璜。
修容耀姿美，顺风振微芳。
登高眺所思，举袂当朝阳。
寄颜云霄间，挥袖凌虚翔。
飘□恍惚中，流眄顾我旁。

于心怀寸阴，羲阳将欲冥。
挥袂抚长剑，仰观浮云征。
云间有玄鹤，抗志扬哀声。
一飞冲青天，旷世不再鸣。
岂与鹑鴳鸟游，连翩戏中庭。

夏后乘灵舆，夸父为邓林。
存亡从变化，日月有浮沉。
凤凰鸣参差，伶伦发其音。

王子好箫管，世世相追寻。
谁言不可见，青鸟明我心。

东南有射山，汾水出其阳。
六龙服气舆，云盖切天纲。
仙者四五人，逍遥晏兰房。
寝息一纯和，呼吸成露霜。
沐浴丹渊中，炤耀日月光。
岂安通灵台，游瀁去高翔。

殷忧令志结，怵惕常若惊。
逍遥未终晏，朱阳忽西倾。
蟋蟀在户牖，蟪蛄号中庭。
心肠未相好，谁云谅我情。
愿为云间鸟，千里一哀鸣。
三芝延瀛洲，远游可长生。

拔剑临白刃，安能相中伤。
但畏工言子，称我三江旁。
飞泉流玉山，悬车栖扶桑。
日月径千里，素风发微霜。
势路有穷达，咨嗟安可长。

朝登洪坡颠，日夕望西山。
荆棘被原野，群鸟飞翩翩。
鸾鷖时栖宿，性命有自然。
建木谁能近，射干复婵娟。
不见林中葛，延蔓相勾连。

周郑天下交，街术当三河。
妖冶闲都子，焕耀何芬葩。
玄发发朱颜，睇眄有光华。

倾城思一顾，遗视来相夸。
愿为三春游，朝阳忽蹉跎。
盛衰在须臾，离别将如何。

若花耀西海，扶桑翳瀛洲。
日月经天涂，明暗不相雠。
穷达自有常，得失又何求。
岂效路上童，携手共遨游。
阴阳有变化，谁云沉不浮。
朱鳖跃飞泉，夜飞过吴洲。
俯仰运天地，再抚四海流。
系累名利场，驽骏同一车舟。
岂若遗耳目，升遐去殷忧。

昔余游大梁，登于黄华巅。
共工宅玄冥，高台造青天。
幽荒邈悠悠，凄怆怀所怜。
所怜者谁子，明察自照妍。
应龙沉冀州，妖女不得眠。
肆侈凌世俗，岂云永厥年。

驱马出门去，意欲远征行。
征行安所如，背弃夸与名。
夸名不在己，但愿适中情。
单帷蔽皎日，高榭隔微声。
谗邪使交疏，浮云令昼冥。
燕婉同衣裳，一顾倾人城。
从容在一时，繁华不再荣。
晨朝奄复暮，不见所欢形。
黄鸟东南飞，寄言谢友生。

驾言发魏都，南向望吹台。
箫管有遗音，梁王安在哉。
战士食糟糠，贤者处蒿莱。
歌舞曲未终，秦兵已复来。
夹林非吾有，朱宫生尘埃。
军败华阳下，身竟为土灰。

朝阳不再盛，白日忽西幽。
去此若俯仰，如何似九秋。
人生若尘露，天道邈悠悠。
齐景升丘山，涕泗纷交流。
孔圣临长川，惜逝忽若浮。
去者余不及，来者吾不留。
愿登太华山，上与松子游。
渔父知世患，乘流泛轻舟。

一日复一夕，一夕复一朝。
颜色改平常，精神自损消。
胸中怀汤火，变化故相招。
万事无穷极，知谋苦不饶。
但恐须臾间，魂气随风飘。
终身履薄冰，谁知我心焦。

一日复一朝，一昏复一晨。
容色改平常，精神自飘沦。
临觞多哀楚，思我故时人。
对酒不能言，凄怆怀酸辛。
愿耕东皋阳，谁与守其真。
愁苦在一时，高行伤微身。
曲直何所为，龙蛇为我邻。

世务何缤纷，人道苦不遑。
壮年以时逝，朝露待太阳。
愿揽羲和辔，白日不移光。
天阶路殊绝，云汉邈无梁。
濯发旸谷滨，远游昆岳旁。
登彼列仙岨，采此秋兰芳。
时路乌足争，太极可翱翔。

嘉时在今辰，零雨洒尘埃。
临路望所思，日夕复不来。
人情有感慨，荡漾焉能排。
挥涕怀哀伤，辛酸谁语哉。

炎光延万里，洪川荡湍濑。
弯弓挂扶桑，长剑倚天外。
泰山成砥砺，黄河为裳带。
视彼庄周子，荣枯何足赖。
捐身弃中野，乌鸢作患害。
岂若雄杰士，功名从此大。

壮士何慷慨，志欲威八荒。
驱车远行役，受命念自忘。
良弓挟乌号，明甲有精光。
临难不顾生，身死魂飞扬。
岂为全躯士，效命争战场。
忠为百世荣，义使令名彰。
垂声谢后世，气节故有常。

王业须良辅，建功俟英雄。
元凯康哉美，多士颂声隆。
阴阳有舛错，日月不常融。
天时有否泰，人事多盈冲。

园绮遁南岳，伯阳隐西戎。
保身念道真，宠耀焉足崇。
人谁不善始，鲜能克厥终。
休哉上世士，万载垂清风。

鸿鹄相随飞，飞飞适荒裔。
双翮临长风，须臾万里逝
朝餐琅玕实，夕宿丹山际。
抗身青云中，网罗孰能制。
岂与乡曲士，携手共言誓。

俦物终始殊，修短各异方。
琅玕生高山，芝英曜朱堂。
荧荧桃李花，成蹊将夭伤。
焉敢希千术，三春表微光。
自非凌风树，憔悴乌有常。

幽兰不可佩，朱草为谁荣。
修竹隐山阴，射干临增城。
葛藟延幽谷，绵绵瓜瓞生。
乐极消灵神，哀深伤人情。
竟如忧无益，岂若归太清。

生命辰安在，忧戚涕沾襟。
高鸟翔山冈，燕雀栖下林。
青云蔽前庭，素琴凄我心。
崇山有鸣鹤，岂可相追寻。

鸣鸠嬉庭树，焦明游浮云。
焉见孤翔鸟，翩翩无匹群。
死生自然理，消散何缤纷。

步游三衢旁，惆怅念所思。
岂为今朝见，恍惚诚有之。
泽中生乔松，万世未可期。
高鸟摩天飞，凌云共游嬉。
岂有孤行士，垂涕悲故时。

清露为凝霜，华草成蒿莱。
谁云君子贤，明达安可能。
乘云招松乔，呼噏永矣哉。

丹心失恩泽，重德丧所宜。
善言焉可长，慈惠未易施。
不见南飞燕，羽翼正差池。
高子怨新诗，三闾悼乖离。
何为混沌氏，倏忽体貌隳。

十日出旸谷，弭节驰万里。
经天耀四海，倏忽潜濛汜。
谁言焱炎久，游没可行俟。
逝者岂长生，亦去荆与杞。
千载犹崇朝，一餐聊自己。
是非得失间，焉足相讥理。
计利知术穷，哀情遽能止。

自然有成理，生死道无常。
智巧万端出，大要不易方。
如何夸毘子，作色怀骄肠。
乘轩驱良马，凭几向膏粱。
被服纤罗衣，深榭设闲房。
不见日夕华，翩翩飞路旁。

夸谈快愤懑，情慵发烦心。
西北登不周，东南望邓林。
旷野弥九州，崇山抗高岑。
一餐度万世，千岁再浮沉。
谁云玉石同，泪下不可禁。

人言愿延年，延年欲焉之。
黄鹄呼子安，千秋未可期。
独坐山岩中，恻怆怀所思。
王子亦何好，猗靡相携持。
悦怿犹今辰，计校在一时。
置此明朝事，日夕将见欺。

贵贱在天命，穷达自有时。
婉娈邪佞子，随利来相欺。
孤恩损惠施，但为谗夫嗤。
鹡鸰鸣云中，载飞靡所期。
焉知倾侧士，一旦不可持。

惊风振四野，回云荫堂隅。
床帷为谁设，几杖为谁扶。
虽非明君子，岂暗桑与榆。
世有此聋目贵，芒芒将焉如。
翩翩从风飞，悠悠去故居。
离麾玉山下，遗弃毁与誉。

危冠切浮云，长剑出天外。
细故何足虑，高度跨一世。
非子为我御，逍遥游荒裔。
顾谢西王母，吾将从此逝。
岂与蓬户士，弹琴诵言誓。

河上有丈人，纬萧弃明珠。
甘彼藜藿食，乐是蓬蒿庐。
岂效缤纷子，良马骋龙舆。
朝生衢路傍，夕瘗横术隅。
欢笑不终宴，俯仰复欷歔。
鉴兹二三者，愤懑从此舒。

儒者通六艺，立志不可干。
违礼不为动，非法不肯言。
渴饮清泉流，饥食天一箪。
岁时无以祀，衣服常苦寒。
屣履咏南风，缊袍笑华轩。
信道守诗书，义不受一餐。
烈烈褒贬辞，老氏用长叹。

少年学击刺，妙伎过曲城。
英风捷云霓，超世发奇声。
挥剑临沙漠，饮马九野垧。
旗帜何翩翩，但闻金鼓鸣。
军旅令人悲，烈烈有哀情。
念我平常时，悔恨从此生。

平昼整衣冠，思见客与宾。
宾客者谁子，倏忽若飞尘。
裳衣佩云气，言语究灵神。
须臾相背弃，何时见斯人。

多虑令志散，寂寞使心忧。
翱翔观陂泽，抚剑登轻舟。
但愿长闲暇，后岁复来游。
朝出上东门，遥望首阳基。
松柏郁森沉，鹂黄相与嬉。

逍遥九曲间，徘徊欲何之。
念我平居时，郁然思妖姬。

塞门不可出，海水焉可浮。
朱明不相见，奄昧独无侯。
持瓜思东陵，黄雀诚独羞。
失势在须臾，带剑上吾丘。
悼彼桑林子，涕下自交流。
假乘汧渭间，鞍马去行游。

洪生资制度，被服正有常。
尊卑设次序，事物齐纪纲。
容饰整颜色，磬折执圭璋。
堂上置玄酒，室中盛稻粱。
外厉贞素谈，户内灭芬芳。
放口从衷出，复说道义方。
委曲周旋仪，姿态愁我肠。

北临乾昧溪，西行游少任。
遥顾望天津，骀荡乐我心。
绮靡存亡门，一游不再寻。
倘遇晨风鸟，飞驾出南林。
漭□瑶光中，忽忽肆荒淫。
休息宴清都，超世又谁禁。

人知结交易，交友诚独难。
险路多疑惑，明珠未可干。
彼求飨太牢，我欲并一餐。
损益在怨毒，咄咄复何言。

有悲则有情，无悲亦无思。
苟非婴网罟，何必万里畿。

翔风拂重霄，庆云招所晞。
灰心寄枯宅，曷顾人间姿。
始得忘我难，焉知嘿自遗。

木槿荣丘墓，煌煌有光色。
白日颓林中，翩翩零路侧。
蟋蟀吟户牖，蟪蛄鸣荆棘。
蜉蝣玩三朝，采采修羽翼。
衣裳为谁施，俯仰自收拭。
生命几何时，慷慨各努力。

修涂驰轩车，长川载轻舟。
性命岂自然，势路有所由。
高名令志惑，重利使心忧。
亲昵怀反侧，骨肉还相雠。
更希毁珠玉，可用登遨游。

横术有奇士，黄骏服其箱。
朝起瀛洲野，日夕宿明光。
再抚四海外，羽翼自飞扬。
去置世上事，岂足愁我肠。
一去长离绝，千岁复相望。

猗欤上世士，恬淡志安贫。
季叶道陵迟，驰骛纷垢尘。
宁子岂不类，扬歌谁肯殉。
栖栖非我偶，皇皇非己伦。
咄嗟荣辱事，去来味道真。
道真信可娱，清洁存精神。
巢由抗高节，从此适河滨。

梁东有芳草，一朝再三荣。
色容艳姿美，光华耀倾城。
岂为明哲士，妖蛊谄媚生。
轻薄在一时，安知百世名。
路端便娟子，但恐日月倾。
焉见冥灵木，悠悠竟无形。

秋驾安可学，东野穷路旁。
纶深鱼渊潜，矢曾设鸟高翔。
泛泛乘轻舟，演漾靡所望。
吹嘘谁以益，江湖相捐忘。
都冶难为颜，修容是我常。
兹年在松乔，恍惚诚未央。

昔有神仙士，乃处射山阿。
乘云御飞龙，嘘噏叽琼华。
可闻不可见，慷慨叹咨嗟。
自伤非畴类，愁苦来相加。
下学而上达，忽忽将如何。

林中有奇鸟，自言是凤凰。
清朝饮醴泉，日夕栖山冈。
高鸣彻九州，延颈望八荒。
适逢商风起，羽翼自摧藏。
一去昆仑西，何时复回翔。
但恨处非立，怆恨使心伤。

昔有神仙者，羡门及松乔。
噏习九阳间，升近叽云霄。
人生乐长久，百世自言辽。
白日陨隅谷，一夕不再朝。
岂若遗世物，登明遂飘□。

墓前荧荧者，木槿耀朱华。
荣好未终朝，车飙陨其葩。
岂若西山草，琅玕与丹禾。
垂影临增城，余光照九阿。
宁微少年子，日夕难咨嗟。

卷　三

陶渊明五古诗词

形影神三首并序

贵贱贤愚，莫不营营以惜生，斯甚惑焉。故极陈形影之苦，言神辨自然以释之。好事君子，其取其心焉 。

形赠影

天地长不没，山川无改时。
草木得常理，霜露荣悴之。
谓人最灵智，独复不如兹。
适见在世中，奄去靡归期。
奚觉无一人，亲识岂相思。
但余平生物，举目情凄洏。
我无腾化术，必尔不复疑。
愿君取吾言，得酒莫苟辞。

影答形

存生不可言，卫生每苦拙。
诚愿游昆华，邈然兹道绝。
与子相遇来，未尝异悲悦。
憩荫若暂乖，止日终不别。
此同既难常，黯尔俱时灭。
身没名亦尽，念之五情热。
立善有遗爱，胡为不自竭。
酒云能消忧，方此讵不劣。

神释

大钧无私力，万理自森著。
人为三才中，岂不以我故。
与君虽异物，生而相依附。
结托善恶同，安得不相语。
三皇大圣人，今复在何处。
彭祖爱永年，欲留不得住。
老少同一死，贤愚无复数。
日醉或能忘，将非促龄具。
立善常所欣，谁当为汝誉。
甚念伤吾生，正宜委运去。
纵浪大化中，不喜亦不惧。
应尽便须尽，无复独多虑。

九日闲居并序

世短意常多，斯人乐久生。
日月依辰至，举俗爱其名。
凄暄风息，气彻天象明。
往燕无遗影，来雁有余声。

酒能祛百虑，菊解制颓龄。
如何蓬庐士，空视时运倾。
尘爵耻虚罍，寒华徒自荣。
襟独闲谣，缅焉起深情。
栖迟固多娱，淹留岂无成。

归园田居五首

少无适俗韵，性本爱丘山。
误落尘网中，一去三十年。
羁鸟恋旧林，池鱼思故渊。
开荒南野际，守拙归园田。
方宅十余亩，草屋八九间。
榆柳荫后檐，桃李罗堂前。
暧暧远人村，依依墟里烟。
狗吠深巷中，鸡鸣桑树巅。
户庭无尘杂，虚室有余闲。
久在樊笼里，复得返自然。

野外罕人事，穷巷寡轮鞅。
白日掩荆扉，虚室绝尘想。
时复墟曲中，披草共来往。
相见无杂言，但道桑麻长。
桑麻日已长，我土日已广。
常恐霜霰至，零落同草莽。

种豆南山下，草盛豆苗稀。
晨兴理荒秽，戴月荷锄归。
道狭草木长，夕露沾我衣。
衣沾不足惜，但使愿无违。

久去山泽游，浪莽林野娱。
试携子侄辈，披榛步荒墟。
徘徊丘垅间，依依昔人居。
井灶有遗处，桑竹残朽株。
借问采薪者，此人皆焉如。
薪者向我言，死没无复余。
一世异朝市，此语真不虚。
人生似幻化，终当归空无。

怅恨独策还，崎岖历榛曲。
山涧清且浅，可以濯吾足。
漉我新熟酒，只鸡招近属。
日入空中暗，荆薪代明烛。
欢来苦夕短，已复至天旭。

游斜川并序

开岁倏五十，吾生行归休。
念之动中怀，及辰为兹游。
气和天惟澄，班坐依远流。
弱湍驰文鲂，闲谷矫鸣鸥。
迥泽散游目，缅然睇曾丘。
虽微九重秀，顾瞻无匹俦。
提壶接宾侣，引满更献酬。
未知从今去，当复如此不。
中肠纵遥情，忘彼千载忧。
且极今朝乐，明日非所求。

示周续之祖企谢景夷三郎

负痾颓檐下，终日无一欣。
药石有时闲，念我意中人。

相去不寻常，道路邈何因。
周生述孔业，祖谢响然臻。
道丧向千载，今朝复斯闻。
马队非讲肄，校书亦已勤。
老夫有所爱，思与尔为邻。
愿言诲诸子，从我颍水滨。

乞食

饥来驱我去，不知竟何之。
行行至斯里，叩门拙言辞。
主人解余意，遗赠岂虚来。
谈谐终日夕，觞至辄倾杯。
情欣新知欢，兴言遂赋诗。
感子漂母惠，愧我非韩才。
衔戢知何谢，冥报以相贻。

诸人共游周家墓柏下

今日天气佳，清吹与鸣弹。
感彼柏下人，安得不为欢。
清歌散新声，绿酒开芳颜。
未知明日事，余襟良已殚。

答庞参军有序

相知何必旧，倾盖定前言。
有客赏我趣，每每顾林园。
谈谐无俗调，所说圣人篇。
或有数斗酒，闲饮自欢然。
我实幽居士，无复东西缘。
物新人惟旧，弱毫多所宣。

情通万里外，形迹滞江山。
君其爱体素，来会在何年。

五月旦作和戴主簿

虚舟纵逸棹，回复遂无穷。
发岁若俯仰，星纪奄将中。
明两萃时物，北林荣且丰。
神渊写时雨，晨色奏景风。
既来孰不去，人理固有终。
居常待其尽，曲肱岂伤冲。
迁化或夷险，肆志无窊隆。
即事如已高，何必升华嵩。

移居二首

昔欲居南村，非为卜其宅。
闻多素心人，乐与数晨夕。
怀此颇有年，今日从兹役。
敝庐何必广，取足蔽床席。
邻曲时时来，抗言谈在昔。
奇文共欣赏，疑义相与析。

春秋多佳日，登高赋新诗。
过门更相呼，有酒斟酌之。
农务各自归，闲暇辄相思。
相思则披衣。言笑无厌时。
此理将不胜，无为忽去兹。
衣食当须几，力耕不吾欺。

和刘柴桑

山泽久相招，胡事乃踌躇。
直为亲旧故，未忍言索居。
良辰入奇怀，挈杖还西庐。
荒涂无归人，时时见废墟。
茅茨已就治，新畴复应畬。
谷风转凄薄，春醪解饥劬。
弱女虽非男，慰情良胜无。
栖栖世中事，岁月共相疏。
耕织称其用，过此奚所须。
去去百年外，身名同翳如。

酬刘柴桑

穷居寡人用，时忘四运周。
空庭多落叶，慨然已知秋。
新葵郁北牖，嘉穟眷南畴。
今我不为乐，知有来岁不。
命室携童弱，良日登远游。

和郭主簿二首

蔼蔼堂前林，中夏贮清阴。
凯风因时来，回飙开我襟。
息交逝开卧，坐起弄书琴。
园蔬有余滋，旧谷犹储今。
营己良有极，过足非所钦。
舂秫作美酒，酒熟吾自斟。
弱子戏我侧，学语未成音。
此事真复杂，聊用忘华簪。
遥遥望白云，怀古一何深。

和泽周三春，清凉素秋节。
露凝无游氛，天高风景澈。
陵岑耸逸峰，遥瞻皆奇绝。
芳菊开林耀，青松冠岩列。
怀此贞秀姿，卓为霜下杰。
衔觞念幽人，千载抚尔诀。
检素不获展，厌厌竟良月。

于王抚军座送客

秋日凄且厉，百卉具已腓。
爰以履霜节，登高饯将归。
寒气冒山泽，游云倏无依。
洲渚思缅邈，风水互乖违。
瞻夕欣良宴，离言聿云悲。
晨鸟暮来还，悬车敛余晖。
逝止判殊路，旋驾怅迟迟。
目送回舟远，情随万化遗。

与殷晋安别有序

游好非久长，一遇尽殷勤。
信宿酬清话，益复知为亲。
去岁家南里，薄作少时邻。
负杖肆游从，淹留忘宵晨。
语默自殊势，亦知当乖分。
未谓事已及，兴言在兹春。
飘飘西来风，悠悠东去云。
山川千里外，言笑难为因。
良才不隐世，江湖多贱贫。
脱有经过便，念来存故人。

赠羊长史有序

愚生三季后，慨然念黄虞。
得知千载上，政赖古人书。
贤圣留余迹，事事在中都。
岂忘游心目，关河不可逾。
九域甫已一，逝将理舟舆。
闻君当先迈，负痾不获俱。
路若经商山，为我少踌躇。
多谢绮与角，精爽今何如。
紫芝谁复采，深色久应芜。
驷马无贳患，贫贱有交娱。
清谣结心曲，人乖运见疏。
拥怀累代下，言尽意不舒。

岁暮和张常侍

市朝凄旧人，骤骥感悲泉。
明旦非今日，岁暮余何言。
素颜敛光润，白发一已繁。
阔哉秦穆谈，旅力岂未愆。
向夕长风起，寒云没西山。
洌洌气遂严，纷纷飞鸟还。
民生鲜常在，矧伊愁苦缠。
屡阙清酤至，无以乐当年。
穷通靡攸虑，憔悴由化迁。
抚己有深怀，履运增慨然。

蜡日

风雪送余运，无妨时已和。
梅柳夹门植，一条有佳花。

我唱尔言得，酒中适何多。
未能明多少，章山有奇歌。

咏二疏

大象转四时，功成者自去。
借问衰周来，几人得其趣。
游目汉廷中，二疏复此举。
高啸返旧居，长揖储君傅。
饯送倾皇朝，华轩盈道路。
离别情所悲，余荣何足顾。
事胜感行人，贤哉岂常誉。
厌厌闾里欢，所营非近务。
促席延故老，挥觞道平素。
问金终寄心，清言晓未悟。
放意乐余年，遑惜身后虑。
谁云其人亡，久而道弥著。

咏三良

弹冠乘通津，但惧时我遗。
服勤尽岁月，常恐功愈微。
忠情谬获露，遂为君所私。
出则陪文舆，入必侍丹帷。
箴规向已从，计议初无亏。
一朝长逝后，愿言同此归。
厚恩固难忘，君命安可违。
临穴罔迟疑，投义志攸希。
荆棘笼高坟，黄鸟声正悲。
良人不可赎，泫然沾我衣。

咏荆轲

燕丹善养士，志在报强嬴。
召集百夫良，负暮得荆卿。
君子死知己，提剑出燕京。
素骥鸣广陌，慷慨送我行。
雄发指危冠，猛气冲长缨。
饮饯易水上，四座列群英。
渐离击悲筑，宋意唱高声。
萧萧哀风逝，淡淡寒波生。
商音更流涕，羽奏壮士惊。
心知去不归，且有后世名。
登车何时顾，飞盖入秦庭。
凌厉越万里，逶迤过千城。
图穷事自至，豪主正怔营。
惜哉剑术疏，奇功遂不成。
其人虽已没，千载有余情。

桃花源诗并记

晋太元中，武陵人捕鱼为业。缘溪行，忘路之远近，忽逢桃花林。夹岸数百步，中无杂树，芳草鲜美，落英缤纷。渔人甚异之。复前行，欲穷其林。林尽水源，便得一山。山有小口，仿佛若有光，便舍船，从口入。初极狭，才通人。复行数十步，豁然开朗，土地平旷，屋舍俨然，有良田美池桑竹之属，阡陌相通，鸡犬相闻。其中往来种作，男女衣着，悉如外人。黄发垂髫，并怡然自乐。

见渔人，乃大惊。问所从来，具答之。便要还家，设酒杀鸡作食。村中闻有此人，咸来问讯。自云先世避秦时乱，率妻子邑人，来此绝境，不复出焉，遂与外人间隔。问今是何世，乃不知有汉，无论魏晋。

此人一一为具言所闻，皆叹惋。余人各复延至家，皆出酒食。停数日，辞日。此中人语云："不足为外人道也。"既出，得其船，便扶向路，处处志之。及郡下，诣太守，说如此。

太守即遣人随其往。寻向所志，遂迷，不复得路南阳刘子骥，高尚士也，闻之，欣然规往，未果，寻病终。后遂无问津者。

嬴氏乱天纪，贤者避其世。黄绮之商山，伊人亦云逝。往迹浸复湮，来径遂芜废。

相命肄农耕，日入从所憩。桑竹垂余荫，菽稷随时艺。春蚕收长丝，秋熟靡王税。

荒路暧交通，鸡犬互鸣吠。俎豆犹古法，衣裳无新制。童孺纵行歌，斑白欢游诣。

草荣识节和，木衰知风厉。虽无纪历志，四时自成岁。怡然有余乐，于何劳智慧。

奇踪隐五百，一朝敞神界。淳薄既异源，旋复还幽闭。借问游方士，焉测尘嚣外。

愿言蹑轻风，高举寻吾契。

卷　四

谢康乐五古诗词

九日从宋公戏马台集送孔令

季秋边朔苦，旅雁违霜雪。
凄凄阳卉腓，皎皎寒潭洁。
良辰感圣心，云旗兴暮节。
鸣葭戾朱宫，兰卮献时哲。
饯宴光有孚，和乐隆所缺。
在宥天下理，吹万群方悦。
归客遂海隅，脱冠谢朝列。
弭棹薄枉渚，指景待乐阕。

河流有急澜，浮骖无缓辙。
岂伊川途念，宿心愧将别。
彼美丘园道，喟焉伤薄劣。

从游京口北固应诏

玉玺戒诚信，黄屋示崇高。
事为名教用，道以神理超。
昔闻汾水游，今见尘外镳。
鸣笳发春渚，税銮登山椒。
张组眺倒景，列筵瞩归潮。
远岩映兰薄，白日丽江皋。
原隰荑绿柳，墟囿散红桃。
皇心美阳泽，万象咸光昭。
顾己枉维絷，抚志惭场苗。
工拙各所宜，终以反林巢。
曾是萦旧想，览物奏长谣。

永初三年七月十六日之郡初发都

述职期阑暑，理棹变金素。
秋岸澄夕阴，火旻团朝露。
辛苦谁为情，游子值颓暮。
爱似庄念昔，久敬曾存故。
如何怀土心，持此谢远度。
李牧愧长袖，郤克惭睢步。
良时不见遗，丑状不成恶。
曰余亦支离，依方早有慕。
生幸休明世，亲蒙英达顾。
空班赵氏璧，徒乖魏王瓠。
从来渐二纪，始得傍归路。
将穷山海迹，永绝赏心悟。

邻里相送至方山

祇役出皇邑，相期憩瓯越。
解缆及流潮，怀旧不能发。
析析就衰林，皎皎明秋月。
含情易为盈，遇物难可歇。
积疴谢生虑，寡欲罕所阙。
资此永幽栖，岂伊年岁别。
各勉日新志，音尘慰寂蔑。

过始宁墅

束发怀耿介，逐物遂推迁。
违志似如昨，二纪及兹年。
缁磷谢清旷，疲苶惭贞坚。
拙疾相倚薄，还得静者便。
剖竹守沧海，枉帆过旧山。
山行穷登顿，水涉尽洄沿。
岩峭岭稠叠，洲萦渚连绵。
白云抱幽石，绿眡媚清涟。
葺宇临回江，筑观基曾巅。
挥手告乡曲，三载期归旋。
且为树枌木贾，无令孤愿言。

富春渚

宵济渔浦潭，旦及富春郭。
定山缅云雾，赤亭无淹薄。
溯流触惊急，临圻阻参错。
亮乏伯昏分，险过吕梁壑。
洊至宜便习，兼山贵止托。
平生协幽期，沦踬困微弱。

久露干禄请，始果远游诺。
宿心渐申写，万事俱零落。
怀抱既昭旷，外物徒龙蠖。

七里濑

羁心积秋晨，晨积展游眺。
孤客伤逝湍，徒旅苦奔峭。
石浅水潺湲，日落山照耀。
荒林纷沃若，哀禽相明啸。
遭物悼迁斥，存期得要妙。
既秉上皇心，岂屑末代诮。
目睹严子濑，相属任公钓。
谁谓古今殊，异代可同调。

晚出西射堂

步出西城门。遥望城西岑。
连障叠山献崿，青翠杳深沉。
晓霜枫叶丹，夕薰岚气阴。
节往戚不浅，感来念已深。
羁雌恋旧侣，迷鸟怀故林。
含情尚劳爱，如何离赏心。
抚镜华缁鬓，揽带缓促衿。
安排徒空言，幽独赖鸣琴。

游南亭

时竟夕澄霁，云归日西驰。
密林含余清，远峰隐半规。
久痗昏垫苦，旅馆眺郊岐。
泽兰渐被径，芙蓉始发池。

未厌青春好，已观朱明移。
戚戚感物叹，星星白发垂。
药饵情所止，衰疾忽在斯。
逝将候秋水，息景偃旧崖。
我志谁与亮，赏心唯良知。

游赤石进帆海

首夏犹清和，芳草亦未歇。
水宿淹晨暮，阴霞屡兴没。
周览倦瀛壖，况乃凌穷发。
川后时安流，天吴静不发。
扬帆采石华，挂席拾海月。
溟涨无端倪，虚舟有超越。
仲连轻齐组，子牟眷魏阙。
矜名道不足，适己物可忽。
请附任公言，终然谢天伐。

登江中孤屿

江南倦历览，江北旷周旋。
怀新道转迥，寻异景不延。
乱流趋正绝，孤屿媚中川。
云日相辉映，空水共澄鲜。
表灵物莫赏，蕴真谁为传。
想象昆山姿，缅邈区中缘。
始信安期术，得尽养生年。

登永嘉绿嶂山诗

裹粮杖轻策，怀迟上幽室。
行源径转远，距陆情未毕。

澹潋结寒姿，团栾润霜质。
涧委水屡迷，林迥岩逾密。
眷西谓初月，顾东宜落日。
践夕奄昏曙，蔽翳皆周悉。
蛊上贵不事，履二美贞吉。
幽人常坦步，高尚邈难匹。
颐阿竟何端，寂寂寄抱一。
恬如既已交，缮性自此出。

郡东山望溟海诗

开春献初岁，白日出悠悠。
荡志将喻乐，瞰海庶忘忧。
策马步兰皋，绁控息椒丘。
采蕙遵大薄，搴若履长洲。
白花皜阳林，紫䕨晔春流。
非徒不弭忘，览物情弥遒。
萱苏始无慰，寂寞终可求。

石室山诗

清旦索幽异，放舟越坰郊。
莓莓兰渚急，藐藐苔岭高。
石室冠林陬，飞泉发山椒。
虚泛径千载，峥嵘非一朝。
乡村绝闻见，樵苏限风霄。
微戎无远览，总笄羡升乔。
灵域久韬隐，如与心赏交。
合欢不容言，摘芳弄寒条。

登上戍石鼓山诗

旅人心长久，忧忧自相接。
故乡路遥远，川陆不可涉。
汩汩莫与娱，发春托登蹑。
欢愿既无并，戚虑庶有协。
极目睐左阔，回顾眺右狭。
日末涧增波，云生岭逾叠。
白芷竞新苔，绿苹齐初叶。
摘芳芳靡谖，愉乐乐不燮。
佳期缅无像，骋望谁云愜。

行田登海口盘屿山

羁苦孰云慰，观海藉朝风。
莫辨洪波极，谁知大壑东。
依稀采菱歌，仿佛含口频容。
遨游碧沙渚，游衍丹山峰。

白石岩下径行田

小邑居易贫，灾年民无生。
知浅惧不周，爱深忧在情。
旧业横海外，芜秽积颓龄。
饥馑不可久，甘心务经营。
千顷带远堤，万里泻长汀。
洲流涓浍合，连统塍埒并。
虽非楚宫化，荒阙亦黎明。
虽非郑白渠，每岁望东京。
天鉴倘不孤，来兹验微诚。

斋中读书

昔余游京华，未尝废丘壑。
矧乃归山川，心迹双寂寞。
虚馆绝诤讼，空庭来鸟雀。
卧疾丰暇豫，翰墨时间作。
怀抱观古今，寝食展戏谑。
既笑沮溺苦，又哂子云阁。
执戟亦以疲，耕稼岂云乐。
万事难并欢，达生幸可托。

命学士讲书

卧病同淮阳，宰邑旷武城。
弦歌愧言子，清净谢汲生。
古人不可攀，何以报恩荣。
时往岁易周，聿来政无成。
曾是展余心，招学讲群经。
铄金既云刃，凝土亦能型。
望尔志尚隆，远嗣竹箭声。
敢谓荀氏训，且布兰陵情。
待罪岂久期，礼乐俟贤明。

种桑诗

诗人陈条柯，亦有美攘剔。
前修为谁故，后事资纺绩。
赏佩知方诫，愧微富教益。
浮阳骛嘉月，艺桑迨闲隙。
疏栏发近郛，长行达广埸。
旷流始毖泉，湎涂犹跬迹。
俾此将长成，慰我海外役。

初去郡

彭薛裁知耻，贡公未遗荣。
或可优贪竞，岂足称达生。
伊余秉微尚，拙讷谢浮名。
庐园当栖岩，卑位代躬耕。
顾己虽自许，心迹犹未并。
毋庸方周任，有疾像长卿。
毕娶类尚子，薄游似邴生。
恭承古人意，促装返柴荆。
牵丝及元兴，解龟在景平。
负心二十载，于今废将迎。
理棹遄还期，遵渚骛修垌。
溯溪终水涉，登岭始山行。
野旷沙岸净，天高秋月明。
憩石挹飞泉，攀林搴落英。
战胜臞者肥，鉴止流归停。
即是羲唐化，获我击壤情。

田南树园激流植援

樵隐俱在山，由来事不同。
不同非一事，养痾亦园中。
中园屏氛杂，清旷招远风。
卜室倚北阜，启扉面南江。
激涧代汲井，插槿当列墉。
群木既罗户，众山亦当窗。
靡迤趋下田，迢递瞰高峰。
寡欲不期劳，即事罕人功。
唯开蒋生径，永怀求羊踪。
赏心不可忘，妙善冀能同。

石壁精舍还湖中作

昏旦变气候，山水含清晖。
清晖能娱人，游子憺忘归。
出谷日尚早，入舟阳已微。
林壑敛暝色，云霞收夕霏。
芰荷迭映蔚，蒲稗相因依。
披拂趋南径，愉悦偃东扉。
虑澹物自轻，意惬理无违。
寄言摄生客，试用此道推。

过白岸亭诗

拂衣遵沙垣，缓步入蓬屋。
近涧涓密实，远山映疏木。
空翠难强名，渔钓易为曲。
援萝聆青岩，春心自相属。
交交止栩黄，呦呦食苹鹿。
伤彼人百哀，嘉尔承筐乐。
荣悴迭去来，穷通成休戚。
未若长疏散，万事恒抱朴。

夜宿石门诗

朝搴苑中兰，畏彼霜下歇。
暝还云际宿，美此石上月。
鸟鸣识夜栖，木落知风发。
异音同至听，殊响俱清越。
妙物莫为赏，芳醑谁与伐。
美人竟不来，阳阿徒晞发。

南楼中望所迟客

杳杳日西颓，漫漫长路迫。
登楼为谁思，临江迟来客。
与我别所期，期在三五夕。
圆景早已满，佳人殊未适。
即事怨睽携，感物方凄戚。
孟夏非长夜，晦明如岁隔。
瑶华未堪折，兰若已屡摘。
路阻莫赠问，云何未离析。
搔首访行人，引领冀良觌。

庐陵王墓下作

晓月发云阳，落日次朱方。
含凄泛广川，洒泪眺连冈。
眷言怀君子，沉痛切中肠。
道消绝愤懑，运开申悲凉。
神期恒若存，德音初不忘。
徂谢易永久，松柏森已行。
延州协心许，楚老惜兰芳。
解剑竟何及，抚坟徒自伤。
平生疑若人，通蔽互相妨。
理感深情恸，定非识所将。
脆促良可哀，夭枉特兼常。
一随往化灭，安用空名扬。
举身泣已沥，长叹不成章。

道路忆山中

采菱调易急，江南歌不缓。
楚人心音绝，越客肠今断。

断绝虽殊念，俱为归虑款。
存乡尔思积，忆山我愤懑。
追寻栖息时，偃卧任纵诞。
得性非外求，自己为谁纂。
不怨秋夕长，常苦夏日短。
濯流激浮湍，息阴倚密竿。
怀故叵新欢，含悲忘春暖。
凄凄明月吹，恻恻广陵散。
殷勤诉危柱，慷慨命促管。

入彭蠡湖口

客游倦水宿，风潮难具论。
洲岛骤回合，圻岸屡崩奔。
乘月听哀狖，浥露馥芳荪。
春晚绿野秀，岩高白云屯。
千念集日夜，万感盈朝昏。
攀岩照石镜，牵叶入松门。
三江事多往，九派理空存。
灵物吝珍怪，异人祕精魂。
金膏灭明光，水碧缀流温。
徒作千里曲，弦绝念弥敦。

入华子冈是麻源第三谷

南州实炎德，大树陵寒山。
铜陵映碧涧，石磴泻红泉。
既枉隐沦客，亦栖肥遁贤。
险径无测度，天路非术阡。
遂登群峰首，邈若升云烟。
羽人绝仿佛，丹丘徒空筌。
图牒复磨灭，碑版谁闻传。

莫辨百代后，安知千载前。
且申独往意，乘月弄潺湲。
恒充俄顷用，岂为古今然。

平原侯植

朝游登凤阁，日暮集华沼。
倾柯引弱枝，攀条摘蕙草。
徙倚穷骋望，目极尽所讨。
西顾太行山，北眺邯郸道。
平衢修且直，白杨信袅袅。
副君命饮宴，欢娱写怀抱。
良游匪昼夜，岂云晚与早。
众宾悉精妙，清辞洒蓝藻。
哀音下回鹄，余哇彻清昊。
中山不知醉，饮德方觉饱。
愿以黄发期，养生念将老。

石壁立招提精舍

四城有顿踬，三世无极已。
浮欢昧眼前，沉照贯终始。
壮龄缓前期，颓年迫暮齿。
挥霍梦幻顷，飘忽风电起。
良缘迨未谢，时逝不可俟。
敬拟灵鹫山，尚想只洹轨。
绝溜飞庭前，高林映窗里。
禅室栖空观，讲宇析妙理。

过瞿溪山僧

迎旭凌绝嶝，映泫归溆浦。
钻燧断山木，掩岸瑾石户。
结架非丹甍，籍田资宿莽。
同游息心客，暧然若可睹。
清霄飏浮烟，空林响法鼓。
忘怀狎鸥鱼攸，摄生驯兕虎。
望岑眷灵鹫，延心念净土。
若乘四等观，永拔三界苦。

七夕咏牛女

火逝首秋节，新明弦月夕。
月弦光照户，秋首风入隙。
凌峰步曾崖，凭云肆遥脉。
徙倚西北庭，竦踊东南觌。
纨绮无报章，河汉有骏轭。

彭城宫中直感岁暮

草草眷徂物，契契矜岁殚。
楚艳起行戚，吴趋绝归欢。
修带缓旧裳，素鬓改朱颜。
晚暮悲独坐，鸣是鸟歇春兰。

会吟行

六引缓清唱，三调伫繁音。
列筵皆静寂，咸共聆会吟。
会吟自有初，请从文命敷。
敷绩壶冀始，刊木至江汜。

列宿炳天文，负海横地理。
连峰竞千仞，背流各百里。
滮池溉粳稻，轻云暧松杞。
两京愧佳丽，三都岂能似。
层台指中天，高墉积崇雉。
飞燕跃广途，益鸟首戏清沚。
肆呈窈窕容，路曜便娟子。
自来弥年代，贤达不可纪。
勾践善废兴，越叟识行止。
范蠡出江湖，梅福入城市。
东方就旅逸！梁鸿去桑梓。
牵缀书土风！辞殚意未已。

卷 五

鲍明远五古诗词

采 桑

季春梅始落，工女事蚕作。
采桑淇洧间，还戏上宫阁。
早蒲时结阴，晚篁初解箨。
蔼蔼雾满闺，融融景盈幕。
乳燕逐草虫，巢蜂拾花萼。
是节最暄妍，佳服又新烁。
绵叹对迥涂，扬歌弄场藿。
抽琴试抒思，荐珮果成托。
承君郢中美，服义久心诺。
卫风古愉艳，郑俗旧浮薄。

灵愿悲渡湘，宓赋笑瀍洛。
盛明难重来，渊意为谁涸。
君其且调弦，桂酒妾行酌。

代蒿里行

同尽无贵贱，殊愿有穷伸。
驰波催永夜，零露逼短晨。
结我幽山驾，去此满堂亲。
虚容遗剑佩，实貌戢衣巾。
斗酒安可酌，尺书谁复陈。
年代稍推远，怀抱日幽沦。
人生良可剧，无道与何人。
赍我长恨意，归为狐兔尘。

代挽歌

独处重冥下，忆昔登高台。
傲岸平生中，不为物所裁。
埏门只复闭，白蚁相将来。
生时芳兰体，小虫今为灾。
玄鬓无复根，骷髅依青苔。
忆昔好饮酒，素盘进青梅。
彭韩及廉蔺，畴昔已成灰。
壮士皆死尽，余人安在哉。

代东门行

伤禽恶弦惊，倦客恶离声。
离声断客情，宾御皆涕零。
涕零心断绝，将去复还诀。
一息不相知，何况异乡别。

遥遥征驾远，杳杳白日晚。
居人掩闺卧，行子夜中饭。
野风吹草木，行子心肠断。
食梅常苦酸，衣葛常苦寒。
丝竹徒满座，忧人不解颜。
长歌欲自慰，弥起长恨端。

代放歌行

蓼虫避葵堇，习苦不言非。
小人自龌龊，安知旷士怀。
鸡鸣洛城里，禁门平旦开。
冠盖纵横至，车骑四方来。
素带曳长飙，华缨结远埃。
日中安能止，钟鸣犹未归。
夷世不可逢，贤君信爱才。
明虑自天断，不受外嫌猜。
一言分珪爵，片善辞草莱。
岂伊白璧赐，将起黄金台。
今君有何疾，临路独迟回。

代白头吟

直如朱丝绳，清如玉壶冰。
何惭宿昔意，猜恨坐相仍。
人情贱恩旧，世议逐衰兴。
毫发一为瑕，丘山不可胜。
食苗实硕鼠，点白信苍蝇。
凫鹄远成美，薪刍前见陵。
申黜褒女进，班去赵姬升。
周王日沦惑，汉帝益嗟称。
心赏犹难恃，貌恭岂易凭。

古来共如此，非君独抚膺。

代别鹤操

双鹤俱起时，徘徊沧海间。
长弄若天汉，轻躯似云悬。
幽客时结侣，提携游三山。
青缴凌瑶台，丹罗笼紫烟。
海上悲风急，三山多云雾。
散乱一相失，惊孤不得住。
缅然日月驰，远矣绝音仪。
有愿而不遂，无怨以生离。
鹿鸣在深草，蝉鸣隐高枝。
心自有所存，旁人哪得知。

代陆平原君子有所思行

西上登雀台，东下望云阙。
层阁肃天居，驰道直如发。
绣甍结飞霞，璇题纳行月。
筑山拟蓬壶，穿池类溟渤。
选色遍齐岱，征声匝邛越。
陈钟陪夕宴，笙歌待明发。
年貌不可还，身意会盈歇。
蚁壤漏山阿，丝泪毁金骨。
器恶含满欹，物忌厚生没。
智哉众多士，服理辨昭晰。

代悲哉行

羁人感淑节，缘感欲回辙。
我行讵几时，华实骤舒结。

睹实情有悲，瞻华意无悦。
览物怀同志，如何复乖别。
翩翩翔禽罗，关关鸣鸟列。
翔鸣尚俦偶，所叹独乖绝。

代升天行

家世宅关辅，胜带宦王城。
备闻十帝事，委曲两都情。
倦见物兴衰，骤睹俗屯平。
翩翻若回掌，恍惚似朝荣。
穷途悔短计，晚志重长生。
从师入远岳，结友事仙灵。
五图发金记，九龠隐丹经。
风餐委松宿，云卧恣天行。
冠霞登彩阁，解玉饮椒庭。
暂游越万里，少别数千龄。
凤台无还驾，箫管有遗声。
何当与汝曹，啄腐共吞腥。

代苦热行

赤阪横西阻，火山赫南威。
身热头且痛，马坠魂来归。
汤泉发云潭，焦烟起石圻。
日月有恒昏，雨露未尝晞。
丹蛇逾百尺，玄蜂盈十围。
含沙射流影，吹蛊病行晖。
瘴气昼熏体，菵露夜沾衣。
饥猿莫下食，晨禽不敢飞。
毒泾尚多死，度泸宁具腓。
生躯蹈死地，昌志登祸机。

戈船荣既薄，伏波赏亦微。
爵轻君尚惜，士重安可希。

代朗月行

朗月出东山，照我绮窗前。
窗中多佳人，被服妖且妍。
靓妆坐帷里，当户弄清弦。
鬓夺卫女迅，体绝飞燕先。
为君歌一曲，当作朗月篇。
酒至颜自解，声和心亦宣。
千金何足重，所存意气间。

代堂上歌行

四坐且莫喧，听我堂上歌。
昔仕京洛时，高门临长河。
出入重宫里，结友曹与何。
车马相驰逐，宾朋好容华。
阳春孟春月，朝光散流霞。
轻步逐芳风，言笑弄丹葩。
晖晖朱颜酡，纷纷织女梭。
满堂皆美人，目成对湘娥。
虽谢侍君闲，明妆带绮罗。
筝笛更谈吹，高唱好相和。
万曲不关心，一曲动情多。
欲知情厚薄，更听此声过。

代结客少年场行

骢马金络头，锦带佩吴钩。
失意杯酒间，白刃起相仇。

追兵一旦至，负剑远行游。
去乡三十载，复得还旧丘。
升高临四关，表里望皇州。
九衢平若水，双阙似云浮。
扶宫罗将相，夹道列王侯。
日中市朝满，车马若川流。
击钟陈鼎食，方驾自相求。
今我独何为，埳础怀百忧。

扶风歌

昨辞金华殿，今次雁门县。
寝卧握秦戈，栖息抱越箭。
忍悲别亲知，行泣随征传。
寒烟空徘徊，朝日乍舒卷。

代少年时至衰老行

忆昔少年时，驰逐好名晨。
结友多贵门，出入富儿邻。
绮罗艳华风，车马自扬尘。
歌唱青齐女，弹筝燕赵人。
好酒多芳气，肴味厌时新。
今日每相念，此事邈无因。
寄语后生子，作乐当及春。

代阳春登荆山行

旦登荆山头，崎岖道难游。
早行犯霜露，苔滑不可留。
极眺入云表，穷目尽帝州。
方都列万室，层城带高楼。

奕奕朱轩驰，纷纷缟衣流。
日氛映山浦，暄雾逐风收。
花木乱平原，桑柘绵平畴。
攀条弄紫茎，藉露折芳柔。
遇物虽成趣，念者不解忧。
且共倾春酒，长歌登山丘。

代贫贱苦愁行

湮没虽死悲，贫苦即生剧。
长叹至天晓，愁苦穷日夕。
盛颜当少歇，鬓发先老白。
亲友四面绝，朋知断三益。
空庭惭树萱，药饵愧过客。
贫年忘日时，黯颜就人惜。
俄顷不相酬，恧怩面已赤。
或以一金恨，便成百年隙。
心为千条计，事未见一获。
运圮津涂塞，遂转死沟洫。
以此穷百年，不如还窀穸。

代边居行

少年远京阳，遥遥万里行。
陋巷绝人径，茅屋摧山冈。
不睹车马迹，但见麋鹿场。
长松何落落，丘陇无复行。
边地无高木，萧萧多白杨。
盛年日月书，一去万恨长。
悠悠世中人，争此锥刀忙。
不忆贫贱时，富贵辄相忘。
纷纷徒满目，何关慨予伤。

不如一亩中，高会抠清浆。
遇乐便作乐，莫使候朝光。

秋日示休上人

枯桑叶易零，疲客心易惊。
今兹亦何早，已闻络纬鸣。
回风灭且起，卷蓬息复征。
怆怆簟上寒，凄凄帐里清。
物色延暮思，霜露逼朝荣。
临堂观秋草，东西望楚城。
百物方萧瑟，坐叹从此生。

答休上人

酒出野田稻，菊生高冈草。
味貌复何奇，能令君倾倒。
玉碗徒自羞，为君慨此秋。
金盖覆牙柈，何为心独愁。

吴兴黄浦亭庾中郎别

风起洲渚寒，云上日无辉。
连山眇烟雾，长波迥难依。
旅雁方南过，浮客未西归。
已经江海别，复与亲眷违。
奔景易有穷，离袖安可挥。
欢觞为悲酌，歌服成泣衣。
温念终不渝，藻志远存追。
役人多牵滞，顾路惭奋飞。
昧心附远翰，炯言藏佩韦。

送别王宣城

发郢流楚思，涉淇兴卫情。
既逢青春献，复值白苹生。
广望周千里，江郊蔼微明。
举爵自惆怅，歌管为谁清。
颍阴腾前藻，淮阳流昔声。
树道慕高华，属路伫深馨。

送从弟道秀别

参差生密念，踯躅行思悲。
悲思恋光景，密念盈岁时。
岁时多阻折，光景乏安怡。
以此苦风情，日夜惊悬旗。
登山临朝日，扬袂别所思。
浸淫旦潮广，澜漫宿云滋。
天阴惧先发，路远常早辞。
篇诗后相忆，杯酒今无持。
游子苦行役，冀会非远期。

赠傅都曹别

轻鸿戏江潭，孤雁集洲沚。
邂逅两相亲，缘念共无已。
风雨好东西，一隔顿万里。
追忆栖宿时，声容满心耳。
落日川渚寒，愁云绕天起。
短翮不能翔，徘徊烟雾里。

和傅大农与僚故别

绝节无缓响，伤雁有哀音。
非同年岁意，谁共别离心。
伊昔谬通涂，冠屣预人林。
浮江望南岳，登潮窥海阴。
孰谓游居浅，慕美久相深。
萋萋春草秀，嘤嘤喜候禽。
辰物尽明茂，尊盛独幽沉。
之子安所适，我方栖旧岑。
坠欢岂更接，明爱邈难寻。

送盛侍郎饯候亭

沾霜袭冠带，驱驾越城暚。
北临出塞道，南望入乡津。
高墉宿寒雾，平野起秋尘。
君为坐堂子，我乃负羁人。
欣悲岂等志，甘苦诚异身。
结涕园中草，憔悴悲此春。

学古

北风十二月，雪下如乱巾。
是愁苦节，惆怅忆情亲。
会以两少妾，同是洛阳人。
嬛绵好眉目，闲丽美腰身。
凝肤皎若雪，明净色如神。
骄爱生盼瞩，馨媚起朱唇。
衿服杂缇缋，首饰乱琼珍。
调弦俱起舞，为我唱梁尘。
人生贵得意，怀愿待君申。

幸值严冬暮，幽夜方未晨。
齐衿久两设，角枕已双陈。
愿君早休息，留歌待三春。

古辞

容华不待年，何为客游梁。
九月寒阴合，悲风断君肠。
叹息空房妇，幽思坐自伤。
劳心结远路，惆怅独未央。

拟青青陵上柏

涓涓乱江泉，绵绵横海烟。
浮生旅昭世，空事叹华年。
书翰幸闲暇，我酌子萦弦。
飞镳出荆路，骛服指秦川。
渭滨富皇居，鳞馆匝河山。
舆童唱秉椒，棹女歌采莲。
孚愉鸾阁上，窈窕凤楹前。
娱生信非谬，安用求多贤。

白云

探灵喜解骨，测化善腾天。
情高不恋俗，厌世乐寻仙。
炼金宿明馆，屑玉止瑶渊。
凤歌出林阙，龙驾戾蓬山。
凌岩采三露，攀鸿戏五烟。
昭昭景临霞，汤汤风媚泉。
命娥双月际，要媛两星间。
飞虹眺卷河，泛雾弄轻弦。

笛声谢广宾，神道不复传。
一逐白云去。千龄犹未旋。

临川王服竟还田里

送旧礼有终，事君惭懦薄。
税驾罢朝衣，归志愿巢壑。
寻思邈无报，退命愧天爵。
舍耨将十龄，还得守场藿。
道经盈竹笥，农书满尘阁。
怆怆秋风生，戚戚寒纬作。
丰雾粲草华，高月丽云崿。
屏迹勤躬稼，衰疾倚芝药。
顾此谢人群，岂直止商洛。

行药至城东桥

鸡鸣关吏起，伐鼓早通晨。
严车临迥陌，延瞰历城瞵。
蔓草缘高隅，修杨夹广津。
迅风首旦发，平路塞飞尘。
扰扰游宦子，营营市井人。
怀金近从利，抚剑远辞亲。
争先万里涂，各事百年身。
开芳及稚节，含采吝惊春。
尊贤永照灼，孤贱长隐沦。
容华坐消歇，端为谁苦辛。

园中秋散

负疾固无豫，晨衿怅已单。
气交蓬门疏，风数园草残。

荒墟半晚色，幽庭怜夕寒。
既悲月户清，复切夜虫酸。
流枕商声苦，骚杀年志阑。
临歌不知调，发兴谁与欢。
倘结弦上情，岂孤林下弹。

观圃人艺植

善贾笑蚕渔，巧宦贱农牧。
远养遍关市，深利穷海陆。
乘轺实金羁，当垆信珠服。
居无逸身伎，安得坐粱肉。
徒承属生幸，政缓吏平睦。
春畦及耘艺，秋场早芟筑。
泽阕既繁高，山荣又登熟。
抱锸垅上餐，结茅野中宿。
空识已尚淳，宁知俗翻覆。

山行见孤桐

桐生丛石里，根孤地寒阴。
上倚崩岸势，下带洞阿深。
奔泉冬激射，雾雨夏霖霪。
未霜叶已肃，不风条自吟。
昏明积苦思，昼夜叫哀禽。
弃妾望掩泪，逐臣对抚心。
虽以慰单危，悲凉不可任。
幸愿见凋斫，为君堂上琴。

卷 六

谢玄晖五古诗词

蒲生行

蒲生广湖边，托身洪波侧。
春露惠我泽，秋霜缛我色。
根叶从风浪，常恐不永植。
摄生各有命，岂云智与力。
安得游云上，与尔同羽翼。

咏邯郸才人嫁为厮养卒妇

生平宫阁里，出入侍丹墀。
开笥方罗縠，窥镜比蛾眉。
初别意未解，去久日生悲。
憔悴不自识，娇羞余故姿。
梦中忽仿佛，犹言承燕私。

同赋杂曲名秋竹曲

女便娟绮窗北，结根未参差。
从风既袅袅，映日颇离离。
欲求枣下吹，别有江南枝。
但能凌白雪，贞心荫曲池。

曲池水

缓步遵莓渚，披衿待蕙风。
芙蕖舞轻带，苞笋出芳丛。
浮云自西北，江海思无穷。
鸟去能传响，见我绿琴中。

游敬亭山

兹山亘百里，合沓与云齐。
隐沦既已托，灵异居然栖。
上干蔽白日，下属带回奚谷。
交藤荒且蔓，樛枝耸复低。
独鹤方朝唳，饥鼯此夜啼。
渫云已漫漫，夕雨亦凄凄。
我行虽纡阻，兼得寻幽蹊。
绿源殊未极，归径窅如迷。
要欲追奇趣，即此凌丹梯。
皇恩竟已矣，兹理庶无睽。

游东田

戚戚苦无悰，携手共行乐。
寻云陟累榭，随山望菌阁。
远树暧阡阡，生烟纷漠漠。
鱼戏新荷动，鸟散余花落。
不对芳春酒，还望青山郭。

答王世子

飞雪天上来，飘聚绳棂外。
苍云暗九重，北风吹万籁。

有酒招亲朋，思与清颜会。
熊席唯尔安，羔裘岂吾带。
公子不垂堂，谁肯怜萧艾。

答张齐兴

荆山礴百里，汉广流无极。
北驰星斗正，南望朝云色。
川隰同幽快，冠冕异今昔。
子肃两歧功，我滞三冬职。
谁知京洛念，仿佛昆山侧。
向夕登城壕，潜地隐复直。
地迥闻遥蝉，天长望归翼。
清文忽景丽，思泉纷宝饰。
勿言修路阻，勉子康衢力。
曾厓寂且寥，归轸逝言陟。

晚登三山还望京邑

灞涘望长安，河阳视京县。
白日丽飞甍，参差皆可见。
余霞散成绮，澄江静如练。
喧鸟覆春洲，杂英满芳甸。
去矣方滞淫，怀哉罢欢宴。
佳期怅何许，泪下如流霰。
有情知望乡，谁能鬒不变。

始出尚书省

惟昔逢休明，十载朝云陛。
既通金闺籍，复酌琼筵醴。
宸景厌昭临，昏风沦继体。

纷虹乱朝日，浊河秽清济。
防口犹宽政，餐荼更如荠。
英衮畅人谋，文明固天启。
青精翼紫车大，黄旗映朱邸。
还睹司隶章，复见东都礼。
中区咸已泰，轻生谅昭洒。
趋事辞宫阙，载笔陪旌棨。
邑里向疏芜，寒流自清泚。
衰柳尚沈沈，凝露方泥泥。
零落悲友朋，欢娱燕兄弟。
既秉丹石心，宁流素丝涕。
因此得萧散，垂竿深涧底。

直中书省

紫殿肃阴阴，彤庭赫弘敞。
风动万年枝，日华承露掌。
玲珑结绮钱，深沉映朱网。
红药当阶翻，苍苔依砌上。
兹言翔凤池，鸣珮多清响。
信美非吾室，中园思偃仰。
朋情以郁陶，春物方骀荡。
安得凌风翰，聊恣山泉赏。

观朝雨

朔风吹飞雨，萧条江上来。
既洒百常观，复集九成台。
空蒙如薄雾，散漫似轻埃。
平明振衣坐，重门犹未开。
耳目暂无扰，怀古信悠哉。
戢翼希骧首，乘流畏曝鳃。

动息无兼遂，歧路多徘徊。
方同战胜者，去剪北山莱。

宣城郡内登望

借问下车日，匪直望舒圆。
寒城一以眺，平楚正苍然。
山积陵阳阻，溪流春谷泉。
威纡距遥甸，巉岩带远天。
切切阴风暮，桑柘起寒烟。
怅望心已极，惝恍魂屡迁。
结发倦为旅，平生早事边。
谁规鼎食盛，宁要狐白鲜。
方弃汝南诺，言税辽东田。

高斋视事

余雪映青山，寒雾开白日。
暧暧江村见，离离海树出。
披衣就清盥，凭轩方秉笔。
列俎归单味，连驾止容膝。
空为大国忧，纷诡谅非一。
安得扫荒径，锁吾愁与疾。

春思

茹溪发春水，阰山起朝日。
蓝色望已同，萍际转如一。
巢燕声上下，黄鸟弄俦匹。
边郊阻游衍，故人盈契阔。
梦寐借假簧，思归赖倚瑟。
幽念渐郁陶，山楹永为室。

秋夜

秋夜促织鸣，南邻捣衣急。
思君隔九重，夜夜空伫立。
北窗轻幔垂，西户月光入。
何知白露下，坐视阶前湿。
谁能长分居，秋尽冬复及。

和刘西曹望海台

沧波不可望，望极与天平。
往往孤山映，处处春云生。
差池远雁没，飒沓群凫惊。
嚣尘及簿领，弃舍出重城。
临川徒可羡，结网庶时营。

和宋记室省中

落日飞鸟远，忧来不可及。
竹树澄远阴，云霞成异色。
怀归欲乘电，瞻言思解翼。
清扬婉禁居，秘此文墨职。
无叹阻琴尊，相从伊水侧。

和江丞北戍琅琊城

春城丽白日，阿阁跨层楼。
苍江忽渺渺，驱马复悠悠。
京洛多尘雾，淮济未安流。
岂不思抚剑，惜哉无轻舟。
夫君良自勉，岁暮勿淹留。

和沈祭酒行园

清淮左长薄，荒径隐高蓬。
回潮旦夕上，寒渠左右通。
霜畦纷绮错，秋町郁蒙茸。
环梨悬已紫，珠榴折且红。
君有栖心地，伊我欢既同。
何用甘泉侧，玉树望青葱。

和纪参军服散得益

金液称九转，西山歌五色。
炼质乃排云，濯景终不测。
云英亦可饵，且驻羲和力。
能令长卿卧，暂故遇真识。

和王中丞闻琴

凉风吹月露，圆景动清阴。
蕙风入怀抱，闻君此夜琴。
萧瑟满林听，轻鸣响涧音。
无为澹容与，蹉跎江海心。

将发石头上烽火楼

徘徊恋京邑，踯躅睹曾阿。
陵高迟关近，眺迥风云多。
荆吴阻山岫，江海含澜波。
归飞无羽翼，其如离别何。

望三湖

积水照赤贞霞，高台望归翼。
平原周远近，连汀见纡直。
葳蕤向春秀，芸黄共秋色。
薄暮伤哉人，婵媛复何极。

送江水曹还远馆

高馆临荒途，清川带长陌。
上有流思人，怀旧望归客。
塘边草杂红，树际花犹白。
日暮有重城，何由尽离席。

送江兵曹檀主簿朱孝廉还上国

方舟泛春渚，携手趋上京。
安知暮归客，讵忆山中情。
香风蕊上发，好鸟叶间鸣。
挥袂送君已，独此夜琴声。

临溪送别

怅望南浦时，徙倚北梁步。
叶上凉风初，日隐轻霞暮。
荒城迥易阴，秋溪广难渡。
沫泣岂徒然，君子行多露。

与江水曹至干滨戏

山中上芳月，故人清樽赏。
远山翠百重，回流映千丈。

花枝聚如雪，芜丝散犹网。
别后能相思，何嗟异封壤。

答沈右率诸君饯别

春夜别清樽，江潭复为客。
叹息东流水，如何故乡陌。
重树日芬蕴，芳洲转如积。
望望荆台下，归梦相思夕。

离夜同江丞王常侍作

玉绳隐高树，斜汉耿层台。
离堂华烛尽，别幌清琴哀。
翻潮尚知限，客思耿难裁。
山川不可梦，况乃故人杯。

祀敬亭山庙

剪削兼太华，峥嵘跨玄圃。
贝阙目氏阿宫，薜帷阴网户。
参差时未来，徘徊望沣浦。
椒糈若馨香，无绝传终古。

出下馆

麦候始清和，凉雨销炎燠。
红莲摇弱荇，丹藤绕新竹。
物色盈怀抱，方驾娱耳目。
零落既难留，何用存华屋。

落日同何仪曹煦

参差复殿影，氛氲绮罗杂。
风入天渊池，芰荷摇复合。
远听雀声聚，回望树荫沓。
一赏桂尊前，宁伤蓬鬓飒。

夜听妓二首

琼闺钏响闻，瑶席芳尘满。
要取洛阳人，共命江南管。
情多舞态迟，意倾歌弄缓。
知君密见亲，寸心传玉碗。

上客光四座，佳丽值千金。
挂钗报缨绝，堕珥答琴心。
蛾眉已共笑，清香复入襟。
欢乐夜方静，翠帐垂沈沈。

咏蔷薇

低枝讵胜叶，清香幸自通。
发萼初攒紫，余采尚霏红。
新花对白日，故蕊逐行风。
参差不俱曜，谁肯盼微丛。

咏蒲

离离水上蒲，结水散为珠。
间厕秋菡蘫，出入春凫雏。
初萌实雕俎，暮蕊杂椒涂。
所悲塘上曲，遂铄黄金躯。

咏兔丝

轻丝既难理，细缕竟无织。
烂漫已万条，连绵复一色。
安根不可知，萦心终不测。
所贵能卷舒，伊用蓬生直。

游东堂咏桐

孤桐北窗外，高枝百尺余。
叶生既婀娜，叶落更扶疏。
无华复无实，何以赠离居。
裁为圭与瑞，足可命参墟。

卷　七

李太白五古诗词

侠客行

赵客缦胡缨，吴钩霜雪明。
银鞍照白马，飒沓如流星。
十步杀一人，千里不留行。
事了拂衣去，深藏身与名。
闲过信陵饮，脱剑膝前横。
将炙啖朱亥，持觞劝侯嬴。
三杯吐然诺，五岳倒为轻。
眼花耳热后，意气素霓生。
救赵挥金槌，邯郸先震惊。

千秋二壮士，烜赫大梁城。
纵死侠骨香，不惭世上英。
谁能书阁下，白首太玄经。

关山月

明月出天山，苍茫云海间。
长风几万里，吹度玉门关。
汉下白登道，胡窥青海湾。
由来征战地，不见有人还。
戍客望边色，思归多苦颜。
高楼当此夜，叹息未应闲。

结客少年场行

紫燕黄金瞳，啾啾摇绿鬃。
平明相驰逐，结客洛门东。
少年学剑术，凌轹白猿公。
珠袍曳锦带，匕首插吴鸿。
由来万夫勇，挟此英雄风。
托交从剧孟，买醉入新丰。
笑尽一杯酒，杀人都市中。
羞道易水寒，从令日贯虹。
燕丹事不立，虚没秦帝宫。
武阳死灰人，安可与成功。

长干行二首

妾发初覆额，折花门前剧。
郎骑竹马来，绕床弄青梅。
同居长干里，两小无嫌猜。
十四为君妇，羞颜未尝开。

低头向暗壁，千唤不一回。
十五始展眉，愿同尘与灰。
常存抱柱信，岂上望夫台。
十六君远行，瞿塘滟滪堆。
五月不可触，猿声天上哀。
门前迟行迹，一一生绿苔。
苔深不能扫，落叶秋风早。
八月蝴蝶来，双飞西园草。
感此伤妾心，坐愁红颜老。
早晚下三巴，预将书报家。
相迎不道远，直至长风沙。

忆妾深闺里，烟尘不曾识。
嫁与长干人，沙头候风色。
五月南风兴，思君下巴陵。
八月西风起，想君发扬子。
去来悲如何，见少别离多。
湘潭几日到，妾梦越风波。
昨夜狂风度，吹折江头树。
淼淼暗无边，行人在何处。
北客至王公，朱衣满汀中。
日暮来投宿，数朝不肯东。
自怜十五余，颜色桃李红。
那作商人妇，愁水复愁风。

古朗月行

小时不识月，呼作白玉盘。
又疑瑶台镜，飞在青云端。
仙人垂两足，桂树作团圆。
白兔捣药成，问言谁与餐。
蟾蜍蚀圆影，天明夜已残。

羿昔落九乌，天人清且安。
阴精此沦惑，去去不足观。
忧来其如何，恻怆摧心肝。

上之回

三十六离宫，楼台与天通。
阁道步行月，美人愁烟空。
恩疏宠不及，桃李伤春风。
淫乐意何极，金舆向回中。
万乘出黄道，千旗扬彩虹。
前军细柳北，后骑甘泉东。
岂问渭川老，宁邀襄野童。
但慕瑶池宴，归来乐未穷。

独不见

白马谁家子，黄龙边塞儿。
天山三丈雪，岂是远行时。
春蕙忽秋草，莎鸡鸣曲池。
风催寒梭响，月入霜闺悲。
忆与君别年，种桃齐蛾眉。
桃今百余尺，花落成枯枝。
终然独不见，流泪空自知。

妾薄命

汉帝重阿娇，贮之黄金屋。
咳唾落九天，随风生珠玉。
宠极爱还歇，妒深情却疏。
长门一步地，不肯暂回车。
雨落不上天，水复重难收。

君情与妾意，各自东西流。
昔日芙蓉花，今成断根草。
以色事他人，能得几时好。

幽州胡马客歌

幽州胡马客，绿眼虎皮冠。
笑拂两只剑，万人不可干。
弯弓若转月，白雁落云端。
将古谁是，疲兵良可叹。
何时天狼灭，父子得闲安。
双双掉鞭行，游猎向楼兰。
出门不顾后，报国死何难。
天骄五单于，狼戾好凶残。
牛马散北海，割鲜若虎餐。
虽居燕支山，不道朔雪寒。
妇女马上笑，颜如赤贞玉盘。
翻飞射鸟兽，花月醉雕鞍。
旄头四光芒，争战如蜂攒。
白刃洒赤血，流沙为之丹。
恻怆竟何道，存亡任大钧。

君子有所思行

紫阁连终南，青冥天倪色。
凭崖望咸阳，宫阙罗北极。
万井惊画出，九衢如弦直。
渭水清银河，横天流不息。
朝野盛文物，衣冠何翕赤色。
厩马散连山，军容威绝域。
伊皋运元化，卫霍输筋力。
歌钟乐未休，荣去老还逼。

圆光过满缺，太阳移中昃。
不散东海金，何争西辉匿。
无作牛山悲，恻怆泪沾臆。

白马篇

龙马花雪毛，金鞍五陵豪。
秋霜切玉剑，落日明珠袍。
斗鸡事万乘，轩盖一何高。
弓摧宜山虎，手接太山猱。
酒后竞风采，三杯弄宝刀。
杀人如剪草，剧孟同游遨。
发愤去函谷，从军向临洮。
叱咤经百战，匈奴尽波涛。
归来使酒气，未肯拜萧曹。
羞入原宪室，荒径隐蓬蒿。

东武吟

好古笑流俗，素闻贤达风。
方希佐明主，长揖辞成功。
白日在高天，回光烛微躬。
恭承凤凰诏，欻起云萝中。
清切紫霄迥，优游丹禁通。
君王赐颜色，声价凌烟虹。
乘舆拥翠盖，扈从金城东。
宝马丽绝景，锦衣入新丰。
倚岩望松雪，对酒鸣丝桐。
因学杨子云，献赋甘泉宫。
天书美片善，清芬播无穷。
归来入咸阳，谈笑皆王公。
一朝去金马，飘落成飞蓬。

宾友日疏散，玉樽亦已空。
才力独可倚，不惭世上雄。
闲作东武吟，曲尽情未终。
书此谢知己，吾寻黄绮翁。

邯郸才人嫁为厮养卒妇

妾本丛台女，扬娥入丹阙。
自倚颜如花，宁知有凋歇。
一辞玉阶下，去若朝云没。
每忆邯郸城，深宫梦秋月。
君王不可见，惆怅至明发。

出自蓟北门行

虏阵横北荒，胡星曜精芒。
羽书速惊电，烽火昼连光。
虎竹救边急，戎车森已行。
明主不安席，按剑心飞扬。
推毂出猛将，连旗登战场。
兵威冲绝漠，杀气凌穹苍。
列卒赤山下，开营紫塞旁。
孟冬风沙紧，旌旗飒凋伤。
画角悲海月，征衣卷天霜。
挥刃斩楼兰，弯弓射贤王。
单于一平荡，种落自奔亡。
收功报天子，行歌归咸阳。

短歌行

白日何短短，百年苦易满。
苍穹浩茫茫，万劫太极长。

麻姑垂两鬓，一半已成霜。
天公见玉女，大笑亿千场。
吾欲揽六龙，回车挂扶桑。
北斗酌美酒，劝龙各一觞。
富贵非所愿，为人驻颓光。

空城雀

嗷嗷空城雀，身计何戚促。
本与鷦鷯群，不随凤凰族。
提携四黄口，饮乳未尝足。
食君糠秕余，常恐乌鸢逐。
耻涉太行险，羞营覆车粟。
天命有定端，守分绝所欲。

少年子

青云少年子，挟弹章台左。
鞍马四边开，突如流星过。
金丸落飞鸟，夜入琼楼卧。
夷齐是何人，独守西山饿。

紫骝马

紫骝行且嘶，双翻碧玉蹄。
临流不肯渡，似惜锦障泥。
白雪关山远，黄云海成迷。
挥鞭万里去，安得念春闺。

少年行

击筑饮美酒，剑歌易水湄。
经过燕太子，结托并州儿。
少年负壮气，奋烈自有时。
因声鲁勾践，争情勿相欺。

豫章行

胡风吹代马，北拥鲁阳关。
吴兵照海雪，西讨何时还。
半渡上辽津，黄云惨无颜。
老母与子别，呼天野草间。
白马绕旌旗，悲鸣相追攀。
白杨秋月苦，早落豫章山。
本为休明人，斩虏素不闲。
岂惜战斗死，为君扫凶顽。
精感石没羽，岂云惮险艰。
楼船若鲸飞，波荡落星湾。
此曲不可奏，三军鬓成斑。

沐浴子

沐芳莫弹冠，浴兰莫振衣。
处世忌太洁，至人贵藏晖。
沧浪有钓叟，吾与尔同归。

高句骊

金花折风帽，白马小迟回。
翩翩舞广袖，似鸟海东来。

静夜思

床前看月光，疑是地上霜。
举头望山月，低头思故乡。

从军行

从军玉门道，逐虏金微山。
笛奏梅花曲，刀开明月环。
鼓声鸣海上，兵气拥云间。
愿斩单于首，长驱静铁关。

对酒二首

松子栖金华，按期入蓬海。
此人古之仙，羽化竟何在。
浮生速流电，倏忽变光彩。
天地无凋换，容颜有迁改。
对酒不肯饮，含情欲谁待。

劝君莫拒杯，春风笑人来。
桃李如旧识，倾花向我开。
流莺啼碧树，明月窥金罍。
昨来朱颜子，今日白发催。
棘生石虎殿，鹿走姑苏台。
自古帝王宅，城阙闭黄埃。
君若不饮酒，昔人安在哉。

估客乐

海客乘天风，将船远行役。
譬如云中鸟，一去无踪迹。

长歌行

桃李得日开，荣华照当年。
东风动百物，草木尽欲言。
枯枝无丑叶，涸水吐清泉。
大力运天地，羲和无停鞭。
功名不早著，竹帛将何宣。
桃李务青春，谁能贯白日。
富贵与神仙，蹉跎成两失。
金石犹销铄，风霜无久质。
畏落日月后，强欢歌与酒。
秋霜不惜人，倏忽侵蒲柳。

南都行

南都信佳丽，武阙横西关。
白水真人居，万商罗廛阛。
高楼对紫陌，甲第连青山。
此地多英豪，邈然不可攀。
陶朱与五羖，名播天壤间。
丽华秀玉色，汉女娇朱颜。
清歌遏流云，艳舞有余闲。
遨游盛宛洛，冠盖随风还。
走马红阳城，呼鹰白河湾。
谁识卧龙客，长吟愁鬓斑。

玉真仙人词

玉真之真人，时往太华峰。
清晨鸣天鼓，飙欻欠腾双龙。
弄电不辍手，行云本无踪。
几时入少室，王母应相逢。

清溪行

清溪清我心，水色异诸水。
借问新安江，见底何如此。
人行明镜中，鸟度屏风里。
向晚猩猩啼，空悲远游子。

赠崔侍御

黄河三尺鲤，本在孟津居。
点额不成龙，归来伴凡鱼。
故人东海客，一见借吹嘘。
风涛傥相因，更欲凌昆墟。
何当赤草使，再往召相如。

赠参寥子

白鹤飞天书，南荆访高士。
五云在岘山，果得参寥子。
肮脏辞故园，昂藏入君门。
天子分玉帛，百官接话言。
毫墨时洒落，探元有奇作。
著论穷天人，千春秘麟阁。
长揖不受官，拂衣归林峦。
余亦去金马，藤萝同所欢。
相思在何处，桂树青云端。

赠饶阳张司务璲

朝饮苍梧泉，夕栖碧海烟。
宁知鸾凤意，远托椅桐前。
慕蔺岂曩古，攀嵇是当年。

愧非黄石老，安识子房贤。
功业嗟落日，容华弃徂川。
一语已道意，三山期着鞭。
蹉跎人间世，寥落壶中天。
独见游物祖，探元穷化先。
何当共携手，相与排冥筌。

赠清漳明府侄

我李百万叶，柯条布中州。
天开青云器，日为苍生忧。
小邑且割鸡，大刀伫烹牛。
雷声动四境，惠与清漳流。
弦歌咏唐尧，脱落隐簪组。
心和得天真，风俗由太古。
牛羊散阡陌，夜寝不扃户。
问此何以然，贤人宰吾土。
举邑树桃李，垂阴亦流芬。
河堤绕绿水，桑柘连青云。
赵女不冶容，提笼昼成群。
缲丝鸣机杼，百里声相闻。
讼息鸟下阶，高卧披道帙。
蒲鞭挂檐枝，示耻无扑抶。
琴清月当户，人寂风入室。
长啸无一言，陶然上皇逸。
白玉壶冰水，壶中见底清。
清光洞毫发，皎洁照群情。
赵北美佳政，燕南播高名。
过客览行谣，因之颂德声。

卷　八

杜工部五古诗词

奉赠韦左丞丈二十二韵

纨绔不饿死，儒冠多误身。
丈人试静听，贱子请具陈。
甫昔少年日，早充观国宾。
读书破万卷，下笔如有神。
赋料扬雄敌，诗看子建亲。
李邕求识面，王翰愿卜邻。
自谓颇挺出，立登要路津。
致君尧舜上，再使风俗淳。
此意竟萧条，行歌非隐沦。
骑驴三十载，旅食京华春。
朝扣富儿门，暮随肥马尘。
残杯与冷炙，到处潜悲辛。
主上顷见征，欻然欲求伸。
青冥却垂翅，蹭蹬无纵鳞。
甚愧丈人厚，甚知丈人真。
每于百僚上，猥诵佳句新。
窃笑贡公喜，难甘原宪贫。
焉能心怏怏，只是走踆踆。
今欲东入海，即将西去秦。
尚怜终南山，回首清渭滨。
常拟报一饭，况怀辞大臣。
白鸥没浩荡，万里谁能驯？

送高三十五书记

崆峒小麦熟，且愿休王师。
请公问主将，焉用穷荒为，
饥鹰未饱肉，侧翅随人飞。
高生跨鞍马，有似幽并儿。
脱身簿尉中，始与捶楚辞。
借问今何官，触热向武威。
答云一书记，所愧国士知。
人实不易知，更须慎其仪。
十年出幕府，自可持旌麾。
此行既特达，足以慰所思。
男儿功名遂，亦在老大时。
常恨结欢浅，各在天一涯。
又如参与商，惨惨中肠悲。
惊风吹鸿鹄，不得相追随。
黄尘翳沙漠，念子何当归。
边城有余力，早寄从军诗。

赠李白

二年客东都，所历厌机巧。
野人对膻腥，蔬食常不饱。
岂无青粳饭，使我颜色好。
苦乏大药资，山林迹如扫。
李侯金闺彦，脱身事幽讨。
亦有梁宋游，方期拾瑶草。

游龙门奉先寺

已从招提游，更宿招提境。
阴壑生虚籁，月林散清影。

天阙象纬逼，云卧衣裳冷。
欲觉闻晨钟，令人发深省。

望岳

岱宗夫如何？齐鲁青未了。
造化钟神秀，阴阳割昏晓。
荡胸生层云，决眦入归鸟。
会当凌绝顶，一览众山小。

陪李北海宴历下亭

东藩驻皂盖，北渚凌青荷。
海内此亭古，济南名士多。
云山已发兴，玉珮仍当歌。
修竹不受暑，交流空涌波。
蕴真惬所遇，落日将如何。
贵贱俱物役，从公难重过。

赠卫八处士

人生不相见，动如参与商。
今夕复何夕，共此灯烛光。
少壮能几时？鬓发各已苍。
访旧半为鬼，惊呼热衷肠。
焉知二十载，重上君子堂。
昔别君未婚，儿女忽成行。
怡然敬父执，问我来何方？
问答乃未已，儿女罗酒浆。
夜雨剪春韭，新炊间黄粱。
主称会面难，一举累十觞。

十觞亦不醉，感子故意长。
明日隔山岳，世事两茫茫。

苦雨奉寄陇西公兼呈王征士

今秋乃淫雨，仲月来寒风。
木水光下，万象云气中。
所思碍行潦，九里信不通。
悄悄素浐路，迢迢天汉东。
愿腾六尺马，背若孤征鸿。
划见公子面，超然欢笑同。
奋飞既胡越，局促伤樊笼。
一饭四五起，凭轩心力穷。
嘉蔬没混浊，时菊碎榛丛。
鹰隼亦屈猛，乌鸢何所蒙。
式瞻北邻居，取适南巷翁。
挂席钓川涨，焉知清兴终？

同诸公登慈恩寺塔

高标跨苍天，烈风无时休。
自非旷士怀，登兹翻百忧。
方知象教力，足可追冥搜。
仰穿龙蛇窟，始出枝撑幽。
七星在北户，河汉声西流。
羲和鞭白日，少昊行清秋。
秦山忽破碎，泾渭不可求。
俯视但一气，焉能辨皇州？
回首叫虞舜，苍梧云正愁。
惜哉瑶池饮，日晏昆仑丘。
黄鹄去不息，哀鸣何所投？
君看随阳雁，各有稻粱谋。

夜听许十损诵诗爱而有作

许生五台宾，业白出石壁。
余亦师粲可，身犹缚禅寂。
何阶子方便，谬引为匹敌。
离索晚相逢，包蒙欣有击。
诵诗浑游衍，四座皆辟易。
应手看捶钩，清心听鸣镝。
精微穿溟涬，飞动摧霹雳。
陶谢不支吾，风骚共推激。
紫燕自超诣，翠驳谁剪剔。
君意人莫知，人间夜寥阒。

自京赴奉先县咏怀五百字

杜陵有布衣，老大意转拙。
许身一何愚，窃比稷与契。
居然成濩落，白首甘契阔。
盖棺事则已，此志常觊豁。
穷年忧黎元，叹息肠内热。
取笑同学翁，浩歌弥激烈。
非无江海志，潇洒送日月。
生逢尧舜君，不忍便永诀。
当今廊庙具，构厦岂云缺？
葵藿倾太阳，物性固莫夺。
顾惟蝼蚁辈，但自求其穴。
胡为慕大鲸，辄拟偃溟渤。
以兹悟生理，独耻事干谒。
兀兀遂至今，忍为尘埃没。
终愧巢与由，未能易其节。
沉饮聊自适，放歌颇愁绝。
岁暮百草零，疾风高冈裂。

天衢阴峥嵘，客子中夜发。
霜严衣带断，指直不得结。
凌晨过骊山，御榻在山带。
蚩尤塞寒空，蹴踏崖谷滑。
瑶池气郁律，羽林相摩戛。
君臣留欢娱，乐动殷樛木。
赐浴皆长缨，与宴非裋褐。
彤廷所分帛，本自寒女出，
鞭挞其夫家，聚敛贡城阙。
圣人筐篚恩，实欲邦国活。
臣如忽至理，君岂弃此物。
多士盈朝廷，仁者宜战栗。
况闻内金盘，尽在卫霍室。
中堂舞神仙，烟雾散玉质。
暖客貂鼠裘，悲管逐清瑟。
劝客驼蹄羹，霜橙压香橘。
朱门酒肉臭，路有冻死骨。
枯荣咫尺异，惆怅难再述！
北辕就泾渭，官渡又改辙。
群冰从西下，极目高山卒。
疑是崆峒来，恐触天柱折。
河梁幸未拆，枝撑声窸窣。
行旅相攀缘，川广不可越。
老妻寄异县，十口隔风雪。
谁能久不顾，庶往共饥渴。
入门闻号啕，幼子饥已卒。
吾宁舍一哀，里巷亦呜咽。
所愧为人父，无食致夭折。
岂知秋未登，贫窭有仓促。
生常免租税，名不隶征伐。
抚迹犹酸辛，平民固骚屑。

默思失业徒，因念远戍卒。
忧端齐终南，项洞不可掇！

送樊二十三侍御赴汉中判官

威弧不能弦，自尔毋宁岁。
川谷血横流，豺狼沸相噬。
天子从北来，长驱振凋敝。
顿兵岐梁下，却跨沙漠裔。
二京陷未收，四极我得制。
萧索汉水清，缅通淮湖税。
使者纷星散，王纲尚旒缀。
南伯从事贤，君行立谈际。
生知七曜历，手画三军势。
冰雪净聪明，雷霆走精锐。
幕府辍谏官，朝廷无此例。
至尊方旰食，仗尔布嘉惠。
补阙暮征入，柱史晨征憩。
正当艰难时，实藉长久计。
回风吹独树，白日照执袂。
恸哭苍烟根，山门万重闭。
居人莽牢落，游子方迢递。
徘徊悲生离，局促老一世。
陶唐歌遗民，反汉更列帝。
恨无匡复姿，聊欲从此逝。

送从弟亚赴西安判官

南风作秋声，杀气薄炎炽。
盛夏鹰隼击，时危异人至。
令弟草中来，苍然请论事。
诏书引上殿，奋舌动天意。

兵法五十家，尔腹为箧笥。
应对如转丸，疏通略文字。
经纶皆新语，足以正神器。
宗庙尚为灰，君臣俱下泪。
崆峒地无轴，青海天轩轾。
西极最疮痍，连山暗烽燧。
帝曰大布衣，藉卿佐元帅。
坐看清流沙，所以子奉使。
归当再前席，适远非历试。
须存武威郡，为画长久计。
孤峰石戴驿，快马金缠辔。
黄羊饫不膻，芦酒多还醉。
踊跃常人情，惨淡苦士志。
安边敌何有，反正计始遂。
吾闻驾鼓车，不合用骐骥。
龙吟回其头，夹辅待所致。

送韦十六评事充同谷郡防御判官

昔没贼中时，潜与子同游。
今归行在所，王事有去留。
逼侧兵马间，主忧急良筹。
子虽躯干小，老气横九州。
挺身艰难际，张目视寇仇。
朝廷壮其节，奉诏令参谋。
銮舆驻凤翔，同谷为咽喉。
西扼弱水道，南镇枹罕陬。
此邦承平日，剽劫吏所羞。
况乃胡未灭，控带莽悠悠。
府中韦使君，道足示怀柔。
令侄才俊茂，二美又何求？
受词太白脚，走马仇池头。

古色沙土裂，积阴雪云稠。
羌父豪猪靴，羌儿青兕裘。
吹角向月窟，苍山旌旗愁。
鸟惊出死树，龙怒拔老湫。
古来无人境，今代横戈矛。
伤哉文儒士，愤激驰林丘。
中原正格斗，后会何缘由。
百年赋定命，岂料沉与浮。
且复恋良友，握手步道周。
论兵远壑净，亦可纵冥搜。
题诗得秀句，札翰时相投。

塞芦子

五城何迢迢，迢迢隔河水。
边兵尽东征，城内空荆杞。
思明割怀卫，秀岩西未已。
回略大荒来，崤函盖虚尔。
延州秦北户，关防犹可倚。
焉得一万人，疾驱塞芦子？
岐有薛大夫，旁制山贼起。
近闻昆戎徒，为退三百里。
芦关扼两寇，深意实在此。
谁能叫帝阍，胡行速如鬼。

彭衙行

忆昔避贼初，北走经险艰。
夜深彭衙道，月照白水山。
尽室久徒步，逢人多厚颜。
参差谷鸟吟，不见游子还。
痴女饥咬我，啼畏虎狼闻。

怀中掩其口，反侧声愈嗔。
小儿强解事，故索苦李餐。
一旬半雷雨，泥泞相牵攀。
既无御雨备，径滑衣又寒。
有时经契阔，竟日数里间。
野果充糇粮，卑枝成屋椽。
早行石上水，暮宿天边烟。
少留周家洼，欲出芦子关。
故人有孙宰，高义薄曾云。
延客已曛黑，张灯启重门。
暖汤濯我足，剪纸招我魂。
从此出妻孥，相视涕阑干。
众雏烂漫睡，唤起沾盘飧。
誓将与夫子，永结为弟昆。
遂空所坐堂，安居奉我欢。
谁肯艰难际，豁达露心肝？
别来岁月周，羯胡仍构患。
何当有翅翎，飞去堕尔前。

新安吏

客行新安道，喧呼闻点兵。
借问新安吏，县小更无丁。
府帖昨夜下，次选中男行。
中男绝短小，何以守王城，
肥男有母送，瘦男独伶俜。
白水暮东流，青山犹哭声。
莫自使眼枯，收汝泪纵横。
眼枯即见骨，天地终无情。
我军取相州，日夕望其平。
岂意贼难料，归军星散营。
就粮近故垒，练卒依旧京。

掘壕不到水，牧马役亦轻。
况乃王师顺，抚养甚分明。
送行勿泣血，仆射如父兄。

潼关吏

士卒何草草，筑城潼关道。
大城铁不如，小城万丈余。
借问潼关吏，修关还备胡。
要我下马行，为我指山隅。
连云列战格，飞鸟不能逾。
胡来但自守，岂复忧西都。
丈人视要处，窄狭容单车。
艰难奋长戟，万古用一夫。
哀哉桃林战，百万化为鱼。
请嘱防关将，慎勿学哥舒。

石壕吏

暮投石壕村，有吏夜捉人。
老翁逾墙走，老妇出门看。
吏呼一何怒，妇啼一何苦。
听妇前致词，三男邺城戍。
一男附书至，二男新战死。
存者且偷生，死者长已矣。
室中更无人，惟有乳下孙。
有孙母未去，出入无完裙。
老妪力虽衰，请从吏夜归。
急应河阳役，犹得备晨炊。
夜久语声绝，如闻泣幽咽。
天明登前途，独与老翁别。

新婚别

兔丝附蓬麻，引蔓故不长，嫁女与征夫，不如弃路旁。
结发为妻子，席不暖君床。
暮婚晨告别，无乃太匆忙，君行虽不远，守边赴河阳。
妾身未分明，何以拜姑嫜？
父母养我时，日夜令我藏。生女有所归，鸡狗亦得将。
君今往死地，沉痛迫中肠。
誓欲随君去，形势反苍黄。勿为新婚念，努力事戎行。
在军中，兵气恐不扬。
自嗟贫家女，久致罗襦裳。罗襦不复施，对君洗红妆。
仰视百鸟飞，大小必双翔。
人事多错迕，与君永相望。

垂老别

四郊未宁静，垂老不得安。
子孙阵亡尽，焉用身独完！
投杖出门去，同行为辛酸。
幸有牙齿存，所悲骨髓干。
男儿既介胄，长揖别上官。
老妻卧路啼，岁暮衣裳单。
孰知是死别，且复伤其寒。
此去必不归，还闻劝加餐。
土门壁甚坚，杏园度亦难。
势异邺城下，纵死时犹宽。
人生有离合，岂择衰老端！
忆昔少壮日，迟回竟长叹。
万国尽征戍，烽火被冈峦。
积尸草木腥，流血川原丹。
何乡为乐土，安敢尚盘桓？
弃绝蓬室居，塌然摧肺肝。

无家别

寂寞天宝后，园庐但蒿藜。
我里百余家，世乱各东西。
存者无消息，死者为尘泥。
贱子因阵败，归来寻旧蹊。
久行见空巷，日瘦气惨凄。
但对狐与狸，竖毛怒我啼。
四邻何所有！一二老寡妻。
宿鸟恋本枝，安辞且穷栖。
方春独荷锄，日暮还灌畦。
县吏知我至，召令习鼓鞞。
虽从本州役，内顾无所携。
进行只一身，远去终转迷。
家乡既荡尽，远近理亦齐。
永痛长病母，五年委沟溪。
生我不得力，终身两酸嘶。
人生无家别，何以为烝黎？

佳人

绝代有佳人，幽居在空谷。
自云良家子，零落依草木。
关中昔丧败，兄弟遭杀戮。
官高何足论，不得收骨肉。
世情恶衰歇，万事随转烛。
夫婿轻薄儿，新人已如玉。
合昏尚知时，鸳鸯不独宿。
但见新人笑，哪闻旧人哭。
在山泉水清，出山泉水浊。
侍婢卖珠回，牵萝补茅屋。

摘花不插发，采柏动盈掬。
天寒翠袖薄，日暮倚修竹。

赤谷西崦人家

跻险不见喧，出郊已清目。
溪回日气暖，径转山田熟。
鸟雀依茅茨，藩篱带松菊。
如行武陵暮，欲问桃花宿。

梦李白二首

死别已吞声，生别常恻恻。
江南瘴疠地，逐客无消息。
故人入我梦，明我长相忆。
恐非平生魂，路远不可测。
魂来枫叶青，魂返关塞黑。
君今在罗网，何以有羽翼？
落月满屋梁，犹疑照颜色。
水深波浪阔，无使蛟龙得。

浮云终日行，游子久不至。
三夜频梦君，情亲见君意。
告归常局促，苦道来不易。
江湖多风波，舟楫恐失坠。
出门搔白首，若负平生志。
冠盖满京华，斯人独憔悴。
孰云网恢恢，将老身反累。
千秋万岁名，寂寞身后事。

有怀台州郑十八司户

天台隔三江，风浪无晨暮。
郑公纵得归，老病不识路。
昔如水上鸥，今如罝中兔。
性命由他人，悲辛但狂顾。
山鬼独一脚，蝮蛇长如树。
呼号傍孤城，岁月谁与度？
从来御魑魅，多为才名误。
夫子嵇阮流，更被时俗恶。
海隅微小吏，眼暗发垂素。
黄帽映青袍，非供折腰具。
平生一杯酒，见我故人遇。
相望无所成，乾坤莽回互。

前出塞九首

戚戚去故里，悠悠赴交河。
公家有程期，亡命婴祸罗。
君已富土境，开边一何多。
弃绝父母恩，吞声行负戈。

出门日已远，不受徒旅欺。
骨肉恩岂断，男儿死无时。
走马脱辔头，手中挑青丝。
捷下万仞冈，俯身试搴旗。

磨刀呜咽水，水赤刃伤手。
欲轻肠断声，心绪乱已久。
丈夫誓许国，愤惋复何有。
功名图麒麟，战骨当速朽。

送徒既有长，远戍亦有身。
生死向前去，不劳吏怒瞋。
路逢相识人，附书与六亲。
哀哉两决绝，不复同苦辛。

迢迢万余里，领我赴三军。
军中异苦乐，主将宁尽闻。
隔河见胡骑，倏忽数百群。
我始为奴仆，几时树功勋？

挽弓当挽强，用箭当用长。
射人先射马，擒贼先擒王。
杀人亦有限，列国自有疆。
苟能制侵陵，岂在多杀伤？

驱马天雨雪，军行入高山。
径危抱寒石，指落曾冰间。
已去汉月远，何时筑城还？
浮云暮南征，可望不可攀。

单于寇我垒，百里风尘昏。
雄剑四五动，彼军为我奔。
虏其名王归，系颈授辕门。
潜身备行列，一胜何足论。

从军十年余，能无分寸功。
众人贵苟得，欲语羞雷同。
中原有斗争，况在狄与戎。
丈夫四方志，安可辞固穷。

后出塞五首

男儿生世间，及壮当封侯。
战伐有功业，焉能守旧丘。
招募赴蓟门，军动不可留。
千金买马鞭，百金装刀头。
闾里送我行，亲戚拥道周。
斑白居上列，酒酣进庶羞。
少年别有赠，含笑看吴钩。

朝进东门营，暮上河阳桥。
落日照大旗，马鸣风萧萧。
平沙列万幕，部伍各见招。
中天悬明月，令严夜寂寥。
悲笳数声动，壮士惨不骄。
借问大将谁，恐是霍嫖姚。

古人重守边，今人重高勋。
岂知英雄主，出师亘长云。
六合已一家，四夷且孤军。
遂使貔虎士，奋身勇所闻。
拔剑击大荒，日收胡马群。
誓开玄冥北，持以奉吾君。

献凯日继踵，两蕃静无虞。
渔阳豪侠地，击鼓吹笙竽。
云帆转辽海，粳稻来东吴。
越罗与楚练，照耀舆台躯。
主将位益崇，气骄凌上都。
边人不敢议，议者死路衢。

我本良家子，出师亦多门。
将骄益愁思，身贵不足论。
跃马二十年，恐辜明主恩。
坐见幽州骑，长驱河洛昏。
中夜间道归，故里但空村。
恶名幸脱免，穷老无儿孙。

别赞上人

百川日东流，客去亦不息。
我生苦漂荡，何时有终极，
赞公释门老，放逐来上国。
还为世尘婴，颇带憔悴色。
杨枝晨在手，豆子雨已熟。
是身如浮云，安可限南北？
异县逢旧友，初欣写胸臆。
天长关塞寒，岁暮饥冻逼。
野风吹征衣，欲别向曛黑。
马嘶思故枥，归鸟尽敛翼。
古来聚散地，宿昔长荆棘。
相看俱衰年，出处各努力。

赤谷

天寒霜雪繁，游子有所之。
岂但岁月暮，重来未有期。
晨发赤谷亭，险艰方自兹。
乱石无改辙，我车已载脂。
山深苦多风，落日童稚饥。
悄然村墟迥，烟火何由追。
贫病转零落，故乡不可思。
常恐死道路，永为高人嗤。

铁堂峡

山风吹游子，缥缈乘险绝。
硖形藏堂隍，壁色立积铁。
径摩穹苍蟠，石与厚地裂。
修纤无根竹，嵌空太始雪。
威迟哀壑底，徒旅惨不悦。
水寒长冰横，我马骨正折。
生涯抵弧矢，盗贼殊未灭。
飘蓬逾三年，回首肝肺热。

凤凰台

亭亭凤凰台，北对西康州。
西伯今寂寞，凤声亦悠悠。
山峻路绝踪，石林气高浮。
安得万丈梯，为君上上头。
恐有无母雏，饥寒日啾啾。
我能剖心出，饮啄慰孤愁。
心以当竹实，炯然无外求。
血以当醴泉，岂徒比清流。
所重王者瑞，敢辞微命休。
坐看彩翮长，举意八极周。
自天衔瑞图，飞下十二楼。
图以奉至尊，凤以垂鸿猷。
再光中兴业，一洗苍生忧。
深衷正为此，群盗何淹留。

发同谷县

贤有不黔突，圣有不暖席。
况我饥愚人，焉能尚安宅，

始来兹山中，休驾喜地僻。
奈何迫物累，一岁四行役。
忡忡去绝境，杳杳更远适。
停骖龙潭云，回首白崖石。
临歧别数子，握手泪再滴。
交情无旧深，穷老多惨戚。
平生懒拙意，偶值栖遁迹。
去住与愿违，仰惭林间翮。

木皮岭

首路栗亭西，尚想凤凰村。
季冬携童稚，辛苦赴蜀门。
南登木皮岭，艰险不易论。
汗流被我体，祈寒为之暄。
远岫争辅佐，千岩自崩奔。
始知五岳外，别有他山尊。
仰干塞大明，俯入裂厚坤。
再闻虎豹斗，屡踽风水昏。
高有废阁道，摧折如短辕。
下有冬青林，石上走长根。
西崖特秀发，焕若灵芝繁。
润聚金碧气，清无沙土痕。
忆观昆仑图，目击玄圃存。
对此欲何适，默伤垂老魂。

水会渡

山行有常程，中夜尚未安。
微月没已久，崖倾路何难。
大江动我前，汹若溟渤宽。
篙师暗理楫，歌笑轻波澜。

霜浓木石滑，风急手足寒。
入舟已千忧，陟山献仍万盘。
回眺积水外，始知众星乾。
远游令人瘦，衰疾惭加餐。

飞仙阁

土门山行窄，微径缘秋毫。
栈云阑干峻，梯石结构牢。
万壑欹疏林，积阴带奔涛。
寒日外淡泊，长风中怒号。
歇鞍在地底，始觉所历高。
往来杂坐卧，人马同疲劳。
浮生有定分，饥饱岂可逃。
叹息谓妻子，我何随汝曹。

五盘

五盘虽云险，山色佳有余。
仰凌栈道细，俯映江木疏。
地僻无网罟，水清反多鱼。
好鸟不妄飞，野人半巢居。
喜见淳朴俗，坦然心神舒。
东郊尚格斗，巨猾何时除，
故乡有弟妹，流落随丘墟。
成都万事好，岂若归吾庐。

龙门阁

清江下龙门，绝壁无尺土。
长风驾高浪，浩浩自太古。
危途中萦盘，仰望垂线缕。

滑石欹谁凿，浮梁袅相拄。
目眩陨杂花，头风吹过雨。
百年不敢料，一坠那得取。
饱闻经瞿塘，足见度大庾。
终身历艰险，恐惧从此数。

石柜阁

季冬日已长，山晚半天赤。
蜀道多早花，江间饶奇石。
石柜曾波上，临墟荡高壁。
清辉回群鸥，暝色带远客。
羁栖负幽意，感叹向绝迹。
信甘孱懦婴，不独冻馁迫。
优游谢康乐，放浪陶彭泽。
吾衰未自安，谢尔性所适。

喜雨

春旱天地昏，日色赤如血。
农事都已休，兵戈况骚屑。
巴人困军须，恸哭厚土热。
沧江夜来雨，真宰罪一雪。
谷根小苏息，沴气终不灭。
何由见宁岁，解我忧思结。
峥嵘群山云，交会未断绝。
安得鞭雷公，滂沱洗吴越。

陈拾遗故宅

拾遗平昔居，大屋尚修椽。
悠扬荒山日，惨淡故园烟。

位下曷足伤，所贵者圣贤。
有才继骚雅，哲匠不比肩。
公生扬马后，名与日月悬。
同游英俊人，多秉辅佐权。
彦昭超玉价，郭振起通泉。
到今素壁滑，洒翰银钩连。
盛事会一时，此堂岂千年。
终古立忠义，感遇有遗编。

水槛

苍江多风飙，云雨昼夜飞。
茅轩驾巨浪，焉得不低垂。
游子久在外，门户无人持。
高岸尚如谷，何伤浮柱攲。
扶颠有劝诫，恐贻识者嗤。
既殊大厦倾，可以一木支。
临川视万里，何必栏槛为。
人生感故物，慷慨有余悲。

破船

平生江海心，宿昔具扁舟。
岂惟清溪上，日傍柴门游。
仓皇避乱兵，缅邈怀旧丘。
邻人亦已非，野竹独修修。
船舷不重扣，埋没已经秋。
仰看西飞翼，不愧东逝流。
故者或可掘，新者亦易求。
所悲数奔窜，白屋难久留。

营屋

我有阴江竹，能令朱夏寒
阴通积水内，高入浮云端。
甚疑鬼物凭，不顾剪伐残。
东偏若面势，户牖永可安。
爱惜已六载，兹晨去千竿。
萧萧见白日，汹汹闻奔湍。
度堂匪华丽，养拙异考槃。
草茅虽薙葺，衰疾方少宽。
洗然顺所适，此足代加餐。
寂无斤斧响，庶遂憩息欢。

除草

草有害于人，曾何生阻修。
其毒甚蜂虿，其多弥道周。
清晨步前林，江色未散忧。
芒刺在我眼，焉能待高秋。
霜露一沾凝，蕙叶亦难留。
荷锄先童稚，日入仍讨求。
转致水中央，岂无双钓舟。
顽根易滋蔓，敢使依旧丘。
自兹藩篱旷，更觉松竹幽。
芟夷不可阙，疾恶信如仇。

卷 九

韩昌黎五古诗词

暮行河堤上

暮行河堤上，四顾不见人。
衰草际黄云，感叹愁我神。
夜归孤舟卧，辗转空及晨。
谋计竟何就，嗟嗟世与身。

夜歌

静夜有清光，闲堂仍独息。
念身幸无恨，志气方自得。
乐哉何所忧，所忧非我力。

重云一首李观疾赠之

天行失其度，阴气来干阳。
重云闭白日，炎燠成寒凉。
小人但咨怨，君子惟忧伤。
饮食为减少，身体岂宁康。
此志诚足贵，惧非职所当。
藜羹尚如此，肉食安可尝。
穷冬百草死，幽桂乃芬芳。
且况天地间，大运自有常。
劝君善饮食，鸾凤本高翔。

江汉一首答孟郊

江汉虽云广，乘舟渡无艰。
流沙信难行，马足常往还。
凄风结冲波，狐裘能御寒。
终宵处幽室，华烛光烂烂。
苟能行忠信，可以居夷蛮。
嗟余与夫子，此义每所敦。
何为复见赠，缱绻在不谖。

长安交游者一首赠孟郊

长安交游者，贫富各有徒。
亲朋相过时，亦各有以娱。
陋室有文史，高门有笙竽。
何能辨荣悴，且欲分贤愚。

北极一首赠李观

北极有羁羽，南溟有沈鳞。
川原浩浩隔，影响两无因。
风云一朝会，变化成一身。
谁言道里远，感激疾如神。
我年二十五，求友昧其人。
哀歌西京市，乃与夫子亲。
所尚苟同趋，贤愚岂异伦。
方为金石姿，万世无缁磷。
无为儿女态，憔悴悲贱贫。

此日足可惜一首赠张籍

此日足可惜，此酒不足尝。
舍酒去相语，共分一日光。
念昔未知子，孟君自南方。
自矜有所得，言子有文章。
我名属相府，欲往不得行。
思之不可见，百端在中肠。
维时月魄死，冬日朝在房。
驱驰公事退，闻子适及城。
命车载之至，引坐于中堂。
开怀听其说，往往副所望。
孔丘殁已远，仁义路久荒。
纷纷百家起，诡怪相披猖。
长老守所闻，后生习为常。
少知诚难得，纯粹古已亡。
譬彼植园木，有根易为长。
留之不遣去，馆置城西旁。
岁时未云几，浩浩观湖江。
众夫指之笑，谓我知不明。
儿童畏雷电，鱼鳖惊夜光。
州家举进士，选试缪所当。
驰辞对我策，章句何炜煌。
相公朝服立，工席歌鹿鸣。
礼终乐亦阕，相拜送于庭。
之子去须臾，赫赫留盛名。
窃喜复窃叹，谅知有所成。
人事安可恒，奄忽令我伤。
闻子高第日，正从相公丧。
哀情逢吉语，惝恍难为双。
暮宿偃师西，徒辗转在床。
夜闻汴州乱，绕壁行彷徨。

我时留妻子，仓促不及将。
相见不复期，零落甘所丁。
骄女未绝乳，念之不能忘。
忽如在我所，耳若闻啼声。
中途安得返，一日不可更。
俄有东来说，我家免罹殃。
乘船下汴水，东去趋彭城。
从丧朝至洛，还走不及停。
假道经盟津，出入行涧冈。
日西入军门，羸马颠且僵。
主人愿少留，延入陈壶觞。
卑贱不敢辞，忽忽心如狂。
饮食岂知味，丝竹徒轰轰。
平明脱身去，决若惊凫翔。
黄昏次汜水，欲过无舟航。
号呼久乃至，夜济十里黄。
中流上滩单，沙水不可详。
惊波暗合沓，星宿争翻芒。
辕马蹢躅鸣，左右泣仆童。
甲午憩时门，临泉窥斗龙。
东西出陈许，陂泽平茫茫。
道边草木花，红紫相低昂。
百里不逢人，角角雄雉鸣。
行行二月暮，乃及徐南疆。
下马步堤岸，上船拜吾兄。
谁云经艰难，百口无夭殇。
仆射南阳公，宅我睢水阳。
箧中有余衣，盎中有余粮。
闭门读书史，窗户忽已凉。
日念子来游，子岂知我情。
别离未为久，辛苦多所经。
对食每不饱，共言无倦听。

连延三十日，晨坐达五更。
我友二三子，宦游在西京。
东野窥禹穴，李翱观涛江。
萧条千万里，会合安可逢。
淮之水舒舒，楚山直丛丛。
子又舍我去，我怀焉所穷。
男儿不再壮，百岁如风狂。
高爵尚可求，无为守一乡。

幽怀

幽怀不能写，行此春江浔。
适与佳节会，士女竞光阴。
凝妆耀洲渚，繁吹荡人心。
间关林中鸟，亦知和为音。
岂无一樽酒，自酌还自吟。
但悲时易失，四序迭相侵。
我歌君子行，视古犹视今。

君子法天运

君子法天运，四时可前知。
小人惟所遇，寒暑不可期。
利害有常势，取舍无定姿。
焉能使我心，皎皎远忧疑。

醉后

煌煌东方星，奈此众客醉。
初喧或忿争，中静杂嘲戏。
淋漓身上衣，颠倒笔下字。
人生如此少，酒贱且勤置。

醉赠张秘书

人皆劝我酒，我若耳不闻。
今日到君家，呼酒持劝君。
为此座上客，及余各能文。
君诗多态度，蔼蔼春空云。
东野动惊俗，天葩吐奇芬。
张籍学古淡，轩鹤避鸡群。
阿买不识字，颇知书八分。
诗成使之写，亦足张吾军。
所以欲得酒，为文俟其醺。
酒味既冷冽，酒气又氛氲。
性情渐浩浩，谐笑方云云。
此诚得酒意，余外徒缤纷。
长安众富儿，盘馔罗膻荤。
不解文字饮，惟能醉红裙。
虽得一饷乐，有如聚飞蚊。
今我及数子，固无犹与薰。
险语破鬼胆，高词媲皇坟。
至宝不雕琢，神功谢锄耘。
方今向太平，元凯承华勋。
吾徒幸无事，庶以穷朝曛。

同冠峡

南方二月半，春物亦已少。
维舟山水间，晨坐听百鸟。
宿云尚含姿，朝日忽升晓。
羁旅感和鸣，囚拘念轻矫。
潺湲泪久迸，诘曲思增绕。
行矣且无然，盖棺事乃了。

送灵师

佛法入中国，尔来六百年。
齐民逃赋役，高士著幽禅。
官吏不之制，纷纷听其然。
耕桑日失隶，朝署时遗贤。
灵师皇甫姓，胤胄本蝉联。
少小涉书史，早能缀文篇。
中间不得意，失迹成延迁。
逸志不拘教，轩腾断牵挛。
围棋斗白黑，生死随机权。
六博在一掷，枭卢叱回旋。
战诗谁与敌，浩汗横戈延。
饮酒尽百角戋，嘲谐思逾鲜。
有时醉花月，高唱清且绵。
四座咸寂寞，杳如奏湘弦。
寻胜不惮险，黔江屡洄沿。
瞿塘五六月，惊电让归船。
怒水忽中裂，千寻堕幽泉。
环回势益急，仰见团团天。
投身岂得计，性命甘徒捐。
浪沫涌翻浦，漂浮再生全。
同行二十人，魂骨俱坑填。
灵师不挂怀，冒涉道转延。
开忠二州牧，诗赋时多传。
失职不把笔，珠玑为君编。
强留费日月，密席罗婵娟。
昨者至林邑，使君数开筵。
逐客三四公，盈怀赠兰荃。
湖游泛漭沆，溪宴驻潺湲。
别语不许出，行裾动遭牵。
邻州竞招请，书札何翩翩。

十月下桂岭，乘寒恣窥缘。
落落王员外，争迎获其先。
自从入宾馆，占吝久能专。
吾徒颇携被，接宿穷欢妍。
听说两京事，分明皆眼前。
纵横杂谣俗，琐屑咸罗穿。
材调真可惜，朱丹在磨研。
方将敛之道，且欲冠其颠。
韶阳李太守，高步凌云烟。
得客辄忘食，开囊乞缯钱。
手持南曹叙，字重青瑶镌。
古气参彖系，高标摧太玄。
维舟事干谒，披读头风痊。
还如旧相识，倾壶畅幽悁。
以此复留滞，归骖几时鞭。

合江亭

红亭枕湘江，蒸水会其左。
瞰临眇空阔，绿净不可唾。
维昔经营初，邦君实王佐。
剪林迁神祠，买地费家货。
梁栋宏可爱，结构丽匪过。
伊人去轩腾，兹宇遂颓挫。
老郎来何暮，高唱久乃和。
树兰盈九畹，栽竹逾万个。
长绠汲沧浪，幽蹊下坎坷。
波涛夜俯听，云树朝对卧。
初如遗宦情，终乃最郡课。
人生诚无几，事往悲岂奈。
萧条绵岁时，契阔继庸懦。
胜事谁复论，丑声日已播。

中丞黜凶邪，天子闵穷饿。
君侯至之初，闾里自相贺。
淹滞乐闲旷，勤苦劝慵惰。
为余扫尘阶，命乐醉众座。
穷秋感平分，新月怜半破。
愿书岩上石，勿使泥尘涴。

荐士

周诗三百篇，雅丽理训诰。
曾经圣人手，议论安敢到。
五言出汉时，苏李首更号。
东都渐弥漫，派别百川导。
建安能者七，卓荦变风操。
逶迤抵晋宋，气象日凋耗。
中间数鲍谢，比近最清奥。
齐梁及陈隋，众作等蝉噪。
搜春摘花卉，沿袭伤剽盗。
国朝盛文章，子昂始高蹈。
勃兴得李杜，万类困陵暴。
后来相继生，亦各臻阃奥。
有穷者孟郊，受材实雄骜。
冥观洞古今，象外逐幽好。
横空盘硬语，妥帖力排奡。
敷柔肆纡余，奋猛卷海潦。
荣华肖天秀，捷疾逾响报。
行身践规矩，甘辱耻媚灶。
孟轲分邪正，眸子看瞭眊。
杳然粹而清，可以镇浮躁。
酸寒溧阳尉，五十几何耄。
孜孜营甘旨，辛苦久所冒。
俗流知者谁，指注竞嘲傲。

圣皇索遗逸，髦士日登造。
庙堂有贤相，爱遇均覆焘。
况承归与张，二公迭嗟悼。
青冥送吹嘘，强箭射鲁缟。
胡为久无成，使以归期告。
霜风破佳菊，佳节迫吹帽。
念将决焉去，感物增恋嫪。
彼微水中荇，尚烦左右芼。
鲁侯国至小，庙鼎犹纳郜。
幸当择珉玉，宁有弃珪瑁。
悠悠我之思，扰扰风中纛。
上言愧无路，日夜唯心祷。
鹤翎不天生，变化在啄抱。
通波非难图，尺地易可漕。
善善不汲汲，后时徒悔懊。
救死具八珍，不如一箪犒。
微诗公勿诮，恺悌神所劳。

驽骥

驽骀诚龌龊，市者何其稠。
力小苦易制，价微良易酬。
渴饮一斗水，饥食一束刍。
嘶鸣当大路，志气若有余。
骐骥生绝域，自矜无匹俦。
牵驱入市门，行者不为留。
借问价几何，黄金比嵩丘。
借问行几何，咫尺视九州。
饥食玉山禾，渴饮醴泉流。
问谁能为御，旷世不可求。
惟昔穆天子，乘之极遐游。
王良执其辔，造父挟其车。

因言天外事，茫惚使人愁。
驽骀谓骐骥，饿死余尔羞。
有能必见用，有德必见收。
孰云时与命，通塞皆自由。
骐骥不敢言，低回但垂头。
人皆劣骐骥，共以驽骀优。
喟余独兴叹，才命不同谋。
寄诗同心子，为我商声讴。

出门

长安百万家，出门无所之。
岂敢尚幽独，与事实参差。
古人虽已死，书上有其辞。
开卷读且想，千载若相期。
出门各有道，我道方未夷。
且于此中息，天命不吾欺。

烽火

登高望烽火，谁谓塞尘飞。
王城富且乐，曷不事光辉。
勿言日已暮，相见恐行稀。
愿君熟念此，秉烛夜中归。
我歌宁自感，乃独泪沾衣。

龌龊

龌龊当世士，所忧在饥寒。
但见贱者悲，不闻贵者叹。
大贤事业异，远抱非俗观。
报国心皎洁，念时涕汍澜。

妖姬坐左右，柔指发哀弹。
酒肴虽日陈，感激宁为欢。
秋阴欺白日，泥潦不少干。
河堤决东郡，老弱随惊湍。
天意固有属，谁能诘其端。
愿辱太守荐，得充谏诤官。
排云叫阊阖，披腹呈琅玕。
致君岂无术，自进诚独难。

洞庭湖阻风赠张十一署

十月阴气盛，北风无时休。
苍茫洞庭岸，与子维双舟。
雾雨晦争泄，波涛怒相投。
犬鸡断四听，粮绝谁与谋。
相去不容步，险如碍山丘。
清谈可以饱，梦想接无由。
男女喧左右，饥啼但啾啾。
非怀北归兴，何用胜羁愁。
云外有白日，寒光自悠悠。
能令暂开霁，过是吾无求。

青青水中蒲三首

青青水中蒲，下有一双鱼。
君今上陇去，我在与谁居。

青青水中蒲，长在水中居。
寄语浮萍草，相随我不如。

青青水中蒲，叶短不出水。
妇人不下堂，行子在万里。

县斋读书

出宰山水县，读书松桂林。
萧条捐末事，邂逅得初心。
哀狖醒俗耳，清泉洁尘襟。
诗成有共赋，酒熟无孤斟。
青竹时默钓，白云日幽寻。
南方本多毒，北客恒惧侵。
谪谴甘自守，滞留愧难任。
投章类缟带，伫答逾兼金。

晚菊

少年饮酒时，踊跃见菊花。
今来不复饮，每见恒咨嗟。
伫立摘满手，行行把归家。
此时无与语，弃置奈悲何。

落齿

去年落一牙，今年落一齿。
俄然落六七，落势殊未已。
余存皆动摇，尽落应始止。
忆初落一时，但念豁可耻。
及至落二三，始忧衰即死。
每一将落时，懔懔恒在己。
叉牙妨食物，颠倒怯漱水。
终焉舍我落，意与崩山比。
今来落既熟，见落空相似。
余存二十余，次第知落矣。
倘常岁落一，自足支两纪。
如其落并空，与渐亦同指。

人言齿之落，寿命理难恃。
我言生有涯，长短俱死尔。
人言齿之豁，左右惊谛视。
我言庄周云，木雁各有喜。
语讹默固好，嚼废软还美。
因歌遂成诗，持用诧妻子。

哭杨兵部凝陆歙州参

人皆期七十，才半岂蹉跎。
并出知己泪，自然白发多。
晨兴为谁恸，还坐久滂沱。
论文与晤语，已矣可如何。

送侯参谋赴河中幕

忆昔初及第，各以少年称。
君颐始生须，我齿清如冰。
尔时心气壮，百事谓己能。
一别讵几何，忽如隔晨兴。
我齿豁可鄙，君颜老可憎。
相逢风尘中，相亲迭嗟矜。
幸同学省官，末路再得朋。
东司绝教授，游宴以为恒。
秋渔荫密树，夜博然明灯。
雪径抵樵叟，风廊折谈僧。
陆浑桃花间，有汤沸如蒸。
三月崧少步，踯躅红千层。
洲沙厌晚坐，岭壁穷晨升。
沉冥不计日，为乐不可胜。
迁满一已异，乖离坐难凭。
行行事结束，人马何杌腾。

感激生胆勇，从军岂尝曾。
洸洸司徒公，天子爪与肱。
提师十万余，四海钦风棱。
河北兵未进，蔡州帅新薨。
曷不请扫除，活彼黎与烝。
鄙夫诚怯弱，受恩愧徒宏。
犹思脱儒冠，弃死取先登。
又欲面言事，上书求诏征。
侵官固非是，妄作谴可惩。
惟当待责免，耕属归沟塍。
今君得所附，势若脱韝鹰。
檄笔无与让，幕谋职其膺。
收绩闻史牒，翰飞逐溟鹏。
男儿贵立事，流景不可乘。
岁老阴沴作，云颓雪翻崩。
别袪拂洛水，征车转崤陵。
勤勤酒不进，勉勉恨已仍。
送君出门归，愁肠若牵绳。
默坐念语笑，痴如遇寒蝇。
策马谁可适，晤言谁为应。
席尘惜不扫，残尊对空凝。
信知后会时，日月屡环亘。
生期理行役，欢绪绝难承。
寄书唯在频，无吝简与缯。

送李翱

广州万里途，山重江逶迤。
行行何时到，谁能定归期。
揖我出门去，颜色异恒时。
虽云有追送，足迹绝自兹。
人生一世间，不自张与施。

譬如浮江木，纵横岂自知。
宁怀别时苦，勿作别后思。

送石处士赴河阳幕

长把种树书，人云避世士。
忽骑将军马，自号报恩子。
风云入壮怀，泉石别幽耳。
巨鹿师欲老，常山险犹恃。
岂惟彼相忧，固是吾徒耻。
去去事方急，酒行可以起。

送湖南李正字归

长沙入楚深，洞庭值秋晚。
人随鸿雁少，江共蒹葭远。
历历余所经，悠悠子当返。
孤游怀耿介，旅宿梦婉娩。
风土稍殊音，鱼虾日异饭。
亲交俱在此，谁与同息偃。

辛卯年雪

元和六年春，寒气不肯归。
河南二月末，雪花一尺围。
蹦腾相排拶，龙凤交横飞。
波涛何飘扬，天风吹旛旗。
白帝盛羽卫，鬖沙振裳衣。
白霓先启途，从以万玉妃。
翕翕陵厚载，哗哗弄阴机。
生平未曾见，何暇议是非。
或云丰年祥，饱食可庶几。

善祷吾所慕，谁言寸诚微。

招扬之罘

柏生两石间，万岁终不大。
野马不识人，难以驾车盖。
柏移就平地，马羁入厩中。
马思自由悲，柏有伤根容。
伤根柏不死，千丈日以至。
马悲罢还乐，振迅矜鞍辔。
之罘南山来，文字得我惊。
馆置使读书，日有求归声。
我令之罘归，失得柏与马。
之罘别我去。计出柏马下。
我自之罘归，入门思而悲。
之罘别我去，能不思我为。
洒扫县中居，引水经竹间。
嚣哗所不及，何异山中闲。
前陈百家书，食有肉与鱼。
先王遗文章，缀缉实在余。
礼称独学陋，易贵不远复。
作诗招之罘，晨夕抱饥渴。

送无本师归范阳

无本于为文，身大不及胆。
吾尝示之难，勇往无不敢。
蛟龙弄角牙，造次欲手揽。
众鬼囚大幽，下觑袭玄窖。
天阳熙四海，注视首不颔。
鲸鹏相摩窣，两举快一啖。
夫岂能必然，固已谢黯黮。

狂词肆滂葩，低昂见舒惨。
奸穷怪变得，往往造平淡。
蜂蝉碎锦缬，绿池披菡萏。
芝英擢荒蓁，孤翮起连茨。
家住幽都远，未识气先感。
来寻吾何能，无殊嗜昌歜。
始见洛阳春，桃枝缀红糁。
遂来长安里，时卦转习坎。
老懒无斗心，久不事铅椠。
欲以金帛酬，举室常咸颔。
念当委我去，霜雪刻以礷。
狞飙搅空衢，天地与顿撼。
勉率吐歌诗，慰女别后览。

双鸟诗

双鸟海外来，飞飞到中州。
一鸟落城市，一鸟集岩幽。
不得相伴鸣，尔来三千秋。
两鸟各闭口，万象衔口头。
春风卷地起，百鸟皆飘浮。
两鸟忽相逢，百日鸣不休。
有耳聒皆聋，有口反自羞。
百舌旧饶声，从此恒低头。
得病不呻唤，泯默至死休。
雷公告天公，百物须膏油。
自从两鸟鸣，聒乱雷声收。
鬼神怕嘲咏。造化皆停留。
草木有微情，挑抉示九州。
虫鼠诚微物，不堪苦诛求。
不停两鸟鸣，百物皆生愁。
不停两鸟鸣，自此无春秋。

不停两鸟鸣，日月难旋车舟。
不停两鸟鸣，大法失九畴。
周公不为公，孔丘不为丘。
天公怪两鸟，各捉一处囚。
百虫与百鸟，然后鸣啾啾。
两鸟既别处，闭声省愆尤。
朝食千头龙，暮食千头牛。
朝饮河生尘，暮饮海绝流。
还当三千秋，更起鸣相酬。

题炭谷湫祠堂

万物都阳明，幽暗鬼所寰。
嗟龙独何智，出入人鬼间。
不知谁为助，若执造化关。
厌处平地水，巢居插天山。
列峰若攒指，石盂仰环环。
巨灵高其捧，保此一掬悭。
森沈固含蓄，本以储阴奸。
鱼鳖蒙拥护，群嬉傲天顽。
翾翾栖托禽，飞飞一何闲。
祠堂像侔真，擢玉纡烟鬟。
群怪俨伺候，恩威在其颜。
我来日正中，悚惕思先还。
寄立尺寸地，敢言来途艰。
吁无吹毛刃，血此牛蹄殷。
至令乘水旱，鼓舞寡与鳏。
林丛镇冥冥，穷年无由删。
妍英杂艳实，星琐黄朱班。
石级皆险滑，颠跻莫牵攀。
龙区雏众碎，付与宿已颁。
弃去可奈何，吾其死茅菅。

送陆畅归江南

举举江南子，名以能诗闻。
一来取高第，官佐东宫军。
迎妇丞相府，夸映秀士群。
鸾鸣桂树间，观者何缤纷。
人事喜颠倒，旦夕异所云。
萧萧青云干，遂逐荆棘焚。
岁晚鸿雁过，乡思见新文。
践此秦关雪，家彼吴洲云。
悲啼上车女，骨肉不可分。
感慨都门别，丈夫酒方醺。
我实门下士，力薄蚋与蚊。
受恩不即报，永负湘中坟。

嘲鲁连子

鲁连细而黠，有似黄鹞子。
田巴兀老苍，怜汝矜爪觜。
开端要惊人，雄跨吾厌矣。
高拱禅鸿声，若辍一杯水。
独称唐虞贤，顾未知之耳。

调张籍

李杜文章在，光焰万丈长。
不知群儿愚，那用故谤伤。
蚍蜉撼大树，可笑不自量。
伊我生其后，举颈遥相望。
夜梦多见之，昼思反微茫。
徒观斧凿痕，不瞩治水航。
想当施手时，巨刃磨天扬。

垠崖划崩豁，乾坤摆雷硠。
惟此两夫子，家居率荒凉。
帝欲长吟哦，故遣起且僵。
剪翎送笼中，使看百鸟翔。
平生千万篇，金薤垂琳琅。
仙官敕六丁，雷电下取将。
流落人间者，太山一豪芒。
我愿生两翅，捕逐出八荒。
精诚忽交通，百怪入我肠。
刺手拔鲸牙，举瓢酌天浆。
腾身跨汗漫，不著织女襄。
顾语地上友，经营无太忙。
乞君飞霞珮，与我高颉颃。

寄皇甫湜

敲门惊昼睡，问报睦州吏。
手把一封书，上有皇甫字。
坼书放床头，涕与泪垂四。
昏昏还就枕，惘惘梦相值。
悲哉无奇术，安得生两翅。

杂诗

古史散左右，诗书置后前。
岂殊蠹书虫，生死文字间。
古道自愚蠢，古言自包缠。
当今固殊古，谁与为欣欢。
独携无言子，共升昆仑颠。
长风飘襟裾，遂起飞高圆。
下视禹九州，一尘集豪端。
遨嬉未云几，下已亿万年。

向者夸夺子，万坟厌其巅。
惜哉抱所见，白黑未及分。
慷慨为悲咤，泪如九河翻。
指摘相告语，虽还今谁亲。
翩然下大荒，披发骑骐辚。

寄崔二十六立之

西城员外丞，心迹两屈奇。
往岁战词赋，不将势力随。
下驴入省门，左右惊纷披。
傲兀坐试席，深丛见孤罴。
文如翻水成，初不用意为。
四座各低面，不敢捩眼窥。
升阶揖侍郎，归舍日未欹。
佳句喧众口，考官敢瑕疵。
连年收科第，若摘颔底髭。
回首卿相位，通途无他歧。
岂论校书郎，袍笏光参差。
童稚见称说，祝身得如斯。
侪辈妒且热，喘如竹筒吹。
老妇愿嫁女，约不论财赀。
老翁不量分，累月笞其儿。
搅搅争附托，无人角雄雌。
由来人间事，翻覆不可知。
安有巢中口，插翅飞天陲。
驹麛著爪牙，猛虎借与皮。
汝头有缰系，汝脚有索縻。
陷身泥沟间，谁复禀指为。
不脱吏部选，可见偶与奇。
又作朝士贬，得非命所施。
客居京城中，十日营一炊。

逼迫走巴蛮，恩爱座上离。
昨来汉水头，始得完孤羁。
桁挂新衣裳，盎弃食残糜。
苟无饥寒苦，那用分高卑。
怜我还好古，宦途同险巇。
每旬遗我书，竟岁无差池。
新篇奚其思，风幡肆逶迤。
又论诸毛功，劈水看蛟螭。
雷电生睒目易，角鬣相撑披。
属我感穷景，抱华不能摛。
倡来和相报，愧叹俾我疵。
又寄百尺彩，绯红相盛衰。
功能喻其诚，深浅抽肝脾。
开展放我侧，方餐涕垂匙。
朋交日凋谢，存者逐利移。
子宁独迷误，缀缀意益弥。
举头庭树豁，狂飙卷寒曦。
迢递山水隔，何由应埙篪。
别来就十年，君马记马肉骊。
长女当及事，谁助出帨缡。
诸男皆秀朗，几能守家规。
文字锐气在，辉辉见旌麾。
摧肠与戚容，能复持酒卮。
我虽未耋老，发秃骨力羸。
所余十九齿，飘□尽浮危。
玄花着两眼，视物隔褷。
燕席谢不诣，游鞍悬莫骑。
敦敦凭书案，譬彼鸟粘黐。
且吾闻之师，不以物自隳。
孤豚眠粪壤，不慕太庙牺。
君看一时人，几辈先腾驰。
过半黑头死，阴虫食枯骨。

欢华不满眼，咎责塞两仪。
观名计之利，讵足相陪裨。
仁者耻贪冒，受禄量所宜。
无能食国惠，岂异哀瘫罢。
久欲辞谢去，休令众睢睢。
况又婴疹疾，宁保躯不赀。
不能前死罢，内实惭神只。
旧籍在东都，茅屋枳棘篱。
还归非无指，灞浐扬春澌。
生兮耕吾疆，死也埋吾陂。
文书自传道，不仗史笔垂。
夫子固吾党，新恩释衔羁。
去来伊洛上，相待安罛箄。
我有双饮盏，其银得朱提。
黄金涂物象，雕镌妙工倕。
乃令千里鲸，幺么微螽斯。
犹能争明月，摆掉出渺弥。
野草花叶细，不辨草录葹。
绵绵相纠结，状似环城陴。
四隅芙蓉树，擢艳皆猗猗。
鲸以兴君身，失所逢百罹。
月以喻夫道，黾勉励莫亏。
草木明复载，妍丑齐荣萎。
愿君恒御之，行止杂燧觽。
异日期对举，当如合分支。

孟生诗

孟生江海士，古貌又古心。
尝读古人书，谓言古犹今。
作诗三百首，窅默咸池音。
骑驴到京国，欲和薰风琴。

岂识天子居，九重郁沈沈。
一门百夫守，无籍不可寻。
晶光荡相射，旗戟翩以森。
迁延乍却走，惊怪靡自任。
举头看白日，泣涕下沾襟。
朅来游公卿，莫肯低华簪。
谅非轩冕族，应对多差参。
萍蓬风波急，桑榆日月侵。
奈何从进士，此路转岖嵚。
异质忌处群，孤芳难寄林。
谁怜松桂性，竞爱桃李阴。
朝悲辞树叶，夕感归巢禽。
顾我多慷慨，穷檐时见临。
清宵静相对，发白聆苦吟。
采兰起幽念，眇然望东南。
秦吴修且阻，两地无数金。
我论徐方牧，好古天下钦。
竹实凤所食，德馨神所歆。
求观众丘小，必上泰山岑。
求观众流细，必泛沧溟深。
子其听我言，可以当所箴。
既获则思返，无为久滞淫。
卞和试三献，期子在秋砧。

将归赠孟东野房蜀客

君门不可入，势利互相推。
借问读书客，胡为在京师。
举头未能对，闭眼聊自思。
倏忽十六年，终朝苦寒饥。
宦途竟寥落，鬓发坐差池。

颍水清且寂，箕山坦而夷。
如今便当去，咄咄无自疑。

答孟郊

规模背时利，文字觑天巧。
人皆饮酒肉，子独不得饱。
才春思已乱，始秋悲又搅。
朝餐动及午，夜讽恒至卯。
名声暂膻腥，肠肚镇煎火刍。
古心虽自鞭，世路终难拗。
弱拒喜张臂，猛拿闲缩爪。
见倒谁肯扶，从嗔我须咬。

从仕

居闲食不足，从仕力难任。
两事皆害性，一生恒苦心。
黄昏归私室，惆怅起叹音。
弃置人间世，古来非独今。

路傍堠

堆堆路傍堠，一双复一只。
迎我出秦关，送我入楚泽。
千以高山遮，万以远水隔。
吾君勤听治，照与日月敌。
臣愚幸可哀，臣罪庶可释。
何当迎送归，缘路高历历。

食曲河驿

晨及曲河驿，凄然自伤情。
群乌巢庭树，乳雀飞檐楹。
而我抱重罪，孑孑万里程。
亲戚顿乖角，图史弃纵横。
下负明义重，上孤朝命荣。
杀身谅无补，何用答生成。

过南阳

南阳郭门外，桑下麦青青。
行子去未已，春鸠鸣不停。
秦商邈既远，湖海浩将经。
孰忍生以戚，吾其寄余龄。

泷吏

南行逾六旬，始下昌乐泷。
险恶不可状，船石相舂撞。
往问泷头吏，潮州尚几里。
行当何时到，土风复何似。
泷吏垂手笑，官何问之愚。
譬官居京邑，何由知东吴。
东吴游宦乡，官知自有由。
潮州底处所，有罪乃窜流。
侬幸无负犯，何由到而知。
官今行自到，那遽妄问为。
不虞卒见困，汗出愧且骇。
吏曰聊戏官，侬尝使往罢。
岭南大抵同，官去道苦辽。
下此三千里，有州始名潮。

恶溪瘴毒聚，雷电常汹汹。
鳄鱼大如船，牙眼怖杀侬。
州南数十里，有海无天地。
飓风有时作，掀簸真差事。
圣人于天下，于物无不容。
比闻此州囚，亦有生还侬。
官无嫌此州，固罪人所徙。
官当明时来，事不待说委。
官不自谨慎，宜即引分往。
胡为此水边，神色久党慌。
祂大瓶罂小，所任自有宜。
官何不自量，满溢以取斯。
工农虽小人，事业各有守。
不知官在朝，有益国家不。
得无虱其间，不武亦不文。
仁义饰其躬，巧奸败群伦。
叩头谢吏言，始惭今更羞。
历官二十余，国恩并未酬。
凡吏之所诃，嗟实颇有之。
不即金木诛，敢不识恩私。
潮州虽去远，虽恶不可过。
于身实已多，敢不持自贺。

感春三首

偶坐藤树下，暮春下旬间。
阴已可庇，落蕊还漫漫。
亹亹新叶大，珑珑晚花干。
青天高寥寥，两蝶飞翻翻。
时节适当尔，怀悲自无端。

黄黄芜菁花，桃李事已退。
狂风簸枯榆，狼藉九衢内。
春序一如此，汝颜安足赖。
谁能驾飞车，相从观海外。

晨游百花林，朱朱兼白白。
柳枝弱而细，悬树垂百尺。
左右同来人，金紫贵显剧。
娇童为我歌，哀响跨筝笛。
艳姬蹋筵舞，清眸刺剑戟。
心怀平生友，莫一在燕席。
死者长眇芒，生者困乖隔。
少年真可喜，老大百无益。

早赴街西行香赠卢李二中舍人

天街东西异，祇命遂成游。
月明御沟晓，蝉吟堤树秋。
老僧情不薄，僻寺境还幽。
寂寥二三子，归骑得相收。

晚寄张十八助教周郎博士

日薄风景旷，出归偃前檐。
晴云如擘絮，新月似磨镰。
田野兴偶动，衣冠情久厌。
吾生可携手，叹息岁将淹。

题张十八所居

君居泥沟上，沟浊萍青青。
蛙欢桥未扫，蝉嘒门长扃。

名秩后千品，诗文齐六经。
端来问奇字，为我讲声形。

奉和钱七兄曹长盆池所植

翻翻江浦荷，而今生在此。
擢擢菰叶长，芳根复谁徙。
露涵两鲜翠，风荡相磨倚。
但取主人知，谁言盆盎是。

卷　十

李太白七古诗词

远别离

远别离，古有黄英之二女。乃在洞庭之南，潇湘之浦。

海水直下万里深，谁人不言此离苦。日惨惨兮云冥冥，猩猩啼烟兮鬼啸雨。

我纵言之将何补。皇穹窃恐不照余之忠诚，雷凭凭兮欲吼怒。尧舜当之亦禅禹。

君失臣兮龙为鱼，权归臣兮鼠变虎。或云尧幽囚，舜野死。

九疑连绵皆相似，重瞳孤坟竟何是。帝子泣兮绿云间，随风波兮去无还。

恸哭兮远望，见苍梧之深山。苍梧山崩湘水绝，竹上之泪乃可灭。

公无渡河

黄河西来决昆仑，咆哮万里触龙门。波滔天，尧咨嗟。大禹理百川，儿啼不窥家。

杀湍堙洪水，九州始蚕麻。其害乃去，茫然风沙。

被发之叟狂而痴，清晨径流欲奚为。旁人不惜妻止之，公无渡河苦渡之。

虎可搏，河难冯，公果溺死流海湄。有长鲸白齿若雪山，公乎公乎挂骨于其间。箜篌所悲竟不还。

蜀道难

噫吁口戏，危乎高哉！蜀道之难，难于上青天。

蚕丛及鱼凫，开国何茫然。尔来四万八千岁，不与秦塞通人烟。

西当太白有鸟道，何以横绝峨眉巅。地崩山摧壮士死，然后天梯石栈方勾连。

上有六龙回日之高标，下有冲波逆折之回川。黄鹤之飞尚不得，猿猱欲度愁攀缘。

青泥何盘盘，百步九折萦岩峦。扪参历井仰胁息，以手抚膺坐长叹。

问君西游何时还，畏途巉岩不可攀。但见悲鸟号古木，雄飞雌从绕林间。

又闻子规啼夜月，愁空山。蜀道之难，难于上青天，使人听此凋朱颜。

连峰去天不盈尺，枯松倒挂倚绝壁。飞湍暴流争喧豗，砯崖转石万壑雷。

其山佥也若此，嗟尔远道之人胡为乎来哉！剑阁峥嵘而崔嵬。一夫当关，万人莫开。

所守或匪亲，化为狼与豺。朝避猛虎，夕避长蛇。

磨牙吮血，杀人如麻。锦城虽云乐，不如早还家。

蜀道之难，难于上青天，侧身西望长咨嗟。

梁甫吟

长啸梁甫吟，何时见阳春。君不见，朝歌屠叟辞棘津，八十西来钓渭滨。

宁羞白发照渌水，逢时壮气思经纶。广张三千六百钩，风期暗与文王亲。

大贤虎变愚不测，当年颇似寻常人。君不见，高阳酒徒起草中，长揖山东隆准公。

入门开说骋雄辩，两女辍洗来趋风。东下齐城七十二，指麾楚汉如旋蓬。

狂客落拓尚如此，何况壮士当群雄。我欲攀龙见明主，雷公砰訇震天鼓。

帝旁投壶多玉女。三时大笑开电光，倏烁晦螟起风雨。

阊阖九门不可通，以额叩关阍者怒。白日不照吾精诚，杞国无事忧天倾。

猰貐磨牙竞人肉，驺虞不折生草茎。手接飞猱搏雕虎，侧足焦原未言苦。智者可卷愚者豪，世人见我轻鸿毛。力排南山三壮士，齐相杀之费二桃。吴楚弄兵无剧孟，亚夫咍尔为徒劳。梁甫吟，声正悲。张公两龙剑，神器合有时。风云感会起屠钓，大人嵲屼当安之。

乌夜啼

黄云城边乌欲栖，归飞哑哑枝上啼。
机中织锦秦川女，碧纱如烟隔窗语。
停梭怅然忆远人，独宿孤房泪如雨。

乌栖曲

姑苏台上乌栖时，吴王宫里醉西施。
吴歌楚舞欢未毕，青山犹衔半边日。
银箭金壶漏水多，起看秋月坠江波，
东方渐高奈乐何。

战城南

去年战，桑乾源。今年战，葱河道。洗兵条支海上波，放马天山雪中草。万里长征战，三军尽衰老。匈奴以杀戮为耕作，古来唯见白骨黄沙田。秦家筑城备胡处，汉家还有烽火然。烽火然不息，征战无已时。野战格斗死，败马号鸣向天悲。乌鸢啄人肠，衔飞上挂枯树枝。士卒涂草莽，将军空尔为。乃知兵者是凶器，圣人不得已而用之。

将进酒

君不见，黄河之水天上来，奔流到海不复回。

君不见，高堂明镜悲白发，朝如青丝暮成雪。人生得意须尽欢，莫使金樽空对月。

天生我材必有用，千金散尽还复来。烹羊宰牛且为乐，会须一饮三百杯。

岑夫子，丹丘生，进酒君莫停。与君歌一曲，请君为我倾耳听。

钟鼓馔玉不足贵，但愿长醉不用醒。古来圣贤皆寂寞，唯有饮者留其名。

陈王昔时宴平乐，斗酒十千恣欢谑。主人何为言少钱，径须沽酒对君酌。

五花马，千金裘，呼儿将出换美酒，与尔同销万古愁。

飞龙引二首

黄帝铸鼎于荆山，炼丹砂。丹砂成黄金，骑龙飞去太上家。云愁海思令人嗟。

宫中彩女颜如花，飘然挥手凌紫霞。从风纵体登銮车。

登銮车，侍轩辕，遨游青天中，其乐不可言。

鼎湖流水清且闲。轩辕去时有弓剑，古人传道留其间。后宫婵娟多花颜。

乘鸾飞烟亦不还，骑龙攀天造天关。造天关，闻天语。屯云河车载玉女。

载玉女，过紫皇，紫皇乃赐白兔所捣之药方。后天而老凋三光。

下视瑶池见王母，蛾眉萧飒如秋霜。

天马歌

天马来出月支窟，背为虎文龙翼骨。嘶青云，振绿发。兰筋权奇走灭没。

腾昆仑，历西极，四足无一蹶。鸡鸣刷燕晡秣越，神行电迈蹑恍惚。

天马呼，飞龙趋。目明长庚臆双凫，尾如流星首渴乌，口喷红光汗沟珠。

曾陪时龙跃天衢，羁金络月照星都。逸气稜稜凌九区，白璧如山谁敢沽。

回头笑紫燕，但觉尔辈愚。天马奔，恋君轩。马束跃惊矫浮云翻。

万里足踯躅，遥瞻阊阖门。不逢寒风子，谁采逸景孙。白云在青天，丘陵远崔嵬。

盐车上峻坂，倒行逆施畏日晚。伯乐剪拂中道遗，少尽其力老弃之。

愿逢田子方，恻然为我思。虽有玉山禾，不能疗苦肌。

严霜五月凋桂枝，伏枥衔冤摧两眉。请君赎献穆天子，犹堪弄影舞瑶池。

行路难三首

金樽清酒斗十千，玉盘珍馐直万钱。停杯投箸不能食，拔剑四顾心茫然。

欲渡黄河冰塞川，将登太行雪暗天，闲来垂钓坐溪上，忽复乘舟梦日边。

行路难，行路难，多歧路，今安在。长风破浪会有时，直挂云帆济沧海。

大道如青天，我独不得出。羞逐长安社中儿，赤鸡白狗赌梨栗。

弹剑作歌奏苦声，曳裾王门不称情。淮阴市井笑韩信，汉朝公卿忌贾生。

君不见，昔时燕家重郭隗，拥彗折节无嫌猜。

剧辛乐毅感恩分，输肝剖胆效英才。昭王白骨萦蔓草，谁人更扫黄金台。

行路难，归去来！

有耳莫洗颍川水，有口莫食首阳蕨。含光混世贵无名，何用孤高比云月。

吾观自古贤达人，功成不退皆殒身。子胥既弃吴江上，屈原终投湘水滨。

陆机雄才岂自保，李斯税驾苦不早。华亭鹤唳讵可闻，上蔡苍鹰何足道。

君不见，吴中张翰称达生，秋风忽忆江东行。

且乐生前一杯酒，何须身后千载名。

长相思三首

长相思，在长安。络纬秋啼金井栏，微霜凄凄簟色寒。孤灯不明思欲绝，卷帷望月空长叹。美人如花隔云端。上有青冥之高天，下有渌水之波澜。天长路远魂飞苦，梦魂不到关山难。长相思，摧心肝。

日色已尽花含烟，月明欲素愁不眠。赵瑟初停凤凰柱，蜀琴欲奏鸳鸯弦。此曲有意无人传，愿随春风寄燕然。忆君迢迢隔青天。昔日横波目，今成流泪泉。

不信妾肠断，归来看取明镜前。

美人在时花满堂，美人去后空余床。床中绣被卷不寝，至今三载犹闻香。香亦竟不灭，人亦竟不来。相思黄叶落，白露点青苔。

上留田

行至上留田，孤坟何峥嵘。积此万古恨，春草不复生。悲风四边来，肠断白杨声。

借问谁家地，埋没蒿里茔。古老向余言，言是上留田。蓬科马鬣今已平。昔之弟死兄不葬，他人于此举铭旌。一鸟死，百鸟鸣。一兽走，百兽惊。桓山之禽别离苦，欲去回翔不能征。田氏仓促骨肉分，青天白日摧紫荆。交让之木本同形，东枝憔悴西枝荣。无心之物尚如此，参商胡乃寻天兵。孤竹延陵，让国扬名。高风缅邈，颓波激情。尺布之谣，塞耳不能听。

前有樽酒行二首

春风东来忽相过，金樽渌酒生微波。落花纷纷稍觉多，美人欲醉朱颜酡。青轩桃李能几何，流光欺人忽蹉跎。君起舞，日西夕。当年意气不肯倾，白发如丝叹何益。

琴奏龙门之绿桐，玉壶美酒清若空。催弦拂柱与君饮，看朱成碧颜始红。胡姬貌如花，当垆笑春风。笑春风，舞罗衣。君今不醉欲安归。

野田黄雀行

游莫逐炎洲翠，栖莫近吴宫燕。

吴宫火起焚尔窠，炎洲逐翠遭网罗。

萧条两翅蓬蒿下，纵有鹰鹯奈若何。

箜篌谣

攀天莫登龙，走山莫骑虎。贵贱结交心不移，唯有严陵及光武。

周公称大圣，管蔡宁相容。汉谣一斗粟，不与淮南舂。兄弟尚路大，吾心安所从。

他人方寸间，山海几千重。轻言托朋友，对面九疑峰。多花必早落，桃李不如松。

管鲍久已死，何人继其踪。

雉朝飞

麦陇青青三月时，白雉朝飞挟两雌。锦衣绮翼何离褷，犊牧采薪感之悲。

春天和，白日暖。啄食饮泉勇气满，争雄斗死绣颈断。

雉子班奏急管弦，心倾美酒尽玉碗。枯杨枯杨尔生荑，我独七十而孤栖。

弹弦写恨意不尽，瞑目归黄泥。

上云乐

金天之西，白日所没。康老胡雏，生彼月窟。巉岩容仪，戍削风骨。

碧玉炅炅双目瞳，黄金拳拳两鬓红。华盖垂下睫，嵩岳临上唇。

不睹谲诡貌，岂知造化神。大道是文康之严父，元气乃文康之老亲。

抚顶弄盘古，推车转天轮。云见日月初生时，铸冶火精与水银。

阳乌未出谷，顾兔半藏身。女娲戏黄土，团作愚下人。散在六合间，濛濛若沙尘。

生死了不尽，谁明此胡是仙真。西海栽若木，东溟植扶桑。

别来几多时，枝叶万里长。中国有七圣，半路颓鸿荒。陛下应运起，龙飞入咸阳。

赤眉立盆子，白水兴汉光。叱咤四海动，洪涛为簸扬。举足蹋紫微，天关自开张。

老胡感至德，东来进仙倡。五色狮子，九苞凤凰，是老胡鸡犬，鸣舞飞帝乡。

淋漓飒沓，进退成行。能胡歌，献汉酒。跪双膝，并两肘。散花指天举素手。

拜龙颜，献圣寿。北斗戾，南山摧。天子九九八十一万岁，长倾万岁杯。

夷则格上白鸠拂舞辞

铿鸣钟，考朗鼓。歌白鸠，引拂舞。白鸠之白谁与邻，霜衣雪襟诚可珍。

含哺七子能平均，食不咽，性安驯。首农政，鸣阳春。天子刻玉杖，镂形赐耆人。

白鹭亦白非纯真，外洁其色心匪仁。阙五德，无司晨，胡为啄我葭下之紫鳞。

鹰鹯周鸟鹗，贪而好杀。凤凰虽大圣，不愿以为臣。

日出入行

日出东方隈，似从地底来。历天又复入西海，六龙所舍安在哉。

其始与终古不息，人非元气，安得与之久徘徊。草不谢荣于春风，木不怨落于秋天。

谁挥鞭策驱四运，万物兴歇皆自然。羲和羲和，汝奚汩没于荒淫之波。

鲁阳何德，驻景挥戈。逆道违天，矫诬实多。吾将囊括大块，浩然与溟涬同科。

胡无人

严风吹霜海草凋，筋干精坚胡马骄。汉家战士三十万，将军兼领霍嫖姚。

流星白羽腰间插，剑花秋莲光出匣。天兵照雪下玉关，虏箭如沙射金甲。

云龙风虎尽交回，太白入月敌可摧。敌可摧，旄头灭，履胡之肠涉胡血。

悬胡青天上，埋胡紫塞旁。胡无人，汉道昌。陛下之寿三千霜。

但歌大风云飞扬，安用猛士兮守四方。

北风行

烛龙栖寒门，光耀犹旦开。日月照之何不及此，唯有北风号怒天上来。

燕山雪花大如席，片片吹落轩辕台。幽州思妇十二月，停歌罢笑双蛾摧。

倚门望行人，念君长城苦寒良可哀。别时提剑救边去，遗此虎文金鞞靫。

中有一双白羽箭，蜘蛛结网生尘埃。箭空在，人今战死不复回。

不忍见此物，焚之已成灰。黄河捧土尚可塞，北风雨雪恨难裁。

独漉篇

独漉水中泥，水浊不见月。不见月尚可，水深行人没。越鸟从南来。胡雁亦北度。

我欲弯弓向天射，惜其中道失归路。落叶别树，飘零随风。客无所托，悲与此同。

罗帷舒卷，似有人开。明月直入，无心可猜。雄剑挂壁，时时龙鸣。

不断犀象，羞涩苔生。国耻未雪，何由成名。神鹰梦泽，不顾鸱鸢。

为君一击，搏鹏九天。

登高丘而望远海

登高丘，望远海。六鳌骨已霜，三山流安在。扶桑半摧折，白日沉光彩。
银台金阙如梦中。秦皇汉武空相待。精卫费木石，鼋鼍无所凭。
君不见，骊山茂陵尽灰灭，牧羊之子来攀登。
盗贼劫宝玉，精灵竟何能，穷兵黩武今如此，鼎湖飞龙安可乘。

阳春歌

长安白日照春空，绿杨结烟桑袅风。披香殿前花始红，流芳发色绣户中。
绣户中，相经过。飞燕皇后轻身舞，紫宫夫人绝世歌。
圣君三万六千日，岁岁年年奈乐何。

杨叛儿

君歌杨叛儿，妾劝新丰酒。何许最关人，乌啼白门柳。乌啼隐杨花，君醉留妾家。

博山炉中沈香火，双烟一气凌紫霞。

双燕离

双燕复双燕，双飞令人羡。玉楼珠阁不独栖，金窗绣户常相见。

柏梁失火去，因入吴王宫。吴宫又焚荡，雏尽巢一空。憔悴一身在，孀雌忆故雄。

双飞难再得，伤我寸心中。

于阗采花

于阗采花人，自言花相似。明妃一朝西入胡，胡中美女多羞死。
乃知汉地多名姝，胡中无花可方比。丹青能令丑者妍，无盐翻在深宫里。
自古妒蛾眉，胡沙埋皓齿。

鞠歌行

玉不自言如桃李，鱼目笑之卞和耻。楚国青蝇何太多，连城白璧遭谗毁。

荆山长号泣血人，忠臣死为刖足鬼。听曲知宁戚，夷吾因小妻。

秦穆五羊皮，买死百里奚。洗拂青云上，当时贱如泥。朝歌鼓刀叟，虎变蟠溪中。

一举钓六合，遂荒营丘东。平生渭水曲，谁识此老翁。奈何今之人，双目送飞鸿。

幽涧泉

拂彼白石，弹吾素琴。幽涧愀兮流泉深。善手明徽，高张清心。

寂历似千古，松飕祒兮万寻。中见愁猿吊影而危处兮，叫秋木而长吟。

客有哀时失志而听者，泪淋浪以沾襟。乃缉商缀羽，潺湲成音。

吾但写声发愤于妙指，殊不知此曲之古今。幽涧泉，鸣深林。

王昭君二首

汉家秦地月，流影照明妃。一上玉关道，天涯去不归。

汉月还从东海出，明妃西嫁无来日。燕支长寒雪作花，蛾眉憔悴没胡沙。

生乏黄金枉图画，死留青冢使人嗟。

昭君拂玉鞍，上马啼红颊。今日汉宫人，明朝胡地妾。

中山孺子妾歌

中山孺子妾，特以色见珍。虽不如延年妹，亦是当时绝世人。

桃李出深井，花艳惊上春。一贵复一贱，关天岂由身。芙蓉老秋霜，团扇羞网尘。

戚姬髡剪入舂市，万古共悲辛。

荆州乐

白帝城边足风波，瞿塘五月谁敢过。荆州麦熟茧成蛾，缫丝忆君头绪多。
拨谷飞鸣奈妾何。

古有所思

我思仙人，乃在碧海之东隅。海寒多天风，白波连山倒蓬壶。
长鲸喷涌不可涉，抚心茫茫泪如珠。西来青鸟东飞去，愿寄一书谢麻姑。

久别离

别来几春未还家，玉窗五见樱桃花。况有锦字书，开缄使人嗟。
至此肠断彼心绝，云鬟绿鬓罢揽结。愁如回飙乱白雪。
去年寄书报阳台，今年寄书重相催。胡为东风为我吹行云使西来。
待来竟不来，落花寂寂委青苔。

采莲曲

若耶溪傍采莲女，笑隔荷花共人语。日照新妆水底明。风飘香袖空中举。
岸上谁家游冶郎，三三五五映垂杨。紫骝嘶入落花去，见此踟蹰空断肠。

白头吟

锦水东流碧，波荡双鸳鸯。雄巢汉宫树，雌弄秦草芳。
相如去蜀谒武帝，赤车驷马生辉光。一朝再览大人作，万乘忽欲凌云翔。
闻道阿娇失恩宠，千金买赋要君王。相如不忆贫贱日，官高金多聘私室。
茂陵姝子皆见求，文君欢爱从此毕。泪如双泉水，行堕紫罗襟。
五起鸡三唱，清晨白头吟。长吁不整绿云鬓，仰诉青天哀怨深。
城崩杞梁妻，谁道土无心。东流不作西归水，落花辞枝羞故林。
头上玉燕钗，是妾嫁时物。赠君表相思，罗袖幸时拂。
莫卷龙须席，从他生网丝，且留琥珀枕，还有梦来时。

肃鸟霜鸟裘在锦屏上，自君一挂无由披。妾有秦楼镜，照心胜照井。愿持照新人，双对可怜影。覆水却收不满杯，相如还谢文君回。古来得意不相负，只今唯有青陵台。

临江王节士歌

洞庭白波木叶稀，燕雁始入吴云飞。吴云寒，燕雁苦，风号沙宿潇湘浦。节士感秋泪如雨。白日当天心，照之可以事明主。壮士愤，雄风生。安得倚天剑，跨海斩长鲸。

司马将军歌

狂风吹古月，窃弄章华台。北落明星动光彩，南征猛将如云雷。
手中电曳倚天剑，直斩长鲸海水开。我见楼船壮心目，颇似龙骧下三蜀。
扬兵习战张虎旗，江中白浪如银屋。身居玉帐临河魁，紫髯若戟冠崔嵬。
细柳开营揖天子，始知灞上为婴孩。羌笛横吹阿亭单回。向月楼中吹落梅。
将军自起舞长剑，壮士呼声动九垓。功成献凯见明主，丹青画像麒麟台。

君道曲

大君若天覆，广运无不至。轩后爪牙常先太山稽，如心之使臂。小白鸿翼于夷吾，刘葛鱼水本无二。土扶可成墙，积德为厚地。

结袜子

燕南壮士吴门豪，筑中置铅鱼隐刀。
感君恩重许君命，太山一掷轻鸿毛。

白晰辞三首

扬清歌，发皓齿，北方佳人东邻子。且吟白晰停绿水，长袖拂面为君起。
寒云夜卷霜海空，胡风吹天飘塞鸿。玉颜满堂乐未终，馆娃日落歌吹濛。

月寒江清夜沉沉，美人一笑千黄金。
垂罗舞縠扬哀音，郢中白雪且莫吟，子夜吴歌动君心。
动君心，冀君赏。愿作天池双鸳鸯，一朝飞去青云上。

吴刀剪彩缝舞衣，明妆丽服夺春晖，扬眉转袖若雪飞。
倾城独立世所稀，激楚结风醉忘归。高堂月落烛已微，玉钗挂缨君莫违。

鸣雁行

胡雁鸣，辞燕山。昨发委羽朝度关。一一衔芦枝，南飞散落天地间。
连行接翼往复还。客居烟波寄湘吴，凌霜触雪毛体枯。
畏逢矢曾缴惊相呼，闻弦虚坠良可吁。君更弹射何为乎。

凤笙篇

仙人十五爱吹笙，学得昆丘彩凤鸣。
始闻炼气飧金液，复道朝天赴玉京。
玉京迢迢几千里，凤笙去去无穷已。
欲叹离声发绛唇，更嗟别调流纤指。
此时惜别讵堪闻，此地相看未忍分。
重吟真曲和清吹，却奏仙歌响绿云。
绿云紫气向函关，访道应寻缑氏山。
莫学吹笙王子晋，一遇浮丘断不还。

清平调词三首

云想衣裳花想容，春风拂槛露华浓。
若非群玉山头见，会向瑶台月下逢。

一枝红艳露凝香，云雨巫山枉断肠。
借问汉宫谁得似，可怜飞燕倚新妆。

名花倾国两相欢，长得君王带笑看。
解释春风无限恨，沉香亭北倚阑干。

猛虎行

朝作猛虎行，暮作猛虎吟。肠断非关陇头水，泪下不为雍门琴。
旌旗缤纷两河道，战鼓惊山欲倾倒。秦人半作燕地囚，胡马翻衔洛阳草。
一输一失关下兵，朝降夕叛幽蓟城。巨鳌未斩海水动，鱼龙奔走安得宁。
颇似楚汉时，翻覆无定止。朝过博浪沙，暮入淮阴市。
张良未遇韩信贫，刘项存亡在两臣。暂到下邳受兵略，来投漂母做主人。
贤哲栖栖古如此，今时亦弃青云士。有策不敢犯龙鳞，窜身南国避胡尘。
宝书玉剑挂高阁，金鞍骏马散故人。昨日方为宣城客，掣铃交通二千石。
有时六博快壮心，绕床三匝呼一掷。楚人每道张旭奇，心藏风云世莫知。
三吴邦伯皆顾眄，四海雄侠两追随。萧曹曾作沛中吏，攀龙附凤当有时。
溧阳酒楼三月春，杨花茫茫愁煞人。胡雏绿眼吹玉笛，吴歌白晧飞梁尘。
丈夫相见且为乐，槌牛挝鼓会众宾。我从此去钓东海，得鱼笑寄情相亲。

玉壶吟

烈士击玉壶，壮心惜暮年。三杯拂剑舞秋月，忽然高咏涕泗涟。
凤凰初下紫泥诏，谒帝称觞登御筵。揄扬九重万乘主，谑浪赤墀青琐贤。
朝天数换飞龙马，敕赐珊瑚白玉鞭。世人不识东方朔，大隐金门是谪仙。
西施宜笑复宜口频，丑女效之徒集身。君王虽爱蛾眉好，无奈宫中妒杀人。

豳歌行上新平长史兄粲

豳谷稍稍振庭柯，泾水浩浩扬湍波。
哀鸿酸嘶暮声急，愁云苍惨寒气多。
忆昨去家此为客，荷花初红柳阴碧。
中宵出饮三百杯，明朝归揖二千石。
宁知流寓变光辉，胡霜萧飒绕客衣。

寒灰寂寞竟谁暖，落叶飘扬何处归。
吾兄行乐穷曛旭，满堂有美颜如玉。
赵女长歌入彩云，燕姬醉舞娇红烛。
狐裘兽炭酌流霞，壮士悲吟宁见嗟。
前荣后枯相翻覆，何惜余光及棣华。

西岳云台歌送丹丘子

西岳峥嵘何壮哉，黄河如丝天际来。
黄河万里触山动，盘涡毂转秦地雷。
荣光休气纷五彩，千年一清圣人在。
巨灵咆哮擘两山，洪波喷流射东海。
三峰却立如欲摧，翠崖丹谷高掌开。
白帝精光运元气，石作莲花云作台。
云台阁道连窈冥，中有不死丹丘生。
明星玉女备洒扫，麻姑搔背指爪轻。
我皇手把天地户，丹丘谈天与天语。
九重出入生光辉，东求蓬莱复西归。
玉浆倘惠故人饮，骑二茅龙上天飞。

元丹丘歌

元丹丘，爱神仙。朝饮颍川之清流，暮还嵩岑之紫烟。三十六峰长周旋。
长周旋，蹑星虹。身骑飞龙耳生风，横河跨海与天通。我知尔游心无穷。

扶风豪士歌

洛阳三月飞胡沙，洛阳城中人怨嗟。
天津流水波赤血，白骨相撑如乱麻。
我亦东奔向吴国，浮云四塞道路赊。
东方日出啼早鸦，城门人开扫落花。
梧桐杨柳拂金井，来醉扶风豪士家。

扶风豪士天下奇，意气相倾山可移。
做人不倚将军势，饮酒岂顾尚书期。
雕盘绮食会众客，吴歌赵舞香风吹。
原尝春陵六国时，开心写意君所知。
堂中各有三千士，明日报恩知是谁。
抚长剑，一扬眉，清水白石何离离。
脱吾帽，向君笑。饮君酒，为君吟。
张良未逐赤松去，桥边黄石知我心。

同族弟金城尉叔卿烛照山水壁画歌

高堂粉壁图蓬瀛，烛前一见沧州清。洪波汹涌山峥嵘，皎若丹丘隔海望赤城。

光中乍喜岚气灭，谓逢山阴晴后雪。回溪碧流寂无喧，又如秦人月下窥花源。

了然不觉清心魂，只将叠嶂鸣秋猿。与君对此欢未歇，放歌行吟达明发。

却顾海客扬云帆，便欲因之向溟渤。

白毫子歌

淮南小山白毫子，乃在淮南小山里。夜卧松下雪，朝餐石中髓。
小山连绵向山开，碧峰巉岩渌水回。余配白毫子，独酌流霞杯。
拂花弄琴坐青苔，绿萝树下春风来。南窗萧飒松声起，凭崖一听清心耳。
可得见，未得亲。八公携手五云去，空余桂树愁煞人。

梁园吟

我浮黄河去京关，挂席欲进波连山。天长水阔厌远涉，访古始及平台间。
平台为客忧思多，对酒遂作梁园歌。却忆蓬池阮公咏，因吟渌水扬洪波。
洪波浩荡迷旧国，路远西归安可得。人生达命岂假愁，且饮美酒登高楼。
平头奴子摇大扇，五月不热疑清秋。玉盘杨梅为君设，吴盐如花皎白雪。
持盐把酒但饮之，莫学夷齐事高洁。昔人豪贤信陵君，今人耕种信陵坟。

荒城虚照碧山月，古木尽入苍梧云。梁王宫阙今安在，枚马先归不相待。
舞影歌声散渌池，空余汴水东流海。沉吟此事泪满衣，黄金买醉未能归。
连呼五白行六博，分曹赌酒酣驰晖。歌且谣，意方远。东山高卧时起来。
欲济苍生未应晚。

鸣皋歌送岑征君

若有人兮思鸣皋，阻积雪兮心烦劳。洪河凌兢不可以径度，冰龙鳞兮难容舠。

邈仙山之峻极兮，闻天籁之嘈嘈。霜崖缟皓以合沓兮，若长风扇海，涌沧溟之波涛。

玄猿绿罴，舔舕崟危！咆柯振石，骇胆栗魄！群呼而相号。
峰峥嵘以路绝，挂星辰于岩山敖。送君之归兮，动鸣皋之新作。
鼓吹兮弹丝，觞清泠之池阁。君不行兮何待，若反顾之黄鹤。
扫梁园之群英，振大雅于东洛。巾征轩兮历阻折，寻幽居兮越山献崿。
盘白石兮坐素月，琴松风兮寂万壑。望不见兮心氛氲，萝冥冥兮霰纷纷。
水横洞以下绿，波小声而上闻。虎啸谷而生风，龙藏溪而吐云。
冥鹤清唳，饥鼯口频呻。块独处此幽默兮，愀空山而愁人。
鸡聚族以争食，凤孤飞而无邻。蝘蜓嘲龙，鱼目混珍。嫫母衣锦，西施负薪。
若使巢由桎梏于轩冕兮，亦奚异乎夔龙蹩薛足
于风尘。哭何苦而救楚，笑何夸而却秦。
吾诚不能学二子，沽名矫节以耀世兮，固将弃天地而遗身。
白鸥兮飞来，长与君兮相亲。

鸣皋歌奉饯从翁清归五崖山居

昨忆鸣皋梦里还，手弄素月清潭间。觉时枕席非碧山，侧身西望阻秦关。
麒麟阁上春还早，著书却忆伊阳好。青松来风吹石道，绿萝飞花覆烟草。
我家仙公爱清真，才雄草圣凌古人。欲卧鸣皋绝世尘。
鸣皋微茫在何处，五崖峡水横樵路。身披翠云裘，袖拂紫烟去。
去时应过嵩少间，相思为折三花树。

僧伽歌

真僧法号号僧伽，有时与我论三车。问言诵咒几千遍，口道恒河沙复沙。此僧本住南天竺，为法头陀来此国。戒得长天秋月明，心如世上青莲色。意清净，貌棱棱。亦不减，亦不增。瓶里千年舍利骨，手中万岁胡孙藤。嗟予落泊江淮久，罕遇真僧说空有。一言忏尽波罗夷，再礼浑除犯轻垢。

白云歌送刘十六归山

楚山秦山皆白云，白云处处长随君。长随君，君入楚山里，云亦随君渡湘水。湘水上，女萝衣，白云堪卧君早归。

金陵歌送别范宣

石头巉岩如虎踞，凌波欲过沧江去。
钟山龙盘走势来，秀色横分历阳树。
四十余帝三百秋，功名事迹随东流。
白马小儿谁家子，泰清之岁来关囚。
金陵昔时何壮哉，席卷英豪天下来。
冠盖散为烟雾尽，金舆玉座成寒灰。
扣剑悲吟空咄嗟，梁陈白骨乱如麻。
天子龙沉景阳井，谁歌玉树后庭花。
此地伤心不能道，目下离离长春草。
送尔长江万里行，他年来访南山皓。

春日独坐寄郑明府

燕麦青青游子悲，河堤弱柳郁金枝。
长条一拂春风去，尽日飘扬无定时。
我在河南别离久，那堪对此当窗牖。
情人道来竟不来，何人共醉新丰酒。

寄王屋山人孟大融

我昔东海上，崂山餐紫霞。亲见安期公，食枣大如瓜。中年谒汉主，不惬还归家。

朱颜谢春晖，白发见生涯。所期就金液，飞步登云车。

愿随夫子天坛上，闲与仙人扫落花。

忆旧游寄谯郡元参军

忆昔洛阳董糟丘，为余天津桥南造酒楼。黄金白璧买歌笑，一醉累月轻王侯。

海内贤豪青云客，就中与君心莫逆。回山转海不作难，倾情倒意无所惜。

我向淮南攀桂枝，君留洛北愁梦思。不忍别，还相随。

相随迢迢访仙城，三十六曲水回萦。一溪初入千花明，万壑度尽松风声。

银鞍金络到平地，汉东太守来相迎。紫阳之真人，邀我吹玉笙。

餐霞楼上动仙乐，嘈燃宛似鸾凤鸣。袖长管催欲轻举，汉中太守醉起舞。

手持锦袍覆我身，我醉横眠枕其股。当筵意气凌九霄，星离雨散不终朝。

分飞楚关山水遥。余既还山寻故巢，君亦归家度渭桥。

君家严君勇貔虎，作尹并州遏戎虏。五月相呼度太行，摧轮不道羊肠苦。

行来北凉岁月深，感君贵义轻黄金。琼杯绮食青玉案，使我醉饱无归心。

时时出向城西曲，晋祠流水如碧玉。浮舟弄水箫鼓鸣，微波龙鳞莎草绿。

兴来携妓恣经过，其若杨花似雪何。红妆欲醉宜斜日，百尺清潭写翠娥。

翠娥婵娟初月辉，美人更唱舞罗衣。清风吹歌入空去，歌曲自绕行云飞。

此时行乐难再遇，西游因献长杨赋。

北阙青云不可期，东山白首还归去，渭桥南头一遇君，赞阝台之北又离群。

问余别恨今多少，落花春暮争纷纷。

言亦不可尽，情亦不可极，呼儿长跪缄此辞，寄君千里遥相忆。

寄韦南陵冰余江上乘兴访之遇寻颜尚书笑有此赠

南船正东风，北船来自缓江。上相逢借问君，语笑未了风吹断。

闻君携妓访情人，应为尚书不顾身。堂上珠履三千客，瓮中百斛金陵春。

恨我阻此乐，淹留楚江滨。月色醉远客，山花开欲然。春风狂杀人，一日剧三年。

乘兴嫌太迟，焚却子猷船。梦见五柳枝，已堪挂马鞭。何日到彭泽，长歌陶令前。

庐山谣寄卢侍御虚舟

我本楚狂人，凤歌笑孔丘。手持绿玉杖，朝别黄鹤楼。
五岳寻仙不辞远，一生好入名山游。
庐山秀出南斗傍，屏风九叠云锦张。影落明湖青黛光。
金阙前开二峰帐，银河倒挂三石梁。香炉瀑布遥相望，回崖沓嶂崚苍苍，
翠影红霞映朝日，鸟飞不到吴天长。登高壮观天地间，大江茫茫去不还。
黄云万里动风色，白波九道流雪山。好为庐山谣，兴因庐山发。
闲窥石镜清我心，谢公行处苍苔没。早服还丹无世情，琴心三叠道初成。
遥见仙人彩云里，手把芙蓉朝玉京。先期汗漫九垓上，愿接卢遨游太清。

自汉阳病酒归寄王明府

去岁左迁夜郎道，琉璃砚水长枯槁。今年敕放巫山阳，蛟龙笔翰生辉光。
圣主还听子虚赋，相如却欲论文章。愿扫鹦鹉洲，与君醉百场。
啸起白云飞七泽，歌吟绿水动三湘。莫惜连船沽美酒，千金一掷买春芳。

早春寄王汉阳

闻道春还未相识，走傍寒梅访消息。
昨夜东风入武阳，陌头杨柳黄金色。
碧水浩浩云茫茫，美人不来空断肠。
预拂青山一片石，与君连日醉壶觞。

泾溪东亭寄郑少府谔

我游东亭不见君，沙上行将白鹭群。
白鹭闲时散飞去，又如雪点青山云。
欲往泾溪不辞远，龙门蹙波虎眼转。
杜鹃花开春已阑，归向陵阳钓鱼晚。

梦游天姥吟留别

海客谈瀛洲，烟涛微茫信难求。越人语天姥，云霓明灭或可睹。

天姥连天向天横，势拔五岳掩赤城。天台四万八千丈，对此欲倒东南倾。

我欲因之梦吴越，一夜飞渡镜湖月。湖月照我影，送我至剡溪。

谢公宿处今尚在，绿水荡漾清猿啼。脚着谢公屐，身登青云梯。半壁见海日。

空中闻天鸡。千岩万转路不定，迷花倚石忽已暝。

熊咆龙吟殷岩泉，栗深林兮惊层巅。云青青兮欲雨，水澹澹兮生烟。

列缺霹雳，丘峦崩摧。洞天石扇，訇然中开。青冥浩荡不见底，日月照耀金银台。

霓为衣兮凤为马，云之君兮纷纷而来下。虎鼓瑟兮鸾回车，仙之人兮列如麻。

忽魂悸以魄动，恍惊起而长嗟。惟觉时之枕席，失向来之烟霞。

世间行乐亦如此，古来万事东流水。

别君去兮何时还，且放白鹿青崖间，须行即骑访名山。

安能摧眉折腰事权贵，使我不得开心颜。

留别于十一兄逖裴十三游塞垣

太公渭川水，李斯上蔡门。钓周猎秦安黎元，小鱼□兔何足言。

天张云卷有时节，吾徒莫叹羝触藩。于公白首大梁野，使人怅望何可论。

既知朱亥为壮士，且愿束心秋毫里。秦赵虎争血中原，当去抱关救公子。

裴生览千古，龙鸾炳天章。悲吟雨雪动林木，放书辍剑思高堂。

劝尔一杯酒，拂尔裘上霜。尔为我楚舞，吾为尔楚歌。且探虎穴向沙漠。

鸣鞭走马凌黄河。耻作易水别，临歧泪滂沱。

金陵酒肆留别

白门柳花满店香，吴姬压酒唤客尝。
金陵子弟来相送，欲行不行各尽觞。
请君问取东流水，别意与之谁短长。

南陵别儿童入京

白酒新熟山中归，黄鸡啄黍秋正肥。呼童烹鸡酌白酒，儿女歌笑牵人衣。
高歌取醉欲自慰，起舞落日争光辉。游说万乘苦不早，着鞭跨马涉远道。
会稽愚妇轻买臣，余亦辞家西入秦。仰天大笑出门去，我辈岂是蓬蒿人。

别山僧

何处名僧到水西，乘舟弄月宿泾溪。平明别我上山去，手携金策踏云梯。
腾身转觉三天近，举足回看万岭低。谑浪肯居支遁下，风流还与远公齐。
此度别离何日见，相思一夜暝猿啼。

灞陵行送别

送君灞陵亭，灞水流浩浩。上有无花之古树，下有伤心之春草。

我向秦人问路歧，云是王粲南登之古道。古道连绵走西京，紫关落日浮云生。

正当今夕断肠处，骊歌愁绝不忍听。

送羽林陶将军

将军出使拥楼船，江上旌旗拂紫烟。
万里横戈探虎穴，三杯拔剑舞龙泉。
莫道词人无胆气，临行将赠绕朝鞭。

送程刘二侍御兼独孤判官赴安西幕府

安西幕府多才雄，喧喧唯道三数公。
绣衣貂裘明积雪，飞书走檄如飘风。
朝辞明主出紫宫，银鞍送别金城空。
天外飞霜下葱海，火旗云马生光彩。
胡塞尘清计日归，汉家草绿遥相待。

同王昌龄送族弟襄归桂阳

尔家何在潇湘川，青莎白石长江边。
昨梦江花照江日，几枝正发东窗前。
觉来欲往心悠然，魂随越鸟飞南天。
秦云连山海相接，桂水横烟不可涉。
送君此去令人愁，风帆茫茫隔河洲。
春潭琼草绿可折，西寄长安明月溪。

送别

寻阳五溪水，沿洄直入巫山里。
胜境由来人共传，君到南中自称美。
送君别有八月秋，飒飒芦花复益愁。
云帆望远不相见，日暮长江空自流。

送族弟绾从军安西

汉家兵马乘北风，鼓行而西破犬戎。
尔随汉将出门去，剪虏若草收奇功。
君王按剑望边色，旄头已落胡天空。
匈奴系颈数应尽，明年应入蒲桃宫。

送祝八之江东赋得浣纱石

西施越溪女，明艳光云海。未入吴王宫殿时，浣纱古石今犹在。
桃李新开映古査，菖蒲犹短出平沙。昔时红粉照流水，今日青苔覆落花。
君去西秦适东越，碧山青江几超忽。若到天涯思故人，浣纱石上窥明月。

卷　十一

杜工部七古诗词

玄都坛歌

故人昔隐东蒙峰，已佩含景苍精龙。
故人今居子午谷，独在阴崖结茅屋。
屋前太古玄都坛，青石漠漠常风寒。
子规夜啼山竹裂，王母昼下云旗翻。
知君此计成长往，芝草琅玕日应长。
铁锁高垂不可攀，致身福地何萧爽。

今夕行

今夕何夕岁云徂，更长烛明不可孤。咸阳客舍一事无，相与博塞为欢娱。
冯陵大叫呼五白，袒跣不肯成枭卢。英雄有时亦如此，邂逅岂即非良图。
君莫笑，刘毅从来布衣愿，家无儋石输百万。

贫交行

翻手作云覆手雨，纷纷轻薄何须数。
君不见管鲍贫时交，此道今人弃如土。

兵车行

车辚辚，马萧萧，行人弓箭各在腰。耶娘妻子走相送，尘埃不见咸阳桥。

牵衣顿足拦道哭，哭声直上干云霄。道傍过者问行人，行人但云点行频。

或从十五北防河，便至四十西营田。去时里正与裹头，归来头白还戍边。

边亭流血成海水，武皇开边意未已。君不闻，汉家山东二百州，千村万落生荆杞。

纵有健妇把锄犁，禾生陇亩无东西。况复秦兵耐苦战，被驱不异犬与鸡。

长者虽有问，役夫敢申恨？且如今年冬，未休关西卒。县官急索租，租税从何出？

信知生男恶，反是生女好。生女犹是嫁比邻，生男埋没随百草。

君不见，青海头，古来白骨无人收。新鬼烦冤旧鬼哭，天阴雨湿声啾啾。

高都护骢马行

安西都护胡青骢，声价欻然来向东。此马临阵久无敌，与人一心成大功。

功成惠养随所致，飘飘远自流沙至。雄姿未受伏枥恩，猛气犹思战场利。

腕促蹄高如踣铁，交河几蹴曾冰裂。五花散作云满身，万里方看汗流血。

长安壮儿不敢骑，走过掣电倾城知。青丝络头为君老，何由却出横门道？

天育骠骑歌

吾闻天子之马走千里，今之画图无乃是。是何意态雄且杰，骏尾萧梢朔风起。

毛为绿缥两耳黄，眼有紫焰双瞳方。矫矫龙性合变化，卓立天骨森开张。

伊昔太仆张景顺，监牧攻驹阅清峻。遂令大奴守天育，别养骥子怜神俊。

当时四十万匹马，张公叹其才尽下。故独写真传世人，见之座右久更新。

年多物化空形影，呜呼健步无由骋。如今岂无马要□与骅骝，时无王良伯乐死即休。

白丝行

缫丝须长不须白，越罗蜀锦金粟尺。象床玉手乱殷红，万草千花动凝碧。
已悲素质随时染，裂下鸣机色相射。美人细意熨贴平，裁缝灭尽针线迹。
春天衣着为君舞，蛱蝶飞来黄鹂语。落絮游丝亦有情，随风照日宜轻举。
香汗轻尘污颜色，开新合故置何许？君不见才士汲引难，恐惧弃捐忍羁旅。

叹庭前甘菊花

檐前甘菊移时晚，青蕊重阳不堪摘。明日萧条醉尽醒，残花烂漫开何益？
篱边野外多众芳，采撷细琐升中堂。念兹空长大枝叶，结根失所缠风霜。

醉时歌

诸公衮衮登台省，广文先生官独冷。甲第纷纷厌粱肉，广文先生饭不足。
先生有道出羲皇，先生有才过屈宋。德尊一代常坎坷，名垂万古知何用！
杜陵野客人更嗤，被褐短窄鬓如丝。日籴太仓五升米，时赴郑老同襟期。
得钱即相觅，沽酒不复疑，忘形到尔汝，痛饮真吾师。
清夜沉沉动容酌，灯前细雨檐花落。但觉高歌有鬼神，焉知饿死填沟壑？
相如逸材亲涤器，子云识字终投阁。先生早赋归去来，石田茅屋荒苍苔。
儒术于我何有哉？孔丘盗跖俱尘埃。不须闻此意惨怆，生前相遇且衔杯。

醉歌行

陆机二十作文赋，汝更小年能缀文。
总角草书又神速，世上儿子徒纷纷。
骅骝作驹已汗血，鸷鸟举翮连青云。
词源倒流三峡水，笔阵独扫千人军。
只今年才十七六，射策君门期第一。
旧穿杨叶真自知，暂蹶霜蹄未为失。
偶然擢秀非难取，会是排风有毛质。
汝身已见唾成珠，汝伯何由发如漆。

春风淡沱秦东亭，渚蒲芽白水荇青。
风吹客衣日杲杲，树扰离思花冥冥。
酒尽沙头双玉瓶，众宾皆醉我独醒。
乃知贫贱别更苦，吞声踯躅涕泪零。

送孔巢父谢病归游江东兼呈李白

巢父掉头不肯住，东将入海随烟雾。
诗卷长留天地间，钓竿欲拂珊瑚树。
深山大泽龙蛇远，春寒野阴风景暮。
蓬莱织女回云车，指点虚无是征路。
自是君身有仙骨，世人哪得知其故。
惜君只欲苦死留，富贵何如草头露？
蔡侯静者意有余，清夜置酒临前除。
罢琴惆怅月照席，几岁寄我空中书？
南寻禹穴见李白，道甫问讯今何如。

饮中八仙歌

知章骑马似乘船，眼花落井水底眠。
汝阳三斗始朝天，道逢麴车口流涎，
恨不移封向酒泉。左相日兴费万钱，
饮如长鲸吸百川，衔杯乐圣称世贤。
宗之潇洒美少年，举觞白眼望青天。
皎如玉树临风前。苏晋长斋绣佛前，
醉中往往爱逃禅。李白一斗诗百篇，
长安市上酒家眠，天子呼来不上船，
自称臣是酒中仙。张旭三杯草圣传，
脱帽露顶王公前，挥毫落纸如云烟。
焦遂五斗方卓然，高谈雄辩惊四筵。

沙苑行

君不见，左辅白沙如白水，缭以周墙百余里。龙媒昔是渥洼生，汗血今称献于此。

苑中马来牝三千匹，丰草青青寒不死。食之豪健西域无，每岁攻驹冠边鄙。

王有虎臣司苑门，八门天厩皆云屯。马肃马霜一骨独当御，春秋二时归至尊。

至尊内外马盈亿，伏枥在坰空大存。逸群绝足信殊杰，倜傥权奇难具论。

累累土追阜藏奔突，往往坡陀纵超越。角壮翻同麋鹿游，浮深簸荡鼋鼍窟。

泉出巨鱼长比人，丹砂作尾黄金鳞。岂知异物同精气，虽未成龙亦有神。

骢马行

邓公马癖人共知，初得花骢大宛种。夙昔传闻思一见，牵来左右神皆竦。

雄姿逸态何嶒山卒，顾影骄嘶自矜宠。隅目青荧夹镜悬，肉骏碨磊连钱动。

朝来久试华轩下，未觉千金满高价。赤汗微生白雪毛，银鞍却覆香罗帕。

卿家旧赐公取之，天厩真龙此其亚。昼洗须腾泾渭深，朝趋可刷幽并夜。

吾闻良骥老始成，此马数年人更惊。岂有四蹄疾于鸟，不与八骏俱先鸣。

时俗造次那得致，云雾晦暝方降精。近闻下诏喧都邑，肯使骐礴地上行。

去矣行

君不见鞲上鹰，一饱则飞掣。焉能作堂上燕。衔泥附炎热。

野人旷荡无面见颜，岂可久在王侯间？未试囊中餐玉法，明朝且入蓝田山。

奉先刘少府新画山水障歌

堂上不合生枫树，怪底江山起烟雾。闻君扫却赤县图，乘兴遣画沧州趣。

画师亦无数，好手不可遇。对此融心神，知君重毫素。

岂但祁岳与郑虔，笔迹远过杨契丹。得非玄圃裂，无乃潇湘翻。

悄然坐我天姥下，耳边已似闻清猿。反思前夜风雨急，乃是蒲城鬼神入。

元气淋漓障犹湿，真宰上诉天应泣。野亭春还杂花远，渔翁暝踏孤舟立。

沧浪水深青溟阔，欹岸侧岛秋毫末。不见湘妃鼓瑟时，至今斑竹临江活。
刘侯天机精，爱画入骨髓。自有两儿郎，挥洒亦莫比。
大儿聪明到，能添老树巅崖里。小儿心孔开，貌得山僧及童子。
若耶溪，云门寺，吾独胡为在泥滓，青鞋布袜从此始。

悲陈陶

孟冬十郡良家子，血作陈陶泽中水。
野旷天清无战声，四万义军同日死。
群胡归来血洗箭，仍唱胡歌饮都市。
都人回面向北啼，日夜更望官军至。

悲青坂

我军青坂在东门，天寒饮马太白窟。
黄头奚儿日向西，数骑弯弓敢驰突。
山雪河冰野萧瑟，青是烽烟白人骨。
焉得附书与我军，忍待明年莫仓促。

哀江头

少陵野老吞声哭，春日潜行曲江曲。
江头宫殿锁千门，细柳新蒲为谁绿。
忆昔霓旌下南苑，苑中万物生颜色。
昭阳殿里第一人，同辇随君侍君侧。
辇前才人带弓箭，白马嚼啮黄金勒。
翻身向天仰射云，一箭正坠双飞翼。
明眸皓齿今何在？血污游魂归不得。
清渭东流剑阁深，去住彼此无消息。
人生有情泪沾臆，江水江花岂终极。
黄昏胡骑尘满城，欲往城南忘南北。

哀王孙

长安城头头白乌，夜飞延秋门上呼，
又向人家啄大屋，屋底达官走避胡。
金鞭断折九马死，骨肉不待同驰驱。
腰下宝玦青珊瑚，可怜王孙泣路隅。
问之不肯道姓名，但道困苦乞为奴。
已经百日窜荆棘，身上无有完肌肤。
高帝子孙尽龙准，龙种自与常人殊。
豺狼在邑龙在野，王孙善保千金躯。
不敢长语临交衢，且为王孙立斯须。
昨夜东风吹血腥，东来橐驼满旧都。
朔方健儿好身手，昔何勇锐今何愚。
窃闻天子已传位，圣德北服南单于。
花门剺面请雪耻，慎勿出口他人狙。
哀哉王孙慎勿疏，五陵佳气无时无。

苏端薛复筵简薛华醉歌

文章有骨交有道，端复得之名誉早。爱客满堂尽豪翰，开筵上日思芳草。安得健步移远梅，乱插繁花向晴昊。千里犹残旧冰雪，百壶且试开怀抱。垂老恶闻战鼓悲，急觞为缓忧心捣。少年努力纵谈笑，看我形容亦枯槁。坐中薛华善醉歌，歌辞自作风格老。近来海内为长句，汝与山东李白好。何刘沈谢力未工，才兼鲍照愁绝倒。诸生颇尽新知乐，万事终伤不自保。气酣日落西风来，愿吹野水添金杯。如渑之酒常快意，亦知穷愁安在哉？忽忆雨时秋井塌，古人白骨生青苔，如何不饮令心哀。

徒步归行

明公壮年值时危，经济实藉英雄姿，
国之社稷今若是，武定祸乱非公谁。
凤翔千官且饱饭，衣马不复能轻肥。

青袍朝士最困者，白头拾遗徒步归。
人生交契无老少，论交何必先同调。
妻子山中哭向天。须公枥上追风骠。

逼仄行赠毕曜

逼仄何逼仄，我居巷南子巷北。可恨邻里间，十日不一见颜色。
自从官马送还官，行路难行涩如棘。我贫无乘非无足，昔者相过今不得。
实不是爱微躯，又非关足无力。徒步翻愁官长怒，此心炯炯君应识。
晓来急雨春风颠，睡美不闻钟鼓传。东家蹇驴许借我，泥滑不敢骑朝天。
已令急请会通籍，男儿信命绝可怜。焉能终日心拳拳，忆君诵诗神凛然。
辛夷始花亦已落，况我与子非壮年。街头酒价常苦贵，方外酒徒稀醉眠。
速宜相就饮一斗，恰有三百青铜钱。

洗兵马

中兴诸将收山东，捷书日报清昼同。河广传闻一苇过，胡危命在破竹中。
只残邺城不日得，独任朔方无限功。京师皆骑汗血马，回纥喂肉葡萄宫。
已喜皇威清海岱，常思仙仗过崆峒。三年笛里关山月，万国兵前草木风。
成王功大心转小，郭相谋深古来少。司徒清鉴悬明镜，尚书气与秋天杳。
二三豪俊为时出，整顿乾坤济时了。东走无复忆鲈鱼，南飞觉有安巢鸟。
青春复随冠冕入，紫禁正耐烟花绕。鹤禁通霄凤辇备，鸡鸣问寝龙楼晓。
攀龙附凤势莫当，天下尽化为侯王。汝等岂知蒙帝力，时来不得夸身强。
关中既留萧丞相，幕下复用张子房。张公一生江海客，身长九尺须眉苍。
徵起适遇风云会，扶颠始知筹策良。青袍白马更何有，后汉今周喜再昌。
寸地尺天皆入贡，奇祥异瑞争来送。不知何国致白环，复道诸山得银瓮。
隐士休歌紫芝曲，词人解撰河清颂。田家望望惜雨干，布谷处处催春种。
淇上健儿归莫懒，城南思妇愁多梦。安得壮士挽天河，净洗甲兵长不用。

病后遇王倚饮赠歌

麟角凤嘴世莫识，煎胶续弦奇自见。

尚看王生抱此怀，在于甫也何由羡。
且遇王生慰畴昔，素知贱子甘贫贱。
酷见冻馁不足耻，多病沉年苦无健。
王生怪我颜色恶，答云伏枕艰难遍。
疟疠三秋孰可忍，寒热百日相交战。
头白眼暗坐有胝，肉黄皮皱命如线。
惟生哀我未平复，唯我力致美肴膳。
遣人向市赊香粳，唤妇出房亲自馔。
长安冬菹酸且绿，金城土酥静如练。
兼求富豪且割鲜，密沽斗酒谐终宴。
故人情义晚谁似，令我手脚轻欲漩。
老马为驹信不虚，当时得意况深眷。
但使残年饱吃饭，只愿无事常相见。

湖城东遇孟云卿复归刘颢宅宿宴饮散因为醉歌

疾风吹尘暗河县，行子隔手不相见。
湖城城南一开眼，驻马偶识云卿面。
向非刘颢为地主，懒回鞭辔成高宴。
刘侯叹我携客来，置酒张灯促华馔。
且将款曲终今夕，休语艰难尚酣战。
照室红炉促曙光，萦窗素月垂文练。
天开地裂长安陌，寒尽春生洛阳殿。
岂知驱车复同轨，可惜刻漏随更箭。
人生会合不可常，庭树鸡鸣泪如线。

阌乡姜七少府设鲙戏赠长歌

姜侯设鲙当严冬，昨日今日皆天风。
河冻未渔不易得，凿冰恐侵河伯宫。
饔人受鱼鲛人手，洗鱼磨刀鱼眼红。
无声细下飞碎雪，有骨已剁觜春葱。

偏劝腹腴愧年少，软炊香饭缘老翁。
落砧何曾白纸湿，放箸未觉金盘空。
新欢便饱姜侯德，清觞异味情屡极。
东归贪路自觉难，欲别上马身无力。
可怜为人好心事，于我见子真颜色。
不恨我衰子贵时，怅望且为今相忆。

戏赠阌乡秦少公短歌

去年行宫当太白，朝回君是同舍客。
同心不减骨肉亲，每语见许文章伯。
今日时清两京道，相逢苦觉人情好。
昨夜邀欢乐更无，多才依旧能潦倒。

丈人山

自为青城客，不唾青城地。为爱丈人山，丹梯近幽意。
丈人祠西佳气浓，缘云拟住最高峰。扫除白发黄精在，君看他时冰雪容。

百忧集行

忆年十五心尚孩，健如黄犊走复来。
庭前八月梨枣熟，一日上树能千回。
即今倏忽已五十，坐卧只多少行立。
强将笑语供主人，悲见生涯百忧集。
入门依旧四壁空，老妻睹我颜色同。
痴儿未知父子礼，叫怒索饭啼门东。

戏作花卿歌

成都猛将有花卿，学语小儿知姓名。
用如快鹘风火生，见贼唯多身始轻。

绵州副使着柘黄，我卿扫除即日平。
子章髑髅血模糊，手提掷还崔大夫。
李侯重有此节度，人道我卿绝世无。
既称绝世无，天子何不唤取守京都？

入奏行

窦侍御，骥之子，凤之雏。年未三十忠义俱，骨鲠绝代无。

炯如一段清冰出万壑，置在迎风寒露之玉壶。

蔗浆归厨金碗冻，洗涤烦热足以宁君躯。政用疏通合典则，戚联豪贵耽文儒。

兵革未息人未苏，天子亦念西南隅。吐蕃凭陵气颇粗，窦氏检察应时须。

运粮绳桥壮士喜，斩木火井穷猿呼。八州刺史思一战，三城守边却可图。

此行入奏计未小，密奉圣旨恩宜殊。绣衣春当霄汉立，彩服日向庭闱趋。

省郎京尹必俯拾，江花未落还成都。江花未落还成都，肯访浣花老翁无？

为君酤酒满眼酤，与奴白饭马青刍。

柟树为风雨所拔叹

倚江柟树草堂前，故老相传二百年。
诛茅卜居总为此，五月仿佛闻寒蝉。
东南飘风动地至，江翻石走流云气。
干排雷雨犹力争，根断泉源岂天意。
沧波老树性所爱，浦上童童一青盖。
野客频留惧雪霜，行人下过听竽籁。
虎倒龙颠委榛棘，泪痕血点垂胸臆。
我有新诗何处吟？草堂自此无颜色。

茅屋为秋风所破歌

八月秋高风怒号，卷我屋上三重茅。

茅飞渡江洒江郊，高者挂罥长林梢，下者飘转沉塘坳。

南村群童欺我老无力，忍能对面为盗贼。公然抱茅入竹去，唇焦口燥呼不得。

归来倚杖自叹息。俄顷风定云墨色，秋天漠漠向昏黑。

布衾多年冷似铁，骄儿恶卧踏里裂。床床屋漏无干处，雨脚如麻未断绝。

自经丧乱少睡眠，长夜沾湿何由彻？

安得广厦千万间，大庇天下寒士俱欢颜，风雨不动安如山。呜呼！

何时眼前突兀见此屋，吾庐独破受冻死亦足！

渔阳

渔阳突骑犹精锐，赫赫雍王都节制。
猛将飘然恐后时，本朝不入非高计。
禄山北筑雄武城，旧防败走归其营。
系书请问燕耆旧，今日何须十万兵。

自平

自平宫中吕太一，收珠南海千余日。
近供生犀翡翠稀，复恐征戎干戈密。
蛮溪豪族小动摇，世封刺史非时朝。
蓬莱殿前诸主将，才如伏波不得骄。

释闷

四海十年不解兵，犬戎也复临咸京。
失道非关出襄野，扬鞭忽是过胡城。
豺狼塞路人断绝，烽火照夜尸纵横。
天子亦应厌奔走，群公固合思升平。
但恐诛求不改辙，闻道嬖孽能全生。
江边老翁错料事，眼暗不见风尘清。

阆山歌

阆州城东灵山白，阆州城北玉台碧。
松浮欲尽不尽云，江动将崩未崩石。
那知根无鬼神会，已觉气与嵩华敌。
中原格斗且未归，应结茅斋看青壁。

阆水歌

嘉陵江色何所似？石黛碧玉相因依。
正怜日破浪花出，更复春从沙际归。
巴童荡桨欹侧过，水鸡衔鱼来去飞。
阆中盛事可肠断，阆州城南天下稀。

莫相疑行

男儿生无所成头，牙齿欲落真可惜。
忆献三赋蓬莱宫，自怪一日声辉赫。
集贤学士如堵墙，观我落笔中书堂。
往时文采动人主，此日饥寒趋路旁。
晚将末契托年少，当面输心背面笑。
寄谢悠悠世上儿，不争好恶莫相疑。

青丝

青丝白马谁家子？粗豪且逐风尘起。
不闻汉主放妃嫔，近静潼关扫蜂蚁。
殿前兵马破汝时，十月即为齑粉期。
未如面缚归金阙，万一皇恩下玉墀。

近闻

近闻犬戎远遁逃，牧马不敢侵临洮。
渭水逶迤白日净，陇山萧瑟秋云高。
崆峒五原亦无事，北庭数有关中使。
似闻赞普更求亲，舅甥和好应难弃。

蚕谷行

天下郡国向万城，无有一城无甲兵。焉得铸甲作农器，一寸荒田牛得耕。牛尽耕，蚕亦成，不劳烈士泪滂沱，男谷女丝行复歌。

折槛行

呜呼房魏不复见，秦王学士时难羡。
青衿胄子困泥涂，白马将军若雷电。
千载少似朱云人，至今折槛空嶙峋。
娄公不语宋公语，尚忆先皇容直臣。

引水

月峡瞿塘云作顶，乱石峥嵘俗无井。
云安沽水奴仆悲，鱼复移居心力省。
白帝城西万竹蟠，接筒引水喉不干。
人生留滞生理难，斗水何直百忧宽。

晚晴

高唐暮冬雪壮哉，旧瘴无复似尘埃。崖沉谷没白皑皑，江石缺裂青枫摧。南天三旬苦雾开，赤日照耀从西来。六龙寒急光徘徊。照我衰颜忽落地，口虽吟咏心中哀。未怪及时少年子，扬眉结义黄金台。洎乎吾生何飘零？支离委绝同死灰。

复阴

方冬合沓玄阴塞，昨日晚晴今日黑。
万里飞蓬映天过，孤城树羽扬风直。
江涛簸岸黄沙走，云雪埋山苍兕吼。
君不见夔子之国杜陵翁，牙齿半落左耳聋。

夜归

夜半归来冲虎过，山黑家中已眠卧。
傍见北斗向江低，仰看明星当空大。
庭前把烛瞋两炬，峡口惊猿闻一个。
白头老罢舞复歌，杖藜不睡谁能那？

寄柏学士林居

自胡之反持干戈，天下学士亦奔波。
叹彼幽栖载典籍，萧然暴露依山阿。
青山万里静散地，白雨一洗空垂萝。
乱代飘零余到此，古人成败子如何？
荆扬春冬异风土，巫峡日夜多云雨。
赤叶枫林百舌鸣，黄泥野岸天鸡舞。
盗贼纵横甚密迩，形神寂寞甘辛苦。
几时高议排金门，各使苍生有环堵。

卷　十二

韩昌黎七古诗词

琴操十首并序

将归操

孔子之赵，闻杀鸣犊作。

狄之水兮，其色幽幽。我将济兮，不得其由。涉其浅兮，石啮我足。

乘其深兮，龙入我舟。我济而悔兮，将安归尤。归兮归兮，无与石斗兮，无应龙求。

猗兰操

孔子伤不逢时作。

兰之猗猗，扬扬其香。不采而佩，于兰何伤。今天之旋，其曷为然。

我行四方，以日以年。雪霜贸贸，荠麦之茂。子如不伤，我不尔觏。

荠麦之茂，荠麦之有。君子之伤，君子之守。

龟山操

孔子以季桓子受齐女乐，谏不从，望龟山而作。

龟之氛兮，不能云雨。龟之䀚兮，不中梁柱。龟之大兮，只以奄鲁。

知将隳兮，哀莫余伍。周公有鬼兮，嗟余归辅。

越裳操

周公作。

雨之施物以孳，我何意于彼为。自周之先，其艰其勤。以有疆宇，私我后人。
我祖在上，四方在下。厥临孔威，敢戏以侮。孰荒于门，孰治于田。
四海既均，越裳是臣。

拘幽操

文王羑里作。

目窈窈兮，其凝其盲。耳肃肃兮，听不闻声。朝不日出兮，夜不见月与星。
有知无知兮，为死为生。呜呼，臣罪当诛兮，天王圣明。

岐山操

周公为太王作。

我家于豳，自我先公。伊我承序，敢有不同。今狄之人，将土我疆。
民为我战，谁使死伤。彼岐有岨，我往独处。尔莫余追，无思我悲。

履霜操

尹吉甫子伯奇，无罪，为后母谮而见逐，自伤作。

父兮儿寒，母兮儿饥。儿罪当笞，逐儿何为。儿在中野，以宿以处。
四无人声，谁与儿语。儿寒何衣，儿饥何食。儿行于野，履霜以足。
母生众儿，有母怜之。独无母怜，儿宁不悲。

雉朝飞操

牧犊子七十无妻，见雉双飞，感之而作。

雉之飞，于朝日。群雌孤雄，意气横出。当东而西，当啄而飞。
随飞随啄，群雌粥粥。嗟我虽人，曾不如彼雉鸡。生身七十年，无一妾与妃。

别鹄操

商陵穆子，娶妻五年无子，父母欲其改娶，其妻闻之，中夜悲啸，穆子感之而作。

雄鹄衔枝来，雌鹄啄泥归。巢成不生子，大义当乖离。江汉水之大，鹄身鸟之微。

更无相逢日，且可绕树相随飞。

残形操

曾子梦见一狸，不见其首作。

有兽维狸兮，我梦得之。其身孔明兮，而头不知。吉凶何为兮，觉坐而思。

巫咸上天兮，识者其谁。

嗟哉董生行

淮水出桐柏，山东驰遥遥千里不能休。淝水出其侧，不能千里，百里入淮流。寿州属县有安丰，唐贞元时县人董生召南隐居行义于其中。刺史不能荐，天子不闻名声，爵禄不及门。门外唯有吏，日来征租更索钱。嗟哉董生朝出耕，夜归读古人书。尽日不得息。或山而樵，或水而渔。入厨具甘旨，上堂问起居。父母不戚戚，妻子不咨咨。嗟哉董生孝且慈。人不识，唯有天翁知。生祥下瑞无时期。家有狗乳出求食，鸡来哺其儿，啄啄庭中拾虫蚁，哺之不食鸣声悲，彷徨踯躅久不去，以翼来覆待狗归。嗟哉董生，谁将与俦。时之人，夫妻相虐，兄弟为仇。食君之禄，而令父母愁。亦独何心。嗟哉董生无与俦。

汴州乱二首

汴州城门朝不开，天狗堕地声如雷。健儿争夸杀留后，连屋累栋烧成灰。
诸侯咫尺不能救，孤士何者自兴衰。

母从子走者为谁，大夫夫人留后儿。昨日乘车骑大马，坐者起趋乘者下。
庙堂不肯用干戈，呜呼奈汝母子何。

剑

利剑光耿耿，佩之使我无邪心。故人念我寡徒侣，持用赠我比知音。

我心如冰剑如雪，不能刺谗夫，使我心腐剑锋折。决云中断开青天，噫，剑与我俱变化归黄泉。

河之水二首寄子侄老成

河之水，去悠悠。我不如，水东流。我有孤侄在海陬，三年不见兮使我生忧。日复日，夜复夜，三年不见汝，使我鬓发未老而先化。

河之水，悠悠去。我不如，水东注。我有孤侄在海浦，三年不见兮使我心苦。采蕨于山，缗鱼于渊。我徂京师，不远其还。

山石

山石荦确行径微，黄昏到寺蝙蝠飞。
升堂坐阶新雨足，芭蕉叶大支子肥。
僧言古壁佛画好，以火来照所见稀。
铺床拂席置羹饭，疏粝亦足饱我饥。
夜深静卧百虫绝，清月出岭光入扉。
天明独去无道路，出入高下穷烟扉。
山红涧碧纷烂漫，时见松枥皆十围。
当流赤足蹋涧石，水声激激风吹衣。
人生如此自可乐，岂必局束为人鞿。
嗟哉吾党二三子，安得至老不更归。

天星送杨凝郎中贺正

天星牢落鸡喔咿，仆夫起餐车载脂。
正当穷冬寒未已，借问君子行安之。

会朝元正无不至，受命上宰须及时。
侍从近臣有虚位，公今此去归何时。

汴泗交流赠张仆射

汴泗交流郡城角，筑场千步平如削。
短垣三面缭逶迤，击鼓腾腾树赤旗。
新秋朝凉未见日，公早结束来何为。
分曹决胜约前定，百马攒蹄近相映。
毬惊杖奋合且离，红牛缨绂黄金羁。
侧身转背着马腹，霹雳应手神珠驰。
超遥散漫两闲暇，挥霍纷纭争变化。
发难得巧意气粗，欢声四合壮士呼。
此诚习战非为剧，岂若安坐行良图。
当今忠臣不可得，公马莫走须杀贼。

忽忽

忽忽乎，余未知生之为乐也。愿脱去而无因，安得长翮大翼如云生我身。乘风振奋出六合，绝浮尘。死生哀乐两相弃，是非得失付闲人。

鸣雁

嗷嗷鸣雁鸣且飞，穷秋南去春北归。去寒就暖识所依，天长地阔栖息稀。风霜酸苦稻粱微，毛羽摧落身不肥。徘徊反顾群侣违，哀鸣欲下洲渚非。江南水阔朝云多，草长沙软无网罗。闲飞静集鸣相和，违忧怀惠性非他。凌风一举君谓何。

龙移

天昏地黑蛟龙移，雷惊电激雄雌随。
清泉百丈化为土，鱼鳖枯死吁可悲。

雉带箭

原头火烧静兀兀，野雉畏鹰出复没。
将军欲以巧伏人，盘马弯弓惜不发。
地形渐窄观者多，雉惊弓满劲箭加。
冲人决起百余尺，红翎白镞相倾斜。
将军仰笑军吏贺，五色离披马前堕。

条山苍

条山苍，河水黄。浪波沄沄去，松柏在山冈。

赠郑兵曹

樽酒相逢十载前，君为壮夫我少年。
樽酒相逢十载后，我为壮夫君白首。
我材与世不相当，戢鳞委翅无复望。
当今贤俊皆周行，君何为乎亦遑遑。
杯行到君莫停手，破除万事无过酒。

桃源图

神仙有无何眇茫，桃源之说诚荒唐。
流水盘回山百转，生绡数幅垂中堂。
武陵太守好事者，题封远寄南宫下。
南宫先生忻得之，波涛入笔驱文辞。
文工画妙各臻极，异境恍惚移于斯。
架岩凿谷开宫室，接屋连墙千万日。
嬴颠刘蹶了不闻，地坼天分非所惜。
种桃处处惟开花，川原近远蒸红霞。
初来犹自念乡色，岁久此地还成家。
渔舟之子来何所，物色相猜更问语。

大蛇中断丧前王，群马南渡开新主。
听终辞绝共悽然，自说经今六百年。
当时万事皆眼见，不知几许犹流传。
争持酒食来相馈，礼数不同樽俎异。
月明伴宿玉堂空，骨冷魂清无梦寐。
夜半金鸡啁哳鸣，火轮飞出客心惊。
人间有累不可住，依然离别难为情。
船开棹进一回顾，万里苍苍烟水暮。
世俗宁知伪与真，至今传者武陵人。

东方半明

东方半明大星没，独有太白配残月。
嗟尔残月勿相疑，同光共影须臾期。
残月晖晖，太白睒睒。鸡三号，更五点。

赠唐衢

虎有爪兮牛有角，虎可搏兮牛可触。
奈何君独抱奇材，手把锄犁饿空谷。
当今天子急贤良，匭函朝出开明光。
胡不上书自荐达，坐令四海如虞唐。

贞女峡

江盘峡束春湍豪，雷风战斗鱼龙逃。
悬流轰轰射水府，一泻百里翻云涛。
飘船摆石万瓦裂，咫尺性命轻鸿毛。

古意

太华峰头玉井莲，开花十丈藕如船。
冷比雪霜甘比蜜，一片入口沉疴痊。
我欲求之不惮远，青壁无路难夤缘。
安得长梯上摘实，下种七泽根株连。

八月十五夜赠张功曹

纤云四卷天无河，清风吹空月舒波。沙平水息声影绝，一杯相属君当歌。君歌声酸辞且苦，不能听终泪如雨。洞庭连天九疑高，蛟龙出没猩鼯号。十生九死到官所，幽居默默如藏逃。下床畏蛇食畏药，海气湿蛰熏腥臊。昨者州前捶大鼓，嗣皇继圣登夔皋。赦书一日行万里，罪从大辟皆除死。迁者追回流者还，涤瑕荡垢朝清班。州家申名使家抑，坎坷只得移荆蛮。判司卑官不堪说，未免捶楚尘埃间。同时辈流多上道，天路幽险难追攀。君歌且休听我歌，我歌今与君殊科。一年明月今宵多，人生由命非由他，有酒不饮奈明何。

谒衡岳庙遂宿岳寺题门楼

五岳祭秩皆三公，四方环镇嵩当中。
火维地荒足妖怪，天假神柄专其雄。
喷云泄雾藏半腹，虽有绝顶谁能穷。
我来正逢秋雨节，阴气晦昧无清风。
潜心默祷若有应，岂非正直能感通。
须臾静扫众峰出，仰见突兀撑青空。
紫盖连延接天柱，石廪腾掷堆祝融。
森然魄动下马拜，松柏一径趋灵宫。
粉墙丹柱动光彩，鬼物图画填青红。
升阶伛偻荐脯酒，欲以菲薄明其衷。
庙令老人识神意，睢盱侦伺能鞠躬。
手持杯珓导我掷，云此最吉余难同。

窜逐蛮荒幸不死，衣食才足甘长终。
侯王将相望久绝，神纵欲福难为功。
夜投佛寺上高阁，星月掩映云朣胧。
猿鸣钟动不知曙，杲杲寒日生于东。

岣嵝山

岣嵝山前神禹碑，字青石赤形摹奇。科斗蜷身薤倒披，鸾飘凤泊拏龙螭。事严迹秘鬼莫窥，道人独上偶见之。我来咨嗟涕涟洏。千搜万索何处有，森森绿树猿猱悲。

李花赠张十一署

江陵城西二月尾，花不见桃惟见李。风揉雨练雪羞比，波涛翻空杳无涘。君知此处花何似#白花倒烛天夜明，群鸡惊鸣官吏起。金乌海底初飞来，朱辉散射青霞开。迷魂辞眼看不得，照耀万树繁如堆。念昔少年著游燕，对花岂省曾辞杯。

自从流落忧感集，欲去未到先思回。只今四十已如此，
后日更老谁论哉。力携一樽独就醉，不忍虚掷委黄埃。

杏花

居邻北郭古寺空，杏花两株能白红。
曲江满园不可到，看此宁避雨与风。
二年流窜出岭外，所见草木多异同。
冬寒不严地恒泄，阳气发乱无全功。
浮花浪蕊镇长有，才开还落瘴雾中。
山榴踯躅少意思，照耀黄紫徒为丛。
鹧鸪钩辀猿叫歇，杳杳深谷攒青枫。
岂如此树一来玩，若在京国情何穷。
今旦胡为忽惆怅，万片漂泊随西东。
明年更发应更好，道人莫忘邻家翁。

感春四首

我所思兮在何所，情多地遐兮遍处处。
东西南北皆欲往，千江隔兮万山阻。
春风吹园杂花开，朝日照屋百鸟语。
三杯取醉不复论，一生长恨奈何许。

皇天平分成四时，春气漫诞最可悲。
杂花妆林草盖地，白日座上倾天维。
蜂喧鸟咽留不得，红萼万片从风吹。
岂如秋霜虽惨冽，摧落老物谁惜之。
为此径须沽酒饮，自外天地弃不疑。
近怜李杜无检束，烂漫长醉多文辞。
屈原离骚二十五，不肯甫啜糟与醨。
惜哉此子巧言语，不到圣处宁非痴。
幸逢尧舜明四目，条理品汇皆得宜。
平明出门暮归舍，酩酊马上知为谁。

朝骑一马出，瞑就一床卧。
诗书渐欲抛，节行久已惰。
冠欹感发秃，语误悲齿堕。
辜负平生心，已矣知何奈。

我恨不如江头人，长网横江遮紫鳞。
独宿荒陂射凫雁，卖纳租赋官不瞋。
归来欢笑对妻子，衣食自给宁羞贫。
今者无端读书史，智慧只足劳精神。
画蛇添足无处用，两鬓雪白趋埃尘。
干愁漫解坐自累，与众异趣谁相亲。
数杯浇肠虽暂醉，皎皎万虑醒还新。
百年未满不得死，且可勤买抛青春。

寒食日出游

李花初发君始病，我往看君花转盛。
走马城西惆怅归，不忍千株雪相映。
迩来又见桃与梨，交开红白如争竞。
可怜物色阻携手，空展霜缣吟九咏。
纷纷落尽泥与尘，不共新妆比端正。
桐华最晚今已繁，君不强起时难更。
关山远别固其理，寸步难见始知命。
惜昔与君同贬官，夜渡洞庭看斗柄。
岂料生还得一处，引袖拭泪悲且庆。
各言生死两追随，直置心亲无貌敬。
念君又署南荒吏，路指鬼门幽且夐。
三公尽是知音人，曷不荐贤陛下圣。
囊空甑倒谁救之，我今一食日还并。
自然忧气损天和，安得康强保天性。
断鹤两翅鸣何哀，絷骥四足气空横。
今朝寒食行野外，绿杨匝岸蒲生迸。
宋玉庭边不见人，轻浪参差鱼动镜。
自嗟孤贱足瑕疵，特见放纵荷宽政。
饮酒宁嫌盏底深，题诗尚倚笔锋劲。
明宵故欲相就醉，有月莫愁当火令。

赠崔立之评事

崔侯文章苦捷敏，高浪驾天输不尽。
曾从关外来上都，随身卷轴车连轸。
朝为百赋犹郁怒，暮作千诗转遒紧。
摇毫掷简自不供，顷刻青红浮海蜃。
才豪气猛易语言，往往蛟螭杂蝼蚓。
知音自古称难遇，世俗乍见那妨哂。
勿嫌法官未登朝，犹胜赤尉长趋尹。

时命虽乖心转壮，技能虚富家逾窘。
念昔尘埃两相逢，争名龃龉持矛楯。
子时专场夸觜距，余始张军严韊靷。
尔来但欲保封疆，莫学庞涓怯孙膑。
窜逐新归厌闻闹，齿发早衰嗟可闵。
频埋怨句刺弃遗，岂有闲官敢推引。
深藏箧笥时一发，戢戢已多如束笋。
可怜无益费精神，有似黄金掷虚牝。
当今圣人求侍从，拔擢杞梓收楛菌。
东马严徐已奋飞，枚皋即召穷且忍。
复闻王师西讨蜀，霜风洌洌摧朝菌。
走章驰檄在得贤，燕雀纷拏要鹰隼。
窃料二途必处一，岂比恒人长蠢蠢。
劝君韬养待征招，不用雕琢愁肝肾。
墙根菊花好沽酒，钱帛纵空衣可准。
晖晖檐日暖且鲜，摵摵井梧疏更殒。
高士例须怜曲蘖，丈夫终莫生畦畛。
能来取醉任喧呼，死后贤愚俱泯泯。

三星行

我生之辰，月宿南斗。牛奋其角，箕张其口。牛不见服箱，斗不挹酒浆。

箕独有神灵，无时停簸扬。无善名已闻，无恶声已欢。名声相乘除，得少失有余。

三星各在天，什伍东西陈。嗟汝牛与斗，汝独不能神。

剥啄行

剥剥啄啄，有客至门。我不出应，客去而嗔。从者语我，子胡为然。
我不厌客，困于语言。欲不出纳，以堙其源。空堂幽幽，有秸有莞。
门以两版，丛书于间。窅窅深堑，其墉甚完。彼宁可隳，此不可干。
从者语我，嗟子诚难。子虽云尔，其口益蕃。我为子谋，有万其全，凡今之人，急名与官。子不引去，与为波澜。虽不开口，虽不开关，变化咀嚼，有鬼有神。今去不勇，其如后艰。我谢再拜，汝无复云。往追不及，来不有年。

感春五首

辛夷高花最先开，青天露坐始此回。
已呼孺人戛鸣瑟，更遣稚子传清杯。
选壮军兴不为用，坐狂朝论无由陪。
如今到死得闲处，还有诗赋歌康哉。

洛阳东风几时来，川波岸柳春全回。
宫门一锁不复启，虽有九陌无尘埃。
策马上桥朝日出，楼阙赤白正崔嵬。
孤吟屡阕莫与和，寸恨至短谁能裁。

春田可耕时已催，王师北讨何当回。
放车载草农事济，战马苦饥谁念哉。
蔡州纳节旧将死，起居谏议联翩来。
朝廷未省有遗策，肯不垂意瓶与罍。

前随杜尹拜表回，笑言溢口何欢咍。
孔丞别我适临汝，风骨峭峻遗尘埃。
音容不接只隔夜，凶讣讵可相寻来。
天公高居鬼神恶，欲保性命诚难哉。

辛夷花房忽全开，将衰正盛须频来。
清晨辉辉烛霞日，薄暮耿耿和烟埃。
朝明夕暗已足叹，况乃满地成摧颓。
迎繁送谢别有意，谁肯留念少环回。

醉留东野

昔年因读李白杜甫诗，长恨二人不相从。吾与东野生并世，如何复蹑二子踪。

东野不得官，白首夸龙钟。韩子稍奸黠，自惭青蒿倚长松。

低头拜东野，愿得终始如马巨蛩。东野不回头，有如寸筳撞巨钟。吾愿身为云，东野变为龙。

四方上下逐东野，虽有离别无由逢。

李花二首

平旦入西园，梨花数株若矜夸。旁有一株李，颜色惨惨似含嗟。
问之不肯道所以，独绕百匝至日斜。忽忆前时经此树，正见芳意初萌芽。
奈何趁酒不省录，不见玉枝攒霜葩。泫然为汝下雨泪，无由反旆羲和车。
东风来吹不解颜，苍茫夜气生相遮。冰盘夏荐碧实脆，斥去不御惭其花。

当春天地争奢华，洛阳园苑尤纷拏。谁将平地万堆雪，剪刻作此连天花。
日光赤色照未好，明月暂入都交加。夜领张彻投卢仝，乘云共至玉皇家。
长姬香御四罗列，缟裙练帨无等差。静濯明妆有所奉，顾我未肯置齿牙。
清寒莹骨肝胆醒，一生思虑无由邪。

寄卢仝

玉川先生洛城里，破屋数间而已矣。一奴长须不裹头，一婢赤脚老无齿。
辛勤奉养十余人，上有慈亲下妻子。先生结发憎俗徒，闭门不出动一纪。
至令邻僧乞米送，仆忝县尹能不耻。俸钱供给公私余，时致薄少助祭祀。
劝参留守谒大尹，言语才及辄掩耳。水北山人得名声，去年去作幕下士。
水南山人又继往，鞍马仆从塞闾里。少室山人索价高，两以谏官征不起。
彼皆刺口论世事，有力未免遭驱使。先生事业不可量，惟用法律自绳己。
春秋三传束高阁，独抱遗经究终始。往年弄笔嘲同异，怪辞惊众谤不已。
近来自说寻坦途，犹上虚空跨绿马耳。去岁生儿名添丁，意令与国充耘耔。
国家丁口连四海，岂无农夫亲耒耜。先生抱才终大用，宰相未许终不仕。

假如不在陈力列，立言垂范亦足恃。苗裔当蒙十世宥，岂谓贻厥无基址。
故知忠孝生天性，洁身乱伦安足拟。昨晚长须来下状，隔墙恶少恶难似。
每骑屋山下窥阚，浑舍惊怕走折趾。凭依婚媾欺官吏，不信令行能禁止。
先生受屈未曾语，忽此来告良有以。嗟我身为赤县令，操权不用欲何俟。
立召贼曹呼伍伯，尽取鼠辈尸诸市。先生又遣长须来，如此处置非所喜。
况又时当长养节，都邑未可猛政理。先生固是余所畏，度量不敢窥涯涘。
放纵是谁之过欤，效尤戮仆愧前史。买羊沽酒谢不敏，偶逢明月曜桃李。
先生有意许降临，更遣长须致双鲤。

谁氏子

非痴非狂谁氏子，去入王屋称道士。白头老母遮门啼，挽断衫袖留不止。
翠眉新妇年二十，载送还家哭穿市。或云欲学吹凤笙，所慕灵妃媲萧史。
又云时俗轻寻常，力行险怪取贵仕。神仙虽然有传说，知者尽知其妄矣。
圣君贤相安可欺，乾死穷山竟何俟。呜呼余心诚岂弟，愿往教诲究终始。
罚一劝百政之经，不从而诛未晚耳。谁其友亲能哀怜，写吾此诗持送似。

河南令舍池台

灌池才盈五六丈，筑台不过七八尺。欲将层级压篱落，未许波澜量斗硕。
规摹虽巧何足夸，景趣不远真可惜。长令人吏远趋走，已有蛙黾助狼藉。

石鼓歌

张生手持石鼓文，劝我试作石鼓歌。少陵无人谪仙死，才薄将奈石鼓何。
周纲凌迟四海沸，宣王愤起挥天戈。大开明堂受朝贺，诸侯剑珮鸣相磨。
蒐于岐阳骋雄俊，万里禽兽皆遮罗。镌功勒成告万世，凿石作鼓隳嵯峨。
从臣才艺咸第一，拣选篆刻留山阿。雨淋日炙野火燎，鬼物守护烦扌为呵。
公从何处得纸本，毫发尽备无差讹。辞严义密读难晓，字体不类隶与科。
年深岂免有缺画，快剑斫断生蛟鼍。鸾翔凤翥众仙下，珊瑚碧树交枝柯。
金绳铁索锁纽壮，古鼎跃水龙腾梭。陋儒编诗不收入，二雅褊迫无委蛇。
孔子西行不到秦，掎摭星宿遗羲娥。嗟余好古生苦晚，对此涕泪双滂沱。

忆昔初蒙博士征，其年始改称元和。故人从军在右辅，为我量度掘臼科。
濯冠沐浴告祭酒，如此至宝存岂多。毡苞席裹可立致，十鼓只载数骆驼。
荐诸太庙比郜鼎，光价岂止百倍过。圣恩若许留太学，诸生讲解得切磋。
观经鸿都尚填咽，坐见举国来奔波。剜苔剔藓露节角，安置妥帖平不颇。
大厦深檐与盖覆，经历久远期无佗。中朝大官老于事，讵肯感激徒媕婀。
牧童敲火牛砺角，谁复着手为摩挲。日销月铄就埋没，六年西顾空吟哦。
羲之俗书逞姿媚，数纸尚可博白鹅。继周八代争战罢，无人收拾理则那。
方今太平日无事，柄任儒术崇丘轲。安能以此上论列，愿借辩口若悬河。
石鼓之歌止于此，呜呼吾意其蹉跎。

赠刘师服

羡君齿牙牢且洁，大肉硬饼如刀截。我今呀豁落者多，所存十余皆兀臬危。
匙钞烂饭稳送之，合口软嚼如牛口司。妻儿恐我生怅望，盘中不飣栗与梨。
只今年才四十五，后日悬知渐莽卤。朱颜皓颈讶莫亲，此外诸余谁更数。
忆昔太公仕进初，口含两齿无盈余。虞翻十三比岂少，遂自惋恨形于书。
丈夫命存百无害，谁能检点形骸外。巨缗东钓倘可期，与子共饱鲸鱼鲙。

听颖师弹琴

昵昵儿女语，恩怨相尔汝。划然变轩昂，勇士赴敌场。浮云柳絮无根蒂，天地阔远随飞扬。喧啾百鸟群，忽见孤凤凰。跻攀分寸不可上，失势一落千丈强。

嗟余有两耳，未省听丝篁。自闻颖师弹，起坐在一旁。推手遽止之，湿衣泪滂滂。

颖乎尔诚能，无以冰炭置我肠。

卢郎中云夫寄示送盘谷子诗两章歌以和之

昔寻李愿向盘谷，正见高崖巨壁争开张。是时新晴天井溢，谁把长剑倚太行。

冲风吹破落天外，飞雨白日洒洛阳。东蹈燕川食旷野，有馈木蕨牙满筐。

马头溪深不可厉，借车载过水入箱。平沙绿浪榜方口，雁鸭飞起穿垂杨。穷探极览颇恣横，物外日月本不忙。归来辛苦欲谁为，坐令再往之计堕眇芒。

闭门长安三日雪，推书扑笔歌慷慨。旁无壮士遣属和，远忆卢老诗癫狂。开缄忽睹送归作，字向纸上皆轩昂。又知李侯竟不顾，方冬独入崔嵬藏。我今进退几时决，十年蠢蠢随朝行。家请官供不报答，无异雀鼠偷太仓。行抽手版付丞相，不待弹劾还耕桑。

射训狐

有鸟夜飞名训狐，矜凶挟狡夸自呼。乘时阴黑止我屋，声势慷慨非常粗。安然大唤谁畏忌，造作百怪非无须。聚鬼征妖自朋扇，摆掉栱桷颓墍涂。慈母抱儿怕入席，那暇更护鸡窠雏。我念乾坤德泰大，卵此恶物常勤劬。纵之岂即遽有害，斗柄行拄西南隅。谁谓停奸计尤剧，意欲唐突羲和乌。侵更历漏气弥厉，何由侥幸休须臾。咨余往谢岂得已，候女两眼张睢盱。枭惊堕梁蛇走窦，一夫斩颈群雏枯。

短灯檠歌

长檠八尺空自长，短檠二尺便且光。黄帘绿幕朱户闭，风露气入秋堂凉。裁衣寄远泪眼暗，搔头频挑移近床。太学儒生东鲁客，二十辞家来射策。夜书细字缀语言，两目眵昏头雪白。此时提携当案前，看书到晓那能眠。一朝富贵还自恣，长檠高张照珠翠。吁嗟世事无不然，墙角君看短檠弃。

华山女

街东街西讲佛经，撞钟吹螺闹宫廷。广张罪福资诱胁，听众狎恰排浮萍。黄衣道士亦讲说，座下寥落如明星。华山女儿家奉道，欲驱异教归仙灵。洗妆拭面着冠帔，白咽红颊长眉青。遂来升座讲真诀，观门不许人开扃。不知谁人暗相报，訇然振动如雷霆。扫除众寺人迹绝，骅骝塞路连辎车并。观中人满座观外，后至无地无由听。抽钗脱钏解环佩，堆金叠玉光青荧。

天门贵人传诏召，六宫愿识师颜形。玉皇颔首许归去，乘龙驾鹤来青冥。豪家少年岂知道，来绕百匝脚不停。云窗雾阁事慌惚，重重翠幔深金屏。仙梯难攀俗缘重，浪凭青鸟通叮咛。

雪后寄崔二十六丞公

蓝田十月雪塞关，我与南望愁群山。攒天嵬嵬冻相映，君乃寄命于其间。秩卑俸薄食口众，岂有酒食开容颜。殿前群公赐食罢，骅骝蹋路骄且闲。称多量少鉴裁密，岂念幽桂遗榛菅。几欲犯严出荐口，气象硉兀未可攀。归来殒涕掩关卧，心之纷乱谁能删。诗翁憔悴属斤荒棘，清玉刻佩联玦环。脑脂遮眼卧壮士，大弨挂壁无由弯。乾坤惠施万物遂，独于数子怀偏悭。朝欷暮唶不可解，我心安得如石顽。

送僧澄观

浮屠西来何施为，扰扰四海争奔驰。构楼架阁切星汉，夸雄斗丽止者谁。僧伽后出淮泗上，势到众佛尤恢奇。越商胡贾脱身罪，珪璧满船宁计资。清淮无波平如席，栏柱倾扶半天赤。火烧水转扫地空，突兀便高三百尺。影沉潭底龙惊遁，当昼无云跨虚碧。借问经营本何人，道人澄观名籍籍。愈昔从军大梁下，往来满屋贤豪者。皆言澄观虽僧徒，公才吏用当今无。后从徐州辟书至，纷纷过客何由记。人言澄观乃诗人，一座竞吟诗句新。向风长叹不可见，我欲收敛加冠巾。洛阳穷秋厌穷独，丁丁啄门疑啄木。有僧来访呼使前，伏犀插脑高颊权。惜哉已老无所及，坐睨神骨空潸然。临淮太守初到郡，远遣州民送音问。好奇赏俊直难逢，去去为致思从容。

奉酬卢给事云夫四兄曲江荷花行见寄

曲江千顷秋波净，平铺红云盖明镜。大明宫中给事归，走马来看立不正。遗我明珠九十六，寒光映骨睡骊目。我今官闲得婆娑，问言何处芙蓉多。撑舟昆明度云锦，脚敲两舷叫吴歌。太白山高三百里，负雪崔嵬插花里。玉山前却不复来，曲江汀滢水平杯。我时相思不觉一回首，天门九扇相当开。

上界真人足官府，岂如散仙鞭笞鸾凤终日相追陪。

记梦

夜梦神官与我言，罗缕道妙角与根。挈携陬维口澜翻，百二十刻须臾间。

我听其言未云足，舍我先度横山腹。我徒三人共追之，一人前度安不危。

我亦平行蹋乔亢虚亢，神完骨□脚不掉。侧身上视溪谷盲，杖撞玉版声彭舟光。

神官见我开颜笑，前对一人壮非少。石坛坡陀可坐卧，我手承颏肘拄座。

隆楼杰阁磊嵬高，天风飘飘吹我过。壮非少者哦七言，六字常语一字难。

我以指撮白玉丹，行且咀噍行诘盘。口前截断第二句，绰虐顾我颜不欢。

乃知仙人未贤圣，护短凭愚邀我敬。我能屈曲自世间，安能从女巢神山。

卷　十三

白香山七古诗词

七德舞

美拨乱陈王业也。

七德舞，七德歌，传自武德至元和。元和小臣自居易，观舞听歌知乐意，

乐终稽首陈其事，太宗十八举义兵。白旄黄钺定两京，擒充戮窦四海清。

二十有四功业成，二十有九即帝位。三十有五致太平，功成理定何神速。

速在推心置人腹，亡卒遗骸散帛收。饥人卖子分金赎，魏征梦见天子泣。

张谨哀闻辰日哭，怨女三千放出宫。死囚四百来归狱，剪须烧药赐功臣。

李责力呜咽思杀身。含血吮疮抚战士，思摩奋呼乞效死。不独善战善乘时，

以心感人人心归。尔来一百九十载，天下至今歌舞之。歌七德，舞七德，

圣人有作垂无极。岂徒耀神武，岂徒夸圣文，太宗意在陈王业，王业艰难示子孙。

法曲

美列圣正华声也。

法曲法曲歌大定，积德重熙有余庆。永徽之人舞而咏，法曲法曲舞霓裳。政和世理音洋洋，开元之人乐且康。法曲法曲歌堂堂，堂堂之庆垂无疆。中宗肃宗复鸿业，唐祚中兴万万叶。法曲法曲杂夷歌，夷声邪乱华声和。以乱干和天宝末，明年胡尘犯宫阙。乃知法曲本华风，苟能审音与政通。一从胡曲相参错，不辨兴衰与哀乐。愿求牙旷正华音，不令夷夏相交侵。

二王后

明祖宗之意也。

二王后，彼何人，介公酅公为国宾，周武隋文之子孙。古人有言天下者，非是一人之天下。

周亡天下传于隋，隋人失之唐得之。唐兴十叶岁二百，介公酅公世为客。明堂太庙朝享时，引居宾位备威仪。备威仪，助郊祭，高祖太宗之遗制。不独兴灭国，不独继绝世 # 欲令嗣位守文君，亡国子孙取为戒。

海漫漫

戒求仙也。

海漫漫，直下无底旁无边。云涛烟浪最深处，人传中有三神山。山上多生不死药，服之羽化为天仙。秦皇汉武信此语，方士年年采药去。蓬莱今古但闻名，烟水茫茫无觅处。海漫漫，风浩浩，眼穿不见蓬莱岛。不见蓬莱不敢归，童男丱女舟中老。徐福文成多诳诞，上元太一虚祈祷。君看骊山顶上茂陵头，毕竟悲风吹蔓草。何况玄元圣祖五千言，不言药，不言仙，不言白日升青天。

立部伎

刺雅乐之替也。

立部伎，鼓笛喧。双舞剑，跳七丸。袅巨索，掉长竿，太常部伎有等级。

堂上者坐堂下立，堂上坐部声歌清。堂下立部鼓笛鸣，笙歌一曲众侧耳。
鼓笛万曲无人听。立部贱，坐部贵。坐部退为立部伎，击鼓吹笛和杂戏。
立部又退何所任，始就乐悬操雅音。雅音替坏一至此，长令尔辈调宫徵。
圆丘后土郊祀时，言将此乐感神祇。欲望凤来百兽舞，何异北辕将适楚。
工师愚贱安足云，太常三卿尔何人。

华原磬

刺乐工非其人也。

华原磬，华原磬，古人不听今人听。泗滨石，泗滨石，今人不击古人击。
今人古人何不同，用之舍之由乐工。乐工虽在耳如壁，不分清浊即为聋。
梨园弟子调律吕，知有新声不如古。古称浮磬出泗滨，立辩致死声感人。
宫悬一听华原石，君心遂亡封疆臣。果然胡寇从燕起，武臣少肯封疆死。
始知乐与时政通，岂听铿锵而已矣。磬襄入海去不归，长安市儿为乐师。
华原磬与泗滨石，清浊两音谁得知。

上阳人

愍怨旷也。

上阳人，上阳人，红颜暗老白发新。绿衣监使守宫门，一闭上阳多少春。
玄宗末岁初选入，入时十六今六十。同时采择百余人，零落年深残此身。
忆昔吞悲别亲族，扶入车中不教哭。皆云入内便承恩，脸似芙蓉胸似玉。
未容君王得见面，已被杨妃遥侧目。妒令潜配上阳宫，一生遂向空房宿。
宿空房，秋夜长，夜长无寐天不明。耿耿残灯背壁影，萧萧暗雨打窗声。
春日迟，日迟独坐天难暮。宫莺百转愁厌闻，梁燕双栖老休妒。
莺归夜去长悄然，春往秋来不计年。唯向深宫望明月，东西四五百回圆。
今日宫中年最老，大家遥赐尚书号。小头鞋履窄衣裳，青黛点眉眉细长。
外人不见见应笑，天宝末年时世妆。上阳人，苦最多。少亦苦，老亦苦，少苦老苦两如何。君不见昔时吕向美人赋，又不见今日上阳宫人白发歌。

胡旋女

戒近习也。

胡旋女，胡旋女，心应弦，手应鼓。弦歌一声双袖举，回雪飘□转蓬舞。左旋右转不知疲，千匝万周无已时。人间物类无可比，奔车轮缓旋风迟。曲终再拜谢天子，天子为之微启齿。胡旋女，出康居，徒劳东来万里余。中原自有胡旋者。斗妙争能尔不如，天宝季年时欲变。臣妾人人学圆转，中有太真外禄山。二人最道能胡旋，梨花园中册作妃。金鸡障下养为儿，山胡旋迷君眼。兵过黄河疑未反，贵妃胡旋感君心。死弃马嵬念更深，从兹地轴天维转。五十年来制不禁，胡旋女。莫空舞。数唱此歌悟明主。

折臂翁

戒边功也。

新丰老翁八十八，头鬓眉须皆似雪。玄孙扶向店前行，左臂凭肩右臂折。问翁臂折来几年，兼问致折何因缘。翁云贯属新丰县，生逢圣代无征战。惯听梨园歌管声，不识旗枪与弓箭。无何天宝大征兵，户有三丁点一丁。点得驱将何处去，五月万里云南行。闻道云南有泸水，椒花落时瘴烟起。大军徒涉水如汤，未过十人二三死。村南村北哭声哀，儿别耶娘夫别妻。皆云前后征蛮者，千万人行无一回。是时翁年二十四，兵部牒中有名字。夜深不敢使人知，偷将大石捶折臂。张弓簸旗俱不堪，从兹使免征云南。骨碎筋伤非不苦，且图拣退归乡土。此臂折来六十年，一肢虽废一身全。至今风雨阴寒夜，直到天明痛不眠。痛不眠，终不悔，且喜老身今独在。不然当时泸水头，身死魂孤骨不收。应作云南望乡鬼，万人冢上哭呦呦。老人言，君听取。君不闻，开元宰相宋开府，不赏边功防黩武。又不闻，天宝宰相杨国忠，欲求恩幸立边功。边功未立生民怨，请问新丰折臂翁。

太行路

借夫妇以讽君臣之不终也。

太行之路能摧车，若比君心是坦途。巫峡之水能覆舟，若比君心是安流。君心好恶苦不常，好生毛羽恶生疮。与君结发未五载，岂期牛女为参商。

古称色衰相弃背，当时美人犹怨悔。何况如今鸾镜中，妾颜未改君心改。为君薰衣裳，君闻兰麝不馨香。为君盛容饰，君看珠翠无颜色。行路难，难重陈。人生莫作妇人身，百年苦乐由他人。行路难，难于山，险于水。不独人家夫与妻，近代君臣亦如此。君不见，左纳言，右纳史，朝承恩，暮赐死。

行路难，不在水，不在山，只在人情反复间。

司天台

引古以儆今也。

司天台，仰观俯察天人际。羲和死来职事废，官不求贤空取艺。

昔闻西汉元成间，下陵上替谪见天。北辰微暗少光色，四星煌煌如火赤。

耀芒动角射三台，上台半灭中台坼。是时非无太史官，眼见心知不敢言。

明朝趋入明光殿，唯奏庆云寿星见。天文时变两如斯，九重天子不得知，安用台高百尺为。

卖炭翁

卖炭翁，伐薪烧炭南山中。满面尘灰烟火色，两鬓苍苍十指黑。

卖炭得钱何所营，身上衣裳口中食。可怜身上衣正单，心忧炭贱愿天寒。

夜来城外一尺雪，晓驾炭车碾冰辙。牛困人饥日已高，市南门外泥中歇。

翩翩两骑来是谁，黄衣使者白衫儿。手把文书口称敕，回车叱牛牵向北。

一车炭重千余斤，宫使驱将惜不得。半匹红纱一丈绫，系向牛头充炭直。

短歌行

曈曈太阳如火色，上行千里下一刻。
出为白昼入为夜，圆转如珠住不得。
住不得，可奈何，为君举酒歌短歌。
歌声苦，词亦苦，四座少年君听取。
今夕未竟明旦催，秋风才往春风回。
人无根蒂时不住，朱颜白日相隳颓。

劝君且强笑一面，劝君复强饮一杯。
人生不得长欢乐，年少须臾老到来。

生离别

食蘗不易食梅难，蘗能苦兮梅能酸。
未如生别之为难，苦在心兮酸在肝。
晨鸡再鸣残月没，征马连嘶行人出。
回看骨肉哭一声，梅酸蘗苦甘如蜜。
黄河水白黄云秋，行人河边相对愁。
天寒野旷何处宿，棠梨叶战风飕飕。
生离别，生离别，忧从中来无断绝。
忧极心劳血气衰，未年三十生白发。

浩歌行

天长地久无终毕，昨夜今朝又明日。
鬓发苍浪牙齿疏，不觉身年四十七。
前去五十有几年，把镜照面心茫然。
既无长绳系白日，又无大药驻朱颜。
朱颜日渐不如故，青史功名在何处。
欲留年少待富贵，富贵不来年少去。
去复去兮如长河，东流赴海无回波。
贤愚贵贱同归尽，北邙冢墓高嵯峨。
古来如此非独我，未死有酒且高歌。
颜回短命伯夷饿，我今所得亦已多。
功名富贵须待命，命若不来争奈何。

王夫子

王夫子，送君为一尉，东南三千五百里。道途虽远位虽卑，月俸犹堪活妻子。男儿口读古人书，束带佥欠手来从事。近将徇禄给一家，远则行道佐时理。

行道佐时须待命，委身下位无为取。命苟未来且求食，官无卑高及远迩。

男儿上既未能济天下，下又不至饥寒死。吾观九品至一品，其间气味都相似。

紫绶朱绂青布衫，颜色不同而已矣。王夫子，别有一事欲劝君，逢酒逢春且欢喜。

江南遇天宝乐叟

白头老叟泣且言，禄山未乱入梨园。能弹琵琶和法曲，多在华清随至尊。
是时天下太平久，年年十月坐朝元。千官起居环珮合，万国会同车马奔。
金钿照耀石甕寺，兰麝熏煮温汤源。贵妃宛转侍君侧，体弱不胜珠翠繁。
冬雪飘□锦袍暖，春风荡漾霓裳翻。欢娱未足燕寇至，弓劲马肥胡语喧。
豳土人迁避夷狄，鼎湖龙去哭轩辕。从此漂沦落南土，万人死尽一身存。
秋风江上浪无限，暮雨舟中酒一樽。涸鱼久失风波势，枯草曾沾雨露恩。
我自秦来君莫问，骊山渭水如荒村。新丰树老笼明月，长生殿暗锁春云。
红叶纷纷盖欹瓦，绿苔重重封坏垣。唯有中官作宫使，每年寒食一开门。

送张山人归嵩阳

黄云惨惨天微雪，循行坊西鼓声绝。张生马瘦衣且单，夜扣柴门与我别。
愧君冒寒来别我，为君沽酒张灯火。酒酣火暖与君言，何事出关又入关。
答云前年偶下山，四十余月客长安。长安古来名利地，空手无金行路难。
朝游九城陌，肥马轻车欺杀客。暮宿五侯门，残茶冷酒愁煞人。
春明门外城高处，直下便是嵩山路。幸有云泉容此身，明日辞君且归去。

醉后走笔酬刘五主簿长句之赠兼简张太贾二十四先辈昆季

刘兄文高行孤立，十五年前名翕习。是时相遇在符离，我年二十君三十。

得意忘年心迹亲，寓居同县日知闻。衡门寂寞朝寻我，古寺萧条暮访君。
朝来暮去多携手，穷巷贫居何所有。秋灯夜写联句诗，春雪朝倾暖寒酒。
陴湖绿爱白鸥飞，濉水清冷红鲤肥。偶语闲攀芳树立，相扶醉踏落花归。

张贾弟兄同里巷，乘闲数数来相访。雨天连宿草堂中，月夜徐行石桥上。
我年渐长忽自惊，镜中冉冉髭须生。心畏后时同励志，身牵前事各求名。
问我栖栖何所适，乡人荐为鹿鸣客。两千里别谢交游，三十韵诗慰行役。
出门可怜唯一身，敝裘瘦马入咸秦。冬冬街鼓红尘暗，晚到长安无主人。
二贾二张与余弟，驱车逦迤来相继。操词握赋为干戈，锋锐森然胜气多。
齐入文场同苦战，五人十载九登科。二张得隽名居甲，美退争雄重告捷。
棠棣辉荣并桂枝，芝兰芬馥和荆叶。唯有沅犀屈未伸，握中自谓骇鸡珍。
三年不鸣鸣必大，岂独骇鸡当骇人。元和运启千年圣，同遇明时余最幸。
始辞秘阁吏王畿，遽列谏垣升禁闱。蹇步何堪鸣佩玉，衰容不称著朝衣。
阊阖晨开朝百辟，冕旒不动香烟碧。步登龙尾上虚空，立去天颜无咫尺。
宫花似雪从乘舆，禁月如霜坐直庐。身贱每惊随内宴，才微常愧草天书。
晚松寒竹新昌第，职居密近门多闭。日暮银台下直回，故人到门门暂开。
回头下马一相顾，尘土满衣何处来。敛手炎凉叙未毕，先说旧山今悔出。
岐阳旅宦少欢娱，江左羁游费时日。赠我一篇行路吟，吟之句句披沙金。
岁月徒催白发貌，泥途不屈青云心。谁会茫茫天地意，短才获用长才弃。
我随鹓鹭入烟云，谬上丹墀为近臣。君同鸾凤栖荆棘，犹着青袍作选人。
惆怅知贤不能荐，徒为出入蓬莱殿。月惭谏纸二百张，岁愧俸钱三十万。
大抵浮荣何足道，几度相逢即身老。且倾斗酒慰羁愁，重话符离问旧游。
北巷邻居几家处，东林旧院何人住。武里村花落复开，流沟山色应如故。
感此酬君千字诗，醉中分手又何之。须知通塞寻常事，莫叹浮沉先后时。
慷慨临歧重相勉，殷勤别后加餐饭。
君不见，买臣衣锦还故乡，五十身荣未为晚。

和钱员外答卢员外早春独游曲江见寄长句

春来有色暗融融，先到诗情酒思中。
柳岸霏微裛尘雨，杏园淡荡开花风。
闻君独游心郁郁，薄晚新晴骑马出。
醉思诗侣有同年，春叹翰林无暇日。
云夫首倡寒玉音，蔚章继和春搜吟。
此时我亦闭门坐，一日风光三处心。

东墟晚歇

凉风冷露萧索天，黄蒿紫菊荒凉田。
绕冢秋花少颜色，细虫小蝶飞翻翻。
中有腾腾独行者，手拄渔竿不骑马。
晚从南涧钓鱼回，歇此墟中白杨下。
褐衣半故白发新，人逢知我是何人。
谁言渭浦栖迟客，曾作甘泉侍从臣。

挽歌词

丹旐何飞扬，素骖亦悲鸣。晨光照闾巷，车需车匽欲行。萧条九月天，晚出洛阳城。

借问送者谁，妻子与弟兄。苍苍古原上，峨峨开新茔。含酸一恸哭，异口同哀声。

旧陇转芜绝，新坟日罗列。春风秋草北邙山，此地年年生死别。

山鹧鸪

山鹧鸪，朝朝暮暮啼复啼，啼时露白风凄凄。黄茅冈头秋月晚，苦竹岭下寒月低。

畬田有粟何不啄，石楠有枝何不栖。迢迢不缓复不急，楼上舟中声暗入。

梦乡迁客辗转卧，抱儿寡妇彷徨立。

山鹧鸪，尔本此乡鸟，生不辞巢不别群，何苦声声啼到晓。

啼到晓，唯能愁北人，南人惯闻如不闻。

放旅雁

九江十年冬大雪，江水生冰树枝折。
百鸟无食东西飞，中有旅雁声最饥。
雪中啄草冰上宿，翅冷腾空飞动迟。
江童持网捕将去，手携入市生卖之。

我本北人今谴谪，人鸟虽殊同是客。
见此客鸟伤客人，赎汝放汝飞入云。
雁雁汝飞向何处，第一莫飞西北去。
淮西有贼讨未平，百万甲兵久屯聚。
官军贼军相守老，食尽兵穷将及汝。
健儿饥饿射汝吃，拔汝翅翎为箭羽。

送春归

送春归，三月尽日日暮时。去年杏园花飞御沟绿，何处送春曲江曲。

今年杜鹃花落子规啼，送春何处西江西。帝京送春犹怏怏，天涯送春能不加惆怅。

莫惆怅，送春人，冗员无替五年罢，应须准拟再送浔阳春。

五年炎凉凡十变，安知此身健不健。好送今年江上春，明年未死还相见。

山石榴寄元九

山石榴，一名山踯躅，一名杜鹃花，杜鹃啼时花扑扑。

九江三月杜鹃来，一声催得一枝开。江城上佐闲无事，山下属斤得厅前栽。
烂漫一栏十八树，根株有数花无数。千房万叶一时新，嫩紫殷红鲜麴尘。
泪痕裛损胭脂脸，剪刀裁破红绡巾。谪仙初堕愁在世，姹女新嫁娇泥春。
日射血珠将滴地，风翻火焰欲烧人。闲折两枝持在手，细看不似人间有。
花中此物是西施，芙蓉芍药皆嫫母。奇芳绝艳别者谁，通州迁客元拾遗。
拾遗初贬江陵去，去时正值青春暮。商山秦岭愁煞人，山石榴花红夹路。
题诗报我何所云，苦云色似石榴裙。当时丛畔唯思我，今日栏前只忆君。
忆君不见坐销落，日西风起红纷纷。

画竹歌并引

植物之中竹难写，古今虽画无似者。
萧郎下笔独逼真，丹青以来唯一人。
人画竹身肥臃肿，萧画茎瘦节节竦。

人画竹梢死羸垂，萧画枝活叶叶动。
不根而生从意生，不笋而成由笔成。
野塘水边碕岸侧，森森两丛十五茎。
婵娟不失筠粉态，萧飒尽得风烟情。
举头忽看不似画，低耳静听疑有声。
西丛七茎劲而健，省向天竺寺前石。
东丛八茎疏且寒，忆曾湘妃庙里雨。
幽姿远思少人别，与君相顾空长叹。
萧郎萧郎老可惜，手颤眼昏头雪色。
自言便是绝笔时，从今此竹尤难得。

真娘墓

真娘墓，虎丘道。不识真娘镜中面，唯见真娘墓头草。霜催桃李风折莲，真娘死时犹少年。脂肤荑手不牢固，世间尤物难流连。难流连，易消歇，塞北花，江南雪。

长安道

花枝缺处青楼开，艳歌一曲酒一杯。美人劝我急行乐，自古朱颜不再来。君不见，外州官客长安道，一回来时一回老。

潜别离

不得哭，潜别离；不得语，暗相思；两心之外无人知。深笼夜锁独栖鸟，利剑春断连理枝。河水虽浊有清日，乌头虽黑有白时。唯有潜离与暗别，彼此甘心无后期。

隔浦莲

隔浦爱红莲，昨日看犹在。夜来风吹落，只得一回采。花开虽有明年期，复愁明年还暂时。

寒食野望吟

丘墟郭门外，寒食谁家哭。风吹旷野纸钱飞，古墓累累春草绿。
棠梨花映白杨树，尽是死生离别处。冥漠重泉哭不闻，萧萧暮雨人归去。

琵琶行并序

元和十年，予左迁九江郡司马。明年秋，送客湓浦口，闻舟中夜弹琵琶者。听其音，铮铮然有京都声。问其人，本长安倡女，尝学琵琶于穆 $ 曹二善才，年长色衰，委身为贾人妇。遂命酒，使快弹数曲。曲罢，悯然。自叙少小时欢乐事，今漂沦憔悴，转徙于江湖间。予出官二年，恬然自安 # 感斯人言，是夕始觉有迁谪意。因为长句，歌以赠之，凡六百一十二言，命曰《琵琶行》。

浔阳江头夜送客，枫叶荻花秋瑟瑟。主人下马客在船，举酒欲饮无管弦。
醉不成欢惨将别，别时茫茫江浸月。忽闻水上琵琶声，主人忘归客不发。
寻声暗问弹者谁，琵琶声停欲语迟。移船相近邀相见，添酒回灯重开宴。
千呼万唤始出来，犹抱琵琶半遮面。转轴拨弦三两声，未成曲调先有情。
弦弦掩抑声声思，似诉平生不得志。低眉信手续续弹，说尽心中无限事。
轻拢慢撚抹复挑，初为霓裳后六幺。大弦嘈嘈如急雨，小弦切切如私语。
嘈嘈切切错杂弹，大珠小珠落玉盘。间关莺语花底滑，幽咽泉流水下滩。
水泉冷涩弦疑绝，疑绝不通声暂歇。别有有情暗恨生，此时无声胜有声。
银瓶乍破水浆迸，铁骑突出刀枪鸣。曲终收拨当心画，四弦一声如裂帛。
东船西舫悄无言，唯见江心秋月白。沉吟放拨插弦中，整顿衣裳起敛容。
自言本是京城女，家在虾蟆陵下住。十三学得琵琶成，名属教坊第一部。
曲罢曾教善才伏，妆成每被秋娘妒。五陵年少争缠头，一曲红绡不知数。
钿头银篦击节碎，血色罗裙翻酒污。今年欢笑复明年，秋月春风等闲度。
弟走从军阿姨死，暮去朝来颜色故。门前冷落鞍马稀，老大嫁作商人妇。
商人重利轻别离，前月浮梁买茶去。去来江口守空船，绕船月明江水寒。
夜深忽梦少年事，梦啼妆泪红阑干。我闻琵琶已叹息，又闻此语重唧唧。
同是天涯沦落人，相逢何必曾相识。我从去年辞帝京，谪居卧病浔阳城。
浔阳地僻无音乐，终岁不闻丝竹声。住近湓江地低湿，黄芦苦竹绕宅生。
其间旦暮闻何物，杜鹃啼血猿哀鸣。春江花朝秋月夜，往往取酒还独倾。
岂无山歌与村笛，呕哑嘲哳难为听。今夜闻君琵琶语，如听仙乐耳暂明。

莫辞更坐弹一曲，为君翻作琵琶行。感我此言良久立，却坐促弦弦转急。凄凄不似向前声，满座重闻皆掩泣。座中泣下谁最多，江州司马青衫湿。

简简吟

苏家小女名简简，芙蓉花腮柳叶眼。
十一把镜学点妆，十二抽针能绣裳。
十三行坐事调品，不肯迷头白地藏。
玲珑云髻生花样，飘□风袖蔷薇香。
殊姿异态不可状，忽忽转动如有光。
二月繁霜杀桃李，明年欲嫁今年死。
丈人阿母勿悲啼，此女不是凡夫妻。
恐是天仙谪人世，只合人间十三岁。
大都好物不坚牢，彩云易散琉璃脆。

花非花

花非花，雾非雾，夜半来，天明去。来如春梦几多时，去似朝云无觅处。

夜哭李夷道

逝者绝影响，空庭朝复昏。家人哀临毕，夜锁寿堂门。无妻无子何人葬，空见铭旌向月翻。

醉歌

罢胡琴，掩秦瑟，玲珑再拜歌初毕。谁道使君不解歌，听唱黄鸡与白日。

黄鸡催晓丑时鸣，白日催年酉时没。腰间红绶系未稳，镜里朱颜看已失。玲珑玲珑奈老何，使君歌了汝更歌。

寒食卧病

病逢佳节长叹息，春雨濛濛榆柳色。羸坐全非旧日容，扶行半是他人力。喧喧里巷踏春归，笑闭柴门度寒食。

长安早春旅怀

轩车歌吹喧都邑，中有一人向隅立。
夜深明月卷帘愁，日暮青山望乡泣。
风吹新绿草芽折，雨洒轻黄柳条湿。
此生知负少年春，不展愁眉欲三十。

晚秋夜

碧空溶溶月华静，月里愁人吊孤影。
花开残菊傍疏篱，叶下衰桐落寒井。
塞鸿飞急觉秋尽，邻鸡鸣迟知夜永。
凝情不语空所思，风吹白露衣裳冷。

秋晚

篱菊花稀砌桐落，树荫离离日色薄。
单幕疏帘贫寂寞，凉风冷露秋萧索。
光阴流转忽已晚，颜色凋残不如昨。
莱妻卧病月明时，不捣寒衣空捣药。

谪居

面瘦头斑四十四，远谪江州为郡吏。
逢时弃置从不才，未老衰羸为何事。
火烧寒涧松为烬，霜降春林花委地。
遭时荣悴一时间，岂是昭昭上天意。

恻恻吟

恻恻复恻恻，逐臣返乡国。前事难重论，少年不再得。泥途绛老头斑白，炎瘴灵均面黎黑。六年不死却归来，道著姓名人不识。

席上答微之

我住浙江西，君去浙江东。勿言一水隔，便与千里同。富贵无人劝君酒，今宵为我尽杯中。

小童薛阳陶吹觱栗歌

剪削干芦插寒竹，九孔漏声五音足。
近来吹者谁得名，关璀老死李衮生。
衮今又老谁其嗣，薛氏乐童年十二。
指点之下师授声，含嚼之间天与气。
润州城高霸月明，吟霜思月欲发声。
山头江底何悄悄，猿声不喘鱼龙听。
翕然声作疑管裂，诎然声尽疑刀截。
有时婉软无筋骨，有时顿挫生棱节。
急声圆转促不断，轹轹辚辚似珠贯。
缓声展引长有条，有条直直如笔描。
下声乍坠石沉重，高声忽举云飘萧。
明日公堂陈宴席，主人命乐娱宾客。
碎丝细竹徒纷纷，宫调一声雄出群。
众音覼缕不落道，有如部伍随将军。
嗟尔阳陶方稚齿，下手发声已如此。
若教头白吹不休，但恐声名压关李。

啄木曲

莫买宝剪刀，虚费千金直。我有心中愁，知君剪不得。莫磨解结锥，虚劳人气力。

我有肠中结，知君解不得。莫染红丝线，徒夸好颜色。我有双泪珠，知君穿不得。

莫近红炉火，炎气徒相逼。我有两鬓霜，知君销不得。

刀不能剪心愁，锥不能解肠结，线不能穿泪珠，火不能销鬓雪。

不如饮此神圣杯，万念千忧一时歇。

题灵岩寺

娃宫屐廊寻已倾，砚池香径又欲平。
二三月时但草绿，几百年来空月明。
使君虽老颇多思，携觞领妓处处行。
今愁古恨入丝竹，一曲凉州无限情。
直自当时到今日，中间歌吹更无声。

日渐长赠周殷二判官

日渐长，春尚早。墙头半露红萼枝，池岸新铺绿芽草。蹋草攀枝仰头叹，何人知此春怀抱。年颜盛壮名未成，官职欲高身已老。万茎白发真堪恨，一片绯衫何足道。赖得君来劝一杯，愁开闷破心头好。

花前叹

前岁花前五十二，今岁花前五十五。
岁课年功头发知，从霜成雪君看取。
几人得老莫自嫌，樊李吴韦尽成土。
南州桃李北州梅，且喜年年作花主。
花前置酒谁相劝，容坐唱歌满起舞。
欲散重拈花细看，争知明日无风雨。

就花枝

就花枝，移酒海，今朝不醉明朝悔。
且算欢娱逐日来，任他容鬓随年改。
醉翻衫袖抛小令，笑掷骰盘呼大采。
自量气力与心情，三五年间犹得在。

劝酒

劝君一杯君莫辞，劝君两杯君莫疑，劝君三杯君始知。

面上今日老昨日，心中醉时胜醒时。天地迢迢自长久，白兔赤乌相趁走。

身后堆金拄北斗，不如生前一尊酒。君不见，春明门外天欲明，喧喧歌哭半死生。

游人驻马出不得，白舆紫车争路行。归去来，头已白，典钱将用买酒吃。

对镜吟

白头老人照镜时，掩镜沉吟吟旧诗。二十年前一茎白，如今变作满头丝。
吟罢回头索杯酒，醉来屈指数亲知。老于我者多穷贱，设使身存寒且饥。
少于我者半为土，墓树已抽三五枝。我今幸得见头白，禄俸不薄官不卑。
眼前有酒心无苦，只合欢娱不合悲。

耳顺吟寄敦诗梦得

三十四十五欲牵，七十八十百病缠。五十六十却不恶，恬淡清净心安然。
已过爱贪声利后，犹在病羸昏耄前。未无筋力寻山水，尚有心情听管弦。
闲开新酒常数盏，醉忆旧诗吟一篇。敦诗梦得且相劝，不用嫌他耳顺年。

忆旧游

忆旧游，旧游安在哉。旧游之人半白首，旧游之地多苍苔。
江南旧游凡几处，就中最忆吴江隈。长洲绿苑柳万树，齐云楼春酒一杯。

阊门晓严旗鼓出，皋桥夕闹船舫回。修蛾慢脸灯下醉，急管繁弦头上催。
六七年前狂烂漫，三千里外思徘徊。李娟张态一春梦，周五殷三归夜台。
虎丘月色为谁好，娃宫花枝应自开。赖得刘郎解吟咏，江山气色合归来。

答崔宾客晦叔十二月四日见寄

今岁日余二十六，来岁年登六十二。
尚不能忧眼下身，因何更算人间事。
居士忘筌默默坐，先生枕麴昏昏睡。
早晚相从归醉乡，醉乡去此无多地。

劝我酒

劝我酒，我不辞。请君歌，歌莫迟。歌声长，辞亦切，此辞听者堪愁绝。
洛阳女儿面似花，河南大尹头如雪。

除官赴关留赠微之

去年十月半，君来过浙东。今年五月尽，我发向关中。两乡默默心相别，一水盈盈路不通。从此津人应省事，寂寥无复递诗筒。

雪中晏起偶咏所怀兼呈张常侍韦庶子皇甫郎中

穷阴苍苍雪雰雰，雪深没胫泥埋轮。东家典钱归碍夜，南家贳米出凌晨。
我独何者无此弊，复帐重衾暖若春。怕寒放懒不肯动，日高睡足方频伸。
瓶中有酒炉有炭，瓮中有饭庖有薪。奴温婢饱身晏起，致兹快活良有因。
上无皋陶伯益廊庙材，的不能匡君辅国活生民。下无巢父许由箕颍操，
又不能食薇饮水自苦辛。君不见南山悠悠多白云，又不见西京浩浩唯红尘。
红尘闹热白云冷，好于冷热中间安置身。三年侥幸忝洛尹，两任优稳为商宾。
非贤非愚非智慧，不富不贵不贱贫。冉冉老去过六十，腾腾闲来经七春。
不知张韦与皇甫，私唤我作何如人。

闲吟

贫穷汲汲求衣食，富贵营营役心力。
人生不富即贫穷，光阴易过闲难得。
我今幸在穷富间，虽在朝廷不入山。
看雪寻花玩风月，洛阳城里七年闲。

诏下

昨日诏下去罪人，今日诏下得贤臣。进退者谁非我事，世间宠辱常纷纷。我心与世两相忘，时事虽闻如不闻。但喜今年饱饭吃，洛阳禾稼如秋云。更倾一尊歌一曲，不独忘世兼忘身。

池上作

西溪风生竹森森，南潭萍开水沈沈。
丛翠万竿湘岸色，空碧一泊松江心。
浦派萦回误远近，桥岛向背迷登临。
澄澜方丈若万顷，倒影咫尺如千寻。
泛然独游邈然坐，坐念行心思古今。
菟裘不闻有泉沼，西河亦恐无云林。
岂如白翁退老地，树高竹密池塘深。
华亭双鹤白矫矫，太湖四石青岑岑。
眼前尽日更无客，膝上此时唯有琴。
洛阳冠盖自相索。谁肯来此同抽簪。

咏史

秦靡利刀斩李斯，齐烧沸鼎烹郦其。
可怜黄绮入商洛，闲卧白云歌紫芝。
彼为菹醢几上尽，此作鸾凤天外飞。
去者逍遥来者死，乃知祸福非天为。

哭师皋

南康丹旐引魂回，洛阳篮舁送葬来。
北邙原边草树畔，月苦烟愁夜过半。
妻孥兄弟号一声，十二人肠一时断。
往者何人送者谁，乐天哭别师皋时。
平生分义向人尽，今日哀冤唯我知。
我知何益徒垂泪，篮舆回竿马回辔。
何日重闻扫市歌，谁家收得琵琶妓。
萧萧风树白杨影，苍苍露草青蒿气。
更就坟边哭一声，与君此别终天地。

感旧并序

故李侍郎杓直，长庆元年春薨，元相公微之，太和六年秋薨。崔侍郎晦叔，太和七年夏薨。刘尚书梦得，会昌二年秋薨。四君子，予之执友也。三十年间，凋零共尽，唯予衰病，至今独存，因咏悲怀，题为《感旧》。

晦叔坟荒草已陈，梦得墓湿土犹新。
微之捐馆将一纪，杓直归丘十二春。
城中虽有故第宅，庭芜园废生荆榛。
箧中亦有旧书札，纸穿字蠹成灰尘。
平生定交取人窄，屈指相知唯五人。
四人先去我在后，一枚蒲柳衰残身。
岂无晚岁新相识，相识面亲心不亲。
人生莫羡苦长命，命长感旧多悲辛。

达哉乐天行

达哉达哉白乐天，分司东都十三年。
七旬才满冠已挂，半禄未及车先悬。
或伴游客春行乐，或随山僧夜坐禅。
二年忘却问家事，门庭多草厨少烟。

庖童朝告盐米尽，侍婢暮诉衣裳穿。
妻孥不悦甥侄闷，而我醉卧方陶然。
起来与尔画生计，薄产处置有后先。
先卖南坊十亩园，次卖东郭五顷田。
然后兼卖所居宅，仿佛获缗二三千。
半与尔充食衣费，半与吾供酒肉钱。
吾今已年七十一，眼昏须白头风眩。
但恐此钱用不尽，即先朝露归夜泉。
未归且住亦不恶，饥餐乐饮安稳眠。
死生无可无不可，达哉达哉白乐天。

卷 十四

苏东坡七古诗词上

和子由踏青

东风陌上惊微尘，游人初乐岁华新。
人闲正好路旁饮，麦短未怕游车轮。
城中居人厌城郭，喧阗晓出空四邻。
歌鼓惊山草木动，箪瓢散野乌鸢驯。
何人聚众称道人，遮道卖符色怒瞋。
宜蚕使汝茧如瓮，宜畜使汝羊如麇。
路人未必信此语，强为买服禳新春。
道人得钱径沽酒，醉倒自谓吾符神。

和子由蚕市

蜀人衣食常苦艰，蜀人游乐不知还。
千人耕种万人食，一年辛苦一春闲。
闲时尚以蚕为市，共忘辛苦逐欣欢。
去年霜降砍秋荻，今年箔积如连山。
破瓢为轮土为釜，争买不翅金与纨。
忆昔与子皆童丱，年年废书走市观。
市人争夸斗巧智，野人喑哑遭欺谩。
诗来使我感旧事，不悲去国悲流年。

记所见开元寺吴道子画佛灭度以答子由

西方真人谁所见，衣被七宝从双狻。
当时修道颇辛苦，柏生两肘乌巢肩。
初如濛濛隐山玉，渐如濯濯出水莲。
道成一旦就空灭，奔会四海悲人天。
翔禽哀响动林谷，兽鬼踯躅泪迸泉。
庞眉深目彼谁子，绕床弹指性自圆。
隐如寒月堕清昼，空有孤光留故躔。
春游古寺拂尘壁，遗像久此霾香烟。
画师不复写名姓，皆云道子口所传。
纵横固已蔑孙邓，有如巨鳄吞小鲜。
来诗所夸孰与比，安得携挂其旁观。

王维吴道子画

何处访吴画，普门与开元。开元有东塔，摩诘留手痕。吾观画品中，莫如二子尊。

道子实雄放，浩如海波翻。当其下手风雨快，笔所未到气已吞。

亭亭双林间，彩晕扶桑暾。中有至人谈寂灭，悟者悲涕迷者手自扪。

蛮君鬼伯千万万，相排竞进头如鼋。摩诘本诗老，佩芷袭芳荪。

今观此壁画，亦若其诗清且敦。祇园弟子尽鹤骨，心如死灰不复温。

门前两丛竹，雪节贯霜根。交柯乱叶动无数，一一皆可寻其源。

吴生虽妙绝，犹以画工论。摩诘得之于象外，有如仙翮谢笼樊。

吾观二子皆神俊，又于维也敛衽无间言。

维摩像唐杨惠之塑在天柱寺

昔者子舆病且死，其友子祀往问之。跰□鉴井自叹息，造物将安以我为。

今观古塑维摩像，病骨磊嵬如枯龟。乃知至人外生死，此身变化浮云随。

至人岂不硕且好，身虽未病心已疲。此叟神完中有恃，谈笑可却千熊罴。

当其在时或问法，俯首无言心自知。世今遗像兀不语，与昔未死无增亏。

田翁俚妇那肯顾，时有野鼠衔其髭。见之使人每自失，谁能与结无言师。

秦穆公墓

橐泉在城东，墓在城中无百步。乃知昔未有此城，秦人以泉识公墓。

昔公生不诛孟明，岂有死之日而忍用其良。乃知三子殉公意，亦如齐之二子从田横。

古人感一饭，尚能杀其身。今人不复见此等，乃以所见疑古人。

古人不可望，今人益可伤。

将往终南和子由见寄

人生百年寄鬓须，富贵何啻葭中莩。
唯将翰墨留染濡，决胜醉倒蛾眉扶。
我今废学如寒竽，久不吹之涩欲无。
岁云暮矣嗟几余，欲往南溪侣禽鱼。
秋风吹雨凉生肤，夜长耿耿添漏壶。
穷年弄笔衫袖乌，古人有之我愿如。
终朝危坐学僧趺，闭门不出闲履凫。
下视官爵如泥淤，嗟我何为久踟蹰。
岁月岂肯与汝居，仆夫起餐秣吾驹。

二十七日自阳平至斜谷宿于南山中蟠龙寺

横槎晚渡碧涧口，骑马夜入南山谷。
谷中暗水响泷泷，岭上疏星明煜煜。
寺藏岩底千万仞，路转山腰三百曲。
风生饥虎啸空林，月黑惊□窜修竹。
入门突兀见深殿，照佛青荧有残烛。
愧无酒食待游人，旋斫杉松煮溪蔌。
板阁独眠惊旅枕，木鱼晓动随僧粥。
起观万瓦郁参差，日乱千岩散红绿。
门前商贾负椒荈，山后咫尺连巴蜀。
何时归耕江上田，一夜心逐南飞鹄。

司竹监烧苇园因召都巡检柴贻勖左藏以其徒会猎园下

官园刈苇岁留槎，深冬放火如红霞。
枯槎烧尽有根在，春雨一洗皆萌芽。
黄狐老兔最狡捷，卖侮百兽常矜夸。
年年此厄竟不悟，但爱蒙密争来家。
风回焰卷毛尾热，欲出已被苍鹰遮。
野人来言此最乐，徒手晓出归满车。
巡边将军在近邑，呼来飒飒从矛叉。
戍兵久闲可小试，战鼓虽冻犹堪挝。
雄心欲搏南涧虎，阵势颇学常山蛇。
霜干火烈声爆野，飞走无路号且呀。
迎人截来砉逢箭，避犬逸去穷投罝。
击鲜走马殊未厌，但恐落日催栖鸦。
弊旗仆鼓坐数获，鞍挂雉兔肩分豭。
主人置酒聚狂客，纷纷醉语晚更哗。
燎毛燔肉不暇割，饮啖直欲追羲娲。
青丘云梦古所咤，与此何啻百倍加。
苦遭谏疏说夷羿，又被赋客嘲淫奢。

岂如闲官走山邑，放旷不与趋朝衙。
农工已毕岁云暮，车骑虽少宾殊佳。
酒酣上马去不告，猎猎霜风吹帽斜。

王颐赴建州钱监求诗及草书

我昔识子自武功，寒厅夜语尊酒同。
酒阑烛尽语不尽，倦仆立寐僵屏风。
叮咛劝学不死诀，自言亲受方瞳翁。
嗟予闻道不早悟，醉梦颠倒随盲聋。
迩来忧患苦摧剥，意思萧索如霜蓬，
羡君颜色愈少壮，外慕渐少由中充。
河车挽水灌脑黑，丹砂伏火入颊红。
大梁相逢又东去，但道何日辞樊笼。
未能便乞句漏令，官曹似是锡与铜。
留诗河上慰离别，草书未暇缘匆匆。

石苍舒醉墨堂

人生识字忧患始，姓名粗记可以休。
何用草书夸神速，开卷惝恍令人愁。
我尝好之每自笑，君有此病何能瘳。
自言其中有至乐，适意无异逍遥游。
近者作堂名醉墨，如饮美酒销百忧。
乃知柳子语不妄，病嗜土炭如珍馐。
君于此艺亦云至，堆墙败笔如山丘。
兴来一挥百纸尽，骏马倏忽踏九州。
我书意造本无法，点画信手烦推求。
胡为议论独见假，只字片纸皆藏收。
不减钟张君自足，下方罗赵我亦优。
不须临池更苦学，完取绢素充衾裯。

送安惇秀才失解西归

旧书不厌百回读，熟读深思子自知。
他年名宦恐不免，今日栖迟那可追。
我昔家居断还往，著书不暇窥园葵。
朅来东游慕人爵，弃去旧学从儿嬉。
狂谋谬算百不遂，唯有霜鬓来如期。
故山松柏皆手种，行且拱矣归何时。
万事早知皆有命，十年浪走宁非痴。
与君未可较得失，临别唯有长嗟咨。

送任伋通判黄州兼寄其兄孜

吾州之豪任公子，少年盛壮日千里。
无媒自进谁识之，有才不用今老矣。
别来十年学不厌，读破万卷诗愈美。
黄州小郡夹溪谷，茅屋数家依竹苇。
知命无忧子何病，见贤不荐谁当耻。
平原老令更可悲，六十青衫贫欲死。
桐乡遗老至今泣，颍川大姓谁能棰。
因君寄声问消息，莫对黄鹞矜爪觜。

送吕希道知和州

去年送君守解梁，今年送君守历阳。
年年送人作太守，坐受尘土堆胸肠。
君家联翩三将相，富贵未已今方将。
凤雏骥子生有种，毛骨往往传诸郎。
观君崛郁负奇表，便合剑佩趋明光。
胡为小郡屡奔走，征马未解风帆张。
我生本自便江海，忍耻未去犹彷徨。
无言赠君有长叹，美哉河水空洋洋。

送文与可出守陵州

壁上墨君不解语，见之尚可消百忧。
而况我友似君者，素节凛凛欺霜秋。
清诗健笔何足数，逍遥齐物追庄周。
夺官遣去不自觉，晓梳脱发谁能收。
江边乱山赤如赭，陵阳正在千山头。
君知远别怀抱恶，时遣墨君解我愁。

送刘道原归觐南康

晏婴不满六尺长，高节万仞陵首阳。青衫白发不自叹，富贵在天那得忙。
十年闭户乐幽独，百金购书收散亡。朅来东观弄丹墨，聊借旧史诛奸强。
孔融不肯下曹操，汲黯本自轻张汤。虽无尺棰与寸刃，口吻排击含风霜。
自言静中阅世俗，有似不饮观酒狂。衣巾狼藉又屡舞，傍人大笑供千场。
交朋翩翩去略尽，唯我与子犹彷徨。世人共弃君独厚，岂敢自爱恐子伤。
朝来告别惊何速，归意已逐征鸿翔。匡庐先生古君子，挂冠两纪鬓未苍。
定将文度置膝上，喜动邻里烹猪羊。君归为我道名姓，幅巾他日容登堂。

欧阳少师令赋所蓄石屏

何人遗公石屏风，上有水墨希微踪。

不画长林与巨植，独画峨眉山西雪岭上万岁不长之孤松。

崖崩涧绝可望不可到，孤烟落日相溟濛。含风偃蹇得真态，刻画始信天有工。

我恐毕宏韦偃死葬虢山下，骨可朽烂心难穷。神机巧思无所发，化为烟霏沦石中。

古来画师非俗士，摹写物象略与诗人同。愿公作诗慰不遇，无使二子含愤泣幽宫。

陪欧阳公宴西湖

谓公方壮鬓似雪，谓公已老光浮颊。
揭来湖上饮美酒，醉后剧谈犹激烈。
湖边草木新著霜，芙蓉晚菊争煌煌。
插花起舞为公寿，公言百岁如风狂。
赤松共游也不恶，谁能忍饥啖仙药。
已将寿夭付天公，彼徒辛苦吾差乐。
城上乌栖暮霭生，银釭画独照湖明。
不辞歌诗劝公饮，坐无桓伊能抚筝。

泗洲僧伽塔

我昔南行舟系汴，逆风三日沙吹面。
舟人共劝祷灵塔，香火未收旗脚转。
回头顷刻失长桥，却到龟山未朝饭。
至人无心何厚薄，我自怀私欣所便。
耕田欲雨刈欲晴，去得顺风来者怨。
若使人人祷辄遂，造物应须日千变。
我今身世两悠悠，去无所逐来无恋。
得行固愿留不恶，每到有求神亦倦。
退之旧云三百尺，澄观所营今已换。
不嫌俗士污丹梯，一看云山绕淮甸。

十月十六日记所见

风高月暗云水黄，淮阴夜发朝山阳。
山阳晓雾如细雨，炯炯初日寒无光。
云收雾卷已停午，有风北来寒欲僵。
忽惊飞雹穿户牖，迅驶不复容遮防。
市人颠沛百贾乱，疾雷一声如颓墙。
使君来呼晚置酒，坐定已复日照廊。

恍疑所见皆梦寐，百种变怪旋消亡。
共言蛟龙厌旧穴，鱼鳖随徙空陂塘。
愚儒无知守章句，论说黑白推何祥。
唯有主人言可用，天寒欲雪饮此觞。

游金山寺

我家江水初发源，宦游直送江入海。
闻道潮头一丈高，天寒尚有沙痕在。
中泠南畔石盘陀，古来出没随涛波。
试登绝顶望乡国，江南江北青山多。
羁愁畏晚寻归楫，山僧苦留看落日。
微风万顷靴文细，断霞半空鱼尾赤。
是时江月初生魄，二更月落天深黑。
江心似有炬火明，飞焰照山栖鸟惊。
怅然归卧心莫识，非鬼非人竟何物。
江山如此不归山，江神见怪惊我顽。
我谢江神岂得已，有田不归如江水。

自金山放船至焦山

金山楼观何眈眈，撞钟击鼓闻淮南。
焦山何有修竹，采薪汲水僧两三。
云霾浪打人迹绝，时有沙户祈春蚕。
我来金山更留宿，而此不到心怀惭。
同游尽返决独往，赋命穷薄轻江潭。
清晨无风浪自涌，中流歌啸倚半酣。
老僧下山惊客至，迎笑喜作巴人谈。
自言久客忘乡井，只有弥勒为同龛。
困眠得就纸帐暖，饱食未厌山蔬甘。
山林饥卧古亦有，无田不退宁非贪。

展禽虽未三见黜，叔夜自知七不堪。
行当投劾谢簪组，为我佳处留茅庵。

次韵子由柳湖感物

忆昔子美在东屯，数间茅屋苍山根。
嘲吟草木调蛮獠，欲与猿鸟争啾喧。
子今憔悴众所弃，驱马独出无往还。
唯有柳湖万株柳，清阴与子共朝昏。
胡为讥评不少借，生意凌挫难为繁。
柳虽无言不解愠，世俗乍见应怃然。
娇姿共爱春濯濯，岂问空腹修蛇蟠。
朝看浓翠傲炎赫，夜爱疏影摇清圆。
风翻雪阵春絮乱，蠹响啄木秋声坚。
四时盛衰各有态，摇落凄怆惊寒温。
南山孤松积雪底，抱冻不死谁复贤。

次韵杨褒早春

穷巷凄凉苦未和，君家庭院得春多。
不辞瘦马骑冲雪，来听佳人唱踏莎。
破恨径须烦麴蘖，增年谁复怨羲娥。
良辰乐事古难并，白发青山我亦歌。
细雨郊园聊种菜，冷官门户可张罗。
放朝三日君恩重，睡美不知身在何。

腊日游孤山访惠勤惠思二僧

天欲雪，云满湖，楼台明灭山有无。
水清出石鱼可数，林深无人鸟相呼。
腊日不归对妻孥，名寻道人实自娱。
道人之居在何许，宝云山前路盘纡。

孤山孤绝谁肯庐，道人有道山不孤。
纸窗竹屋深自暖，拥褐坐睡依圆蒲。
天寒路远愁仆夫，整驾催归及未晡。
出山回望云木合，但见野鹘盘浮图。
兹游淡薄欢有余，到家恍如梦蘧蘧。
作诗火急追亡逋，清景一失后难摹。

李杞寺丞见和前篇复用元韵答之

兽在薮，鱼在湖，一入池槛归期无。
误随弓旌落尘土，坐使鞭棰环呻呼。
追胥连保罪及孥，百日愁叹一日娱。
白云旧有终老约，朱绶岂合山人纡。
人生何者非蘧庐，故山鹤怨秋猿孤。
何时自驾鹿车去，扫除白发烦菖蒲。
麻鞋短后随猎夫，射弋狐兔供朝晡。
陶潜自作五柳传，潘阆画入三峰图。
吾年凛凛今几余，知非不去惭卫蘧。
岁荒无术归亡逋，鹄则易画虎难摹。

游灵隐寺得来诗复用前韵

君不见，钱塘湖，钱王壮观今已无。
屋堆黄金斗量珠，运尽不劳折简呼。
四方宦游散其孥，宫阙留与闲人娱。
盛衰哀乐两须臾，何用多忧心郁纡。
溪山处处皆可庐，最爱灵隐飞来孤。
乔松百丈苍髯须，扰扰下笑柳与蒲。
高堂会食罗千夫，撞钟击鼓喧朝晡。
凝香方丈眠氍毹，决胜絮被缝海图。
清风徐来惊睡余，遂超羲皇傲几蘧。
归时栖鸦正毕逋，孤烟落日不可摹。

戏子由

宛丘先生长如丘，宛丘学舍小如舟。
常时低头诵经史，忽然欠伸屋打头。
斜风吹帷雨注面，先生不愧旁人羞。
任从饱死笑方朔，肯为雨力求秦优。
眼前奚谷何足道，处置六凿须天游。
读书万卷不读律，致君尧舜知无术。
劝农冠盖闹如云，送老齑盐甘似蜜。
门前万事不挂眼，头虽长低气不屈。
余杭别驾无功劳，画堂五丈容旆旌。
重楼跨空雨声远，屋多人少风骚骚。
平生所惭今不耻，坐对疲氓更鞭棰。
道逢阳虎呼与言，心知其非口诺唯。
居高志下真何益，气节消缩今无几。
文章小伎安足程，先生别驾旧齐名。
如今衰老俱无用，付与时人分重轻。

越州张中舍寿乐堂

青山偃蹇如高人，常时不肯入官府。
高人自与山有素，不待招邀满庭户。
卧龙蟠屈半东州，万室鳞鳞枕其股。
背之不见与无同，狐裘反衣无乃鲁。
张君眼力觑天奥，能遣荆棘化堂宇。
持颐宴坐不出门，收揽奇秀得十五。
才多事少厌闲寂，卧看云烟变风雨。
笋如玉箸椹如簪，强饮且为山做主。
不忧儿辈知此乐，但恐造物怪多取。
春浓睡足午窗明，想见新茶如泼乳。

雨中游天竺灵感观音院

蚕欲老，麦半黄，前山后山雨浪浪。农夫辍耒女废筐，白衣仙人在高堂。

和蔡淮郎中见邀游西湖三首

夏潦涨湖深更幽，西风落木芙蓉秋。飞雪暗天云拂地，新蒲出水柳映洲。湖上四时看不足，唯有人生飘若浮。解颜一笑岂易得，主人有酒君应留。君不见钱塘游宦客，朝推囚，暮决狱，不因人唤何时休。

城市不识江湖幽，如与蟪蛄语春秋。试令江湖处城市，却似麋鹿游汀州。高人无心无不可，得坎且止乘流浮。公卿故旧留不得，遇所得意终年留。君不见抛官彭泽令，琴无弦，巾有酒，醉欲眠时遣客休。

田间决水鸣幽幽，插秧未遍麦已秋。相携烧笋苦竹寺，却下踏藕荷花洲。船头斫鲜细缕缕，船尾吹玉香浮浮。临风饱食得甘寝，肯使细故胸中留。君不见壮士憔悴时，饥谋食，渴谋饮，功名有时无罢休。

游径山

众峰来自天目山，势若骏马奔平川。
中途勒破千里足，金鞭玉登相回旋。
人言山住水亦住，下有万古蛟龙渊。
道人天眼识王气，结茅宴坐荒山颠。
精诚贯山石为裂，天女下试颜如莲。
寒窗暖足来扑朔，夜钵咒水降蜿蜒。
雪眉老人朝扣门，愿为弟子长参禅。
尔来废兴三百载，奔走吴会输金钱。
飞楼涌殿压山破，朝钟暮鼓惊龙眠。
晴空偶见浮海蜃，落日下数投村鸢。
有生共处覆载内，扰扰膏火同烹煎。
近来愈觉世议隘，每到宽处差安便。

嗟余老矣百事废，却寻旧学心茫然。
问龙乞水归洗眼，欲看细字销残年。

试院煎茶

蟹眼已过鱼眼生，飕飕欲作松风鸣。蒙茸出磨细珠落，眩转绕瓯飞雪轻。
银瓶泻汤夸第二，未识古人煎水意。
君不见，昔时李生好客手自煎，贵从活火发新泉。
又不见，今时潞公煎茶学西蜀，定州花瓷琢红玉。
我今贫病常苦饥，分无玉碗捧蛾眉。且学公家作茗饮，砖炉石铫行相随。
不用撑肠拄腹文字五千卷，但愿一瓯常及睡足日高时。

孙莘老求墨妙亭诗

兰亭茧纸入昭陵，世间遗集犹龙腾。
颜公变法出新意，细筋入骨如秋鹰。
徐家父子亦秀绝，字外出力中藏棱。
峄山传刻典刑在，千载笔法留阳冰。
杜陵评书贵瘦硬，此论未公吾不凭。
短长肥瘦各有态，玉环飞燕谁敢憎。
吴兴太守真好古，购买断缺挥缣缯。
龟趺入座螭隐壁，空斋昼静闻登登。
奇踪散出走吴越，胜事传说夸友朋。
书来乞诗要自写，为把栗尾书溪藤。
后来视今犹视昔，过眼百世如风灯。
他年刘郎忆贺监，还道同时须服膺。

李公择求黄鹤楼诗因记旧所闻于冯当世者

黄鹤楼前月满川，抱关老卒饥不眠。
夜闻三人笑语言，羽衣着屐响空山。
非鬼非人意其仙，石扉三扣声清圆。

洞中铿□落门关，缥缈入石如飞烟。
鸡鸣月落风驭还，迎拜稽首愿执鞭。
汝非其人骨腥膻，黄金乞得重莫肩。
持归包裹敝席毯，夜穿茅屋光射天。
里闾来观已变迁，似石非石铅非铅。
或取而有众忿喧，讼归有司今几年。
无功暴得喜欲颠，神人戏汝真可怜。
愿君为考然不然，此语可信冯公传。

八月十日夜看月有怀子由并崔度贤良

宛丘先生自不饱，更笑老崔穷百巧。
一更相过三更归，古柏阴中看参昴。
去年举君苜蓿盘，夜倾闽酒赤如丹。
今年还看去年月，露冷遥知范叔寒。
典衣自种一顷豆，那知积雨生科斗。
归来四壁草虫鸣，不如王江常饮酒。

催试官考较戏作

八月十五夜，月色随处好。不择茅檐与市楼，况我官居似蓬岛。
凤咮堂前野橘香，剑潭桥畔秋荷老。八月十八潮，壮观天下无。
鲲鹏水击三千里，组练长驱十万夫。红旗青盖互明灭，黑沙白浪相吞屠。
人生会合古难必，此景此行那两得。愿君闻此添蜡烛，门外白袍如立鹄。

盐官部役戏呈同事兼寄述古

新月照水水欲冰，夜霜穿屋衣生棱。野庐半与牛羊共，晓鼓却随鸦鹊兴。
夜来履破裘穿缝，红颊曲眉应入梦。千夫在野口如林，岂不怀归畏嘲弄。
我州贤将知人劳，已酿白酒买豚羔。耐寒努力归不远，两脚冻硬公须软。

将之湖州戏赠莘老

余杭自是山水窟，侧闻吴兴更清绝。湖中橘林新著霜，溪上苕花正浮雪。顾诸茶芽白于齿，梅溪木瓜红胜颊。吴儿脍缕薄欲飞，未去先说馋涎垂。亦知谢公到郡久，应怪杜牧寻春迟。鬓丝只好对禅榻，湖亭不用张水嬉。

鸦种麦行

霜林老鸦闲无用，畦东拾麦畦西种。畦西种得青猗猗，畦东已作牛尾稀。明年麦熟芒攒槊，农夫未食鸦先啄。徐行俯仰若自矜，鼓翅跳踉上牛角。忆昔舜耕历山鸟为耘，如今老鸦种麦更辛勤。农夫罗拜鸦飞起，劝农使者来行水。

用和人求笔迹韵寄莘老

君不见夷甫开三窟，不如长康号痴绝。痴人自得终天年，智士死智罪莫雪。因穷谁要卿料理，举头看山笏拄颊。野凫翅重自不飞，黄鹤何事两翼垂。泥中相从岂得久，今我不往行恐迟。江夏无双应未去，恨无文字相娱嬉。

听贤师琴

大弦春温和且平，小弦廉折亮以清。平生未识宫与角，但闻牛鸣盎中雉登木。

门前剥啄谁叩门，山僧未闲君勿瞋。归家且觅千斛水，净洗从前筝笛耳。

赠写真何充秀才

君不见，潞州别驾眼如电，左手挂弓横捻箭。

又不见，雪中骑驴孟浩然，皱眉吟诗肩耸山。饥寒富贵两安在，空有遗像留人间。

此身常拟同外物，浮云变化无踪迹。问君何苦写我真，君言好之聊自适。黄冠野服山家容，意欲置我山岩中。勋名将相今何限，往写褒公与鄂公。

润州甘露寺弹筝

多景楼上弹神曲，欲断哀弦再三促。
江妃出听雾雨愁，白浪翻空动浮玉。
唤取吾家双凤槽，遣作三峡孤猿号。
与君合奏芳春调，啄木飞来霜树杪。

铁沟行赠乔太博

城东波陇何所似，风吹海涛低复起。
城中病守无所为，走马来寻铁沟水。
铁沟水浅不容辀，恰似当年韩与侯。
有鱼无鱼何足道，驾言聊复写我忧。
孤村野店亦何有，欲发狂言须斗酒。
山头落日侧金盆，倒着接䍦搔白首。
忽忆从军年少时，轻裘细马百不知。
臂弓腰箭南山下，追逐长杨射猎儿。
老去同君两憔悴，犯夜醉归人不避。
明年定起故将军，未肯先诛霸陵尉。

苏州姚氏三瑞堂

君不见，董召南，隐居行义孝且慈。
天公亦恐无人知，故令鸡狗相哺儿，又令韩老为作诗。
尔来三百年，名与淮水东南驰。此人世不乏，此事亦时有。
枫桥三瑞皆目见，天意宛在虞鳏后。唯有此诗非昔人，君更往求无价手。

莫笑银杯小答乔太博

陶潜一县令，独饮仍独醒。犹将公田二顷五十亩，种秫作酒不种粳。

我今号为二千石，岁酿百石何以醉宾客。请君莫笑银杯小，尔来岁旱东海窄。

会当拂衣归故丘，作书贷粟监河侯。万斛船中著美酒，与君一生长拍浮。

送段屯田分得于字

劝农使者古大夫，不惜春衫践泥涂。
王事靡□君甚劬，奉常客卿虬两须。
东武县令天马驹，泮宫先生非俗儒。
相与野饮四子俱，乐哉此乐城中无。
溪边策杖自携壶，腰笏不烦何易于。
胶西病守老且迂，空斋愁坐纷墨朱。
四十岂不知头颅，畏人不出何其愚。

惜花

吉祥寺中锦千堆，前年赏花真盛哉。道人劝我清明来，腰鼓百面如春雷，打彻凉州花自开。沙河塘上插花回，醉倒不觉吴儿咍，岂知如今双鬓摧。城西古寺没蒿莱，有僧闭门手自栽，千枝万叶巧剪裁。就中一丛何所似，马脑槃盛金缕杯。而我食菜方清斋，对花不饮花应猜。夜来雨雹如李梅，红残绿暗吁可哀。

寄刘孝叔

君王有意诛骄卤，椎破铜山铸铜虎。
联翩三十七将军，走马西来各开府。
南山伐木作车轴，东海取鼍漫战鼓。
汗流奔走谁敢后，恐乏军兴污质斧。
保甲连村团未遍，方田讼牒纷如雨。
尔来手实降新书，抉剔根株穷脉缕。
诏书恻怛信深厚，吏能浅薄空劳苦。
平生学问止流俗，众里笙竽谁比数。
忽令独奏凤将雏，仓促欲吹那得谱。
况复连年苦饥馑，剥啮草木啖泥土。

今年雨雪颇应时，又报蝗虫生翅股。
忧来洗盏欲强醉，寂寞虚斋卧空无瓦。
公厨十日不生烟，更望红裙踏筵舞。
故人屡寄山中信，只有当归无别语。
方将雀鼠偷太仓，未肯衣冠挂神武。
吴兴丈人真得道，平日立朝非小补。
自从四方冠盖闹，归作二浙湖山主。
高踪已自杂渔钓，大隐何曾弃簪组。
去年相从殊未足，问道已许谈其粗。
逝将弃官往卒业，俗缘未尽那得睹。
公家只在霅溪上，上有白云如白羽。
应怜进退苦皇皇，更把安心教初祖。

张安道乐全堂

列子御风殊不恶，犹被庄生讥数数。
步兵饮酒中散琴，于此得全非至乐。
乐全居士全于天，维摩丈室空翛然。
平生痛饮今不饮，无琴不独今无弦。
我公天与英雄表，龙章凤姿照鱼鸟。
但令端委座庙堂，北狄西戎谈笑了。
如今老去苦思归，小字亲书寄我诗。
试问乐全全底事，无全何处更相亏。

和蒋夔寄茶

我生百事常随缘，四方水陆无不便。
扁舟渡江适吴越，三年饮食穷芳鲜。
金齑玉脍饭炊雪，涨螯江柱初脱泉。
临风饱食甘寝罢，一瓯花乳浮轻圆。
自从舍舟入东武，沃野便到桑麻川。
剪毛胡羊大如马，谁记鹿角腥盘筵。

厨中烝粟埋饭瓮，大杓更取酸生涎。
柘罗铜碾弃不用，脂麻白土须盆研。
故人犹作旧眼看，谓我好尚如当年。
沙溪北苑强分别，水脚一线争谁先。
清诗两幅寄千里，紫金百饼费万钱。
吟哦烹噍两奇绝，只恐偷乞烦封缠。
老妻稚子不知爱，一半已入姜盐煎。
人生所遇无不可，南北嗜好知谁贤。
死生祸福久不择，更论甘苦争蚩妍。
知君穷旅不自释，因诗寄谢聊相镌。

薄薄酒二首并序

胶西先生赵明叔，家贫好饮，不择酒而醉，常云：薄薄酒，胜茶汤；丑丑妇，胜空房。其言虽俚，而近乎达。故推而广之，以补东州之乐府，既又以为未也，复自和一篇，以发览者之一噱云耳。

薄薄酒，胜茶汤。粗粗布，胜无裳。丑妻恶妾胜空房，五更待漏靴满霜，不如三伏日高睡足北窗凉。

珠襦玉柙万人相送归北邙，不如悬鹑百结独坐负朝阳。

生前富贵，死后文章，百年瞬息万世忙。

夷齐盗跖俱亡羊，不如眼前一醉是非忧乐两都忘。

薄薄酒，饮两钟。粗粗布，着两重。美恶虽异醉暖同，丑妻恶妾寿乃公。

隐居求志义之从，本不计较东华尘土北窗风。百年虽长要有终，富死未必输生穷。

但恐珠玉留君容，千载不朽遭樊崇。文章自足欺盲聋，谁使一朝富贵面发红。

达人自达酒何功，世间是非忧乐本来空。

赵郎中见和戏复答之

赵子吟诗如泼水，一挥三百八十字。
奈何效我欲寻医，恰似西施藏白地。
赵子饮酒如淋灰，一年十万八千杯。
若不令君早入务，饮竭东海生黄埃。
我衰临政多谬错，羡君精彩如秋鹗。
颇哀老子令日饮，为君坐啸主画诺。

送碧香酒与赵明叔教授

闻君有妇贤且廉，劝君慎勿为楚相。
不羡紫驼分御食，自遣赤脚沽村酿。
嗟君老狂不知愧，更吟丑妇恶嘲谤。
诸生闻语定失笑，冬暖号寒卧无账。
碧香近出帝子家，鹅儿破壳酥流盎。
不学刘伶独自饮，一壶往助齐眉饷。

赵既见和复次韵答之

长安小吏天所放，日夜歌呼和丞相。
岂知后世有阿瞒，北海樽前捉私酿。
先生未出禁酒国，诗语孤高常近谤。
几回无酒欲沽君，却畏有司书簿帐。
酸寒可笑分一斗，日饮亡何足袁盎。
更将险语压衰翁，只恐自是台无饷。

赵郎中往莒县逾月而归复以一壶遗之仍用前韵

东邻主人游不归，悲歌夜夜闻舂相。
门前人闹马嘶急，一家喜气如春酿。
王事何曾怨独贤，室人岂忍交谪谤。

大儿踉跄越门限，小儿咿哑语绣帐。
定教舞袖掣伊凉，更想夜庖鸣瓮盎。
题诗送酒君勿诮，免使退之嘲一饷。

留别释迦院牡丹呈赵倅

春风小院却来时，壁间唯见使君诗。
应问使君何处去，凭花说与春风知。
年年岁岁何穷已，花似今年人老矣。
去年崔护若重来，前度刘郎在千里。

大雪青州道上有怀东武园亭寄孔周翰

超然台上雪，城郭山川两奇绝。海风吹碎碧琉璃，时见三山白银阙。

盖公堂前雪，绿窗朱户相明灭。堂中美人雪争妍，粲然一笑玉齿颊。

就中山堂雪更奇，青松怪石乱琼丝。唯有使君游不归，五更上马愁敛眉。

君不见，淮西李侍中，夜入蔡州缚取吴元济。

又不见，襄阳孟浩然，长安道上骑驴吟雪诗。何当闭门饮美酒，无人毁誉河东守。

和李邦直沂山祈雨有应

高田生黄埃，下田生苍耳。苍耳亦已无，更问麦有几。

蛟龙睡足亦解惭，二麦枯时雨如洗。不知雨从何处来，但闻吕梁百步声如雷。

试上城南望城北，际天菽粟青成堆。饥火烧肠作牛吼，不知待得秋成否。

半年不雨坐龙慵，共怨天公不怨龙。今朝一雨聊自赎，龙神社鬼各言功。

无功日盗太仓谷，嗟我与龙同此责。劝农使者不汝容，因君作诗先自劾。

和子由与颜长道同游百步洪相地筑亭种柳

平明坐衙不暖席，归来闭礴闲终日。卧闻客至倒屣迎，两眼朦胧余睡色。

城东泗水步可到，路转河洪翻雪白。安得青丝络骏马，蹙踏飞波柳荫下。
奋身三丈两蹄间，振鬣长鸣身自干。少年狂兴久已谢，但忆嘉陵绕剑关。
剑关大道车方轨，君自不去归何难。山中故人应大笑，筑室种柳何时还。

送颜复兼寄王巩

彭城官居冷如水，谁从我游颜氏子。
我衰且病君亦穷，衰穷相守正其理。
胡为一朝舍我去，轻衫触执行千里。
问君无乃求之欤，答我不然聊尔耳。
京师万事日日新，故人如故今有几。
君知牛行相君宅，叩门但觅王居士。
清诗草圣俱入妙，别后寄我书连纸。
苦恨相思不相见，约我重阳嗅霜蕊。
君归可唤与俱来，未应指目妨进拟。
太一老仙闲不出，踵门问道今时矣。
因行过我路几何，愿君推挽加鞭棰。
吾侪一醉岂易得，买羊酿酒从今始。

蝎虎

黄鸡啄蝎如啄黍，窗间守宫称蝎虎。
暗中缴尾伺飞虫，巧捷功夫在腰膂。
跂跂脉脉善缘壁，陋质从来谁比数。
今年岁旱号蜥蝎，狂走儿童闹歌舞。
能衔渠水作冰雹，便向蛟龙觅云雨。
守宫努力搏苍蝇，明年岁旱当求汝。

河复并序

熙宁十年秋，河决澶渊，注巨野，入淮泗，自澶魏以北，皆绝流而济。楚大被其害，彭门城下水二丈八尺，七十余日不退。吏民疲于守御。十月十三日，澶州大风终日，既止，而河流一枝，已复故道。闻之喜甚，庶几可塞乎！乃作《河复》诗，歌之道路，以致民愿而迎神休，盖守土者之志也。

君不见，西汉元光元封间，河决瓠子二十年。巨野东倾淮泗满，楚人恣食黄河鳣。

万里沙回封禅罢，初遣越巫沉白马。河公未许人力穷，薪刍万计随流下。

吾君仁圣如帝尧，百神受职河神骄。帝遣风师下约束，北流夜起澶州桥。

东风吹冻收微渌，神功不用淇园竹。楚人种麦满河污，仰看浮槎栖古木。

韩干马十四匹

二马并驱攒八蹄，二马宛颈鬃尾齐。
一马任前双举后，一马却避长鸣嘶。
老髯奚官骑且顾，前身作马通马语。
后有八匹饮且行，微流赴吻若有声。
前者既济出林鹤，后者欲涉鹤俯啄。
最后一匹马中龙，不嘶不动尾摇风。
韩生画马真是马，苏子作诗如见画。
世无伯乐亦无韩，此诗此画谁当看。

赠写御容妙善师

忆昔射策干先皇，珠帘翠幄分两厢。
紫衣中使下传诏，跪奉冉冉闻天香。
仰观眩晃目生晕，但见晓色开扶桑。
迎阳晚出步就座，绛纱玉斧光照廊。
野人不识日月角，仿佛尚记重瞳光。
三年归来真一梦，桥山松桧凄风霜。
天容玉色谁敢画，老师古寺昼闭房。
梦中神授心有得，觉来信手笔已忘。
幅巾常服俨不动，孤臣入门涕自滂。
元老侑坐须眉古，虎臣立侍冠剑长。
平生惯写龙凤质，肯顾草间猿与獐。

都人踏破铁门限，黄金白璧空堆床。
尔来摹写亦到我，谓是先帝白发郎。
不须览镜坐自了，明年乞身归故乡。

答吕梁仲屯田

乱山合沓围彭门，官居独在悬水村。
居民萧条杂麋鹿，小市冷落无鸡豚。
黄河西来初不觉，但讶清泗流奔浑。
夜闻沙岸鸣瓮盎，晓看雪浪浮鹏昆鸟。
吕梁自古喉吻地，万顷一抹何由吞。
坐观入市卷闾井，吏民走尽余王尊。
计穷路断欲安适，吟诗破屋愁鸢蹲。
岁寒霜重水归壑，但见屋瓦留沙痕。
入城相对如梦寐，我亦仅免为鱼鼋。
旋呼歌舞杂诙笑，不惜饮釂空瓶盆。
念君官舍冰雪冷，新诗美酒聊相温。
人生如寄何不乐，任使绛蜡烧黄昏。
宣房未筑淮泗满，故道湮灭疮痍存。
明年劳苦应更甚，我当畚锸先黥髡。
付君万指伐顽石，千锤雷动苍山根。
高城如铁洪口快，谈笑却扫看崩奔。
农夫掉臂免狼顾，秋谷布野如云屯。
还须更置软脚酒，为君击鼓行金樽。

答孔周翰求书与诗

身闲曷不长闭口，天寒正好深藏手。
吟诗写字有底忙，未脱多生宿尘垢。
不蒙讥诃子厚疾，反更刻画无盐丑。
征西自有家鸡肥，太白应惊饭山瘦。

与君相从知几日，东风待得花开杏。
拨弃万事勿复谈，百觚之后那辞酒。

送李公恕赴阙

君才有如切玉刀，见之凛凛寒生毛。
愿随壮士斩蛟蜃，不愿腰间缠绵绦。
用违其才志不展，坐与胥吏同疲劳。
忽然眉上有黄气，吾君渐欲收英髦。
立谈左右俱动色，一语径破千言牢。
我顷分符在东武，脱略万事惟嬉遨。
尽坏屏障通内外，仍呼骑曹为马曹。
君为使者见不问，反更对饮持双螯。
酒酣箕坐语惊众，杂以嘲讽穷诗骚。
世上小儿多忌讳，独能容我真贤豪。
为我买田临汶水，逝将归去诛蓬蒿。
安能终老尘土下，俯仰随人如桔槔。

春菜

蔓菁宿根已生叶，韭牙戴土拳如蕨。
烂蒸香荠白鱼肥，碎点青蒿凉饼滑。
宿酒初消春睡起，细履幽畦掇芳辣。
茵陈甘菊不负渠，鲙缕堆槃纤手抹。
北方苦寒今未已，雪底波棱如铁甲。
岂如吾蜀富冬蔬，霜叶露芽寒更茁。
久抛松葛犹细事，苦笋江豚那忍说。
明年投劾径须归，莫待齿摇并发脱。

送孔郎中赴陕郊

惊风击面黄沙走，西出崤函脱尘垢。
使君来自古徐州，声震河潼殷关右。
十里长亭闻鼓角，一川秀色明花柳。
北临飞槛卷黄流，南望青山如岘首。
东风吹开锦绣谷，渌水翻动葡萄酒。
讼庭生草数开樽，过客如云牢闭口。

与梁左藏会饮傅国博家

将军破贼自草檄，论诗说剑俱第一。
彭城老守本虚名，识字劣能欺项籍。
风流别驾贵公子，欲把笙歌暖锋镝。
红旆朝开猛士噪，翠帷暮卷佳人出。
东堂醉卧呼不起，啼鸟落花春寂寂。
试教长笛傍耳根，一声吹裂阶前石。

约公择饮是日大风

先生生长匡庐山，山中读书三十年。
旧闻饮水师颜渊，不知治剧乃所便。
偷儿夜探赤白丸，奋髯忽逢朱子元。
半年群盗诛七百，谁信家书藏九千。
春风无事秋月闲，红妆执乐豪且妍。
紫衫玉带两部全，琵琶一抹四十弦。
客来留饮不计钱，齐人爱公如子产。
儿啼卧路呼不还，我惭山郡空留连。
牙兵部吏笑我寒，邀公饮酒公无难。
约束官奴买花钿，薰衣理鬓夜不眠。
晓来颠风尘暗天，我思其由岂坐悭。
作诗愧谢公笑欢，归来瑟缩愈不安。

要当啖公八百里，豪气一洗儒生酸。

续丽人行并序

李仲谋家有周昉画背面欠伸内人，极精。戏作此诗。

深宫无人春日长，沉香亭北百花香。美人睡起薄梳洗，燕舞莺啼空断肠。

画工欲画无穷意，背立东风初破睡。若教回首却嫣然，阳城下蔡俱风靡。

杜陵饥客眼长寒，蹇驴破帽随金鞍。隔花临水时一见，只许腰肢背后看。

心醉归来茅屋底，方信人间有西子。

君不见，孟光举案与眉齐，何曾背面伤春啼。

起伏龙行并引

徐州城东二十里，有石潭。父老云与泗水通，增损清浊，相应不差，时有河鱼出焉。元丰元年春旱，或云置虎头潭中，可以致雷雨。用其说，作《起伏龙行》。

何年白竹千钧弩，射杀南山雪毛虎。
至今颅骨带霜牙，尚作四海毛虫祖。
东方久旱千里赤，三月行人口生土。
碧潭近在古城东，神物所蟠谁敢侮。
上欹苍石拥岩窦，下应清河通水府。
眼光作电走金蛇，鼻息为云擢烟缕。
当年负图传帝命，左右羲轩诏神禹。
尔来怀宝但贪眠，满腹雷霆喑不吐。
赤龙白虎战明日，倒卷黄河作飞雨。
嗟我岂乐斗两雄，有事径须烦一怒。

次韵答刘泾

吟诗莫作秋虫声，天公怪汝钩物情，使汝未老华发生。

芝兰得雨蔚青青，何用自燔以出馨。细书千纸杂真行，新音百变口如莺。

异义蜂起弟子争，舌翻涛澜卷齐城。万卷堆胸兀相撑，以病为乐子未惊。

我有至味非煎烹，是中之乐吁难名。绿槐如山暗广庭，飞虫绕耳细而清。
败席辗转卧见经，亦自不嫌翠织成。意行信足无沟坑，不识五郎呼作卿。
吏民哀我老不明，相戒无复烦鞭刑。时临泗水照星星，微风不起镜面平。
安得一舟如叶轻，卧闻邮签报水程。莼羹羊酪不须评，一饱且救饥肠鸣。

携妓乐游张山人园

大杏金黄小麦熟，堕巢乳鹊拳新竹。
故将俗物恼幽人，细马红妆满山谷。
提壶劝酒意虽重，杜鹃催归声更速。
酒阑人散却关门，寂历斜阳挂疏木。

和子由送将官梁左藏仲通

雨足谁言春麦短，城坚不怕秋涛卷。
日长唯有睡相宜，半脱纱巾落纨扇。
芳草不锄当户长，珍禽独下无人见。
觉来身世都是梦，坐久枕痕犹着面。
城西忽报故人来，急扫风轩炊麦饭。
伏波论兵初矍铄，中散谈仙更清远。
南都从事亦学道，不恤肠空夸脑满。
问羊他日到金华，应许相将游阆苑。

次韵秦观秀才见赠秦与孙莘老李公择甚熟将入京应举

夜光明月非所投，逢年遇合百无忧。
将军百战竟不侯，伯郎一斗得凉州。
翘关负重非无力，十年不入纷华域。
故人坐上见君文，谓是古人吁莫测。
新诗说尽万物情，硬黄小字临黄庭。
故人已去君未到，空吟河畔草青青。
谁谓他乡各异县，天遣君来破吾愿。

一闻君语识君心，短李髯孙眼中见。
江湖放浪久全真，忽然一鸣惊倒人。
纵横所值无不可，知君不怕新书新。
千金敝帚那堪换，我亦淹留岂长算。
山中既未决同归，我聊尔耳君其漫。

次韵舒教授寄李公择

草书妙绝吾所兄，真书小低犹抗行。
论文作诗俱不敌，看君谈笑收降旌。
去年逾月方出昼，为君剧饮几濡首。
今年过我虽少留，寂寞陶潜方止酒。
别时流涕揽君须。悬知此欢堕空虚。
松下纵横余屐齿，门前车历辘想君车。
怪君一身都是德，近之清润沦肌骨。
细思还有可恨时，不许蓝桥见倾国。

次韵答舒教授观余所藏墨

异时长笑王会稽，野鹜膻腥污刀几。暮年却得庾安西，自厌家鸡题六纸。
二子风流冠当代，顾与儿童争愠喜。秦王十八已龙飞，嗜好晚将蛇蚓比。
我生百事不挂眼，时人缪说云工此。世间有癖念谁无，倾身障簏尤堪鄙。
一生当着几屐屐，定心肯为微物起。此墨足支三十年，但恐风霜侵发齿。
非人磨墨墨磨人，瓶应未罄罍先耻。逝将振衣归故国，数亩荒园自锄理。
书寄君君莫笑，但觅来禽与青李。一螺点漆便有余，万灶烧松何处使。
君不见，永宁第中捣龙麝，列屋闲居清且美。倒晕连眉秀岭浮，双鸦画鬓香云委。
时闻五斛赐蛾绿，不惜千金求獭髓。闻君此诗当大笑，寒窗冷砚冰生水。

安国寺寻春

卧闻百舌呼春风，起寻花柳村村同。
城南古寺修竹合，小房曲槛欹深红。
看花叹老忆年少，对酒思家愁老翁。
病眼不羞云母乱，鬓丝强理茶烟中。
遥知二月王城外，玉仙洪福花如海。
薄罗匀雾盖新妆，快马争风鸣杂珮。
玉川先生真可怜，一生耽酒终无钱。
病过春风九十日，独抱添丁看花发。

寓居定惠院之东杂花满山有海棠一株土人不知贵也

江城地瘴蕃草木，只有名花苦幽独。
嫣然一笑竹篱间，桃李漫山总粗俗。
也知造物有深意，故遣佳人在空谷。
自然富贵出天姿，不待金盘荐华屋。
朱唇得酒晕生脸，翠袖卷纱红映肉。
林深雾暗晓光迟，日暖风轻春睡足。
雨中有泪亦凄怆，月下无人更清淑。
先生食饱无一事，散步逍遥自扪腹。
不问人家与僧舍，拄杖敲门看修竹。
忽逢绝艳照衰朽，叹息无言揩病目。
陋邦何处得此花，无乃好事移西蜀。
寸根千里不易到，衔子飞来定鸿鹄。
天涯流落俱可念，为饮一樽歌此曲。
明朝酒醒还独来，雪落纷纷那忍触。

次韵乐著作野步

老来几不辨西东，秋后霜林且强红。
眼晕见花真是病，耳虚闻蚁定非聪。

酒醒不觉春强半，睡起常惊日过中。
植杖偶逢为黍客，披衣闲咏舞雩风。
仰看落蕊收松粉，俯见新芽摘杞丛。
楚雨还昏云梦泽，吴潮不到武昌宫。
废兴古郡诗无数，寂寞闲窗易粗通。
解组归来成二老，风流他日与君同。

与子由同游寒溪西山

散人出入无町畦，朝游湖北暮淮西。
高安酒官虽未上，两脚垂欲穿尘泥。
与君聚散若云雨，共惜此日相提携。
千摇万兀到樊口，一箭放溜先凫鹥。
层层草木暗西岭，浏浏霜雪鸣雪溪。
空山古寺亦何有，归路万顷青玻璃。
我今漂泊等鸿雁，江南江北无常栖。
幅巾不拟过城市，欲踏径路开新蹊。
却忧别后不忍到，见子行迹空余凄。
吾侪流落岂天意，自坐迂阔非人挤。
行逢山水辄羞叹，此去未免勤盐齑。
何当一遇李八百，相哀白发分刀圭。

和秦太虚梅花

西湖处士骨应槁，只有此诗君压倒。
东坡先生心已灰，为爱君诗被花恼。
多情立马待黄昏，残雪消迟月出蚤。
江头千树春欲暗，竹外一枝斜更好。
孤山山下醉眠处，点缀裙腰纷不扫。
万里春随逐客来，十年花送佳人老。
去年花开我已病，今年对花还草草。
不知风雨卷春归，收拾余香还畀昊。

再和潜师

化工未议苏群槁，先同寒梅一倾倒。
江南无雪春瘴生，为散冰花除热恼。
风清月落无人见，洗妆自趁霜钟蚤。
唯有飞来双白鹭，玉羽琼枝斗清好。
吴山道人心似水，眼净尘空无可扫。
故将妙语寄多情，横机欲试东坡老。
东坡习气除未尽，时复长篇书小草。
且撼长条飧落英，忍饥未拟穷呼昊。

过江夜行武昌山上闻黄州鼓角

清风弄水月衔山，幽人夜渡吴王岘。
黄州鼓角亦多情，送我南来不辞远。
江南又闻出塞曲，半杂江声作悲健。
谁言万方声一概，鼍愤龙愁为余变。
我记江边枯柳树，未死相逢真识面。
他年一叶溯江来，还吹此曲相迎饯。

自兴国往筠宿石田驿南廿五里野人舍

溪上青山三百叠，快马轻衫来一抹。
倚山修竹有人家，横道清泉知我渴。
芒鞋竹杖自轻软，蒲荐松床亦香滑。
夜深风露满中庭，唯有孤萤自开阖。

将至筠先寄迟适远三犹子

露宿风飧六百里，明朝饮马南江水。
未见丰盈犀角儿，先逢玉雪王郎子。
对床欲作连夜语，念汝还须戴星起。

夜来梦见小于菟，犹是褆髦垂两耳。
忆过济南春未动，三子出迎残雪里。
我时移守古河东，酒肉淋漓浑舍喜。
而今憔悴一羸马，逆旅担夫相汝尔。
出城见我定惊嗟，身健穷愁不须耻。
我为乃翁留十日，掣电一欢何足恃。
惟当火急作新诗，一醉两翁胜酒美。

别子由三首兼别迟

知君念我欲别难，我今此别非他日。
风里杨花虽未定，雨中荷叶终不湿。
三年磨我费百书，一见何止得双璧。
愿君亦莫叹留滞，六十小劫风雨疾。

先君昔爱洛城居，我今亦过嵩山麓。
水南卜宅吾岂敢，试向伊川买修竹。
又闻缑山好泉眼，傍市穿林泻冰玉。
遥想茅轩照水开，两翁相对清如鹄。

两翁归隐非难事，惟要传家好儿子。
忆昔汝翁如汝长，笔头一落三千字。
世人闻此皆大笑，慎勿生儿两翁似。
不知樗栎荐明堂，何似盐车压千里。

郭祥正家醉画竹石壁上郭作诗为谢且遗二古铜剑

空肠得酒芒角出，肝肺槎牙生竹石。
森然欲作不可回，吐向君家雪色壁。
平生好诗仍好画，书墙涴壁长遭骂。
不瞋不骂喜有余，世间谁复如君者。

一双铜剑秋水光，两首新诗争剑铓。
剑在床头诗在手，不知谁作蛟龙吼。

龙尾砚歌并引

余旧作〈凤口朱石砚铭〉，其略云：“苏子一见名凤口朱，坐令龙尾羞牛后”。已而求砚于歙，歙人云：“子自有凤口朱，何以此为？”盖不能平也。奉议郎方君彦德，有龙尾大砚，奇甚，谓余若能作诗少解前语者，当奉饷。乃作此诗。

黄琮白琥天不惜，顾恐贪夫死怀璧。
君看龙尾岂石材，玉德金声寓于石。
与天作石来几时，与人作砚初不辞。
诗成鲍谢石何与，笔落钟王砚不知。
锦茵玉匣俱尘垢，捣练支床亦何有。
况瞋苏子凤口朱铭，戏语相嘲作牛后。
碧天照水风吹云，明窗大几清无尘。
我生天地一闲物，苏子亦是支离人。
粗言细语都不择，春蚓秋蛇随意画。
愿从苏子老东坡，仁者不用生分别。

张作诗送砚反剑乃和其诗卒以剑归之

赠君长铗君当歌，每食无鱼叹委蛇。
一朝得见暴公子，槅具欲与冠争峨。
岂比杜陵贫病叟，终日长镵随短蓑。
斩蛟刺虎老无力，带牛佩犊吏所诃。
故将换砚岂无意，恐君雕琢伤天和。
作诗反剑亦何谓，知君欲以诗相磨。
报章苦恨无好语，试向君砚求余波。
诗成剑往砚应笑，那将屋漏供悬河。

卷　十五

苏东坡七古诗词下

次韵王定国南迁回见寄

上晕铜花蚀秋水，要须悍石相砻砥。
十年冰檗战膏粱，万里烟波濯纨绮。
归来诗思转清激，百丈空潭数鲂鲤。
逝将桂浦撷兰荪，不记槐堂收剑履。
却思庾岭今何在，更说彭城真梦耳。
君知先竭是甘井，我愿得全如苦李。
妄心不复九回肠，至道终当三洗髓。
广陵阳羡何足较，只有无何真我里。
乐全老子今禅伯，掣电机锋不容拟。
心通岂复问云何，印可聊须答如是。
相逢为我话留滞，桃花春涨孤舟起。

渔父四首

渔父饮，谁家去，鱼蟹一时分付。
酒无多少醉为期，彼此不论钱数。

渔父醉，蓑衣舞，醉里却寻归路。
轻舟短棹任斜横，醒后不知何处。

渔父醒，春江午，梦断落花飞絮。
酒醒还醉醉还醒，一笑人间今古。

渔父笑，轻鸥举，漠漠一江风雨。
江边骑马是官人，借我孤舟南渡。

观杭州钤辖欧育刀剑战袍

青绫衲衫暖衬甲，红线勒帛光绕胁。
秃襟小袖雕鹘盘，大刀长剑龙蛇柙。
两军鼓噪屋瓦坠，红尘白羽纷相杂。
将军恩重此身轻，笑履锋芒如一插。
书生只肯坐帷幄，谈笑毫端弄生杀。
叫呼击鼓催上竿，猛士应怜小儿黠。
试问黄河夜偷渡，掠面惊沙寒飒飒。
何如大舰日高眠，一枕清风过苕霅。

寄吴德仁兼简陈季常

东坡先生无一钱，十年家火烧凡铅。
黄金可成河可塞，只有霜须无由玄。
龙丘居士亦可怜，谈空说有夜不眠。
忽闻河东狮子吼，拄杖落手心茫然。
谁似濮阳公子贤，饮酒食肉自得仙。
平生寓物不留物，在家学得忘家禅。
门前罢亚十顷田，清溪绕屋花连天。
溪堂醉卧呼不醒，落花如雪春风颠。
我游兰溪访清泉，已办布袜青行缠。
稽山不是无贺老，我自兴尽回酒船。
恨君不识颜平原，恨我不识元鲁山。
铜驼陌上会相见，握手一笑三千年。

题王逸少帖

颠张醉素两秃翁，追逐世好称书工。
何曾楚见王与钟，妄自粉饰欺盲聋。
有如市倡抹青红，妖歌嫚舞眩儿童。
谢家夫人淡丰容，萧然自有林下风。
天门荡荡惊跳龙，出林飞鸟一扫空。
为君草书续其终，待我他日不匆匆。

书林逋诗后

吴侬生长湖山曲，呼吸湖光饮山绿。
不论世外隐君子，佣奴贩妇皆冰玉。
先生可是绝俗人，神清骨冷无由俗。
我不识君曾梦见，瞳子了然光可烛。
遗篇妙字处处有，步绕西湖看不足。
诗如东野不言寒，书似西台差少肉。
平生高节已难继，将死微言犹可录。
自言不作封禅书，更肯悲吟白头曲。
我笑无人不好事，好作祠堂傍修竹。
不然配食水仙王，一盏寒泉荐秋菊。

苏子容母陈夫人挽词

苏陈甥舅真冰玉，正始风流起颓俗。
夫人高节称其家，凛凛寒松映修竹。
鸡鸣为善日日新，八十三年如一晨。
岂惟室家宜寿母，实与朝廷生异人。
忘躯殉国乃吾子，三仕何曾知愠喜。
不须拥笏强垂鱼，我视去来皆梦尔。
诵诗相挽真区区，墓碑千字多遗余。
他年太史取家传，知有班昭续汉书。

次韵答贾耘老

五年一梦南司州，饥寒疾病为子忧。
东来六月井无水，仰看古堰横奔牛。
平生管鲍子知我，今日陈蔡谁从丘。
夜航争渡泥水涩，牵挽直欲来瓜州。
自言嗜酒得风痹，故乡不敢居温柔。
定将泛爱救沟壑，衰病不复从前乐。
今年太守真卧龙，笑语炎天出冰雹。
时低九尺苍须髯，过我三间小池阁。
故人改观争来贺，小儿不信犹疑错。
为君置酒饮且哦，草间秋虫亦能歌。
可怜老骥真老矣，无心更秣天山禾。

送杨杰并序

元为子尝奉使登泰山绝顶，鸡一鸣，见日出。又尝以事过华山，重九日饮酒莲华峰上。今乃奉诏与高丽僧统游钱塘。皆以王事而从方外之乐，善哉未曾有也！作是诗以送之。

天门夜上宾出日，万里红波半天赤。
归来平地看跳丸，一点黄金铸秋橘。
太华峰头作重九，天风吹滟黄花酒。
浩歌弛下腰带苹呈，醉舞崩崖一挥手。
神游八极万缘虚，下视蚊雷隐污渠。
大千一息八十返，笑厉东海骑鲸鱼。
韩王子西求法，凿齿弥天两勍敌。
过江风急浪如山，寄语舟人好看客。

再过超然台赠太守霍翔

昔饮雩泉别常山，天寒岁在龙蛇间。
山中儿童拍手笑，问我西去何当还。

十年不赴竹马约，扁舟独与鱼蓑闲。
重来父老喜我在，扶挈老幼相遮攀。
当时襁褓皆七尺，而我安得留朱颜。
问今太守为谁欤，护羌充国鬓未斑。
躬持牛酒劳行役，无复杞菊嘲寒悭。
超然置酒寻旧迹，尚有诗赋镵坚顽。
孤云落日在马耳，照耀金碧开烟鬟。
郑淇自古北流水，跳波下濑鸣玦环。
愿公谈笑作石埭，坐使城郭生溪湾。

海市并序

予闻登州海市旧矣。父老云常出于春夏，今岁晚不复见矣。予到官五日而去，以不见为恨，祷于海神广德王之庙，明日见焉。乃作此诗。

东方云海空复空，群仙出没空明中。
荡摇浮世坐万象，岂有贝阙藏珠宫。
心知所见皆幻影，敢以耳目烦神工。
岁寒水冷天地闭，为我起蛰鞭鱼龙。
重楼翠阜出霜晓，异事惊倒百岁翁。
人间所得容力取，世外无物谁为雄。
率然有请不我拒，信我人厄非天穷。
潮阳太守南迁归，喜见石廪堆祝融。
自言正直动山鬼，岂知造物哀龙钟。
信眉一笑岂易得，神之报汝亦已丰。
斜阳万里孤鸟没，但见碧海磨青铜。
新诗绮语亦安用，相与变灭随东风。

送戴蒙赴成都玉局观将老焉

拾遗被酒行歌处，野梅官柳西郊路。
闻道华阳版籍中，至今尚有城南杜。
我欲归寻万里桥，水花风叶暮潇潇。

芋魁径尺谁能尽，榾木三年已足烧。
百岁风狂定何有，羡君今作峨眉叟。
纵未家生执戟郎，也应世出埋轮守。
莫欺老病未归身，玉局他年第几人。
会待子猷清兴发，还须雪夜去寻君。

送陈睦知潭州

华清缥缈浮高栋，上有缬林藏石瓮。
一杯此地初识君，千岩夜上同飞鞚。
君时年少面如玉，一饮百觚嫌未痛。
白鹿泉头山月出，寒光泼眼如流汞。
朝元阁上酒醒时，卧听风鸾鸣铁凤。
旧游空在人何处，二十三年真一梦。
我得生还雪髯满，君亦老嫌金带重。
有如社燕与秋鸿，相逢未稳还相送。
洞庭青草渺无际，天柱紫盖森欲动。
湖南万古一长嗟，付与骚人发嘲弄。

用前韵答西掖诸公见和

双猊蟠础龙缠栋，金井辘轳鸣晓瓮。
小殿垂帘碧玉钩，大宛立仗青丝鞚。
风驭宾天云雨隔，孤臣忍泪肝肠痛。
羡君意气风生坐，落笔纵横盘走汞。
上樽日日泻黄封，赐茗时时开小凤。
闭门怜我老太玄，给札看君赋云梦。
金奏不知江海眩，木瓜屡费琼瑶重。
岂惟蹇步困追攀，已觉侍史疲奔送。
春还宫柳腰肢活，雨入御沟鳞甲动。
借君妙语发春容，顾我风琴不成弄。

送表弟程六知楚州

炯炯明珠照双璧，当年三老苏程石。
里人下道避鸠杖，刺史迎门倒凫舄。
我时与子皆儿童，狂走从人觅梨栗。
健如黄犊不可恃，隙过白驹那暇惜。
醴泉寺古垂橘柚，石头山高暗松栎。
诸孙相逢万里外，一笑未解千忧集。
子方得郡古山阳，老手生风谢刀笔。
我正含毫紫微阁，病眼昏花困书檄。
莫教印绶系余年，去扫坟墓当有日。
功成头白早归来，共藉梨花作寒食。

送王伯扬守虢

华山东麓秦遗民，当时依山来避秦。
至今风俗含古意，柔桑渌水招行人。
行人掉臂不回首，争入峭函土囊口。
唯有使君千里来，欲饮三堂无事酒。
三堂本来一事无，日长睡起闻投壶。
床头砚石开云月，涧底松根属斤雪腴。
山棚盗散人安寝，劝买耕牛发陈廪。
归来只作水衡卿，我欲携壶就君饮。

虢国夫人夜游图

佳人自鞚玉花骢，翩如惊燕踏飞龙。
金鞭争道宝钗落，何人先入明光宫。
宫中羯鼓催花柳，玉奴弦索花奴手。
坐中八姨真贵人，走马来看不动尘。
明眸皓齿谁复见，只有丹青余泪痕。

人间俯仰成今古，吴公台下雷塘路。
当时亦笑张丽华，不知门外韩擒虎。

武昌西山并引

嘉祐中，翰林学士承旨邓公圣求，为武昌令，常游寒溪西山，山中人至今能言之。轼谪居黄冈，与武昌相望，亦常往来溪山间。元祐元年十一月二十九日，考试馆职，与圣求会宿玉堂，偶话旧事。圣求尝作〈元次山洼樽铭〉刻之岩石。因为此诗，请圣求同赋，当以遗邑人，使刻之铭侧。

春江渌涨葡萄醅，武昌官柳知谁栽。
忆从樊口载春酒，步上西山寻野梅。
西山一上五十里，风驾两腋飞崔嵬。
同游困卧九曲岭，褰衣独到吴王台。
中原北望在何许，但见落日低黄埃。
归来解剑亭前路，苍崖半入云涛堆。
浪翁醉处今尚在，石臼杯饮无樽罍。
尔来古意谁复嗣，公有妙语留山隈。
至今好事除草棘，常恐野火烧苍苔。
当时相望不可见，玉堂正对金銮开。
岂知白首同夜直，卧看椽烛高花催。
江边晓梦忽惊断，铜镮玉锁鸣春雷。
山人帐空猿鹤怨，江湖水生鸿雁来。
请公作诗寄父老，往和万壑松风哀。

再用前韵

朱颜发过如春醅，胸中梨枣初未栽。
丹砂未易扫白发，赤松却欲参黄梅。
寒溪本自远公社，白莲翠竹依崔嵬。
当时石泉照金像，神光夜发如五台。
饮泉鉴面得真意，坐视万物皆浮埃。
欲收暮景返田里，远泝江水穷离堆。

还朝岂独羞老病，自叹才尽倾空罍。
诸公渠渠若夏屋，吞吐风月清隅隈。
我如废井久不食，古甃缺落生阴苔。
数诗往复相感发，汲新除旧寒光开。
遥知二月春江阔，雪浪倒卷云峰摧。
石中无声水亦静，云何解转空山雷。
欲就诸公评此语，要识忧喜何从来。
愿求南宗一勺水，往与屈贾湔余哀。

赵令晏崔白大图幅径三丈

扶桑大茧如瓮盎，天女织绡云汉上。
往来不遣风衔梭，谁能鼓臂投三丈。
人间刀尺不敢裁，丹青付与濠梁崔。
风蒲半折寒雁起，竹间的白乐寒江梅。
画堂粉壁翻云幕，十里江天无处著。
好卧元龙百尺楼，笑看江水拍天流。

次韵三舍人省上

纷纷荣瘁何能久，云雨从来翻覆手。
恍如一梦堕枕中，却见三贤起江右。
嗟君妙质皆瑚琏，顾我虚名但箕斗。
明朝冠盖蔚相望，共扈翠辇朝宣光。
武皇已老白云乡，正与群帝骖龙翔，
独留杞梓扶明堂。

送宋朝散知彭州迎侍二亲

东来谁迎使君车，知是丈人屋上乌。
丈人今年二毛初，登楼上马不用扶。
使君负弩为前驱，蜀人不复谈相如。

老幼化服一事无，有鞭不施安用蒲。
春波如天涨平湖，革呈红照坐香生。
帣韪上寿白玉壶，公堂登歌凤将雏。
诸孙欢笑争挽须，蜀人画作西湖图。

郭熙画秋山平远

玉堂昼掩春日闲，中有郭熙画春山。
鸣鸠乳燕初睡起，白波青嶂非人间。
离离短幅开平远，漠漠疏林寄秋晚。
恰似江南送客时，中流回头望云山。
伊川佚老鬓如霜，卧看秋山思洛阳。
为君纸尾作行草，炯如嵩洛浮秋光。
我从公游如一日，不觉青山日英黄发。
为画龙门八节滩，待向伊川买泉石。

赠李道士并序

驾部员外郎李宗君固，景祐中良吏也。守汉州。有道士尹可元，精练善画，以遗火得罪，当死。君缓其狱，会赦，获免。时可元八十一，自誓且死，必为李氏子以报。可元既死二十余年，而君子世昌之妇梦可元入其室，生子曰得柔，小名蜀孙。幼而善画，既长，读庄#老，喜之，遂为道士，赐号妙应。事母以孝谨闻。其写真，盖妙绝一时云。

世人只数曹将军，谁知虎头非痴人。
腰间大羽何足道，颊上三毛自有神。
平生狎侮诸公子，戏著幼舆岩石里。
故教世世作黄冠，布袜青鞋弄云水。
千年鼻祖守关门，一念还为李耳孙。
香火旧缘何日尽，丹青余习至今存。
五十之年初过二，衰颜记我今如此。
他时要指集贤人，知是香山老居士。

次韵米芾二王书跋尾二首

三馆曝书防蠹毁，得见来禽与青李。
秋蛇春蚓久相杂，野鹜家鸡定谁美。
玉函金龠上天来，紫衣敕使亲临启。
纷纶过眼未易识，磊落挂壁空云委。
归来妙意独追求，坐想蓬山二十秋。
怪君何处得此本，上有桓玄寒具油。
巧偷豪夺古来有，一笑谁似痴虎头。
君不见长安永宁里，王家破垣谁复修。

元章作书日千纸，平生自苦谁与美。
画地为饼未必似，要令痴儿出馋水。
锦囊玉轴来无趾，粲然夺真疑圣智。
忍饥看书泪如洗，至今鲁公余乞米。

送蹇道士归庐山

物之有知盖恃息，孰居无事使出入。心无天游室不空，六凿相攘妇争席。
法师逃人入庐山，山中无人自往还。往者一空还者失，此身正在无还间。
绵绵不绝微风里，内外丹成一弹指。人间俯仰三千秋，骑鹤归来与子游。

木山并引

吾先君子尝蓄木山三峰，且为之记与诗。诗人梅二丈圣俞，见而赋之。今三十年矣，而犹子千乘，又得五峰，益奇。因次圣俞韵，使并刻之其侧。

木生不愿回万牛，愿终天年仆沙洲。
时来幸逢河伯秋，掀然见怪推不流。
蓬婆雪岭巧雕锼，蛰虫行蚁为豪酋。
阿咸大胆忽持去，河伯好事不汝尤。
城中古沼浸坤轴，一林瘦竹吾菟裘。

二顷良田不难买，三年桤木行可樵。
会将白发对苍山献，鲁人不厌东家丘。

书王定国所藏烟江叠嶂图

江上愁心千叠山，浮空积翠如云烟。山邪云邪远莫知，烟空云散山依然。

但见两岸苍苍暗绝谷，中有百道飞来泉。萦林络石隐复见，下赴谷口为奔川。

川平山开林麓断，小桥野店依山前。行人稍度乔木外，渔舟一叶江吞天。

使君何从得此本，点缀毫末分清妍。不知人间何处有此境，径欲往买二顷田。

君不见，武昌樊口幽绝处，东坡先生留五年。春风摇江天漠漠，暮云卷雨山娟娟。

丹枫翻鸦伴水宿，长松落雪惊醉眠。桃花流水在人世，武陵岂必皆神仙。

江山清空我尘土，虽有去路寻无缘。还君此画三叹息，山中故人应有招我归来篇。

东川清丝寄鲁冀州戏赠

鹅溪清丝清如冰，上有千岁交枝藤。
藤生谷底饱风雪，岁晚忽作龙蛇升。
嗟我虽为老侍从，骨寒只受布与缯。
床头锦衾未还客，坐觉芒刺在背膺。
岂如髯卿晚乃贵，福禄正似川方增。
醉中倒着紫绮裘，下有半臂出缥绫。
封题不敢妄裁剪，刀尺自有佳人能。
遥知千骑出清晓，积雪未放浮尘兴。
白须红带柳丝下，老弱空巷人相登。
但放奇文出领袖，吾髯虽老无人憎。

寄蔡子华

故人送我东来时，手栽荔枝待君归。
荔枝已丹吾发白，犹作江南未归客。
江南春尽水如天，肠断西湖春水船。
想见青衣江畔路，白鱼紫笋不论钱。
霜髯三老如霜桧，旧交零落今谁辈。
莫从唐举问封侯，但遣麻姑更爬背。

介亭饯杨杰次公

篮舆西山登山门，嘉与我友寻仙村。
丹青明灭风篁岭，环珮空响桃花源。
前朝欲上已蜡屐，黑云白雨如倾盆。
今晨积雾卷千里，岂畏触热生病根。
在家头陀无为子，久与青山为弟昆。
孤峰尽处亦何有，西湖镜天江抹坤。
临高挥手谢好住，清风万壑传其言。
风回响答君听取，我亦到处随君轩。

安州老人食蜜歌

安州老人心似铁，老人心肝小儿舌。
不食五谷惟食蜜，笑指蜜蜂作檀越。
蜜中有诗人不知，千花百草争含姿。
老人咀嚼时一吐，还引世间痴小儿。
小儿得诗如得蜜，蜜中有药治百疾。
正当狂走捉风时，一笑看诗百忧失。
东坡先生取人廉，几人相欢几人嫌。
恰似饮茶甘苦杂，不如食蜜中边甜。
因君寄与双龙饼，镜空一照双龙影。
三吴六月水如汤，老人心似双龙井。

送张嘉州

少年不愿万户侯，亦不愿识韩荆州。
颇愿身为汉嘉守，载酒时作凌云游。
虚名无用今白首，梦中却到龙泓口。
浮云轩冕何足言，唯有江山难入手。
峨眉山月半轮秋，影入平羌江水流。
谪仙此语谁解道，请君见月时登楼。
笑谈万事真何有，一时付与东岩酒。
归来还受一大钱，好意莫违黄发叟。

送江公著知吉州

三吴行尽千山水，犹道桐庐更清美。
岂惟浊世隐狂奴，时平亦出佳公子。
初冠惠文读城旦，晚入奉常陪剑履。
方将华省起弹冠，忽忆钓台归洗耳。
未应良木弃大匠，要使名驹试千里。
奉亲官舍当有择，得郡江南差可喜。
白粲连樯一万艘，红妆执乐三千指。
簿书期会得余闲，亦念人生行乐耳。

与叶淳老侯敦夫张秉道同相视新河秉道有诗次韵二首

君不见，元帅府前罗万戟，涛头未顺千弩射。至今凤凰山下路，长借一箭开两翼。

我凿西湖还旧观，一眼已尽西南碧。又将回夺浮山险，千艘夜下无南北。
坐陈三策本人谋，唯留一诺待我画。老病思归真暂寓，功名如幻终何得。
从来自笑画蛇足，此事何殊食鸡肋。怜君嗜好更迂阔，得我新诗喜折屐。
江湖粗了我竟归，余事后来当润色。一庵闲卧洞霄宫，井有丹砂水长赤。
荆溪父老愁三害，下斩长蛟本无赖。平生倔强韩退之，文字犹为鳄鱼戒。
石门之役万金耳，首鼠不为吾已隘。江湖开塞古有数，两鹄飞来告成坏。

劝农使者非常人，一言已破黎民骇。上饶使君更超轶，坐睨浮山如累块。
髯张乃我结袜生，诗酒淋漓出狂怪。我作水衡生作丞，他日归朝同此拜。

棕笋并引

棕笋状如鱼，剖之得鱼子，味如苦笋而加甘芳。蜀人以馔佛僧，甚贵之，而南方不知也。笋生肤毳中，盖花之方孕者。正二月间可剥取，过此苦涩，不可食矣。取之，无害于木，而宜于饮食。法当蒸熟，所施略与笋同。蜜煮酢浸，可致千里外。今以饷殊长老。

赠君木鱼三百尾，中有鹅黄子鱼子。
夜叉剖瘿欲分甘，箨龙藏头敢言美。
愿随蔬果得自用，勿使山林空老死。
问君何事食木鱼，烹不能鸣固其理。

次韵曹子方运判雪中同游西湖

词源潋滟波头展，清唱一声岩谷满。
未容雪积句先高，岂独湖开心自远。
云山已作歌眉浅，山下碧流清似眼。
尊前侑酒只新诗，何异书鱼餐蠹简。

六观堂老人草书

物生有象象乃滋，梦幻无根成斯须。方其梦时了非无，泡影一失俯仰殊。
清露未晞电已徂，此灭灭尽乃真吾。云如死灰实不枯，逢场作戏三昧俱。
化身为医忘其躯，草书非学聊自娱。落笔已唤周越奴，苍鼠奋髯饮松腴。
剡藤玉板开雪肤，游龙天飞外人呼，莫作羞涩羊氏姝。

聚星堂雪并引

元祐六年十一月一日，祷雨张龙公，得小雪，与客会饮聚星堂。忽忆欧阳文忠公作守时，雪中约客赋诗，禁体物语，于艰难中特出奇丽。尔来四十余年，莫有继者。仆以老门生续公后，虽不足追配先生，而宾客之美，殆不减当时，公之二子，又是在郡，故辙举前令，各赋一篇。

窗前暗响鸣枯叶，龙公试手行初雪。
映空先集疑有无，作态斜飞正愁绝。
众宾起舞风竹乱，老守先醉霜松折。
恨无翠袖点横斜，只有微灯照明灭。
归来尚喜更鼓暗，晨起不待铃索掣。
未嫌长夜作衣棱，却怕初阳生眼缬。
欲浮大白追余赏，幸有回飙惊落屑。
模糊桧顶独多时，历乱瓦沟裁一瞥。
汝南先贤有故事，醉翁诗话谁续说。
当时号令君听取，白战不许持寸铁。

喜刘景文至

天明小儿更传呼，髯刘已到城南隅。
尺书真是髯手迹，起坐熨眼知有无。
今人不作古人事，今世有此古丈夫。
我闻其来喜欲舞，病自能起不用扶。
江淮旱久尘土恶，朝来清雨濯鬓须。
相看握手两无事，千里一笑无乃迂。
平生所乐在吴会，老死欲葬杭与苏。
过江西来二百日，冷落山水愁吴姝。
新堤旧井各无恙，参寥六一岂念吾。
别后新诗巧摹写，袖中知有钱塘湖。

送欧阳季默赴阙

先生岂止一怀祖，郎君不减王文度。
膝上几日今白须，令我眼中见此父。
汝南相从三晦朔，君去苦早我来暮。
霜风凄紧正脱木，颍水清浅可立鹭。

莫辞白酒泻香泉，已觉扁舟掠新渡。
坐看士衡执别手，更遣梦得出奇句。
郎君可是管库人，乃使马录骥随蹇。
置之行矣无足道，贤愚岂在遇不遇。

用前韵作雪诗留景文

万松岭上黄千叶，载酒年年踏松雪。
刘郎去后谁复来，花下有人心断绝。
东斋夜坐搜雪句，两手龟坼霜须折。
无情岂亦畏嘲弄，穿帘入户吹灯灭。
纷纷儿女争所似，碧海长鲸君未掣。
朝来云汉接天流，顾我小诗如点缬。
欧阳赵陈在户外，急扫中庭铺木屑。
交游虽似雪柏坚，聚散行作风花瞥。
晴光融作一尺泥，归有何事真无说。
泥干路稳放君去，莫倚马蹄如踣铁。

次前韵送刘景文

白云在天不可呼，明月岂肯留庭隅。
怪君西行八百里，清坐十日一事无。
路人不识呼尚书，但见凛凛雄千夫。
岂知入骨爱诗酒，醉倒正欲蛾眉扶。
一篇向人写肝肺，四海知我霜鬓须。
欧阳赵陈皆我有，岂谓夫子驾复迂。
迩来又见三黜柳，共此暖热餐毡苏。
酒肴酸薄红粉暗，只有颍水清而姝。
一朝寂寞风雨散，对影谁念月与吾。
何时归帆溯江水，春酒一变甘棠湖。

蜡梅一首赠赵景贶

天工点酥作梅花，此有蜡梅禅老家。蜜蜂采花作黄蜡，取蜡为花亦其物。

天工变化谁得知，我亦儿嬉作小诗。君不见，万松岭上黄千叶，玉蕊檀心两奇绝。

醉中不觉渡千山，夜闻梅香失醉眠。归来却梦寻花去，梦里花仙觅奇句。

此间风物属诗人，我老不饮当付君。君行适吴我适越，笑指西湖作衣钵。

阎立本职贡图

正观之德表万邦，浩如沧海吞河江。音容伧狞服奇庞，横绝岭海逾涛泷。

珍禽瑰产争牵扛，名王解辫却盖幢。粉本遗墨开明窗，我喟而作心未降，

魏征封伦恨不双。

次韵王滁州见寄

斯人何似似春雨，歌舞农夫怨行路。
君看永叔与元之，坎坷一生遭口语。
两翁当年鬓未丝，玉堂挥翰手如飞。
教得滁人解吟咏，至今里巷嘲轻肥。
君家联翩尽卿相，独来坐啸溪山上。
笑捐浮利一鸡肋，多取清名几熊掌。
丈夫自重贵难售，两翁今与青山久。
后来太守更风流，要伴前人作诗瘦。
我倦承明苦求出，到处遗踪寻六一。
凭君试与问琅琊，许我来游莫难色。

次韵徐仲车

恶衣恶食诗愈好，恰是霜松啭春鸟。
苍蝇莫乱远鸡声，世上谁知公觉早。

八年看我走三州，月自当空水自流。
人间扰扰真蝼蚁，应笑人呼作斗牛。

闻林夫当徙灵隐寺寓居戏作灵隐前

灵隐前，天竺后，两涧春淙一灵鹫。不知水从何处来，跳波赴壑如奔雷。

无情有意两莫测，肯向冷泉亭下相萦回。我在钱塘六百日，山中暂来不暖席。

今君欲作灵隐居，葛衣草屦随僧蔬。能与冷泉做主一百日，不用二十四考书中书。

送晁美叔发运右司年兄赴阙

我年二十无朋俦，当时四海一子由。
君来叩门如有求，颀然鹤骨清而修。
醉翁遣我从子游，翁如退之蹈轲丘。
尚欲放子出一头，酒醒梦断四十秋。
病鹤不病骨愈虬，唯有我颜老可羞。
醉翁宾客散九州，几人白发还相收。
我如怀祖拙自谋，正作尚书已过优。
君求会稽实良筹，往看万壑争交流。

送程德林赴真州

君为县令元丰中，吏贪功利以病农。
君欲言之路无从，移书谏臣以自通。
元丰天子为改容，我时匹马江西东。
问之逆旅言颇同，老人爱君如刘宠 ，
小儿敬君如鲁恭。尔来明目达四聪，
收拾驵骏冀北空，君为赤令有古风。
政声直入明光宫，天厩如海养群龙。
并收其子岂不公。白沙何必烦此翁。

召还至都门先寄子由

老身倦马河堤永，踏尽黄榆绿槐影。
荒鸡号月未三更，客梦还家一时顷。
归老江湖无岁月，未填沟壑犹朝请。
黄门殿中春事罢，诏许来迎先出省。
已飞青盖在河梁，定饷黄封兼赐茗。
远来无物可相赠。一味丰年说淮颍。

书晁说之考牧图后

我昔在田间，但知羊与牛。川平牛背稳，如驾百斛舟。
舟行无人岸自移，我卧读书牛不知。前有百尾羊，听我鞭声如鼓鼙。
我鞭不妄发，视其后者而鞭之。泽中草木长，草长病牛羊。
寻山跨坑谷，腾趠筋骨强。烟蓑雨笠长林下，老去而今空见画。
世间马耳射东风，悔不长做多牛翁。

书丹元子所示李太白真

天人几何同一沤，谪仙非谪乃其游，麾斥八极隘九州。
化为两鸟鸣相酬，一鸣一止三千秋。开元有道为少留，縻之不可矧肯求。
西望太白横峨岷，眼高四海空无人。大儿汾阳中令君，小儿天台坐忘身。
平生不识高将军，手污吾足乃敢瞋，作诗一笑君应闻。

雪浪石

太行西来万马屯，势与岱岳争雄尊。
飞狐上党天下脊，半掩落日先黄昏。
削成山东二百郡，气压代北三家村。
千峰石卷矗牙帐，崩崖凿断开土门。
揭来城下作飞石，一炮惊落天骄魂。
承平百年烽燧冷，此物僵卧枯榆根。

画师争摹雪浪势，天工不见雷斧痕。
离堆四面绕江水，坐无蜀士谁与论。
老翁儿戏作飞雨，把酒坐看珠跳盆。
此身自幻孰非梦，故国山水聊心存。

石芝并引

予尝梦食石芝，作诗记之，今乃真得石芝于海上，子由和前诗见寄。予顷在京师，有凿井得如小儿手以献者，臂指皆具，肤理若生。予闻之隐者，此肉芝也。与子由烹而食之。追记其事，复次前韵。

土中一掌婴儿新，爪指良是肌骨匀。
见之怖走谁敢食，天赐我尔不及宾。
阳远游同一许，长史玉斧皆门户。
我家韦布三百年，只有阴功不知数。
跪陈八簋加六瑚，化人视之真块苏。
肉芝烹熟石芝老，笑唾熊掌频雕胡。
老蚕作茧何时脱，梦想至人空激烈。
古来大药亦可求，真契当如磁石铁。

鹤叹

园中有鹤驯可呼，我欲呼之立坐隅。
鹤有难色侧睨予，岂欲臆对如服鸟乎。
我生如寄良畸孤，三尺长胫阁瘦躯。
俯啄少许便有余，何至以身为子娱。
驱之上堂立斯须，投以饼饵视若无。
戛然长鸣乃下趋，难进易退我不如。

送曾仲锡通判如京师

边城岁暮多风雪，强压春醪与君别。
玉帐夜谈霜月苦，铁骑晓出冰河裂。

断蓬飞叶卷黄沙，只有千林蒙松花。
应为王孙朝上国，珠幢玉节与排衙。
左援公孝右孟博，我居其间啸且诺。
仆夫为我催归来，要与北海争先回。

次韵子由清汶老龙珠丹

天公不解防痴龙，玉函宝方出龙宫。
雷霆下索无处避，逃入先生衣袂中。
先生不作金椎袖，玩世徜徉隐屠酒。
夜光明月空自投，一锻何劳纬萧手。
黄门寡好心易足，荆棘不生梨枣熟。
玄珠白璧两无求，无胫金丹来入腹。
区区分别笑乐天，那知空门不是仙。

次韵子由书清汶老所传秦湘二女图

春风消冰失瑶玉，我本无身安有触。
羊生得妇如得风，握手一笑未为辱。
先生室中无天游，佩环何处鸣风瓯。
随魔未必皆魔女，但与分灯遣归去。
胡为写真传世人，更要维摩一转语。
丹元茅茨只三间，太极老人时往还。
点检凡心早除拂，方平神鞭常使物。

子由新修汝州龙兴寺吴画壁

丹青久衰工不艺，人物尤难到今世。
蓦市井作公卿，画手悬知是徒隶。
吴生已与不传死，那复典刑留近岁。
人间几处变西方，尽作波涛翻海势。
细观手面分转侧，妙算毫厘得天契。

始知真放本精微，不比狂花生客慧。
似闻遗墨留汝海，古壁蜗涎可垂涕。
力捐金帛扶栋宇，错落浮云卷新霁。
使君坐啸清梦余，几叠衣纹数衿袂。
他年吊古知有人，姓名聊记东坡弟。

六月七日泊金陵阻风得钟山泉公书寄诗为谢

今日江头天色恶，炮车云起风欲作。
独望钟山唤宝公，林间白塔如孤鹤。
宝公骨冷唤不闻，却有老泉来唤人。
电眸虎齿霹雳舌，为予吹散千峰云。
南行万里亦何事，一酌曹溪知水味。
他年若画蒋山图，仍作泉公唤居士。

江西

江西山水真吾邦，白沙翠竹石底江。
舟行十里磨九泷，篙声荦确相舂撞。
醉卧欲醒闻淙淙，真欲一口吸老庞。
何人得俊窥鱼矼，举叉绝叫尺鲤双。

月华寺

天公胡为不自怜，结土融石为铜山。
万人採斫富媪泣，只有金帛资豪奸。
脱身献佛意可料，一瓦坐待千金还。
月华三火岂天意，至今茇舍依榛菅。
僧言此地本龙象，兴废反掌曾何艰。
高岩夜吐金碧气，晓得异石青斓斑。
坑流窟发钱涌地，暮施百镒朝千镮。
此山出宝以自贼，地脉已断天应悭。

我愿铜山化南亩，烂漫黍麦苏惸鳏。
道人修道要底物，破铛煮饭茅三间。

游罗浮山一首示儿子过

人间有此白玉京，罗浮见日鸡一鸣。
南楼未必齐日观，郁仪自欲朝朱明。
东坡之师抱朴老，真契久已交前生。
玉堂金马久流落，寸田尺宅今谁耕。
道华亦尝啖一枣，契虚正欲仇三彭。
铁桥石柱连空横，杖藜欲趁飞猱轻。
云溪夜逢瘖虎伏，斗坛昼出铜龙吟。
小儿少年有奇志，中宵起坐存黄庭。
近者戏作凌云赋，笔势仿佛离骚经。
负书从我盍归去，群仙正草新宫铭。
汝应奴隶蔡少霞，我亦季孟山玄卿。
还须略报老同叔，赢粮万里寻初平。

寓居合江楼

海上葱日龙气佳哉，二江合处朱楼开。
蓬莱方丈应不远，肯为苏子浮江来。
江风初凉睡正美，楼上啼鸦呼我起。
我今身世两相违，西流白日东流水。
楼中老人日清新，天上岂有痴仙人。
三山咫尺不归去，一杯付与罗浮春。

十一月二十六日松风亭下梅花盛开

春风岭上淮南村，昔年梅花曾断魂。
岂知流落复相见，蛮风蜑雨愁黄昏。
长条半落荔枝浦，卧树独秀桄榔园。

岂惟幽光留夜色，直恐冷艳排冬温。
松风亭下荆棘里，两株玉蕊明朝暾。
海南仙云娇堕砌，月下缟衣来叩门。
酒醒梦觉起绕树，妙意有在终无言。
先生独饮勿叹息，幸有落月窥清尊。

再用前韵

罗浮山下梅花村，玉雪为骨冰为魂。
纷纷初疑月挂树，耿耿独与参横昏。
先生索居江海上，悄如病鹤栖荒园。
天香国艳肯相顾，知我酒熟诗清温。
蓬莱宫中花鸟使，绿衣倒挂扶桑暾。
抱丛窥我方醉卧，故遣啄木先敲门。
麻姑过君急扫洒，鸟能歌舞花能言。
酒醒人散山寂寂，唯有落蕊粘空樽。

花落复次前韵

玉妃谪堕烟雨村，先生作诗与招魂。
人间草木非我对，奔月偶挂成幽昏。
暗香入户寻短梦，青子缀枝留小园。
披衣连夜唤客饮，雪肤满地聊相温。
松明照坐愁不睡，井花入腹清而暾。
先生来年六十化，道眼已入不二门。
多情好事余习气，惜花未忍都无言。
流连一物吾过矣，笑领百罚空罍樽。

追饯正辅表兄至博罗赋诗为别

孤臣南游堕黄菅，君亦何事来牧蛮。
舣舟蜑户龙冈窟，置酒椰叶桄榔间。

高谈已笑衰语陋，杰句尤觉清诗孱。
博罗小县僧舍古，我不忍去君忘还。
君应回望秦与楚，梦涉汉水愁秦关。
我亦坐念高安客，神游黄檗参洞山。
何时旷荡洗瑕谪，与君归驾相追攀。
梨花寒食隔江路，两山遥对双烟鬟。
归耕不用一钱物，惟要两脚飞孱颜。
玉床丹镞记分我，助我金鼎光斓斑。

再用前韵

乐天双鬓如霜菅，始知谢遣素与蛮。
我兄绿发蔚如故，已了梦幻齐人间。
蛾眉劝酒聊尔耳，处仲太忍茂弘孱。
三杯径醉便归卧，海上知复几往还。
连娟六么趁蹋鞠，杳渺三叠萦阳关。
酒醒梦断何所有，落花流水空青山。
忽惊铙鼓发半夜，明月不许幽人攀。
赠行无物惟一语，莫遣瘴雾侵云鬟。
罗浮道人一倾盖，欲系白日留君颜。
应知我是香案吏，他年许缀蓬莱班。

游博罗香积寺并引

寺去县七里，三山犬牙，夹道皆美田，麦禾甚茂。寺下溪水，可作碓磨。若筑塘百步，闸而落之，可转两轮举四杵也。以属县令林抃，使督成之。

二年流落蛙渔乡，朝来喜见麦吐芒。
东风摇波舞净绿，初日泫露酣娇黄。
汪汪春泥已没膝，剡剡秋谷初分秧。
谁言万里出无友，见此二美喜欲狂。
三山屏拥僧舍小，一溪雷转松阴凉。
要令水力供臼磨，与相地脉增堤防。

霏霏落雪看收面，隐隐叠鼓闻舂糠。
散流一啜云子白，炊裂十字琼肌香。
岂惟牢九荐古味，要使真一流天浆。
诗成捧腹便绝倒，书生说食真膏肓。

四月十一日初食荔枝

南村诸杨北村卢，白华青叶冬不枯。
垂黄缀紫烟雨里，特与荔枝为先驱。
海山仙人绛罗襦，红纱中单白玉肤。
不须更待妃子笑，风骨自是倾城姝。
不知天公有意无，遣此尤物生海隅。
云山得伴松桧老，霜雪自困楂梨粗。
先生洗盏酌桂醑，冰盘荐此赤虬珠。
似闻江鳐斫玉柱，更洗河豚烹腹腴。
我生涉世本为口，一官久已轻莼鲈。
人间何者非梦幻，南来万里真良图。

荔枝叹

十里一置飞尘灰，五里一候兵火催。颠坑仆谷相枕藉，知是荔枝龙眼来。
飞车跨山鹘横海，风枝露叶如新采。宫中美人一破颜，惊尘溅血流千载。
永元荔枝来交州，天宝岁贡取之涪。至今欲食林甫肉，无人举觞酹伯游。
我愿天公怜赤子，莫生尤物为疮痏。雨顺风调百谷登，民不饥寒为上瑞。
君不见，武夷溪边粟粒芽，前丁后蔡相笼加。争新买宠各出意，今年斗品充官茶。
吾君所乏岂此物，致养口体何陋邪。洛阳相君忠孝家，可怜亦进姚黄花。

同正辅表兄游白水山

伟哉造物真豪纵，攫土抟沙为此弄。
擘开翠峡走云雷，截破奔流作潭洞。

因随化人履巨迹，得与仙兄蹑飞鞚。
曳杖不知岩谷深，穿云但觉衣裘重。
坐看惊鸟救霜叶，知有老蛟蟠石瓮。
金沙玉砾粲可数，古镜宝，寒不动。
念兄独立与世疏，绝境难到唯我共。
永辞角上两蛮触，一洗胸中九云梦。
浮来山高回望失，武陵路绝无人送。
筠篮撷翠爪甲香，素绠分碧银瓶冻。
归路霏霏汤谷暗，野堂活活神泉涌。
解衣浴此无垢人，身轻可试云间凤。

次韵正辅同游白水山

只知楚越为天涯，不知肝胆非一家。
此身如线自萦绕，左旋右转随缫车。
误抛山林入朝市，平地咫尺千褒斜。
欲从稚川隐罗浮，先与灵运开永嘉。
首参虞舜款韶石，次谒六祖登南华。
仙山一见五色羽，雪树两摘南枝花。
赤鱼白蟹箸屡下，黄柑绿橘笾常加。
糖霜不待蜀客寄，荔枝莫信闽人夸。
恣倾白蜜收五棱，细属斤黄土栽三桠。
朱明洞里得灵草，翩然放杖凌苍霞。
岂无轩车驾熟鹿，亦有鼓吹号寒蛙。
仙人劝酒不用勺，石上自有樽罍洼。
径从此路朝玉阙，千里莫遣毫厘差。
故人日夜望我归，相迎欲到长风沙。
岂知乘槎天女侧，独倚云机看织纱。
世间谁似老兄弟，笃爱不复相疵瑕。
相携行到水穷处，庶几一见留子嗟。
千年枸杞尝夜吠，无数草棘工藏遮。
但令凡心一洗濯，神人仙药不我遐。

山中归来万想灭，岂复回顾双云鸦。

闻子由瘦

五日一见花猪肉，十日一遇黄鸡粥。
土人顿顿食薯芋，荐以薰鼠烧蝙蝠。
旧闻蜜唧尝呕吐，稍近虾蟆缘习俗。
十年京国厌肥羜，日日烝花压红玉。
从来此腹负将军，今者固宜安脱粟。
人言天下无正味，蝍蛆未遽贤麋鹿。
海康别驾复何为，帽宽带落惊僮仆。
相看会作两臞仙，还乡定可骑黄鹄。

独觉

瘴雾三年恬不怪，反畏北风生体疥。
朝来缩颈似寒鸦，焰火生薪聊一快。
红波翻屋春风起，先生默坐春风里。
浮空眼缬散云霞，无数心花发桃李。
翛然独觉午窗明，欲觉犹闻醉鼾声。
回首向来萧瑟处，也无风雨也无晴。

真一酒歌并引

布算以步五星，不如仰观之捷吹律以求中声，不如耳齐之审。铅汞以为药，策易以候火，不如天造之真也。是故神宅空乐出虚蹋踘者以气升，孰能推是类以求天造之药乎？于此有物，其名曰真一。远游先生方治此道，不饮不食，而饮此酒，食此药，居此堂。予亦窃其一二，故作真一之歌，其辞曰：

空中细茎插天芒，不生沮泽生陵冈。
涉阅四气更六阳，森然不受螟与蝗。
飞龙御月作秋凉，苍波改色屯云黄。
天旋雷动玉尘香，起搜十裂照坐光。

跏趺牛噍安且详，动摇天关出琼浆。
壬公飞空丁女藏，三伏遇井了不尝。
酿为真一和而庄，三杯俨如侍君王。
湛然寂照非楚狂，终身不入无功乡。

欧阳晦夫遗接䍦琴枕戏作此诗谢之

携儿过岭今七年，晚涂更著黎衣冠。
白头穿林要藤帽，赤脚渡水须花缦。
不愁故人惊绝倒，但使俚俗相恬安。
见君合浦如梦寐，挽须握手俱汍澜。
妻缝接䍦雾谷细，儿送琴枕冰徽寒。
无弦且寄陶令意，倒载犹作山公看。
我怀汝阴六一老，眉宇秀发如春峦。
羽衣鹤氅古仙伯，岌岌两柱扶霜纨。
至今画像作此服，凛如退之加渥丹。
尔来前辈皆鬼录，我亦带脱巾欹宽。
作诗颇似六一语，往往亦带梅翁酸。

韦偃牧马图

神工妙技帝所收，江都曹韩逝莫留。
人间画马唯韦侯，当年为谁扫骅骝。
至今霜蹄踏长楸，圉人困卧沙垅头。
沙苑茫茫蒺藜秋，风鬃雾鬣寒飕飕。
龙种尚与驽骀游，长秸短豆岂我羞。
八銮六辔非马谋，古来西山与东丘。

众妙堂

湛然无观古真人，我独观此众妙门。
夫物芸芸各归根，众中得一道乃存。

道人晨起开东轩，趺坐一醉扶桑暾。
余光照我玻璃盆，倒射窗几清而温。
欲收月魄餐日魂，我自日月谁使吞。

虔州景德寺荣师湛然堂

卓然精明念不起，兀然灰槁照不灭。
方定之时慧在定，定慧照寂非两法。
妙湛总持不动尊，默然真入不二门。
语息则默非对语，此话要将周易论。
诸方人人把雷电，不容细看真头面。
欲知妙湛与总持，更问江东三语掾。

张竞辰永康所居万卷堂

君家四壁如相如，卷藏天禄吞石渠。
岂惟邺侯三万轴，家有世南行秘书。
儿童拍手笑何事，笑人空腹谈经义。
未许中郎得异书，且与杨雄说奇字。
清江萦出碧玉环，下有老龙千古闲。
知君好事家有酒，化为老人夜扣关。
留侯之孙书满腹，玉函宝方何用读。
濠梁空复五车多，圯上从来一编足。

老翁井

井中老翁误年华，白沙翠石公之家。
公来无踪去无迹，井面团圆水生花。
翁今与世两何与，无事纷纷惊牧竖。
改颜易服与世同，无使世人知有翁。

卷　十六

黄山谷七古诗词

次韵李之纯少监惠砚

黄公山下黄鸡秋，持节恤刑曾少休。
小人负弩得开道，扫叶张饮林岩幽。
相传有石非地产，列仙持来自罗浮。
酒酣步出云雨上，南抚方城西嵩丘。
林端乃见石空洞，猛兽㚇□踞上头。
鸟道兔远谋挽致，万牛不动五丁愁。
道家蓬莱见仙伯，我亦洗湔与清流。
探囊赠研颇宜墨，近出黄山非远求。
乃知此山自才美，物欲致用当穷搜。
迷邦故令成器晚，不琢元非匠石羞。

次韵子瞻题郭熙画秋山

黄州逐客未赐环，江南江北饱看山。
玉堂卧对郭熙画，发兴已在青林间。
郭熙官画但荒远，短纸曲折开秋晚。
江村烟外雨脚明，归雁行边余迭山献。
坐思黄甘洞庭霜，恨身不如雁随阳。
熙今头白有眼力，尚能弄笔映窗光。
画取江南好风日，慰此将衰镜中发。
但熙肯画宽作程，十日五日一水石。

咏李伯时摹韩干三马次苏子由韵简伯时兼寄李德素

太史琐窗云雨垂，试开三马拂蛛丝。
李侯写影韩干墨，自有笔如沙画锥。
绝尘超日精爽紧，若失其一望路驰。
马官不语臂指挥，乃知仗下非新羁。
吾尝览观在坰马，驽骀成列无权奇。
缅怀胡沙英妙质，一雄可将千万雌。
决非厮养所成就，天骥生驹人得之。
千金市骨今何有，士或不价五羖皮。
李侯画隐百僚底，初不自期人误知。
戏弄丹青聊卒岁，身如阅世老禅师。

次韵子瞻和子由观韩干马因论伯时画天马

于罴花骢龙八尺，看云不受络头丝。
西河骢作葡萄锦，双瞳夹镜耳卓锥。
长楸落日试天步，知有四极无由驰。
电行山立气深稳，可耐珠韀白玉羁。
李侯一顾叹绝足，领略古法生新奇。
一日真龙入图画，在坰群雄望风雌。
曹霸弟子沙苑丞，喜作肥马人笑之。
李侯论干独不耳，妙画骨相遗毛皮。
翰林评书乃如此，贱肥贵瘦渠未知。
况我平生赏神俊，僧中云是道林师。

次韵钱穆父赠松扇

银钩玉唾明茧纸，松箑轻凉并送似。
可怜远度帻沟娄，适堪今时褦襶子。
丈人玉立气高寒，三寒持节见神山。
合得安期不死草，使我蝉蜕尘埃间。

戏和文潜谢穆父松扇

猩毛束笔渔网纸，松衬织扇清相似。
动摇怀袖风雨来，想见僧前落松子。
张侯哦诗松韵寒，六月火云蒸肉山。
持赠小君聊一笑，不须射雉彀黄间。

送王郎

酌君以蒲城桑落之酒，泛君以湘累秋菊之英。

赠君以黟川点漆之墨，送君以阳关坠泪之声。酒浇胸中之磊隗，菊制短世之颓龄。

墨以传千古文章之印，歌以写一家兄弟之情。江山万里头俱白，骨肉十年眼终青。

连床夜语鸡戒晓，书囊无底谈未了。有功翰墨乃如此，何恨远别音书少。

炊沙作糜终不饱，镂冰文章费工巧。要须心地收汗马，孔孟行世日杲杲。

有弟有弟力持家，妇能养姑供珍鲑。儿大诗书女丝麻，公但读书煮春茶。

送郑彦能宣德知福昌县

往时河北盗横行，白昼驱人取城郭。
唯闻不犯郑冠氏，犬卧不惊民气乐。
只今化民作锄耰，田舍老翁百不忧。
铜章去作福昌县，山中读书民有秋。
福昌爱民如父母，当官不扰万事举。
用才之地要得人，眼中虚席十四五。
不知诸公用心许，鲁恭卓茂可人否。

双井茶送子瞻

人间风日不到处，天上玉堂森宝书。
想见东坡旧居士，挥毫百斛泻明珠。

我家江南摘云腴，落石岂霏霏雪不如。
为公唤起黄州梦，独载扁舟向五湖。

和答子瞻

一月空回长者车，报人问疾遣儿书。
翰林贻我东南句，窗前默坐得玄珠。
故园溪友脍腹腴，远包春茗问何如。
玉堂下直长廊静，为君满意说江湖。

子瞻以子夏丘明见戏聊复戏答

化工见弹大早计，端为失明能著书。
迩来似天会事发，泪睫见光犹陨珠。
喜公新赐紫琳腴，上清虚皇对久如。
请天还我读书眼，愿载轩辕讫鼎湖。

省中烹茶怀子瞻用前韵

磷门井不落第二，竟陵谷帘定误书。
思公煮茗共汤鼎，蚯蚓窍生鱼眼珠。
置身九州之上腴，争名焰中沃焚如。
但恐次山胸磊隗，终便酒舫石鱼湖。

以双井茶送孔常父

校经同省并门居，无日不闻公读书。
故持茗碗浇舌本，要听六经如贯珠。
心知韵胜舌知腴，何似宝云与真如。
汤饼作魔应午寝，慰公渴梦吞江湖。

常父答诗有煎点径须烦绿珠之句复次韵戏答

小鬟虽丑巧妆梳，扫地如镜能检书。
欲买娉婷供煮茗，我无一斛明月珠。
公家亦阙扫除，但有文君对相如。
政当为公乞如愿，作笺远寄宫亭湖。

戏呈孔毅父

管城子无食肉相，孔方兄有绝交书。
文章功用不经世，何异丝窠缀露珠。
校书著作频诏除，犹能上车问何如。
忽忆僧床同野饭，梦随秋雁到东湖。

次韵答曹子方杂言

酺池寺，汤饼一斋盂，曲肱懒著书。骑马天津看逝水，满船风月忆江湖。
往时尽醉冷卿酒，侍儿琵琶春风手。竹间一夜鸟声春，明朝醉起雪塞门。
当年闻说冷卿客，黄彭邺下曹将军。挽弓石八不好武，读书卧看三峰云。
谁怜相逢十载后，釜里生鱼甑生尘。冷卿白首大官寺，樽前不复如花人。
曹将军，江湖之上可相忘。春锄对立双鸳鸯，无机与游不乱行。
何时解缨濯沧浪，唤取张侯来平章，烹茶煮饼坐僧房。

次韵子瞻武昌西山

漫郎江南酒隐处，古木参天应手栽。
石坳为尊酌花鸟，自许作鼎调盐梅。
平生四海苏太史，酒浇不下胸崔嵬。
黄州副使坐闲散，谏疏无路通银台。
鹦鹉洲前弄明月，江女起舞袜生埃。
次山醉魂招仿佛，步入寒溪金碧堆。
洗湔尘痕饮嘉客，笑倚武昌江作罍。

谁知文章照今古，野老争席渔争隈。
邓公勒铭留刻画，刳剔银钩洗绿苔。
琢磨十年烟雨晦，摸索一读心眼开。
谪去长沙忧鸟入，归来鲧国痛天摧。
玉堂却对邓公直，北门唤仗听风雷。
山川悠远莫浪许，富贵峥嵘今鼎来。
万壑松声如在耳，意不及此文生哀。

谢送碾赐壑源拣芽

瘤云从龙小苍璧，元丰至今人未识。
壑源包贡第一春，缃奁碾香供玉食。
睿思殿东金井栏，甘露荐碗天开颜。
桥山事严庀百局，补衮诸公省中宿。
中人传赐夜未央，雨露恩光照宫烛。
右丞似是李元礼，好事风流有泾渭。
肯怜天禄校书郎，亲敕家庭遣分似。
春风饱识太官羊，不惯腐儒汤饼肠。
搜搅十年灯火读，令我胸中书传香。
已戒应门老马走，客来问字莫载酒。

以小团龙及半挺赠无咎并诗用前韵为戏

我持玄圭与苍璧，以暗投人渠不识。
城南穷巷有佳人，不索宾郎常晏食。
赤铜茗碗雨斑斑，银粟翻光解破颜。
上有龙文下棋局，担囊赠君诺已宿。
此物已是元丰春，先皇圣功调玉烛。
晁子胸中开典礼，平生自期莘与渭。
故用浇君磊隗胸，莫令鬓毛雪相似。
曲几团蒲听煮汤，煎成车声绕羊肠。

鸡苏胡麻留渴羌，不应乱我官焙香。
肥如瓠壶鼻雷吼，幸君饮此勿饮酒。

送谢公定作竟陵主簿

谢公文章如虎豹，至今斑斑在儿孙。
竟陵主簿极多闲，万事不理专讨论。
涧松无心古须鬣，天球不琢中粹温。
落笔尘沙百马奔，剧谈风霆九河翻。
胸中恢疏无怨恩，当官持廉庭不烦。
吏民欺公亦可忍，慎勿惊鱼使水浑。
汉滨耆旧今谁存，驷马高盖徒纷纷。
安知四海习凿齿，拄笏看度南山云。

赠送张叔和

张侯温如邹子律，能令阴谷黍生春。
有齐先君之季女，十年择对无可人。
箕帚扫公堂上尘，家风孝友故相亲。
庙中时荐南涧苹，儿女衣绔得补纫。
两家俱为白头计，察公与人意甚真。
吏能束缚老奸手，要使鳏寡无颦呻，
但回此光还照己，平生倦学皆日新。
我提养生之四印，君家所有更赠君。
百战百胜不如忍，万言万当不如默。
无可简择眼界平，不藏秋毫心地直。
我肱三折得此医，自觉两踵生光辉。
团蒲日静鸟吟时，炉薰一炷试观之。

僧景宗相访寄法王航禅师

抱牍稍退凫鹭行，倦禅时作橐驼坐。
忽忆头陀云外人，闭门作夏与僧过。
一丝不挂鱼脱渊，万古同归蚁旋磨。
山中雨熟瓜芋田，唤取小僧休乞钱。

谢王仲至惠洮州砺石黄玉印材

洮砺发剑虹贯日，印章不琢色蒸栗。
磨砻顽钝印此心，佳人持赠意坚密。
佳人鬓雕文字工，藏书万卷胸次同。
日临天闲豢真龙，新诗得意挟雷风。
我贫无句当二物，看公倒海取明月。

次韵子瞻咏好头赤图

李侯画骨不画肉，笔下马生如破竹。
秦驹虽入天仗图，犹恐真龙在空谷。
精神权奇汗沟赤，有头赤乌能逐日。
安得身为汉都护，三十六城看历历。

观伯时画马

仪鸾供帐饕虱行，翰林湿薪爆竹声，风帘官烛泪纵横。木穿石槃未渠透，坐窗不遨令人瘦，贫马百痨逢一豆。眼明见此五花骢，径思着鞭随诗翁，城西野桃寻小红。

记梦

众真绝妙拥灵君，晓然梦之非纷纭。
窗中远山是眉黛，席上榴花皆舞裙。

借问琵琶得闻否，灵君色庄妓摇手。
两客争棋斧烂柯，一儿坏局君不呵。
杏梁归燕空语多，奈此云窗雾礴何。

次韵子瞻送李豸

骥子堕地追风日，未试千里谁能识。
习之实录葬皇祖，斯文如女有正色。
今年持橐佐春官，遂失此人难塞责。
虽然一哄有奇耦，博悬于投不在德。
君看巨浸朝百川，此岂有意潢潦前。
愿为雾豹怀文隐，莫爱风蝉蜕骨仙。

听宋宗儒摘阮歌

翰林尚书宋公子，文采风流今尚尔。自疑耆域是前身，囊中探丸起人死。
貌如千岁枯松枝，落魄酒中无定止。得钱百万送酒家，一笑不问今余几。
手挥琵琶送飞鸿，促弦聒醉惊客起。寒虫催织月笼秋，独雁叫群天拍水。
楚国羁臣放十年，汉宫佳人嫁千里。深闺洞房语恩怨，紫燕黄鹂韵桃李。
楚狂行歌惊世人，渔父拏舟在葭苇。问君枯木著朱绳，何能道人意中事。
君言此物传数姓，玄璧庚庚有横理。闭门三月传国工，身今亲见阮仲容。
我有江南一丘壑，安得与君醉其中，曲肱听君写松风。

博士王扬休碾密云龙同事十三人饮之戏作

瘤云苍璧小盘龙，贡包新样出元丰。王郎坦腹饭床东，太官分物来妇翁。
棘闱深锁武成宫，谈天进士雕虚空。鸣鸠欲雨唤雌雄，南岭北岭宫徵同。
午窗欲眠视濛濛，喜君开包碾春风，注汤官焙香出笼。
非君灌顶甘露碗，几为谈天干舌本。

答黄冕仲索煎双井并简扬休

江夏无双乃吾宗，同舍颇似王安丰。能浇茗碗湔祓我，风袂欲挹浮丘翁。吾宗落笔赏幽事，秋月下照澄江空。家山鹰爪是小草，敢与好赐云龙同。不嫌水厄幸来辱，寒泉汤鼎听松风，夜堂朱墨小灯笼。惜无纤纤来捧碗。唯倚新诗可传本。

再答冕仲

丘壑诗书虽数穷，田园芋栗颇时丰。小桃源口雨繁红，春溪蒲稗没凫翁。投身世网梦归去，摘山鼓声雷隐空。秋堂一笑共灯火，与公草木臭味同。安用茗浇磊魄胸，他日过饭随家风，买鱼贯柳鸡著笼。更当力贫开酒碗，走谒邻翁称子本。

戏答陈元舆

平生所闻陈汀州，蝗不入境年屡丰。东门拜书始识面，鬓发幸未成老翁。官饔同盘厌腥腻，茶瓯破睡秋堂空。自言不复蛾眉梦，枯淡颇与小人同。但忧迎笑花枝红，夜窗冷雨打斜风，秋衣沈水换燕笼。银屏婉转复婉转，意根难拔如薤本。

再答元舆

君不能入身帝城结子公，又不能击强有如诸葛丰。法当憔悴百僚底，五十天涯一秃翁。问君何自今为郎，便殿作赋声摩空。偶然樽酒相劳苦，牛铎调与黄钟同。安得朱幡各凭熊，江南楼阁白苹风，劝归啼鸟晓窗笼。男儿邂逅功补衮，鸟倦归巢叶归本。

演雅

桑蚕作茧自缠裹，蛛蝥结网工遮逻。

燕无居舍经始忙，蝶为风光句引破。

老鸽衔石宿水饮，稚蜂趋衙供蜜课。
鹊传吉语安得闲，鸡催晨兴不敢卧。
气陵千里蝇附骥，枉过一生蚁旋磨。
虱闻汤沸尚血食，雀喜宫成自相贺。
晴天振羽乐蜉蝣，空穴祝儿成蜾蠃。
蛣蜣转丸贱苏合，飞蛾赴烛甘死祸。
井边蠹李螬苦肥，枝头饮露蝉常饿。
天蝼伏隙录人语，射工含沙须影过。
训狐啄屋真行怪，虫肃蛸报喜太多。
鸬鹚密伺鱼虾便，白鹭不禁尘土涴。
络纬何尝省机织，布谷未应勤种播。
五技鼯鼠笑鸠拙，百足马虫玄怜鳖。
老蚌胎中珠是贼，醯鸡瓮里天几大。
螳螂当辙恃长臂，熠耀宵行矜照火。
提壶犹能劝沽酒，黄口只知贪饭颗。
伯劳饶舌世不问，鹦鹉才言便关锁。
春蛙夏蜩更嘈杂，土蚓壁蟫何碎琐。
江南野水碧于天，中有狎鸥闲似我。

戏答赵伯充劝莫学书及为席子泽解嘲

平生饮酒不尽味，五鼎馈肉如嚼蜡。
我醉欲眠便遣客，三年窥墙亦面壁。
空余小来翰墨场，松烟兔颖傍明窗。
偶随儿戏洒墨汁，众人许在崔杜行。
晚学长沙小三昧，幻出万物真成狂。
龙蛇起陆雷破柱，自喜奇观绕绳床。
家人骂笑宁有道，污染黄素败粉墙。
诚不如南邻席明府，蛛网锁砚蜗书梁。
怀中探丸起九死，才术颇似汉太仓。
感君诗句唤梦觉，邯郸初未熟黄粱。

身如朝露无牢强，玩此白驹过隙光。
从此永明书百卷，自公退食一炉香。

戏书秦少游壁

丁令威，化作辽东白鹤归。朱颜未改故人非，微服过宋风退飞。

宋父拥彗待来归，谁馈百牢瞿鸟鸽女已。秦氏乌生八九子，雅乌之兄毕逋尾。

忆炊门牡烹伏雌，未肯增巢令汝栖。莫愁野雉疏家鸡，但愿主人印累累。

送少章从翰林苏公余杭

东南淮海惟扬州，国士无双秦少游。
欲攀天关守九虎，但有笔力回万牛。
文学纵横乃如此，故应当家有季子。
时来谁能力作难，鸿雁行飞入道山。
斑衣儿啼真自乐，从师学道也不恶。
但使新年胜故年，即如常在郎罢前。

便籴王丞送碧香酒用子瞻韵戏赠郑彦能

食贫好饮尝自嘲，日给上尊无骨相。
大农部丞送新酒，碧香窃比主家酿。
应怜坐客竟无毡，更遭长官颇讥谤。
银杯同色试一倾，排遣春寒出帏帐。
浮蛆翁翁杯底滑，坐想康成论泛盎。
重门著关不为君，但备恶客来仇饷。

谢景叔惠冬笋雍酥水梨三物

玉人怜我长蔬食，走送厨珍不自尝。
秦牛肥腻酥胜雪，汉苑甘寒梨得霜。

冰底斫春生笋束，豹文解箨馔寒玉。
见他桃李忆故园，馋僚应残绕窗竹。

再答景叔

女三为粲当献王，三珍同盘乃得尝。
甘泉下浇藜苋肠，令我诗句挟风霜。
小人食珍敢取足，都城一饭炊白玉。
赐钱千万民犹饥，雪后排檐冻银竹。

出城送客过故人东平侯赵景珍墓

朱颜苦留不肯住，白发政尔欺得人。
婵娟去作谁家妾，意气都成一聚尘。
今日牛羊上丘垄，当时近前左右瞋。
花开鸟啼荆棘里，谁与平章作好春。

题也足轩并序

简州景德寺觉范道人，种竹于所居之东轩。使君杨梦觊题其轩曰“也足”，取古人所谓“但有岁寒心，两三竿也足”者也，仍为之赋诗，余辄次韵。

道人手种两三竹，使君忽来唾珠玉。
不须客赋千首诗，若是当音一夔足。
世人爱处但同流，一丝不挂似太俗。
客来若问有何好，道人优昙远山绿。

送石长卿太学秋补

长卿家亦但四壁，文君窥之介如石。
胸中已无少年事，骨气仍有老松格。
汉文新览天下图，诏山采玉渊献珠。
再三可陈治安策，第一莫上登封书。

次韵黄斌老所画横竹

酒浇胸次不能平，吐出苍竹岁峥嵘。
卧龙偃蹇雷不惊，公与此君俱忘形。
晴窗影落石泓处，松煤浅染饱霜兔。
中安三石使屈蟠，亦恐形全便飞去。

戏咏子舟画两竹两鸜鸟鹆

风晴日暖摇双竹，竹间相语两鸜鸟鹆。
鸜鸟鹆之肉不可肴，人生不材果为福。
子舟之笔利如锥，千变万化皆天机。
笔下鸜鸟鹆语，何似梦中蝴蝶飞。

题荣州祖元大师此君轩

王师学琴三十年，响如清夜落涧泉。
满堂洗尽筝琶耳，请师停手恐断弦。
神人传书道人命，死生贵贱如看镜。
晚知直语触憎嫌，深藏幽寺听钟磬。
有酒如渑客满门，不可一日无此君。
当时手栽数寸碧，声挟风雨今连云。
此君倾盖如故旧，骨相奇怪清且秀。
程婴杵臼立孤难，伯夷叔齐采薇瘦。
霜钟堂上弄秋月，微风入弦此君说。
公家周彦笔如椽，此君语意当能传。

戏赠家安国

家侯口吃善著书，常愿执戈王前驱。
朱绂蹉跎晚监郡，吟弄风月思天衢。

二苏平生亲且旧，少年笔砚老杯酒。
但使一气转鸿钧，此老矍铄还冠军。

和王观复洪驹父谒陈无已长句

陈君今古焉不学，清渭无心映泾浊。
汉官旧仪重九鼎，集贤学士见一角。
王侯文采似於菟，洪甥人间汗血驹。
相将问道城南隅，无屋止借船官居。
有书万卷绕四壁，樵苏不爨谈至夕。
主人自是文章伯，邻里颇怪有此客。
食贫各仕天一方，佳人可思不可忘。
河从天来砥柱立，爱莫助之涕淋浪。

王充道送水仙花五十枝欣然会心为之作咏

淩波仙子生尘袜，水上轻盈步微月。
是谁招此断肠魂，种作寒花寄愁绝。
含香体素欲倾城，山矾是弟梅是兄。
坐对真成被花恼，出门一笑大江横。

题莲华寺

狂卒猝起金坑西，胁从数百马百蹄。
所过州县不敢谁，肩舆虏载三十妻。
伜生有胆无智略，谓河可冯虎可搏。
身膏白刃浮屠前，此乡父老至今怜。

送密老住五峰

我穿高安过萍乡，七十二渡绕羊肠。
水边林下逢衲子，南北东西古道场。

五峰秀出云雨上，中有宝坊如侧掌。
去与青山做主人，不负法昌老禅将。
栽松种竹是家风，莫嫌斗绝无来往。
但得螺蛳吞大象，从来美酒无深巷。

武昌松风阁

依山筑阁见平川，夜阑箕斗插屋椽，我来名之意适然。
老松魁梧数百年，斧斤所赦今参天。风鸣娲皇五十弦，洗耳不须菩萨泉。
嘉二三子甚好贤，力贫买酒醉此筵。夜雨鸣廊到晓悬，相看不归卧僧毡。
泉枯石燥复潺湲，山川光辉为我妍。野僧早饥不能饘，晓见寒溪有炊烟。
东坡道人已沉泉，张侯何时到眼前。钓台惊涛聒昼眠，怡亭看篆蛟龙缠。
安得此身脱拘挛，舟载诸友长周旋。

次韵文潜

武昌赤壁吊周郎，寒溪西山寻漫浪。
忽闻天上故人来，呼船凌江不待饷。
我瞻高明少吐气，君亦欢喜失微恙。
年来鬼祟复三豪，词林根底颇摇荡。
天生大材竟何用，只与千古拜图像。
张侯文章殊不病，历险心胆元自壮。
汀州鸿雁未安集，风雪牖户当塞向。
有人出手办兹事，政可隐几穷诸妄。
经行东坡眠食地，拂拭宝墨生楚怆。
水清石见君所知，此是吾家秘家藏。

次韵元实病目

道人常恨未灰心，儒士苦爱读书眼。
要须玄览照镜空，莫作白鱼钻蠹简。
阅人朦胧似有味，看字昏涩尤宜懒。

范侯年少百夫雄，言行一一无可柬。
看君眸子当瞭然，乃称胸次常坦坦。
如何有物食明月，泪睫陨珠衣袖满。
金篦刮膜会有时，汤熨取快术诚短。
岳头懒瓒一生禅，鼻涕垂颐渠不管。

书磨崖碑后

春风吹船著浯溪，扶藜上读中兴碑。
平生半世看墨本，摩挲石刻鬓成丝。
明皇不作苞桑计，颠倒四海由禄儿。
九庙不守乘舆西，万官已作乌择栖。
抚军监国太子事，何乃趣取大物为。
事有至难天幸尔，上皇局蹐还京师。
内间张后色可否，外间李父颐指挥。
南内凄凉几苟活，高将军去事尤危。
臣结春陵二三策，臣甫杜鹃再拜诗。
安知忠臣痛至骨，世上但赏琼琚词。
同来野僧六七辈，亦有文士相追随。
断崖苍藓对立久，冻雨为洗前朝悲。

太平寺慈民阁

青玻璃盆插千岑，湘江水清无古今。
何处拭目穷表里，太平飞阁暂登临。
朝阳不闻皂盖下，愚溪但有古木阴。
谁与洗涤怀古恨，坐有佳客非孤斟。

题淡山岩二首

去城二十五里近，天与隔尽俗子尘。
春蛙秋蝇不到耳，夏凉冬暖总宜人。

岩中清磬僧定起，洞口绿树仙家春。
惜哉次山世未显，不得雄文镵翠珉。
淡山淡姓人安在，徵君避秦亦不归。
石门竹径几时有，琼台瑶室至今疑。
回中明洁坐十客，亦可呼乐醉舞衣。
阆州城南果何似，永州淡岩天下稀。

明远庵

远公引得陶潜住，美酒沽来饮无数。
我醉欲眠卿且去，只有空瓶同此趣。
谁知明远似远公，亦欲我行庵上路。
多方挈取瓮头春，大白梨花十分注。
与君深入逍遥游，了无一物当情愫。
道卿道卿归去来，明远主人今进步。

戏答欧阳诚发奉议谢予送茶歌

欧阳子，出阳山，山奇水怪有异气，生此突兀熊豹颜。饮如江水洞庭野，诗成十手不供写。老来抱璞向涪翁，东坡元是知音者。苍龙璧，官焙香，涪翁投赠非世味，自许诗情合得尝。却思翰林来馈光禄酒，两家冰鉴共寒光。

予乃安敢比东坡，有如玉盘金叵罗。直相千万不啻过，爱公好诗又能多。老夫何有更横戈，奈此于思百战何。

和范信中寓居崇宁遇雨二首

范侯来寻八桂路，走避俗人如脱兔。
衣囊夜雨寄禅家，行潦升阶漂两屦。
遣闷闷不离眼前，避愁愁已知人处。
庆公忧民苗未立，旻公忧木水推去。
两禅有意开寿域，岁晚筑室当百堵。

它时无屋可藏身，且作五里公超雾。

当年游侠成都路、黄犬苍鹰伐狐兔。
二十始肯为儒生，行寻丈人奉巾屦。
千江渺然万山阻，抱衣一囊遍处处。
或持剑挂宰上回，亦有酒罢壶中去。
昨来禅榻寄曲肱，上雨傍风破环堵。
何时鲲化北溟波，好在豹隐南山雾。

清江引

江鸥摇荡荻花秋，八十渔翁百不忧。
清晓采莲来荡桨，夕阳收网更横舟。
群儿学渔亦不恶，老妻白头从此乐。
全家醉著蓬底眠，舟在寒沙夜潮落。

还家呈伯氏

去日樱桃初破花，归来著子如红豆。四时驱迫少须臾，两鬓飘零成老丑。

永怀往在江南日，原上急难风雨后。私田苦薄王税多，诸弟号寒诸妹瘦。

扶将白发渡江来，吾二人如左右手。苟从禄仕我遭回，且慰家贫兄孝友。

强趋手板汝阳城，更责愆期被诃诟。法官毒螯草自摇，丞相霜威人避走。

贱贫孤远盖如此，此事端于我何有。一囊粟麦七千钱，五人兄弟二十口。

官如元亮且折腰，心似次山羞曲肘。北窗书册久不开，筐箧黄尘生锁钮。

何当略得共讨论，况乃雍容把杯酒。意气敷腴贵壮年，不早计之且衰朽。

安得短船万里随，江风养鱼去作陶朱公。斑衣奉亲伯与侬，四方上下相依从。

用舍由人不由己，乃是伏辕驹犊耳。

流民叹

朔方频年无好雨，五谷不入虚春秋。迩来后土中夜震，有似巨鳌复戴三山游。

倾墙摧栋压老弱，冤声未定随洪流。地文划劃水觱沸，十户八九生鱼头。

稍闻澶渊渡河日，数万河北不知虚几州。累累襁负襄叶间，问舍无所耕无牛。

初来犹自得旷土，嗟尔后至将何怙。刺史守令真分忧，明诏哀痛如父母。

庙堂已用伊吕徒，何时眼前见安堵。疏远之谋未易陈，市上三言或成虎。

祸灾流行固无时，尧汤水旱人不知。桓侯之疾初无证，扁鹊入秦始治病。

投胶盈掬俟河清，一箪岂能续民命。虽然犹愿及此春，略讲周公十二政。

风生群口方出奇，老生常谈幸听之。

次韵答张沙河

张侯堂堂身八尺，老大无机如汉阴。
猛摩虎牙取吞噬，自叹日月不照临。
策名日已污轩冕，逃去未必焚山林。
我评君才甚高妙，孤竹截管空桑琴。
四十未曾成老翁，紫髯垂颐郁森森。
眉宇之间见风雅，蓝田烟雾生球琳。
胸中磈磊政须酒，东观可揽北斗斟。
古人已悲铜雀上，不闻向时清吹音。
百年毁誉付谁定，取醉自可结舌瘖。
使公系腰印如斗，驷马高盖驱骎骎。
亲朋改观婢仆敬，成都男子宁异今。
又言屋底甚县磬，儿婚女嫁娶千金。
古来圣贤多不饱，谁能独无父母心。
众雏堕地各有命，强为百草忧春霖。
艾封人子暗目睫，与王同床悔沾襟。
陇鸟入笼左右啄，终日思归碧山岑。
一生能几开口笑，何忍更遣百虑侵。
忽投雄篇写逸兴，仰占乾文动奎参。
自陈使酒尝骂坐，惜予不与朋合簪。
君材蜀锦三千丈，要在刀尺成衣衾。

南朝例有风流癖，楚地俗多词赋淫。
屈原离骚岂不好，只今漂骨沧江浔。
政令夷甫开三窟，猎以我道皆成禽。
温恭忠厚神所劳，于鱼得计岂厌深。
丈夫身在要勉力，岂有吾子终陆沉。
鄙人相士盖多矣，勿作蔡泽笑噤吟。

次韵答和甫卢泉水三首 并序

和甫作《卢泉之水》，不求于古乐府，而规摹暗合，予为和成三叠。自予官河外，罕得逆耳之言于朋友。和甫爱我也，居有药言。吾不欲其思卢泉也，故作其一。父母之邦，有如仲尼、柳下惠，而怀安之，以吾之乐双井，知和甫之不忘卢泉也，故作其二。坐进此道者，于物无择。清漳之波，浊河之流，卢泉之水，求其异味而不得也。亲乐之身，安之斯可矣，故作其三。夫三言者虽不同，唯知言者领其不异也。

初侯不能六尺长，少日结交皆老苍。势利不可更炎凉，解缨从我濯沧浪。

与君论心松柏香，何为独忆卢泉之上多绿杨。卢泉如练照秋阳，泉上之人犹谤伤。

此邦虽陋有佳士，勿厌风沙吹茫茫。愿君不负上池水，囊中探丸起人死。

卢泉之木百尺长，下荫泉色如木苍。苹风和雨洒面凉，倒影摇荡天沧浪。
网登锦鳞蒲荇香，何以贯之柳与杨。古来希价入咸阳，贪功害能相中伤。
君今已出纷争外，但思烟波春渺茫。奉亲安乐一杯水，卢泉之滨可忘死。

舍后钟梵炉烟长，舍前帘影竹苍苍。事亲暖席扇枕凉，中有一士鬓苍浪。
同心之言兰麝香，与游者谁似姓杨。朝发枉渚夕辰阳，怀瑾握瑜只自伤。

东有浊河西清漳，胡为搔头卢泉思茫茫。清明在躬不在水，此曹狡狯可心死。

赠赵言

饶阳赵方士，眼如九秋鹰。学书不成不学剑，心术妙解通神明。

医如俯身拾地芥，相如仰面观天星。自言方术杂鬼怪，万种一贯皆天成。

大梁卜肆倾宾客，二十余年声藉藉。得钱满屋不经营，散与世人还寄食。

北门尘土满衣襟，广文直舍官槐荫。白云劝酒终日醉，红烛围棋清夜深。

大车驷马不回首，强项老翁来见寻。向人忠信去表襮，可喜政在无机心。

轻谈祸福邀重糈，所在多于竹苇林。翁言此辈无足听，见叶知根论才性。

飞腾九天沉九泉，自种自收皆在行。先期出语骇传闻，事至十九中时病。

轮囷离奇惜老大，成器本可千万乘。自叹轻霜白发新，又去惊动都城人。

都城达官老于事，嫌翁出言不妩媚。有手莫炙权门火，有口莫辩荆山玉。

吴宫火起燕焚巢，当时卞和斫两足。千里辞家却入门，三春荣木会归根。

我有江南黄篾舫，与翁长入白鸥群。

次韵晁补之廖正一赠答诗

晁子抱材耕谷口，世有高贤践台斗。顷随计吏西入关，关夫数日传车还。

封侯半属妄校尉，射虎猛将犹行间。无因自致青云上，浪说诸公见嗟赏。

骥伏盐车不称情，轻裘肥马凤凰城。归来作诗谢同列，句与桃李争春荣。

十年山林廖居士，今随诏书称举子。文章宏丽学西京，新有诗声似侯喜。

君不见，古来良为知音难，绝弦不为时人弹。已喜琼枝在我侧，更恨桂树无由攀。

千里风期初不隔，独怜形迹滞河山。

再次韵呈廖明略

吾观三江五湖口，汤汤谁能议升斗。物诚有之士则然，晚得廖子喜往还。

学如云梦吞八九，文如壮士开黄间。十年呻吟江湖上，青枫白鸥付心赏。

未减北郭汉先生，五府交书不到城。相者举肥骥空老，山中无人桂自荣。

君既不能如钟世美，匦函上书动天子。且向华阴郡下作参军，要令公怒令公喜。

君不见，晁家乐府可管弦，惜无倾城为一弹。从军补掾百僚底，九关虎豹何由攀。

男儿身健事未定，且莫著书藏名山。

走答明略适尧民来相约奉谒故篇末及之

君不见，生不愿为牛后，宁为鸡口。
吾闻向来得道人，终古不忒如维斗。
希价咸阳诸少年，可推令往挽令还。
俗学风波能自拔，我识廖侯眉宇间。
省庭无人与争长，主司得之如受赏。
东家一笑市尽倾，略无下蔡与阳城。
生珠之水沙砾润，生玉之山草木荣。
观君词章亦如此，谅知躬行有君子。
更约探囊阅旧文，蛛丝灯花助我喜。
贤乐堂前竹影班，好鸟自语莫令弹。
北邻著作相劳苦，整驾谒予邀同攀。
应烦下榻煮茶药，坐待月轮衔屋山。

答明略并寄无咎

可以忘忧唯有酒，清圣浊贤皆可口。前日过君饮不多，明日解酲无五升。

古木清阴丹井栏，夜来凉月屋头还。论交拨置形骸外，得意相忘樽俎间。

冰壶不可与夏虫飨，秋月不可与俗士赏。已得樽前两友生，更思一士济阳城。

虽无四至九卿之规划，犹有千秋万岁之真荣。空名未食太仓米，今作斑衣老莱子。

卿家嗣宗望尔来，不独我闻足音喜。西风索寞叶初干，长铗归来亦罢弹。

穷巷蓬蒿深一尺，朱门帘陛高难攀。吾侪相逢置是事，百世之下仰高山。

再次韵呈明略并寄无咎

夏云凉生土囊口，周鼎汤盘见科斗。
清风古气满眼前，乃是户曹报章还。
只今书生无此语，已在贞元元和间。
一夫鄂鄂独无望，千夫唯唯皆论赏。

野人泣血漫相明，和氏之璧无连城。
参军拄笏看云气，此中安知枯与荣。
我梦浮天波万里，扁舟去作鸱夷子。
两士风流对酒樽，四无人声鸟声喜。
梦回扰扰仍世间，心如伤弓怯虚弹。
不堪市井逐乾没，且愿朋旧相追攀。
寄声小掾笃行李，落日东面空云山。

次韵谢子高读渊明传

枯木嵌空微暗淡，古器虽在无古弦。
袖中政有南风手，谁为听之谁为传。
风流岂落正始夜，甲子不数义熙前。
一轩黄菊平生事，无酒令人意缺然。

次韵孔著作早行

弃置锄犁就车马，从来计出古人下。
尘埃好在三尺桐，不疑万世期子野。
明经使者著书郎，风雨乘驿忘夙夜。
回车过门问无恙，何意深巷勤长者。
圣师之后盖多贤，领略世故有余暇。
白面长身虽不见，好古发愤尚类也。
自然身如警露鹤，每先鸣鸡整初驾。
北行河决所至郡，肃肃王命哀鳏寡。
力排滹沱避城郭，深泽疲民且田舍。
贾生三策藏胸中，羿矢百中不虚舍。
行规定拜关内侯，但赐黄金恐非价。

赠张仲谋

车如鸡栖马如狗，闭门常多出门少。
去天尺五张公子，官居城南池馆好。
健儿快马紫游缰，迎我不知沙路长。
高榆老柳媚寒日，枯荷小鸭冻野航。
津人刺船起应客，遥知故人一水隔。
下马索酒呼三迟，骑奴笑言客竟痴。
向来情义比瓜葛，万事略不置町畦。
追数存亡异忧乐，烛如白虹贯酒卮。
开轩临水弄长笛，吹落残月风凄凄。
城头露下四十刻，破魔惊睡听新诗。
君诗清壮悲节物，政与秋虫同一律。
尔来更觉苦语工，思妇霜砧捣寒月。
朱颜绿发深误人，不似草木长青春。
洁身好贤君自有，今日相看进于旧。
以兹敢倾一杯酒，为太夫人千万寿。

送薛乐道知郧乡

黄山叶县连墙居，谢公席上对樗蒲。双鬟女弟如桃李，蚤许归我舍中雏。
平生同忧共安乐，岁晚相望青云衢。去年樽酒辇毂下，各喜身为反哺乌。
城头归乌尾毕逋，春寒啄雪送行车。解珮我无明月珠，折柳不对千里驹。
念君胸中极了了，作吏办事犹诗书。浊酒挽人作年少，关防心地亦时须。
郧乡县古民少讼，但问自己不关渠。登临一笑双白发，宜城冻笋供行厨。
人生此乐他事无，行李道出汉南都。寄声诸谢今何如，谢公书堂迷竹坞。
手种竹今青青否，我思谢公泪成雨，属公去洒穰下土。

对酒歌答谢公静

我为北海饮，君作东武吟。看君平生用意处，潇洒定自知人心。
南阳城边雪三日，愁阴不能分皂白。摧轮踠蹄泥数尺，城门昼闭眠贾客。

移人僵尸在旦夕，谁能忍饥待食麦。身忧天下自有人，寒士何者愁填臆。

民生政自不愿材，可乘以车可鞭策。君不见，海南水沉紫旃檀，碎身百炼金博山。

岂如不蒙斧斤赏，老大绝崖霜雪间。投身有用祸所集，何况四达之衢井先汲。

昨日青童天上回，手捧玉帝除书来。一番通籍清都阙，百身书名赤城台。

飞身度世无虚日，怪我裋褐趋尘埃。顾谓彼童子，此何预人事。

但对金樽即眼开，一杯引人著胜地。传闻官酒亦自清，径须沽取续吾瓶。

南山朝来似有意，今夜傥放春月明。

和谢公定征南谣

传闻交州初陆梁，东连五溪西氐羌。
军行不断蛮标盾，谋主皆收汉畔亡。
合浦谯门腥血沸，晋兴城下白骨荒。
谋臣异时坐致寇，守臣今日愧苞桑。
已遣戈船下漓水，更分楼船浮豫章。
颇闻师出三亚路，尽是中屯六丘良。
汉南食麦如食玉，湖南驱人如驱羊。
营平请谷三百万。祁连引兵九千里。
少府私钱不可知，大农计岁今余几。
土兵蕃马貔虎同，蝮蛇毒草篁竹中。
未论刍粟捐金费，直愁瘴疠连营空。
我思荆州李太守，欲募蛮夷令自攻。
至今民歌尹杀我，州郡择人诚见功。
张乔祝良不难得，谁借前箸开天聪。
诏书哀痛言语切，为民一洗横尸血。
摧锋陷坚赏万户，堑山堙谷穷三穴。
南平旧时颇臣顺，欲献封疆请旄节。
庙谋犹计病中原，岂知一朝更屠灭。
天道从来不争胜，功臣好为可喜说。
交州鸡肋安足贪，汉开九郡劳臣监。

吕嘉不肯佩银印，征侧持戈敌百男。
君不见，往年濒海未郡县，赵佗闭关罢朝献。
老翁窃帝聊自娱，白头抱孙思事汉。
孝文亲遣劳苦书，稽首请去黄屋车。
得一亡十终不忍，太宗之仁千古无。

送刘道纯

五松山下古铜官，邑居褊小水府宽。
民安蒲鱼少嚣讼，簿领未减一丘槃。
胸中峥嵘书万卷，簸弄日月江湖间。
稠人广众自神王，按剑之眼白相看。
老身风浪谙世味，如食橘柚知甘酸。
麒麟图画偶然耳，半枕百年梦邯郸。
平生樽俎宫亭上，涉世忘味皆朱颜。
此时阿翁尚无恙，追啄秀句酬江山。
堂堂今为蜕蝉去，五老偃蹇无往还。
大梁城中笏拄颊，颔髭今成雪点斑。
青云何必出公右，亨衢在天无由攀。
椎鼓转船如病已，梦想楼台落星湾。
子政诸儿喜文史，阿秤亦闻有笔端。
丹徒布衣未可量，诗书且对藜藿盘。
穴中生涯识阴雨，木末牖户知风寒。
我今四壁恋微禄，知公未能长挂冠。

次韵子瞻春菜

北方春蔬嚼冰雪，妍暖思采南山蕨。
韭苗水饼姑置之，苦菜黄鸡羹糁滑。
莼丝色紫菰首白。蒌蒿牙甜焊头辣。
生葅入汤翻手成，芼以姜橙夸缕抹。
惊雷菌子出万钉，白鹅截掌鳖解甲。

琅玕林深未飘箨，软炊香米亢煨短。
万钱自是宰相事，一饭且从吾党说。
公如端为苦笋归，明日青衫诚可脱。

题韦偃马

韦侯常喜作群马，杜陵诗中如见画。
忽开短卷六马图，想见诗老醉骑驴。
龙眠作马晚更妙，至今似觉韦偃少。
一洗万古凡马空，句法如此今谁工。

和曹子方杂言

正月尾，垂云如覆盂，雁作斜行书。三十六陂浸烟水，想对西江彭蠡湖。人言春色浓如酒，不见插秧吴女手。冷卿小坞颇藏春，张侯官居柳对门。当风横笛留三弄，烧烛围棋覆九军。尽是向来行乐事，每见琵琶忆朝云。只今不举峨眉酒，红牙捍拨网蛛尘。曹侯束书丞太仆，试说相马犹可人。照夜白，真乘黄，万马同秣随低昂，一矢射落皂雕双。张侯犹思在戎行，横山虎北开汉疆。冷卿智多发苍浪，平刀发硎思一邦。政成十缀舞红妆，两侯不如曹子方。朵颐论诗猬毛张，龟藏六用中有光。何时端能俱过我，扫除北寺读书堂。菊苗煮饼深注汤，更碾盘龙不入香。

送张材翁赴秦签

金沙酴醾春纵横，提壶栗留催酒行。
公家诸父酌我醉，横笛送晚延月明。
此时诸儿皆秀发，酒间乞书藤纸滑。
北门相见后十年，醉语十不省七八。
吏事衮衮谈赵张，乃是樽前绿发郎。
风悲松丘忽三岁，更觉绿竹能风霜。
去作将军幕下士，犹闻防秋屯虎兕。
只今陛下思保民，所要边头不生事。

短长不登四万日，愚智相去三十里。
百分举酒更若为，千户封侯傥来尔。

送吕知常赴太和丞

我去太和欲期矣，吕君初得太和官。
邑中亦有文字乐，惜不同君涧谷槃。
观山千尺夜泉落，快阁六月江风寒。
往寻佳境不知处，扫壁觅我题诗看。

老杜浣花溪图引

拾遗流落锦官城，故人作尹眼为青。
碧鸡坊西结茅屋，百花潭水濯冠缨。
故衣未补新衣绽，空蟠胸中书万卷。
探道欲度羲皇前，论诗未觉国风远。
干戈峥嵘暗寓县，杜陵韦曲无鸡犬。
老妻稚子且眼前，弟妹飘零不相见。
此公乐易真可人，园翁溪友肯卜邻。
邻家有酒邀皆去，得意鱼鸟来相亲。
浣花江楼散车骑，野墙无主看桃李。
宗文守家宗武扶，落日蹇驴驮醉起。
愿闻解鞍脱兜鍪，老儒不用千户侯。
中原未得平安报，醉里眉攒万国愁。
生绡铺墙粉墨落，平生忠义今寂寞。
儿呼不苏驴失脚，犹恐醒来有新作。
常使诗人拜画图，煎胶续弦千古无。

奉谢刘景文送团茶

刘侯惠我大玄璧，上有雌雄双凤迹。
鹅溪水练落春雪，粟面一杯增目力。

刘侯惠我小玄璧，自裁半璧煮琼糜。
收藏残月惜未碾，直待阿衡来说诗。
绛囊团团余几璧，因来送我公莫惜。
个中渴羌饱汤饼，鸡苏胡麻煮同吃。

临河道中

村南村北禾黍黄，穿林入坞歧路长。
据鞍梦归在亲侧，弟妹妇女笑两厢。
甥侄跳梁暮堂下，唯我小女始扶床。
屋头扑枣烂盈斗，嬉戏喧争挽衣裳。
觉来去家三百里，一园兔丝花气香。
可怜此物无根本，依草著木浪自芳。
风烟雨露非无力，年年结子飘路傍。
不如归种秋柏实，他日随我到冰霜。

伯时彭蠡春牧图

岳阳楼上春已归，湖中鸿雁拍波飞。布帆天阔随鸟道，石林风晚吹人衣。
春水初生及马腹，浮滩欲上西山麓。遥看绝岭秀云松，上有垂萝暗溪谷。
沙眠草啮性不骄，侧身注目鸣相招。林间瞥过星烁烁，原上独立风萧萧。
君不见，中原真种胡尘没，南行市骨何仓促。只收力健载征夫，肯向时危辨奇骨。
即今贡马西北来，东西坊监屯云开。纷然驽骥同一秣，尔可不忧四蹄脱。

观刘永年团练画角鹰

刘侯才勇世无敌，爱画工夫亦成癖。
弄笔扫成苍角鹰，杀气棱棱动秋色。
爪拳金钩嘴屈铁，万里风云藏劲翮。
兀立槎枒不畏人，眼看青冥有余力。
霜飞晴空塞草白，云垂四野阴山黑。

此时轩然盍飞去，乃山赞屼立西壁。
只应真骨下人世，不谓雄姿留粉墨。
造次更无高鸟喧，等闲亦恐狐狸吓。
旁观未必穷神妙，乃是天机贯胸臆。
瞻相突兀摩空材，想见其人英武格。
传闻挥毫颇容易，持以与人无甚惜。
物逢真赏世所珍，此画他年恐难得。

卷　十七

王右丞五律诗词

奉和圣制赐史供奉曲江宴应制

侍从有邹枚，琼筵就水开。言陪柏梁宴，新下建章。来对酒山河满，移舟草树回。

天文同丽日，驻景惜行杯。

从岐王过杨氏别业应教

杨子谈经所，淮王载酒过。
兴阑啼鸟换，坐久落花多。
径转回银烛，林开散玉珂。
严城时未启，前路拥笙歌。

从岐王夜宴卫家山池应教

座客香貂满，宫娃绮幔张。
涧花轻粉色，山月少灯光。

积翠纱窗暗，飞泉绣户凉。
还将歌舞出，归路莫愁长。

和尹谏议史馆山池

云馆接天居，霓裳侍玉除。
春池百子外，芳树万年余。
洞有仙人箓，山藏太史书。
君恩深汉帝，且莫上空虚。

同崔员外秋宵寓直

建礼高秋夜，承明候晓过。
九门寒漏彻，万井曙钟多。
月回藏珠斗，云消出绛河。
更惭衰朽质，南陌共鸣珂。

奉和杨驸马六郎秋夜即事

高楼月似霜，秋夜郁金堂。
对坐弹卢女，同看舞凤凰。
少儿多送酒，小玉更焚香。
结束平阳骑，明朝入建章。

酬虞部苏员外过蓝田别业不见留之作

贫居依谷口，乔木带荒村。
石路枉回驾，山家谁候门。
渔舟胶冻浦，猎火烧寒原。
唯有白云外，疏钟闻夜猿。

酬比部杨员外暮宿琴台朝跻书阁率尔见赠之作

旧简拂尘看，鸣琴候月弹。
桃源迷汉姓，松树有秦官。
空谷归人少，青山背日寒。
羡君栖隐处，遥望白云端。

酬严少尹徐舍人见过不遇

公门暇日少，穷巷故人稀。
偶值乘篮舆，非关避白衣。
不知炊黍否，谁解扫荆扉。
君但倾茶碗，无妨骑马归。

慕容承携素馔见过

纱帽乌皮儿，闲居懒赋诗。
门看五柳识，年算六身知。
灵寿君王赐，雕胡弟子炊。
空劳酒食馔，特底解人颐。

酬慕容上

行行西陌返，驻巾宪问车公。
挟毂双官骑，应门五尺僮。
老年如塞北，强起离墙东。
为报壶丘子，来人道姓蒙。

酬张少府

晚年唯好静，万事不关心。
自顾无长策，空知返旧林。

松风吹解带，山月照弹琴。
君问穷通理，渔歌入浦深。

喜祖三至留宿

门前洛阳客，下马拂征衣。
不枉故人驾，平生多掩扉。
行人返深巷，积雪带余晖。
早岁同袍者，高车何处归。

酬贺四赠葛巾之作

野巾传惠好，兹贶重兼金。
嘉此幽栖物，能齐隐吏心。
早朝方暂挂，晚沐复来簪。
坐觉嚣尘远，思君共入林。

寄荆州张丞相

所思竟何在，怅望深荆门。
举世无相识，终身思旧恩。
方将与农圃，艺植老丘园。
目尽南飞鸟，何由寄一言。

辋川闲居赠裴秀才迪

寒山转苍翠，秋水日潺湲。
倚杖柴门外，临风听暮蝉。
渡头余落日，墟里上孤烟。
复值接舆醉，狂歌五柳前。

冬晚对雪忆胡居士家

寒更传晓箭，清镜览衰颜。
隔牖风惊竹，开门雪满山。
洒空深巷静，积素广庭闲。
借问袁安舍，翛然尚闭关。

山居秋暝

空山新雨后，天气晚来秋。
明月松间照，清泉石上流。
竹喧归浣女，莲动下渔舟。
随意春芳歇，王孙自可留。

终南别业

中岁颇好道，晚家南山陲。
兴来每独往，胜事空自知。
行到水穷处，坐看云起时。
偶然值林叟，谈笑无还期。

归嵩山作

清川带长薄，车马去闲闲。
流水如有意，暮禽相与还。
荒城临古渡，落日满秋山。
迢递嵩高下，归来且闭关。

归辋川作

谷口疏钟动，渔樵稍欲稀。
悠然远山暮，独向白云归。

菱蔓弱难定，杨花轻易飞。
东皋春草色，惆怅掩柴扉。

韦给事山居

幽寻得此地，讵有一人曾。
大壑随阶转，群山入户登。
庖厨出深竹，印绶隔垂藤。
即事辞轩冕，谁云病未能。

山居即事

寂寞掩柴扉，苍茫对落晖。
鹤巢松树遍，人访筚门稀。
嫩竹含新粉，红莲落故衣。
渡头灯火起，处处采菱归。

终南山

太乙近天都，连山到海隅。
白云回望合，青霭入看无。
分野中峰变，阴晴众壑殊。
欲投人处宿，隔水问樵夫。

辋川闲居

一从归白社，不复到青门。
时倚檐前树，远看原上村。
青菰临水映，白鸟向山翻。
寂寞於陵子，桔槔方灌园。

春园即事

宿雨乘轻屐，春寒著敝袍。
开畦分白水，间柳发红桃。
草际成棋局，林端举桔槔。
还持绿皮几，日暮隐蓬蒿。

淇上即事田园

屏居淇水上，东野旷无山。
日隐桑柘外，河明闾井间。
牧童望村去，猎犬随人还。
静者亦何事，荆扉乘昼关。

与卢象集朱家

主人能爱客，终日有逢迎。
贳得新丰酒，复闻秦女筝。
柳条疏客舍，槐叶下秋城。
语笑且为乐，吾将达此生。

过福禅师兰若

岩壑转微径，云林隐法堂。
羽人飞奏乐，天女跪焚香。
竹外峰偏曙，藤阴水更凉。
欲知禅坐久，行路长春芳。

黎拾遗昕裴迪见过秋夜对雨之作

促织鸣已急，轻衣行向重。
寒灯坐高馆，秋雨闻疏钟。

白法调狂象，玄言问老龙。
何人顾蓬径，空愧求羊踪。

晚春严少尹与诸公见过

松菊荒三径，图书共五车。
烹葵邀上客，看竹到贫家。
鹊乳先春草，莺啼过落花。
自怜黄发暮，一倍惜年华。

过感化寺昙兴上人山院

暮持筇竹杖，相待虎溪头。
催客闻山响，归房逐水流。
野花丛发好，谷鸟一声幽。
夜坐空林寂，松风直似秋。

夏日过青龙寺谒操禅师

龙钟一老翁，徐步谒禅宫。
欲问义心义，遥知空病空。
山河天眼里，世界法身中。
莫怪消炎热，能生大地风。

郑果州相遇

丽日照残春，初晴草木新。
床前磨镜客，林里灌园人。
五马惊穷巷，双童逐老身。
中厨办粗饭，当恕阮家贫。

过香积寺

不知香积寺，数里入云峰。
古木无人径，深山何处钟。
泉声咽危石，日色冷青松。
薄暮空潭曲，安禅制毒龙。

过崔驸马山池

画楼吹笛妓，金碗酒家胡。
锦石称贞女，青松学大夫。
脱貂贯桂酌，射雁与山厨。
闻道高阳会，愚公谷正愚。

送李判官赴江东

闻道皇华使，方随皂盖臣。
封章通左语，冠冕化文身。
树色分扬子，潮声满富春。
遥知辨璧吏，恩到泣珠人。

送严秀才还蜀

宁亲为令子，似舅即贤甥。
别路经花县，还乡入锦城。
山临青塞断，江向白云平。
献赋何时至，明君忆长卿。

送张判官判河西

单车曾出塞，报国敢邀勋。
见逐张征虏，今思霍冠军。

沙平连白雪，蓬卷入黄云。
慷慨倚长剑，高歌一送君。

送岐州源长史归

握手一相送，心悲安可论。
秋风正萧索，客散孟尝门。
故驿通槐里，长亭下槿原。
征西旧旌节，从此向河源。

送张道士归山

先生何处去，王屋访茅君。
别妇留丹诀，驱鸡入白云。
人间苦难住，天上复离群。
当作辽城鹤，仙歌使尔闻。

同崔兴宗送瑗公

言从石菌阁，新下穆陵关。
独向池阳去，白云留故山。
绽衣秋日里，洗钵古松间。
一施传心法，唯将戒定还。

送钱少府还蓝田

草色日向好，桃源人去稀。
手持平子赋，目送老莱衣。
每候山樱发，时同海燕归。
今年寒食酒，应得返柴扉。

留别钱起

卑栖却得性，每与白云归。
徇禄仍怀橘，看山免采薇。
暮禽先去马，新月待开扉。
云汉时回首，知音青琐闱。

送丘为往唐州

宛洛有风尘，君行多苦辛。
四愁连汉水，百口寄随人。
槐色阴清昼，杨花惹暮春。
朝端肯相送，天子绣衣臣。

送元中丞转运江淮

薄税归天府，轻徭赖使臣。
欢沾赐帛老，恩及卷绡人。
去问珠官俗，来经石劫春。
东南御亭上，莫使有风尘。

送崔九兴宗游蜀

送君从此去，转觉故人稀。
徒御犹回首，田园方掩扉。
出门当旅食，中路授寒衣。
江汉风流地，游人何处归。

送崔兴宗

已恨亲皆远，谁怜友复稀。
君王未西顾，游宦尽东归。

塞迥山河净，天长云树微。
方同菊花节，相待洛阳扉。

送平淡然判官

不识阳关路，新从定远侯。
黄云断春色，画角起边愁。
瀚海经年别，交河出塞流。
须令外国使，知饮月支头。

送孙秀才

帝城风日好，况复建平家。
玉枕双文簟，金盘五色瓜。
山中无鲁酒，松下饭胡麻。
莫厌田家苦，归期远复赊。

送刘司直赴安西

绝域阳关道，胡烟与塞尘。
三春时有雁，万里少行人。
苜蓿随天马，蒲桃逐汉臣。
当令外国惧，不敢觅和亲。

送赵都督赴代州得青字

天官动将星，汉地柳条青。
万里鸣刁斗，三军出井陉。
忘身辞凤阙，报国取龙庭。
岂学书生辈，窗间老一经。

送方城韦明府

遥思葭菼际，寥落楚人行。
高鸟长淮水，平芜故郢城。
使车听雉乳，县鼓应鸡鸣。
若见州从事，无嫌手板迎。

送李员外贤郎

少年何处去，负米上铜梁。
借问阿戎父，知为童子郎。
鱼笺请诗赋，橦布作衣裳。
薏苡扶衰病，归来幸可将。

送梓州李使君

万壑树参天，千山响杜鹃。
山中一半雨，树杪百重泉。
汉女输橦布，巴人讼芋田。
文翁翻教授，不敢倚先贤。

送友人南归

万里春应尽，三江雁亦稀。
连天汉水广，孤客郢城归。
郧国稻苗秀，楚人菰米肥。
悬知倚门望，遥识老莱衣。

送贺遂员外外甥

南国有归舟，荆门溯上流。
苍茫葭菼外，云水与昭丘。

樯带城鸟去，江连暮雨愁。
猿声不可听，莫待楚山秋。

送杨长史赴果州

褒斜不容巾宪，之子去何之。鸟道一千里，猿啼十二时。官桥祭酒客，山木女郎祠。别后同明月，君应听子规。

送邢桂州

铙吹喧京口，风波下洞庭。
赭圻将赤岸，击汰复扬舲。
日落江湖白，潮来天地青。
明珠归合浦，应逐使臣星。

送宇文三赴河西充行军司马

横吹杂繁笳，边风卷塞沙。
还闻田司马，更逐李轻车。
蒲类成秦地，莎车属汉家。
当令犬戎国，朝聘学昆邪。

送孙二

郊外谁相送，夫君道术亲。
书生邹鲁客，才子洛阳人。
祖席依寒草，行车起暮尘。
山川何寂寞，长望泪沾巾。

送崔三往密州觐省

南陌去悠悠，东郊不少留。
同怀扇枕恋，独念倚门愁。
路绕天山雪，家临海树秋。
鲁连功未报，且莫蹈沧州。

送丘为落第归江东

怜君不得意，况复柳条春。
为客黄金尽，还家白发新。
五湖三亩宅，万里一归人。
知祢不能荐，羞为献纳臣。

汉江临泛

楚塞三湘接，荆门九派通。
江流天地外，山色有无中。
郡邑浮前浦，波澜动远空。
襄阳好风日，留醉与山翁。

登辨觉寺

竹径从初地，莲峰出化城。
窗中三楚尽，林外九江平。
软草承趺坐，长松响梵声。
空居法云外，观世得无生。

凉州郊外游望

野老才三户，边村少四邻。
婆娑依里社，箫鼓赛田神。

洒洒浇刍狗，焚香拜木人。
女巫纷屡舞，罗袜自生尘。

观猎

风劲角弓鸣，将军猎渭城。
草枯鹰眼疾，雪尽马蹄轻。
忽过新丰市，还归细柳营。
回看射鸟处，千里暮云平。

春日上方即事

好读高僧传，时看辟穀方。
鸠形将刻杖，龟壳用支床。
柳色春山映，梨花夕鸟藏。
北窗桃李下，闲坐但焚香。

泛前陂

秋空自明迥，况复远人间。
畅以沙际鹤，兼之云外山。
澄波淡将夕，清月皓方闲。
此夜任孤棹，夷犹殊未还。

游李山人所居因题屋壁

世上皆如梦，狂来或自歌。
问年松树老，有地竹林多。
药倩韩康卖，门容向子过。
翻嫌枕席上，无那白云何。

登河北城楼作

井邑傅岩上，客亭云雾间。
高城眺落日，极浦映苍山。
岸火孤舟宿，渔家夕鸟还。
寂寥天地暮，心与广川闲。

登裴迪秀才小台作

端居不出户，满目望云山。
落日鸟边下，秋原人外闲。
遥知远林际，不见此檐间。
好客多乘月，应门莫上关。

被出济州

微官易得罪，谪去济川阴。
执政方持法，明君无此心。
闾阎河润上，井邑海云深。
纵有归来日，多愁年鬓侵。

千塔主人

逆旅逢佳节，征帆未可前。
窗临汴河水，门渡楚人船。
鸡犬散墟落，桑榆荫远田。
所居人不见，枕席生云烟。

使至塞上

单车欲问边，属国过居延。
征蓬出汉塞，归雁入胡天。

大漠孤烟直，长河落日圆。
萧关逢候骑，都护在燕然。

晚春闺思

新妆可怜邑，落日卷罗帷。
炉气清珍簟，墙阴上玉墀。
春虫飞网户，暮雀隐花枝。
向晚多愁思，闲窗桃李时。

戏题示萧氏外甥

怜尔解临池，渠爷未学诗。
老夫何足似，敝宅倘因之。
芦笋穿荷叶，菱花罥雁儿。
郄公不易胜，莫著外家欺。

秋夜独坐

独坐悲双鬓，空堂欲二更。
雨中山果落，灯下草虫鸣。
白发终难变，黄金不可成。
欲知除老病，唯有学无生。

待储光羲不至

重门朝已启，起坐听车声。
要欲闻清佩，方将出户迎。
晓钟鸣上苑，疏雨过春城。
了自不相顾，临堂空复情。

听宫莺

春树绕宫墙，春莺啭曙光。
忽惊啼暂断，移处弄还长。
隐叶栖承露，攀花出未央。
游人未应返，为此思故乡。

早朝

柳暗百花明，春深五凤城。
城乌睥睨晓，宫井辘轳声。
方朔金门侍，班姬玉辇迎。
仍闻遣方士，东海访蓬瀛。

愚公谷三首

愚谷与谁去，唯将黎子同。
非须一处住，不那两心空。
宁问春将夏，谁论西复东。
不知吾与子，若个是愚公。

吾家愚谷里，此谷本来平。
虽则行无迹，还能响应声。
不随云色暗，只待日光明。
缘底名愚谷，都由愚所成。

借问愚公谷，与君聊一寻。
不寻翻到谷，此谷不离心。
行处曾无险，看时岂有深。
寄言尘世客，何处欲归临。

杂诗

双燕初命子，五桃初作花。
王昌是东舍，宋玉次西家。
小小能织绮，时时出浣纱。
亲劳使君问，南陌驻香车。

过秦皇墓

古墓成苍岭，幽宫象紫台。
星辰七曜隔，河汉九泉开。
有海人宁渡，无春雁不回。
更闻松韵切，疑是大夫哀。

故太子太师徐公挽歌四首

功德冠群英，弥纶有大名。
轩皇用风后，傅说是星精。
就第优遗老，来朝诏不名。
留侯常辟榖，何苦不长生。

谋猷为相国，翊赞奉乘舆。
剑履升前殿，貂蝉托后车。
齐侯疏土宇，汉室赖图书。
僻处留田宅，仍才十顷余。

旧里趋庭日，新年置酒辰。
闻诗鸾渚客，献赋凤楼人。
北阙辞明主，东堂哭大臣。
犹思御朱辂，不惜污车茵。

久践中台座，终登上将坛。
谁言断车骑，空忆盛衣冠。
风日咸阳惨，笳箫渭水寒。
无人当便阙，应罢太师官。

故西河郡杜太守挽歌三首

天上去西征，云中护北平。
生擒白马将，连破黑周鸟城。
忽见刍灵苦，徒闻竹使荣。
空留左氏传，谁继卜商名。

返葬金符守，同归石窌栖。
卷衣悲画翟，持翣待鸣鸡。
容卫都人惨，山川驷马嘶。
犹闻陇上客，相对哭征西。

涂刍去国门，秘器出东园。
太守留金印，夫人罢锦轩。
旌旄转衰木，箫鼓上寒原。
坟树应西靡，长思魏阙恩。

达奚侍郎夫人寇氏挽歌二首

束带将朝日，鸣环映牖辰。
能令谏明主，相劝识贤人。
遗挂空留壁，回文日复尘。
金蚕将画柳，何处更知春。

女史悲彤管，夫人罢锦轩。
卜茔古二室，行哭度千门。

秋日光能淡，寒川波自翻。
一朝成万古，松柏暗平原。

恭懿太子挽歌五首

何悟藏环早，才知拜璧年。
翀天王子去，对日圣君怜。
树转宫犹出，笳悲马不前。
虽蒙绝驰道，京兆别开阡。

兰殿新恩切，椒宫夕临幽。
白云随凤管，明月在龙楼。
人向青山哭，天临渭水愁。
鸡鸣常问膳，今恨玉京留。

骑吹凌霜发，旌旗夹格陈。
恺容金节护，册命玉符新。
傅母悲香褓，君家拥画轮。
射熊今梦帝，称象问何人。

苍舒留帝宠，子晋有仙才。
五岁过人智，三天使鹤催。
心悲阳禄馆，目断望思台。
若道长安近，何为更不来。

西望昆池阔，东瞻下杜平。
山朝豫章馆，树转凤凰城。
五校连旗色，千门叠鼓声。
金环如有验，还向画堂生。

卷　十八

孟襄阳五律诗词

与诸子登岘山

人事有代谢，往来成古今。
江山留胜迹，我辈复登临。
水落鱼梁浅，天寒梦泽深。
羊公碑字在，读罢泪沾襟。

望洞庭湖赠张丞相

八月湖水平，涵虚混太清。
气蒸云梦泽，波撼岳阳城。
欲济无舟楫，端居耻圣明。
坐观垂钓者，空有羡鱼情。

春中喜王九相寻

二月湖水清，家家春鸟鸣。
林花扫更落，径草踏还生。
酒伴来相命，开尊共解酲。
当杯已入手，歌妓莫停声。

岁暮归南山

北阙休上书，南山归敝庐。
不才明主弃，多病故人疏。
白发催年老，青阳逼岁除。
永怀愁不寐，松月夜窗虚。

梅道士水亭

傲吏非凡吏，名流即道流。
隐居不可见，高论莫能酬。
水接仙源近，山藏鬼谷幽。
再来迷处所，花下问渔舟。

闲园怀苏子

林园虽少事，幽独自多违。
向夕开帘坐，庭阴落景微。
鸟过烟树宿，萤傍水轩飞。
感念同怀子，京华去不归。

留别王侍御维

寂寂竟何待，朝朝空自归。
欲寻芳草去，惜与故人违。
当路谁相假，知音世所稀。
只应守索寞，还掩故园扉。

武陵泛舟

武陵川路狭，前棹入花林。
莫测幽源里，仙家信几深。

水回青嶂合，云度绿溪阴。
坐听闲猿啸，弥清尘外心。

同曹三御史行泛湖归越

秋入诗人意，巴歌和者稀。
泛湖同逸旅，吟会是思归。
白简徒推荐，沧州已拂衣。
杳冥云外去，谁不羡鸿飞。

游景空寺兰若

龙象经行处，山腰度石关。
屡迷青嶂合，时爱绿萝闲。
宴息花林下，高谈竹屿间。
寥寥隔尘事，疑是入鸡山。

陪张丞相登嵩阳楼

独步人何在，嵩阳有故楼。
岁寒问耆旧，行县拥诸侯。
林莽北弥望，沮漳东会流。
客中遇知己，无复越乡忧。

题大禹寺义公禅房

义公习禅处，结构依空林。
户外一峰秀，阶前群壑深。
夕阳连雨足，空翠落庭阴。
看取莲花净，应知不染心。

寻白鹤岩张子容隐居

白鹤青岩畔，幽人有隐居。
阶庭空水石，林壑罢樵渔。
岁月青松老，风霜苦竹疏。
睹兹怀旧业，回策返吾庐。

九日得新字

初九未成旬，重阳即此晨。
登高闻古事，载酒访幽人。
落帽恣欢饮，授衣同试新。
茱萸正可佩，折取寄情亲。

除夜乐城逢张少府

云海泛瓯闽，风潮泊岛滨。
何知岁除夜，得见故乡亲。
余是乘槎客，君为失路人。
平生复能几，一别十余春。

舟中晓望

挂席东南望，青山水国遥。
舳舻争利涉，来往接风潮。
问我今何去，天台访石桥。
坐看霞色晓，疑是赤城标。

游精思观回王白云在后

出谷未停午，到家日已曛。
回瞻下山路，但见牛羊群。

樵子暗相失，草虫寒不闻。
衡门犹未掩，伫立望夫君。

与杭州薛司户登樟亭楼作

水楼一登眺，半出青林高。
帟幕英僚敞，芳筵下客叨。
山藏伯禹穴，城压伍胥涛。
今日观溟涨，垂纶学钓鳌。

寻天台山

吾友太乙子，餐霞卧赤城。
欲寻华顶去，不惮恶溪名。
歇马凭云宿，扬帆截海行。
高高翠微里，遥见石梁横。

宿立公房

支遁初求道，深公笑买山。
何如石岩趣，自入户庭间。
苔涧春泉满，萝轩夜月闲。
能令许玄度，吟卧不知还。

寻陈逸人故居

人事一朝尽，荒芜三径休。
始闻漳浦卧，奄作岱宗游。
池水犹含墨，风云已落秋。
今宵泉壑里，何处觅藏舟。

姚开府山池

主人新邸第，相国旧池台。
馆是招贤辟，楼因教舞开。
轩车人已散，箫管凤初来。
今日龙门下，谁知文举才。

夏日浮舟过陈大水亭

水亭凉气多，闲棹晚来过。
涧影见松竹，潭香闻芰荷。
野童扶醉舞，山鸟助酣歌。
幽赏未云遍，烟光奈夕何。

夏日辨玉法师茅斋

夏日茅斋里，无风坐亦凉。
竹林深笋穊，藤架引梢长。
燕觅巢窠处，蜂来造蜜房。
物华皆可玩，花蕊四时芳。

与张折冲游耆阇寺

释子弥天秀，将军武库才。
横行塞北尽，独步汉南来。
贝叶传金口，山楼作赋开。
因君振嘉藻，江楚气雄哉。

与白明府游江

故人来自远，邑宰复初临。
执手恨为别，同舟无异心。

沿洄洲渚趣，演漾弦歌音。
谁识躬耕者，年年梁甫吟。

游精思题观主山房

误入桃源里，初怜竹径深。
方知仙子宅，未有世人寻。
舞鹤过闲砌，飞猿啸密林。
渐通玄妙理，深得坐忘心。

寻梅道士

彭泽先生柳，山阴道士鹅。
我来从所好，停策汉阴多。
重以观鱼乐，因之鼓枻歌。
崔徐迹未朽，千载揖清波。

陪姚使君题惠上人房

带雪梅初暖，含烟柳尚青。
来窥童子偈，得听法王经。
会理知无我，观空厌有形。
迷心应觉悟，客思未遑宁。

晚春题远上人南亭

给园支遁隐，虚寂养身和。
春晚群木秀，间关黄鸟歌。
林栖居士竹，池养右军鹅。
炎月北窗下，清风期再过。

人日登南阳驿门亭子怀汉川诸友

朝来登陟处，不似艳阳时。
异县殊风物，羁怀多所思。
剪花惊岁早，看柳讶春迟。
未有南飞雁，裁书欲寄谁。

游凤林寺西岭

共喜年华好，来游水石间。
烟容开远树，春色满幽山。
壶酒朋情洽，琴歌野兴闲。
莫愁归路暝，招月伴人还。

陪独孤使君同与萧员外证登万山亭

万山青嶂曲，千骑使君游。
神女鸣环珮，仙郎接献酬。
遍观云梦野，自爱江城楼。
何必东南守，空传沈隐侯。

赠道士参寥

蜀琴久不弄，玉匣细尘生。
丝脆弦将断，金徽色尚荣。
知音徒自惜，聋俗本相轻。
不遇钟期听，谁知鸾凤声。

京还赠张维

拂衣何处去，高枕南山南。
欲徇五斗禄，其如七不堪。

早朝非晚起，束带异抽簪。
因向智者说，游鱼思旧潭。

题李十四庄兼赠綦毋校书

闻君息阴地，东郭柳林间。
左右瀍涧水，门庭缑氏山。
抱琴来取醉，垂钓坐乘闲。
归客莫相待，寻源殊未还。

寄赵正字

正字芸香阁，幽人竹素园。
经过宛如昨，归卧寂无喧。
高鸟能择木，羝羊漫触藩。
物情今已见，从此愿妄言。

秋登张明府海亭

海亭秋日望，委曲见江山。
染翰聊题壁，倾壶一解颜。
欢逢彭泽令，归赏故园间。
予亦将琴史，栖迟共取闲。

题融公兰若

精舍买金开，流泉绕砌回。
芰荷薰讲席，松柏映香台。
法雨晴飞去，天花昼下来。
谈玄殊未已，归骑夕阳催。

九日龙沙作寄刘大□虚

龙沙豫章北，九日挂帆过。
风俗因时见，湖山发兴多。
客中谁送酒，棹里自成歌。
歌竟乘流去，滔滔任夕波。

洞庭湖寄阎九

洞庭秋正阔，余欲泛归船。
莫辨荆吴地，唯余水共天。
渺弥江树没，合沓海潮连。
迟尔为舟楫，相将济巨川。

秋日陪李侍御渡松滋江

南纪西江阔，皇华御史雄。
截流宁假楫，挂席自生风。
僚寀争益鸟，鱼龙亦避骢。
坐听白云唱，翻入棹歌中。

秦中感秋寄远上人

一丘常欲卧，三径苦无资。
北土非吾愿，东林怀我师。
黄金然桂尽，壮志逐年衰。
日夕凉风至，闻蝉但益悲。

重酬李少府见赠

养疾衡檐下，由来浩气真。
五行将禁火，十步任寻春。

致敬惟桑梓，邀欢即主人。
回看后凋色，青翠有松筠。

宿永嘉江寄山阴崔少府国辅

我行穷水国，君使入京华。
相去日千里，孤帆天一涯。
卧闻海潮至，起视江月斜。
借问同舟客，何时到永嘉。

上巳洛中寄王九迥

卜洛成周地，浮杯上巳筵。
斗鸡寒食下，走马射堂前。
垂柳金堤合，平沙翠幕连。
不知王逸少，何处会群贤。

闻裴侍御朏自襄州司户除豫州司户因以投寄

故人荆府掾，尚有柏台威。
移职自樊衍，芳声闻帝畿。
昔余卧林巷，载酒过柴扉。
松菊无时赏，乡园欲懒归。

江上寄山阴崔少府国辅

春堤杨柳发，忆与故人期。
草木本无意，荣枯自有时。
山阴定远近，江上日相思。
不及兰亭会，空吟祓禊诗。

送洗然弟进士举

献策金门去，承欢彩服违。
以吾一日长，念尔聚星稀。
昏定须温席，寒多未授衣。
桂枝如已擢，是逐雁南飞。

夜泊庐江闻故人在东寺以诗寄之

江路经庐阜，松门入虎溪。
闻君寻寂乐，清夜宿招提。
石镜山精怯，禅枝怖鸽栖。
一灯如悟道，为照客心迷。

宿桐庐江寄广陵旧游

山暝闻猿愁，沧江急夜流。
风鸣两岸叶，月照一孤舟。
建德非吾土，维扬忆旧游。
还将两行泪，遥寄海西头。

南还舟中寄袁太祝

沿溯非便习，风波厌苦辛。
忽闻迁谷鸟，来报五陵春。
岭北回征帆，巴东问故人。
桃源何处是，游子正迷津。

东陂遇雨率尔贻谢南池

田家春事起，丁壮就东陂。
殷殷雷声作，森森雨足垂。

海虹晴始见，河柳润初移。
予意在耕凿，因君问土宜。

行至汝坟寄卢征君

行乏憩予驾，依然见汝坟。
洛川方罢雪，嵩嶂有残云。
曳曳半空里，明明五色分。
聊题一时兴，因寄卢征君。

寄天台道士

海上求仙客，三山望几时。
焚香宿华顶，裛露采灵芝。
屡蹑莓苔滑，将寻汗漫期。
倘因松子去，长与世人辞。

和张明府登鹿门作

忽示登高作，能宽旅寓情。
弦歌既多暇，山水思微清。
草得风光动，虹因雨气成。
谬承巴里和，非敢应同声。

和张三自穰县还途中遇雪

风吹沙海雪，渐作柳园春。
宛转随香骑，轻盈伴玉人。
歌疑郢中客，态比洛川神。
今日南归楚，双飞似入秦。

岁除夜会乐城张少府宅

畴昔通家好，相知无间然。
续明催画烛，守岁接长筵。
旧曲梅花唱，新正柏酒传。
客行随处乐，不见度年年。

自洛之越

皇皇三十载，书剑两无成。
山水寻吴越，风尘厌洛京。
扁舟泛湖海，长揖谢公卿。
且乐杯中物，谁论世上名。

归至郢中

远游经海峤，返棹归山阿。
日夕见乔木，乡关在伐柯。
愁随江路尽，喜入郢门多。
左右看桑土，依然即匪他。

途中遇晴

已失巴陵雨，犹逢蜀坂泥。
天开斜景遍，山出晚云低。
余湿犹沾草，残流尚入溪。
今宵有明月，乡思远凄凄。

夕次蔡阳馆

日暮马行疾，城荒人往稀。
听歌知近楚，投馆忽如归。

鲁堰田畴广，章陵气色微。
明朝拜嘉庆，须著老莱衣。

他乡七夕

他乡逢七夕，旅馆益羁愁。
不见穿针妇，空怀故国楼。
绪风初减热，新月始临秋。
谁忍窥河汉，迢迢问斗牛。

夜泊牛渚趁薛八船不及

星罗牛渚夕，风退益鸟舟迟。
浦溆尝同宿，烟波忽间之。
榜歌空里失，船火望中疑。
明发泛潮海，茫茫何处期。

晓入南山

瘴气晓氛氲，南山复水云。
昆鸟今始见，鸟堕旧来闻。
地接长沙近，江从汨渚分。
贾生曾吊屈，予亦痛斯文。

夜渡湘水

客舟贪利涉，暗里渡湘川。
露气闻芳杜，歌声识采莲。
榜人投岸火，渔子宿潭烟。
行旅时相问，浔阳何处边。

赴京途中遇雪

迢递秦京道，苍茫岁暮天。
穷阴连晦朔，积雪满山川。
落雁迷沙渚，饥乌集野田。
客愁空伫立，不见有人烟。

宿武阳即事

川暗夕阳尽，孤舟泊岸初。
岭猿相叫啸，潭嶂似空虚。
就枕灭明烛，扣舷闻夜渔。
鸡鸣问何处，人物是秦余。

同卢明府饯张郎中除义王府司马海园作

上国山河列，贤王邸第开。
故人分职去，潘令宠行来。
冠盖趋梁苑，江湘失楚材。
豫愁轩骑动，宾客散池台。

途次望乡

客行愁落日，乡思重相催。
况在他山外，天寒夕鸟来。
雪深迷郢路，云暗失阳台。
可叹凄惶子，高歌谁为媒。

送张子容进士赴举

夕曛山照灭，送客出柴门。
惆怅野中别，殷勤歧路言。

茂林予偃息，乔木尔飞翻。
无使谷风诮，须令友道存。

送张参明经举兼向泾州省觐

十五彩衣年，承欢慈母前。
孝廉因岁贡，怀橘向秦川。
因座推文举，中郎许仲宣。
泛舟江上别，谁不仰神仙。

泝江至武昌

家本洞湖上，岁时归思催。
客心徒欲速，江路苦邅回。
残冻因风解，新正度腊开。
行看武昌柳，仿佛映楼台。

唐城馆中早发寄杨使君

犯霜驱晓驾，数里见唐城。
旅馆归心逼，荒村客思盈。
访人留后信，策蹇赴前程。
欲识离魂断，长空听雁声。

陪李侍御访聪上人禅居

欣逢柏台友，共谒聪公禅。
石室无人到，绳床见虎眠。
阴崖常抱雪，枯涧为生泉。
出处虽云异，同欢在法筵。

和张丞相春朝对雪

迎气当春至，承恩喜雪来。
润从河汉下，花逼艳阳开。
不睹丰年瑞，焉知燮理才。
撒盐如可拟，愿糁和羹梅。

送吴宣从事

才有幕中士，宁无塞上勋。
汉兵将灭虏，王粲始从军。
旌旆边庭去，山川地脉分。
平生一匕首，感激赠夫君。

送张祥之房陵

我家南渡隐，惯习野人舟。
日夕弄清浅，林湍逆上流。
山河据形胜，天地生豪酋。
君意在利往，知音期自投。

送桓子之郢城过礼

闻君驰彩骑，躞蹀指南荆。
为结潘杨好，言过鄢郢城。
摽梅诗已赠，羔雁礼将行。
今夜神仙女，应来感梦情。

早春润州送从弟还乡

兄弟游吴国，庭闱恋楚关。
已多新岁感，更饯白眉还。

归泛西江水，离筵北固山。
乡园欲有赠，梅柳著先攀。

送告八从军

男儿一片气，何必五车书。
好勇方过我，多才便起予。
运筹将入幕，养拙就闲居。
正待功名遂，从君继两疏。

送元公之鄂渚寻观主张骖鸾

桃花春水涨，之子忽乘流。
岘首辞蛟浦，江中问鹤楼。
赠君青竹杖，送尔白苹洲。
应是神仙子，相期汗漫游。

岘山饯房琯崔宗之

贵贱平生隔，轩车是日来。
青阳一觐止，云路豁然开。
祖道衣冠列，分亭驿骑催。
方期九日聚，还待二星回。

送王五昆季省觐

公子恋庭闱，劳歌涉海涯。
水乘舟楫去，亲望老莱归。
斜日催乌鸟，清江照彩衣。
平生急难意，遥仰鹡鸰飞。

送崔遏

片玉来夸楚，治中做主人。
江山增润色，词赋动阳春。
别馆当虚敞，离情任吐伸。
因声两京旧，谁念卧漳滨。

送卢少府使入秦

楚关望秦国，相去千里余。
州县勤王事，山河转使车。
祖筵江上列，离恨别前书。
愿及芳年赏，娇莺二月初。

送谢录事之越

清旦江天迥，凉风西北吹。
白云向吴会，征帆亦相随。
想到耶溪日，应探禹穴奇。
仙书倘相示，予在此山陲。

洛中送奚三还扬州

水国无边际，舟行共使风。
羡君从此去，朝夕见乡中。
予亦离家久，南归恨不同。
音书若有问，江上会相逢。

送袁十岭南寻弟

早闻牛渚咏，今见鹡鸰心。
羽翼嗟零落，悲鸣别故林。

苍梧白云远，烟水洞庭深。
万里独飞去，南风迟尔音。

永嘉别张子容

旧国余归楚，新年子北征。
挂帆愁海路，分手恋朋情。
日夕故园意，汀州春草生。
何时一杯酒，重与季鹰倾。

送袁太祝尉豫章

何幸遇休明，观光来上京。
相逢武陵客，独送豫章行。
随蹀牵黄绶，离群会墨卿。
江南佳丽地，山水旧难名。

都下送辛大之鄂

南国辛居士，言归旧竹林。
未逢调鼎用，徒有济川心。
予亦忘机者，田园在汉阴。
因君故乡去，遥寄式微吟。

送席大

惜尔怀其宝，迷邦倦客游。
江山历全楚，河洛越成周。
道路疲千里，乡园老一丘。
知君命不偶，同病亦同忧。

游江西留别富阳裴刘二少府

西上游江西，临流恨解携。
千山叠成嶂，万水泻为溪。
石浅流难溯，藤长险易跻。
谁怜问津者，岁晏此中迷。

东京留别诸公

吾道昧所适，驱车还向东。
主人开旧馆，留客醉新丰。
树绕温泉绿，尘遮晚日红。
拂衣从此去，高步蹑华嵩。

广陵别薛八

士有不得志，栖栖吴楚间。
广陵相遇罢，彭蠡泛舟还。
樯出江中树，波连海上山。
风帆明日远，何处更追攀。

临涣裴明府席遇张十一房六

河县柳林边，河桥晚泊船。
文叨才子会，官喜故人连。
笑语同今夕，轻肥异往年。
晨风理归棹，吴楚各依然。

卢明府早秋宴张郎中海园即事得秋字

邑有弦歌宰，翔鸾狎野鸥。
眷言华省旧，暂拂海池游。

郁岛藏深竹，前溪对舞楼。
更闻书即事，云物是新秋。

同卢明府早秋夜宴张郎中海亭

侧听弦歌宰，文书游夏徒。
故园欣赏竹，为邑幸来苏。
华省曾联事，仙舟复与俱。
欲知临泛久，荷露渐成珠。

崔明府宅夜观妓

白日既云暮，朱颜亦已酡。
画堂初点烛，金幌半垂罗。
长袖平阳曲，新声子夜歌。
从来惯留客，兹夕为谁多。

宴荣二山池

甲第开金穴，荣期乐自多。
枥嘶支遁马，池养右军鹅。
竹引携琴入，花邀载酒过。
山公来取醉，时唱接吡歌。

夏日与崔二十一同集卫明府宅

言避一时暑，池亭五月开。
喜逢金马客，同饮玉人杯。
舞鹤乘轩至，游鱼拥钓来。
座中殊未起，箫管莫相催。

清明日宴梅道士房

林卧愁春尽，开轩览物华。
忽逢青鸟使，邀入赤松家。
丹灶初开火，仙桃正落花。
童颜若可驻，何惜醉流霞。

寒夜张明府宅宴

瑞雪初盈尺，寒宵始半更。
列筵邀酒伴，刻烛限诗成。
香炭金炉煖，娇弦玉指清。
醉来方欲卧，不觉晓鸡鸣。

和贾主簿弁九日登岘山

楚万重阳日，群公赏宴来。
共乘休沐暇，同醉菊花杯。
逸思高秋发，欢情落景催。
国人咸寡和，遥愧洛阳才。

宴张别驾新斋

世业传珪组，江城佐股肱。
高斋征学问，虚薄滥先登。
讲论陪诸子，文章得旧朋。
士元多赏激，衰病恨无能。

李氏园林卧疾

我爱陶家趣，林园无俗情。
春雷百卉坼，寒食四邻清。

伏枕嗟公干，归山羡子平。
年年百社客，空滞洛阳城。

过故人庄

故人具鸡黍，邀我至田家。
绿树村边合，青山郭外斜。
开筵面场圃，把酒话桑麻。
待到重阳日，还来就菊花。

九日怀襄阳

去国似如昨，倏然经杪秋。
岘山不可见，风景令人愁。
谁采篱下菊，应闲池上楼。
宜城多美酒，归与葛彊游。

初出关旅亭夜坐怀王大校书

向夕槐烟起，葱茏池馆曛。
客中无偶坐，关外惜离群。
烛至萤光灭，荷枯雨滴闻。
永怀芸阁友，寂寞滞杨云。

李少府与杨九再来

弱岁早登龙，今来喜再逢。
如何春月柳，犹忆岁寒松。
烟火临寒食，笙歌达曙钟。
喧喧斗鸡道，行乐羡朋从。

寻张五回夜园作

闻说庞公隐，移居近洞湖。
兴来林是竹，归卧谷名愚。
挂席樵风便，开轩琴月孤。
岁寒何用赏，霜落故园芜。

张七及辛大见寻南亭醉作

山公能饮酒，居士好弹筝。
世外交初得，林中契已并。
纳凉风飒至，逃暑日将倾。
便就南亭里，余尊惜解酲。

题张野人园庐

与君园庐并，微尚颇亦同。
耕钓方自逸，壶觞趣不空。
门无俗士驾，人有上皇风。
何处先贤传，惟称庞德公。

过景空寺故融公兰若

池上青莲宇，林间白马泉。
故人成异物，过客独潸然。
既礼新松塔，还寻旧石筵。
平生竹如意，犹挂草堂前。

早寒江上有怀

木落雁南渡，北风江上寒。
我家襄水上，遥隔楚云端。

乡泪客中尽，孤帆天际看。
迷津欲有问，平海夕漫漫。

南山下与老圃期种瓜

樵牧南山近，林闾北郭赊。
先人留素业，老圃作邻家。
不种千株橘，惟资五色瓜。
邵平能就我，开径剪蓬麻。

裴司士员司户见寻

府僚能枉驾，家酝复新开。
落日池上酌，清风松下来。
厨人具鸡黍，稚子摘杨梅。
谁道山公醉，犹能骑马回。

岁除夜有怀

迢递三巴路，羁危万里身。
乱山残雪夜，孤烛异乡人。
渐与骨肉远，转于僮仆亲。
那堪正漂泊，来日岁华新。

伤岘山云表观主

少小学书剑，秦吴多岁年。
归来一登眺，陵谷尚依然。
岂意餐霞客，溘随朝露先。
因之问闾里，把臂几人全。

赋得盈盈楼上女

夫婿久离别，青楼空望归。
妆成卷帘坐，愁思懒缝衣。
燕子家家入，杨花处处飞。
空床难独守，谁为报金徽。

春意

佳人能画眉，妆罢出帘帷。
照水空自爱，折花将遗谁。
春情多艳逸，春意倍相思。
愁心极杨柳，一种乱如丝。

闺情

一别隔炎凉，君衣忘短长。
裁缝无处等，以意忖情量。
畏瘦疑伤窄，防寒更厚装。
半啼封裹了，知欲寄谁将。

寒夜

闺夕绮窗闭，佳人罢缝衣。
理琴开宝匣，就枕卧重帏。
夜久灯花落，薰笼香气微。
锦衾重自暖，遮莫晓霜飞。

美人分香

艳色本倾城，分香更有情。
髻鬟垂欲解，眉黛拂能轻。

舞学平阳态，歌翻子夜声。
春风狭斜道，含笑待逢迎。

田家元日

昨夜斗回北，今朝岁起东。
我年已强仕，无禄尚忧农。
桑野就耕父，荷锄随牧童。
田家占气候，共说此年丰。

宿扬子津寄润州长山刘隐士

所思在梦寐，欲往大江深。
日夕望京口，烟波愁我心。
心驰茅山洞，目极枫树林。
不见少微隐，星霜劳夜吟。

送丁大凤进士赴举呈张九龄

吾观鷦鷯赋，君负王佐才。
惜无金张援，十上空归来。
弃置乡园老，翻飞羽翼摧。
故人今在位，歧路莫迟回。

送吴悦游韶阳

五色怜凤雏，南飞适鹧鸪。
楚人不相识，何处求椅梧。
去去日千里，茫茫天一隅。
安能与斥晏，决起但枪榆。

送陈七赴西军

吾观非常者，碌碌在目前。
君负鸿鹄志，蹉跎书剑年。
一闻边烽动，万里忽争先。
余亦赴京国，何当献凯还。

洗然弟竹亭

吾与二三子，平生结交深。
俱怀鸿鹄志，共有鹡鸰心。
逸气假豪翰，清风在竹林。
远是酒中趣，琴上偶然音。

万山潭

垂钓坐磐石，水清心益闲。
鱼行潭树下，猿挂岛藤间。
游女昔解佩，传闻于此山。
求之不可得，沿月棹歌还。

涧南即事贻皎上人

敝庐在郭外，素产惟田园。
左右林野旷，不闻朝市喧。
钓竿垂北涧，樵唱入南轩。
书取幽栖事，将寻静者论。

晚泊浔阳望庐山

挂席几千里，名山都未逢。
泊舟浔阳郭，始见香炉峰。

尝读远公传，永怀尘外踪。
东林精舍近，日暮但闻钟。

卷　十九

李太白五律一百首

赠孟浩然

吾爱孟夫子，风流天下闻。
红颜弃轩冕，白首卧松云。
醉月频中圣，迷花不事君。
高山安可仰，徒此揖清芬。

见京兆韦参军量移东阳

闻说金华渡，东连五百滩。
全胜若耶好，莫道此行难。
猿啸千溪合，松风五月寒。
他年一携手，摇艇入新安。

温泉侍从归逢故人

汉帝长杨苑，夸胡羽猎归。
子云叨侍从，献赋有光辉。
激赏摇天笔，承恩赐御衣。
逢君奏明主，他日共翻飞。

赠升州王使君忠臣

六代帝王国，三吴佳丽城。
贤人当重寄，天子借高名。
巨海一边静，长江万里清。
应须救赵策，未肯弃侯嬴。

赠崔秋浦三首

吾爱崔秋浦，宛然陶令风。
门前五杨柳，井上二梧桐。
山鸟下听事，檐花落酒中。
怀君未忍去，惆怅意无穷。

崔令学陶令，北窗常昼眠。
抱琴时弄月，取意任无弦。
见客但倾酒，为官不爱钱。
东皋多种黍，劝尔早耕田。

河阳花作县，秋浦玉为人。
地逐名贤好，风随惠化春。
水从天汉落，山逼画屏新。
应念金门客，投沙吊楚臣。

赠柳圆

竹实满秋浦，凤来何苦饥。
还同月下鹊，三绕未安枝。
夫子即琼树，倾柯拂羽仪。
怀君恋明德，归去日相思。

赠汉阳辅录事

闻君罢官意，我抱汉川湄。
借问久疏索，何如听讼时。
天清江月白，心静海鸥知。
应念投沙客，空余吊屈悲。

赠钱征君少阳

白玉一杯酒，绿杨三月时。
春风余几日，两鬓各成丝。
秉烛唯须饮，投竿也未迟。
如逢渭川猎，犹可帝王师。

寄淮南友人

红颜悲旧国，青岁歇芳洲。
不待金门诏，空持宝剑游。
海云迷驿道，江月隐乡楼。
复作淮南客，因逢桂树留。

沙丘城下寄杜甫

我来竟何事，高卧沙丘城。
城边有古树，日夕连秋声。
鲁酒不可醉，齐歌空复情。
思君若汶水，浩荡寄南征。

寄少府赵炎当涂

晚登高楼望，木落双江清。
寒山饶积翠，秀色连州城。

目送楚云尽，心悲胡雁声。
相思不可见，回首故人情。

寄王汉阳

南湖秋月白，王宰夜相邀。
锦帐郎官醉，罗衣舞女骄。
笛声喧沔鄂，歌曲上云霄。
别后空悲我，相思一水遥。

望汉阳柳色寄王宰

汉阳江上柳，望客引东枝。
树树花如雪，纷纷乱若丝。
春风传我意，草木度前知。
寄谢弦歌宰，西来定未迟。

江上寄巴东故人

汉水波浪远，巫山云雨飞。
东风吹客梦，西落此中时。
觉后思白帝，佳人与我违。
瞿塘饶贾客，音信莫令希。

寄从弟宣州长史昭

尔佐宣城郡，守官清且闲。
常夸云月好，邀我敬亭山。
五落洞庭叶，三江游未还。
相思不可见，叹息损朱颜。

三山望金陵寄殷淑

三山怀谢朓，水淡望长安。
芜没河阳县，秋江正北看。
卢龙霜气冷，支鸟月光寒。
耿耿忆琼树，天涯寄一欢。

夜别张五

吾多张公子，别酌酣高堂。
听歌舞银烛，把酒轻罗霜。
横笛弄秋月，琵琶弹陌桑。
龙泉解锦带，为尔倾千觞。

广陵赠别

玉瓶沽美酒，数里送君还。
系马垂杨下，衔杯大道间。
天边看绿水，海上见青山。
兴罢各分袂，何须醉别颜。

别储邕之剡中

借问剡中道，东南指越乡。
舟从广陵去，水入会稽长。
竹色溪下绿，荷花镜里香。
辞君向天姥，拂石卧秋霜。

留别龚处士

龚子栖闲地，都无人世喧。
柳深陶令宅，竹暗辟彊园。

我去黄牛峡，遥愁白帝猿。
赠君卷施草，心断竟何言。

赠别郑判官

窜逐勿复哀，惭君问寒灰。
浮云无本意，吹落章华台。
远别泪空尽，长愁心已摧。
三年吟泽畔，憔悴几时回。

江夏别宋子悌

楚水清若空，遥将碧海通。
人分千里外，兴在一杯中。
谷鸟吟晴日，江猿啸晚风。
平生不下泪，于此泣无穷。

渡荆门送别

渡远荆门外，来从楚国游。
山随平野尽，江入大荒流。
月下飞天镜，云生结海楼。
仍怜故乡水，万里送行舟。

南陵五松山别荀七

六即颍水荀，何惭许郡宾。
相逢太史奏，应是聚贤人。
玉隐且在石，兰枯还见春。
俄成万里别，立德贵清真。

南阳送客

斗酒勿与薄，寸心贵不忘。
坐惜故人去，偏令游子伤。
离颜怨芳草，春思结垂杨。
挥手再三别，临岐空断肠。

送张舍人之江东

张翰江东去，正值秋风时。
天清一雁远，海阔孤帆迟。
白日行欲暮，沧波杳难期。
吴洲好见月，千里幸相思。

送族弟凝之滁求婚崔氏

与尔情不浅，忘筌已得鱼。
玉台挂宝镜，持此意何如。
坦腹东床下，由来志气疏。
遥知向前路，掷果定盈车。

鲁郡东石门送杜二甫

醉别复几日，登临遍池台。
何言石门路，重有金樽开。
秋波落泗水，海色明徂来。
飞蓬各自远，且尽林中杯。

杭中送裴大泽时赴庐州长史

西江天柱远，东越海门深。
去割辞亲恋，行忧报国心。

好风吹落日，流水引长吟。
五月披裘者，应知不取金。

送白利登从金吾董将军西征

西羌延国讨，白起佐军威。
剑决浮云气，弓弯明月辉。
马行边草绿，旌卷曙霜飞。
抗手凛相顾，寒风生铁衣。

送长沙陈太守二首

长沙陈太守，逸气凌青松。
英主赐玉马，本是天池龙。
湘水回九曲，衡山望五峰。
荣君按节去，不及远相从。

七郡长沙国，南连湘水滨。
定王垂舞袖，地窄不回身。
莫小二千石，当安远俗人。
洞庭乡路远，遥羡锦衣春。

送杨山人归嵩山

我有万古宅，嵩阳玉女峰。
长留一片月，挂在东溪松。
尔去掇仙草，昌蒲花紫茸。
岁晚或相访，青天骑白龙。

送通禅师还南陵隐静寺

我闻隐静寺，山水多奇踪。
岩种朗公橘，门深杯渡松。
道人制猛虎，振锡还孤峰。
他日南陵下，相期谷口逢。

送友人

青山横北郭，白水绕东城。
此地一为别，孤蓬万里征。
浮云游子意，落日故人情。
挥手自兹去，萧萧班马鸣。

送别

斗酒渭城边，垆头醉不眠。
梨花千树雪，杨叶万条烟。
惜别倾壶醑，临分赠马鞭。
看君颍上去，新月到家圆。

江上送女道士褚三清游南岳

吴江女道士，头戴莲花巾。
霓裳不湿雨，特异阳台神。
足下远游履，凌波生素尘。
寻仙向南岳，应见魏夫人。

送友人入蜀

见说蚕丛路，崎岖不易行。
山从人面起，云傍马头生。

芳树笼秦栈，春流绕蜀城。
升沉应已定，不必访君平。

送李青归华阳川

伯阳仙家子，容色如青春。
日月秘灵洞，云霞辞世人。
化心养精魄，隐几窅天真。
莫作千年别，归来城郭新。

送别

水色南天远，舟行若在虚。
迁人发佳兴，吾子访闲居。
日落看归鸟，潭澄怜跃鱼。
圣朝思贾谊，应降紫泥书。

送磟十少府

试发清秋兴，因为吴会吟。
碧云敛海色，流水折江心。
我有延陵剑，君无陆贾金。
艰难此为别，惆怅一何深。

送王孝廉省觐

彭蠡将天合，姑苏在日边。
宁亲候海色，欲动孝廉船。
窈窕晴江转，参差远岫连。
相思无昼夜，东注似长川。

同吴王送杜秀芝举入京

秀才何翩翩，王许回也贤。
暂别庐江守，将游京兆天。
秋山宜落日，秀木出寒烟。
欲折一枝桂，还来雁沼前。

送梁四归东平

玉壶挈美酒，送别强为欢。
大火南星月，长郊北路难。
殷王期负鼎，汶水起垂竿。
莫学东山卧，参差老谢安。

江夏送友人

雪点翠云裘，送君黄鹤楼。
黄鹤振玉羽，西飞帝王州。
凤无琅玕实，何以赠远游。
徘徊相顾影，泪下汉江流。

江夏送张丞

欲别心不忍，临行情更亲。
酒倾无限月，客醉几重春。
借草依流水，攀花赠远人。
送君从此去，回首泣迷津。

秋夜与刘砀山泛宴喜亭池

明宰试舟楫，张灯宴华池。
文招梁苑客，歌动郢中儿。

月色望不尽，空天交相宜。
令人欲泛海，只待长风吹。

侍从游宿温泉宫作

羽林十二将，罗列应星文。
霜仗悬秋月，蜺旌卷夜云。
严更千户肃，清乐九天闻。
日出瞻佳气，从从绕圣君。

春游罗敷潭

行歌入谷口，路尽无人跻。
攀崖度绝壑，弄水寻回溪。
云从石上起，客到花间迷。
淹留未尽兴，日落群峰西。

同族侄评事黯游昌禅师山池二首

远公爱康乐，为我开禅关。
萧然松石下，何异清凉山。
花将色不染，水与心俱闲。
一坐度小劫，观空天地间。

客来花雨际，秋水落金池。
片石塞青锦，疏杨挂绿丝。
高僧拂玉柄，童子献霜梨。
惜去爱佳景，烟萝欲暝时。

宴陶家亭子

曲巷幽人宅，高门大士家。
池开照胆镜，林吐破颜花。
绿水藏春日，青轩秘晚霞。
若闻弦管妙，金谷不能夸。

在水军宴韦司马楼船观妓

摇曳帆在空，清流顺归风。
诗因鼓吹发，酒为剑歌雄。
对舞青楼妓，双鬟白玉童。
行云且莫去，留醉楚王宫。

流夜郎至江夏陪长史叔及薛明府宴兴德寺南阁

绀殿横江上，青山落镜中。
岸回沙不尽，日映水成空。
天乐流香阁，莲舟飏晚风。
恭陪竹林宴，留醉与陶公。

登新平楼

去国登兹楼，怀归伤暮秋。
天长落日远，水净寒波流。
秦云起岭树，胡雁飞沙洲。
苍苍几万里，目极令人愁。

谒老君庙

先君怀圣德，灵庙肃神心。
草合人踪断，尘浓鸟迹深。

流沙丹灶灭，关路紫烟沉。
独伤千载后，空余松柏林。

与夏十二登岳阳楼

楼观岳阳尽，川回洞庭开。
雁引愁心去，山衔好月来。
云间逢下榻，天上接行杯。
醉后凉风起，吹人舞袖回。

挂席江上待月有怀

待月月未出，望江江自流。
倏忽城西郭，青天悬玉钩。
素华难可揽，清景不同游。
耿耿金波里，空瞻鸟鹊楼。

秋登宣城谢朓北楼

江城如画里，山晚望晴空。
两水夹明镜，双桥落彩虹。
人烟寒橘柚，秋色老梧桐。
谁念北楼上，临风怀谢公。

过崔八丈水亭

高阁横秀气，清幽并在君。
檐飞宛溪水，窗落敬亭云。
猿啸风中断，渔歌月里闻。
闲随白鸥去，沙上自为群。

太原早秋

岁落众芳歇，时当大火流。
霜城出塞早，云色渡河秋。
梦绕边城月，心飞故国楼。
思归若汾水，无日不悠悠。

宿五松山下荀媪家

我宿五松下，寂寥无所欢。
田家秋作苦，邻女夜舂寒。
跪进凋菰饭，月光明素盘。
令人惭漂母，三谢不能餐。

岘山怀古

访古登岘首，凭高眺襄中。
天清远峰出，水落寒沙空。
弄珠见游女，醉酒怀山公。
感叹发秋兴，长松鸣夜风。

金陵三首

晋家南渡日，此日旧长安。
地即帝王宅，山为龙虎盘。
金陵空壮观，天堑净波澜。
醉客回桡去，吴歌且自欢。

地拥金陵势，城回江水流。
当时百万户，夹道起朱楼。
亡国生春草，离宫没古丘。
空余后湖月，波上对瀛洲。

六代兴亡国，三杯为尔歌。
苑方秦地少，山似洛阳多。
古殿吴花草，深宫晋绮罗。
并随人事灭，东逝与沧波。

陪宋中丞武昌夜饮怀古

清景南楼夜，风流在武昌。
庾公爱秋月，乘兴坐胡床。
龙笛吟寒水，天河落晓霜。
我心还不浅，怀古醉余觞。

谢公亭

谢公离别处，风景每生愁。
客散青天月，山空碧水流。
池花春映日，窗竹夜鸣秋。
今古一相接，长歌怀旧游。

夜泊牛渚怀古

牛渚西江夜，青天无片云。
登舟望秋月，空忆谢将军。
余亦能高咏，斯人不可闻。
明朝挂帆席，枫叶落纷纷。

对酒醉题屈突明府厅

陶令八十日，长歌归去来。
故人建昌宰，借问几时回。

风落吴江雪，纷纷入酒杯。
山翁今已醉，舞袖为君开。

月夜听卢子顺弹琴

闲夜坐明月，幽人弹素琴。
忽闻悲风调，宛若寒松吟。
白雪乱纤手，渌水清虚心。
钟期久已没，世上无知音。

寻雍尊师隐居

群峭碧摩天，逍遥不记年。
拨云寻古道，倚树听流泉。
花暖青牛卧，松高白鹤眠。
语来江色暮，独自下寒烟。

访戴天山道士不遇

犬吠水声中，桃花带雨浓。
树深时见鹿，溪午不闻钟。
野竹分青霭，飞泉挂碧峰。
无人知所去，愁倚两三松。

对酒忆贺监 二首 并序

太子宾客贺公于长安紫极宫一见余，呼余为谪仙人，因解金龟换酒为乐。没后，对酒怅然有怀，而作是诗。

四明有狂客，风流贺季真。
长安一相见，呼我谪仙人。
昔好杯中物，翻为松下尘。
金龟换酒处，却忆泪沾巾。

狂客归四明，山阴道士迎。
敕赐镜湖水，为君台沼荣。
人亡余故宅，空有荷花生。
念此杳如梦，凄然伤我情。

听蜀僧濬弹琴

蜀僧抱绿绮，西下峨眉峰。
为我一挥手，如听万壑松。
客心洗流水，余响入霜钟。
不觉碧山暮，秋云暗几重。

题江夏修静寺

我家北海宅，作寺南江滨。
空庭无玉树，高殿坐幽人。
书带留青草，琴堂幂素尘。
平生种桃李，寂灭不成春。

题宛溪馆

吾怜宛溪好，百尺照心明。
何谢新安水，千寻见底清。
白沙留月色，绿竹助秋声。
却笑严湍上，于今独擅名。

观猎

太守耀清威，乘闲弄晚辉。
江沙横猎骑，山火绕行围。

箭逐云鸿落，鹰随月兔飞。
不知白日暮，欢赏夜方归。

观胡人吹笛

胡人吹玉笛，一半是秦声。
十月吴山晓，梅花落敬亭。
愁闻出塞曲，泪满逐臣缨。
却望长安道，空怀恋主情。

宣城哭蒋征君华

敬亭埋玉树，知是蒋征君。
果得相如草，仍余封禅文。
池台空有月，词赋旧凌云。
独挂延陵剑，千秋在古坟。

长行宫

月皎昭阳殿，霜清长信宫。
天行乘玉辇，飞燕与君同。
更有欢娱处，承恩乐未穷。
谁怜团扇妾，独坐怨秋风。

春日归山寄孟六浩然

朱绂遗尘境，青山谒梵筵。
金绳开觉路，宝筏度迷川。
岭树攒飞栱，岩花覆谷泉。
塔形标海日，楼势出江烟。
香气三天下，钟声万壑连。
荷秋珠已满，松密盖初圆。

鸟聚疑闻法，龙参若护禅。
愧非流水韵，叨入伯牙弦。

送友人寻越中山水

闻道稽山去，偏宜谢客才。
千岩泉洒落，万壑树萦回。
东海横秦望，西陵绕越台。
湖清霜镜晓，涛白雪山来。
八月枚乘笔，三吴张翰杯。
此中多逸兴，早晚向天台。

送窦司马贬宜春

天马白银鞍，亲承明主欢。
斗鸡金宫里，射雁碧云端。
堂上罗巾贵，歌钟清夜阑。
何言谪南国，拂剑坐长叹。
赵璧为谁点，随珠枉被弹。
圣朝多雨露，莫厌此行难。

金陵送张十一再游东吴

张翰黄花句，风流五百年。
谁人今继作，夫子世称贤。
再动游吴棹，还浮入海船。
春光白门柳，霞色赤城天。
去国难为别，思归各未旋。
空余贾生泪，相顾共凄然。

送储邕之武昌

黄鹤西楼月，长江万里情。
春风三十度，空忆武昌城。
送尔难为别，衔杯惜未倾。
湖连张乐地，山逐泛舟行。
诺谓楚人重，诗传谢朓清。
沧浪吾有曲，寄入棹歌声。

秋日登扬州西灵塔

宝塔凌苍苍，登攀览四荒。
顶高元气合，标出海云长。
万象分空界，三天接画梁。
水摇金刹影，日动火珠光。
鸟拂琼檐度，霞连绣栱张。
目随征路断，心逐去帆扬。
露浩梧楸白，风摧橘柚黄。
玉毫如可见，于此照迷方。

登瓦官阁

晨登瓦官阁，极眺金陵城。
钟山对北户，淮水入南荣。
漫漫雨花落，嘈嘈天乐鸣。
两廊振法鼓，四角吟风筝。
杳出霄汉上，仰攀日月行。
山空霸气灭，地古寒阴生。
寥廓云海晚，苍茫宫观平。
门余阊阖字，楼识凤凰名。
雷作百山动，神扶万栱倾。
灵光何足贵，长此镇吴京。

过四皓墓

我行至商洛，幽独访神仙。
园绮复安在，云萝尚宛然。
荒凉千古迹，芜没四坟连。
伊昔炼金鼎，何言闭玉泉。
陇寒唯有月，松古渐无烟。
木魅风号去，山精雨啸旋。
紫芝高咏罢，青史旧名传。
今日并如此，哀哉信可怜。

月夜金陵怀古

苍苍金陵月，空悬帝王州。
天文列宿在，霸业大江流。
渌水绝驰道，青松摧古丘。
台倾鸟鹊观，宫没凤凰楼。
别殿悲清暑，芳园罢乐游。
一闻歌玉树，萧瑟后庭秋。

秋日与张少府楚城韦公藏书高斋作

日下空亭暮，城荒古迹余。
地形连海尽，天影落江虚。
旧赏人虽隔，新知乐未疏。
彩云思作赋，丹壁间藏书。
查拥随流叶，萍开出水鱼。
夕来秋兴满，回首意何如。

秋夜独坐怀故山

小隐慕安石，远游学子平。
天书访江海，云卧起咸京。
入侍瑶池宴，出陪玉辇行。
夸胡新赋作，谏猎短书成。
但奉紫霄顾，非邀青史名。
庄周空说剑，墨翟耻论兵。
拙薄遂疏绝，归闲事耦耕。
顾无苍生望，空爱紫芝荣。
寥落暝霞色，微茫旧壑情。
秋山绿萝月，今夕为谁明。

卷　二十

杜工部五律诗词上

登兖州城楼

东郡趋庭日，南楼纵目初。
浮云连海岱，平野入青徐。
孤嶂秦碑在，荒城鲁殿余。
从来多古意，临眺独踌躇。

题张氏隐居

之子时相见，邀人晚兴留。
霁潭鳣发发，春草鹿呦呦。

杜酒偏劳劝，张梨不外求。
前村山路险，归醉每无愁。

刘九法曹郑瑕邱石门宴集

秋水清无底，萧然净客心。
掾曹乘逸兴，鞍马去相寻。
能吏逢联璧，华筵直一金。
晚来横吹好，泓下亦龙吟。

与任城许主簿游南池

秋水通沟洫，城隅进小船。
晚凉看洗马，森木乱鸣蝉。
菱熟经时雨，蒲荒八月天。
晨朝降白露，遥忆旧青毡。

对雨书怀走邀许主簿

东岳云峰起，溶溶满太虚。
震雷翻幕燕，骤雨落河鱼。
座对贤人酒，门听长者车。
相邀愧泥泞，骑马到阶除。

巳上人茅斋

巳公茅屋下，可以赋新诗。
枕簟入林僻，茶瓜留客迟。
江莲摇白羽，天棘蔓青丝。
空忝许询辈，难酬支遁词。

房兵曹胡马

胡马大宛名，锋稜瘦骨成。
竹批双耳峻，风入四蹄轻。
所向无空阔，直堪托死生。
骁腾有如此，万里可横行。

过宋员外之问旧庄

宋公旧池馆，零落首阳阿。
枉道祇从入，吟诗许更过。
淹留问耆旧，寂寞向山河。
更识将军树，悲风日暮多。

龙门

龙门横野断，驿树出城来。
气色皇居近，金银佛寺开。
往来时屡改，川陆日悠哉。
相阅征途上，生涯尽几回。

夜宴左氏庄

风林纤月落，衣露静琴张。
暗水流花径，春星带草堂。
检书烧烛短，看剑引杯长。
诗罢闻吴咏，扁舟意不忘。

重题郑氏东亭

华亭入翠微，秋日乱清晖。
崩石欹山树，晴涟曳水衣。

紫鳞冲岸跃，苍隼护巢归。
向晚寻征路，残云傍马飞。

冬日有怀李白

寂寞书斋里，终朝独尔思。
更寻嘉树传，不忘角弓诗。
裋褐风霜入，还丹日月迟。
未因乘兴去，空有鹿门期。

春日忆李白

白也诗无敌，飘然思不群。
清新庾开府，俊逸鲍参军。
渭北春天树，江东日暮云。
何时一樽酒，重与细论文。

杜位宅守岁

守岁阿戎家，椒盘已颂花。
盍簪喧枥马，列炬散林鸦。
四十明朝过，飞腾暮景斜。
谁能更拘束，烂醉是生涯。

李监宅二首

尚觉王孙贵，豪家意颇浓。
屏开金孔雀，褥隐绣芙蓉。
且食双鱼美，谁看异味重。
门阑多喜色，女婿近乘龙。

华馆春风起，高城烟雾开。
杂花分户映，娇燕入帘回。
一见能倾座，虚怀只爱才。
盐车虽绊骥，名是汉庭来。

送韦书记赴安西

夫子欻通贵，云泥相望悬。
白头无藉在，朱绂有哀怜。
书记赴三捷，公车留二年。
欲浮江海去，此别意茫然。

奉陪郑驸马韦曲二首

韦曲花无赖，家家恼杀人。
绿樽须尽日，白发好禁春。
石角钩衣破，藤梢刺眼新。
何时占丛竹，头戴小乌巾。

野寺垂杨里，春畦乱水间。
美花多映竹，好鸟不归山。
城郭终何事，风尘岂驻颜。
谁能共公子，薄暮欲俱还。

陪郑广文游何将军山林十首

不识南塘路，今知第五桥。
名园依绿水，野竹上青霄。
谷口旧相得，濠梁同见招。
平生为幽兴，未惜马蹄遥。

百顷风潭上，千章夏木清。
卑枝低结子，接叶暗巢莺。
鲜鲫银丝脍，香芹碧涧羹。
翻疑舵楼底，晚饭越中行。

万里戎王子，何年别月支。
异花来绝域，滋蔓匝清池。
汉使徒空到，神农竟不知。
露翻兼雨打，开坼日离披。

旁舍连高竹，疏篱带晚花。
碾涡深没马，藤蔓曲藏蛇。
词赋工何益，山林迹未赊。
尽捻书籍卖，来问尔东家。

剩水沧江破，残山碣石开。
绿垂风折笋，红绽雨肥梅。
银甲弹筝用，金鱼换酒来。
兴移无洒扫，随意坐莓苔。

风磴吹阴雪，云门吼瀑泉。
酒醒思卧簟，衣冷欲装绵。
野老来看客，河鱼不取钱。
祇疑淳朴处，自有一山川。

棘树寒云色，茵陈春藕香。
脆添生菜美，阴益食单凉。
野鹤清晨出，山精白日藏。
石林蟠水府，百里独苍苍。

忆过杨柳渚，走马定昆池。
醉把青荷叶，狂遗白接䍦。
刺船思郢客，解水乞吴儿。
坐对秦山晚，江湖兴颇随。

床上书连屋，阶前树拂云。
将军不好武，稚子总能文。
醒酒微风入，听诗静夜分。
希衣挂萝薜，凉月白纷纷。

幽意忽不惬，归期无奈何。
出门流水住，回首白云多。
自笑灯前舞，谁怜醉后歌。
衹应与朋好，风雨亦来过。

重过何氏五首

问讯东桥竹，将军有报书。
倒衣还命驾，高枕乃吾庐。
花妥莺捎蝶，溪喧獭趁鱼。
重来休沐地，真作野人居。

山雨樽仍在，沙沉榻未移。
犬迎曾宿客，鸦护落巢儿。
云薄翠微寺，天清皇子陂。
向来幽兴极，步屧过东篱。

日落平台上，春风啜茗时。
石栏斜点笔，桐叶坐题诗。
翡翠鸣衣桁，蜻蜓立钓丝。
自今幽兴熟，来往亦无期。

颇怪朝参懒，应耽野趣长。
雨抛金锁甲，苔卧绿沈枪。
手自移蒲柳，家才足稻粱。
看君用幽意，白日到羲皇。

到此应尝陋，相留可判年。
蹉跎暮容色，怅望好林泉。
何日沾微绿，归山买薄田。
斯游恐不遂，把酒意茫然。

陪李金吾花下饮

胜地初相引，徐行得自娱。
见轻吹鸟毳，随意数花须。
细草偏称坐，香醪懒再沽。
醉归应犯夜，可怕李金吾。

陪诸贵公子丈八沟携妓纳凉晚际遇雨二首

落日放船好，轻风生浪迟。
竹深留客处，荷净纳凉时。
公子调冰水，佳人雪藕丝。
片云头上黑，应是雨催诗。

雨来沾席上，风急打船头。
越女红裙湿，燕姬翠黛愁。
缆侵堤柳系，幔卷浪花浮。
归路翻萧飒，陂塘五月秋。

与鄠县源大少府宴渼陂得寒字

应为西陂好，金钱罄一餐。
饭抄云子白，瓜嚼水精寒。
无计回船下，空愁避酒难。
主人情烂漫，持答翠琅玕。

送裴二虬尉永嘉

孤屿亭何处，天涯水气中。
故人官就此，绝境与谁同。
隐吏逢梅福，游山忆谢公。
扁舟吾已具，把钓待秋风。

崔驸马山亭宴集

萧史幽栖地，林间踏凤毛。
洑流何处入，乱石闭门高。
客醉挥金碗，诗成得绣袍。
清秋多宴会，终日困香醪。

九日曲江

缀席茱萸好，浮舟菡萏衰。
百年秋已半，九日意兼悲。
江水清源曲，荆门此路疑。
晚来高兴尽，摇荡菊花期。

寄高三十五书记

叹息高生老，新诗日又多。
美名人不及，佳句法如何。

主将收才子，崆峒足凯歌。
闻君已朱绂，且得慰蹉跎。

送张二十参军赴蜀州因呈杨五侍御

好去张公子，通家别恨添。
两行秦树直，万点蜀山尖。
御史青骢马，参军旧紫髯。
皇华吾善处，于汝定无嫌。

赠陈二补阙

世儒多汩没，夫子独声名。
献纳开东观，君王问长卿。
皂雕寒始急，天马老能行。
自到青冥里，休看白发生。

白水明府舅宅喜雨

吾舅政如此，古人谁复过。
碧山晴又湿，白水雨添多。
精祷既不昧，欢娱将谓何。
汤年旱颇甚，今日醉弦歌。

九日杨奉先会白水崔明府

今日潘怀县，同时陆浚仪。
坐开桑落酒，来把菊花枝。
天宇清霜净，公堂宿雾披。
晚酣留客舞，凫舄共差池。

官定后戏赠

不作河西尉，凄凉为折腰。
老夫怕驱走，率府且逍遥。
耽酒须微禄，狂歌托圣朝。
故山归兴尽，回首向风飙。

送灵州李判官

羯胡腥四海，回首一茫茫。
血战乾坤赤，氛迷日月黄。
将军专策略，幕府盛才良。
近贺中兴主，神兵动朔方。

月夜

今夜鄜州月，闺中只独看。
遥怜小儿女，未解忆长安。
香雾云鬟湿，清辉玉臂寒。
何时倚虚幌，双照泪痕干。

对雪

战哭多新鬼，愁吟独老翁。
乱云低薄暮，急雪舞回风。
瓢弃樽无绿，炉存火似红。
数州消息断，愁坐正书空。

元日寄韦氏妹

近闻韦氏妹，迎在汉钟离。
郎伯殊方镇，京华旧国移。

秦城回北斗，郢树发南枝。
不见朝正使，啼痕满面垂。

得舍弟消息二首

近有平阴信，遥怜舍弟存。
侧身千里道，寄食一家村。
烽举新酣战，啼垂旧血痕。
不知临老日，招得几人魂。

汝儒归无计，吾衰往未期。
浪传乌鹊喜，深负鹡鸰诗。
生理何颜面，忧端且岁时。
两京三十口，虽在命如丝。

忆幼子

骥子春犹隔，莺歌暖正繁。
别离惊节换，聪慧与谁论。
涧水空山道，柴门老树村。
忆渠愁只睡，炙背俯晴轩。

一百五日夜对月

无家对寒食，有泪如金波。
斫却月中桂，清光应更多。
仳离放红蕊，想象颦青蛾。
牛女漫愁思，秋期犹渡河。

春望

国破山河在，城春草木深。
感时花溅泪，恨别鸟惊心。
烽火连三月，家书抵万金。
白头搔更短，浑欲不胜簪。

喜达行在所三首

西忆岐阳信，无人遂却回。
眼穿当落日，心死著寒灰。
雾树行相引，连山望忽开。
所亲惊老瘦，辛苦贼中来。

愁思胡笳夕，凄凉汉宛春。
生还今日事，问道暂时人。
司隶章初睹，南阳气已新。
喜心翻倒极，呜咽泪沾巾。

死去凭谁报，归来始自怜。
犹瞻太白雪，喜遇武功天。
影静千官里，心苏七校前。
今朝汉社稷，新数中兴年。

月

天上秋期近，人间月影清。
入河蟾不没，捣药兔长生。
只益丹心苦，能添白发明。
干戈知满地，休照国西营。

哭长生侍御

道为诗书重，名因赋颂雄。
礼闱曾擢桂，宪府屡乘骢。
流水生涯尽，浮云世事空。
惟余旧台柏，萧瑟九原中。

奉赠严八阁老

扈圣登黄阁，明公独妙年。
蛟龙得云雨，雕鹗在秋天。
客礼容疏放，官曹可接联。
新诗句句好，应任老夫传。

留别贾严二阁老两院遗补诸公得闻字

田园须暂往，戎马惜离群。
去远留诗别，愁多任酒醺。
一秋常苦雨，今日始无云。
山路时吹角，那堪处处闻。

晚行口号

三山不可到，归路晚山稠。
落雁浮寒水，饥乌集戍楼。
市朝今日异，丧乱几时休。
远愧梁江总，还家尚黑头。

独酌成诗

灯花何太喜，酒绿正相亲。
醉里从为客，诗成觉有神。

兵戈犹在眼，儒术岂谋身。
苦被微官缚，低头愧野人。

收京三首

仙仗离丹极，妖星照玉除。
须为下殿走，不可好楼居。
暂屈汾阳驾，聊飞燕将书。
依然七庙略，更与万方初。

生意甘衰白，天涯正寂寥。
忽闻哀痛诏，又下圣明朝。
羽翼怀商老，文思忆帝尧。
叨逢罪己日，沾洒望青霄。

汗马收宫阙，春城铲贼壕。
赏应歌杕杜，归及荐樱桃。
杂虏横戈数，功臣甲第高。
万方频送喜，无乃圣躬劳。

奉赠王中允维

中允声名久，如今契阔深。
共传收庾信，不比得陈琳。
一病缘明主，三年独此心。
穷愁应有作，试诵白头吟。

春宿左省

花隐掖垣暮，啾啾栖鸟过。
星临万户动，月傍九霄多。

不寝听金钥，因风想玉珂。
明朝有封事，数问夜如何。

晚出左掖

昼刻传呼浅，春旗簇仗齐。
退朝花底散，归院柳边迷。
楼雪融城湿，宫云去殿低。
避人焚谏草，骑马欲鸡栖。

送贾阁老出汝州

西掖梧桐树，空留一院阴。
艰难归故里，去住损春心。
宫殿青门隔，云山紫逻深。
人生五马贵，莫受二毛侵。

送翰林张司马南海勒碑

冠冕通南极，文章落上台。
诏从三殿去，碑到百蛮开。
野馆浓花发，春帆细雨来。
不知沧海上，天谴几时回。

赠毕四曜

才大今诗伯，家贫苦宦卑。
饥寒奴仆贱，颜状老翁为。
同调嗟谁惜，论文笑自知。
流传江鲍体，相顾免无儿。

端午日赐衣

宫衣亦有名，端午被恩荣。
细葛含风软，香罗叠雪轻。
自天题处湿，当暑著来清。
意内称长短，终身荷圣情。

酬孟云卿

乐极伤头白，更长爱烛红。
相逢虽衮衮，告别莫匆匆。
但恐天河落，宁辞酒盏空。
明朝牵世务，挥泪各西东。

寄高三十五詹事

安稳高詹事，兵戈久索居。
时来知宦达，岁晚莫情疏。
天上多鸿雁，池中足鲤鱼。
相看过半百，不寄一行书。

赠高式颜

昔别是何处，相逢皆老夫。
故人还寂寞，削迹共艰虞。
自失论文友，空知卖酒垆。
平生飞动意，见尔不能无。

观安西兵过赴关中待命二首

四镇富精锐，摧锋皆绝伦。
还闻献士卒，足以静风尘。

老马夜知道，苍鹰饥着人。
临危经久战，用急始如神。

奇兵不在众，万马救中原。
谈笑无河北，心肝奉至尊。
孤云随杀气，飞鸟避辕门。
竟日留欢乐，城池未觉喧。

观兵

北庭送壮士，貔虎数尤多。
精锐旧无敌，边隅今若何。
妖氛拥白马，元帅待琱戈。
莫守邺城下，斩鲸辽海波。

忆弟二首

丧乱闻吾弟，饥寒傍济州。
人稀书不到，兵在见何由。
忆昨狂催走，无时病去忧。
即今千种恨，惟共水东流。

且喜河南定，不问邺城围。
百战今谁在，三年望汝归。
故园花自发，春日鸟还飞。
断绝人烟久，东西消息稀。

得舍弟消息

乱后谁归得，他乡胜故乡。
直为心厄苦，久念与存亡。

汝书犹在壁，汝妾已辞房。
旧犬知愁恨，垂头傍我床。

不归

河间尚征伐，汝骨在空城。
从弟人皆有，终身恨不平。
数金怜俊迈，总角爱聪明。
面上三年土，春风草又生。

秦州杂诗二十首

满目悲生事，因人作远游。
迟回度陇怯，浩荡及关愁。
水落鱼龙夜，山空鸟鼠秋。
西征问烽火，心折此淹留。

秦州城北寺，胜迹隗嚣宫。
苔藓山门古，丹青野殿空。
月明垂叶露，云逐度溪风。
清渭无情极，愁时独向东。

州图领同谷，驿道出流沙。
降虏兼千帐，居人有万家。
马骄朱汗落，胡舞白题斜。
年少临洮子，西来亦自夸。

鼓角缘边郡，川原欲夜时。
秋听殷地发，风散入云悲。
抱叶寒蝉静，归山独鸟迟。
万方声一概，吾道欲何之。

南使宜天马，由来万匹强。
浮云连阵没，秋草遍山长。
闻说真龙种，仍残老马肃。
哀鸣思战斗，迥立向苍苍。

城上胡笳奏，山边汉节归。
防河赴沧海，奉诏发金微。
士苦形骸黑，林疏鸟兽稀。
那堪往来戍，恨解邺城围。

莽莽万重山，孤城石谷间。
无风云出塞，不夜月临关。
属国归何晚，楼兰斩未还。
烟尘一长望，衰飒正摧颜。

闻道寻源使，从天此路回。
牵牛去几许，宛马至今来。
一望幽燕隔，何时郡国开。
东征健儿尽，羌笛暮吹哀。

今日明人眼，临池好驿亭。
丛篁低地碧，高柳半天青。
稠叠多幽事，喧呼阅使星。
老夫如有此，不异在郊坰。

云气接昆仑，涔涔塞雨繁。
羌童看渭水，使客向河源。
烟火军中幕，牛羊岭上村。
所居秋草静，正闭小蓬门。

萧萧古塞冷，漠漠秋云低。
黄鹄翅垂雨，苍鹰饥啄泥。

蓟门谁自北，汉将独征西。
不意书生耳，临衰厌鼓鞞。

山头南郭寺，水号北流泉。
老树空庭得，清渠一邑传。
秋花危石底，晚景卧钟边。
俯仰悲身世，溪风为飒然。

传道东柯谷，深藏数十家。
对门藤盖瓦，映竹水穿沙。
瘦地翻宜粟，阳坡可种瓜。
船人近相报，但恐失桃花。

万古仇池穴，潜通小有天。
神鱼人不见，福地语真传。
近接西南境，长怀十九泉。
何当一茅屋，送老白云边。

未暇泛沧海，悠悠兵马间。
塞门风落木，客舍雨连山。
阮籍行多兴，庞公隐不还。
东柯遂疏懒，休镊鬓毛斑。

东柯好崖谷，不与众峰群。
落日邀双鸟，晴天卷片云。
野人矜险绝，水竹会平分。
采药吾将老，儿童未遣闻。

边秋阴易夕，不复辨晨光。
檐雨乱淋幔，山云低度墙。
鸬鹚窥浅井，蚯蚓上深堂。
车马何萧索，门前百草长。

地僻秋将尽，山高客未归。
塞云多断续，边日少光辉。
警急烽常报，传闻檄屡飞。
西戎外甥国，何得迕天威。

凤林戈未息，鱼海路常难。
候火云峰峻，悬军暮井干。
风连西极动，月过北庭寒。
故老思飞将，何时议筑坛。

唐尧真自圣，野老复何知。
晒药能无妇，应门亦有儿。
藏书闻禹穴，读记忆仇池。
为报鸩行旧，鷦鹩在一枝。

送人从军

弱水应无地，阳关已近天。
今君度沙碛，累月断人烟。
好武宁论命，封侯不计年。
马寒防失道，雪没锦鞍鞯。

示侄佐

多病秋风落，君来慰眼前。
自闻茅屋趣，只想竹林眠。
满谷山云起，侵篱涧水悬。
嗣宗诸子侄，早觉仲容贤。

佐还山后寄三首

山晚黄云合，归时恐路迷。
涧寒人欲到，林黑鸟应栖。
野客茅茨小，田家树木低。
旧谙疏懒叔，须汝故相携。

白露黄粱熟，分张素有期。
已应舂得细，颇觉寄来迟。
味岂同金菊，香宜配绿葵。
老人他日爱，正想滑流匙。

几道泉浇圃，交横幔落坡。
葳蕤秋叶少，隐映野云多。
隔沼连香芰，通林带女萝。
甚闻霜薤白，重惠意如何。

宿赞公房

杖锡何来此，秋风已飒然。
雨荒深院菊，霜倒半池莲。
放逐宁违性，虚空不离禅。
相逢成夜宿，陇月向人圆。

秋日阮隐居致薤三十束

隐者柴门内，畦蔬绕舍秋。
盈筐承露薤，不待致书求。
束比青刍色，圆齐玉箸头。
衰年关鬲冷，味暖复无忧。

从人觅小胡孙许寄

人说南州路，山猿树树悬。
举家闻若咳，为寄小如拳。
预哂愁胡面，初调见马鞭。
许求聪慧者，童稚捧应癫。

遣怀

愁眼看霜露，寒城菊自花。
天风随断柳，客泪堕清笳。
水静楼阴直，山昏塞日斜。
夜来归鸟尽，啼杀后栖鸦。

寓目

一县葡萄熟，秋山苜蓿多。
关云常带雨，塞水不成河。
羌女轻烽燧，胡儿掣骆驼。
自伤迟暮眼，丧乱饱经过。

野望

清秋望不极，迢递起层阴。
远水兼天净，孤城隐雾深。
叶稀风更落，山迥日初沉。
独鹤归何晚，昏鸦已满林。

雨晴

天外秋云薄，从西万里风。
今朝好晴景，久雨不妨农。

塞柳行疏翠，山梨结小红。
胡笳楼上发，一雁入高空。

日暮

日落风亦起，城头乌尾讹。
黄云高未动，白水已扬波。
羌妇语还笑，胡儿行且歌。
将军别换马，夜出拥雕戈。

东楼

万里流沙道，西征过此门。
但添新战骨，不返旧征魂。
楼角凌风迥，城阴带水昏。
传声看驿使，送节向河源。

山寺

野寺残僧少，山园细路高。
麝香眠石竹，鹦鹉啄金桃。
乱水通人过，悬崖置屋牢。
上方重阁晚，百里见秋毫。

天河

常时任显晦，秋至转分明。
纵被微云掩，终能永夜清。
含星动双阙，伴月落边城。
牛女年年渡，何曾风浪生。

初月

光细弦欲上，影斜轮未安。
微升古塞外，已隐暮云端。
河汉不改色，关山空自寒。
庭前有白露，暗满菊花团。

捣衣

亦知戍不返，秋至拭清砧。
已近苦寒月，况经长别心。
宁辞捣衣倦，一寄塞垣深。
用尽闺中力，君听空外音。

归燕

不独避霜雪，其如俦侣稀。
四时无失序，八月自知归。
春色岂相访，众雏还识机。
故巢傥未毁，会傍主人飞。

促织

促织甚微细，哀音何动人。
草根吟不稳，床下夜相亲。
久客得无泪，故妻难及晨。
悲丝与急管，感激异天真。

萤火

幸因腐草出，敢近太阳飞。
未足临书卷，时能点客衣。

随风隔幔小，带雨傍林微。
十月清霜重，飘零何处归？

蒹葭

摧折不自守，秋风吹若何。
暂时花带雪，几处叶沈波。
体弱春苗早，丛长夜露多。
江湖后摇落，亦恐岁蹉跎。

苦竹

青冥亦自守，软弱强扶持。
味苦夏虫避，丛卑春鸟疑。
轩墀曾不重，剪伐欲无辞。
幸近幽人屋，霜根结在兹。

废畦

秋蔬拥霜露，岂敢惜凋残。
暮景数枝叶，天风吹汝寒。
绿沾泥滓尽，香与岁时阑。
生意春如昨，悲君白玉盘。

夕烽

夕烽来不近，每日报平安。
塞上传光小，云边落点残。
照秦通警急，过陇自艰难。
闻道蓬莱殿，千门立马看。

秋笛

清商欲尽奏，奏苦血沾衣。
他日伤心极，征人白骨归。
相逢恐恨过，故作发声微。
不见秋云动，悲风稍稍飞。

空囊

翠柏苦犹食，明霞高可餐。
世人共鲁莽，吾道属艰难。
不爨井晨冻，无衣床夜寒。
囊空恐羞涩，留得一钱看。

病马

乘尔亦已久，天寒关塞深。
尘中老尽力，岁晚病伤心。
毛骨岂殊众，驯良犹至今。
物微意不浅，感动一沉吟。

蕃剑

致此自僻远，又非珠玉装。
如何有奇怪，每夜吐光芒。
虎气必腾上，龙身宁久藏。
风尘苦未息，持汝奉明王。

铜瓶

乱后碧井废，时清瑶殿深。
铜瓶未失水，百丈有哀音。

侧想美人意，应悲寒鸷沉。
蛟龙半缺落，犹得折黄金。

月夜忆舍弟

戍鼓断人行，边秋一雁声。
露从今夜白，月是故乡明。
有弟皆分散，无家问死生。
寄书长不达，况乃未休兵。

天末怀李白

凉风起天末，君子意如何？
鸿雁几时到，江湖秋水多。
文章憎命达，魑魅喜人过。
应共冤魂语，投诗赠汨罗。

所思

郑老身仍窜，台州信始传。
为农山涧曲，卧病海云边。
世已疏儒素，人犹乞酒钱。
徒劳望牛斗，无计属龙泉。

送远

带甲满天地，胡为君远行，
亲朋尽一哭，鞍马去孤城。
草木岁月晚，关河霜雪清。
别离已昨日，因见古人情。

酬高使君相赠

古寺僧牢落，空房客寓居。
故人供禄米，邻舍与园蔬。
双树容听法，三车肯载书。
草玄吾岂敢，赋或似相如。

王十五司马弟出郭相访遗营草堂赀

客里何迁次，江边正寂寥。
肯来寻一老，愁破是今朝。
忧我营茅栋，携钱过野桥。
他乡惟表弟，还往莫辞遥。

梅雨

南京犀浦道，四月熟黄梅。
湛湛长江去，冥冥细雨来。
茅茨疏易湿，云雾密难开。
竟日蛟龙喜，盘涡与岸回。

江涨

江涨柴门外，儿童报急流。
下床高数尺，倚杖没中州。
细动迎风燕，轻摇逐浪鸥。
渔人萦小楫，容易拔船头。

为农

锦里烟尘外，江村八九家。
圆荷浮小叶，细麦落轻花。

卜宅从兹老，为农去国赊。
远惭勾漏令，不得问丹砂。

宾至

患气经时久，临江卜宅新。
喧卑方避俗，疏快颇宜人。
有客过茅宇，呼儿正葛巾。
自锄稀菜甲，小摘为情亲。

田舍

田舍清江曲，柴门古道旁。
草深迷市井，地僻懒衣裳。
榉柳枝枝弱，枇杷树树香。
鸬鹚西日照，晒翅满渔梁。

云山

京洛云山外，音书静不来。
神交作赋客，力尽望乡台。
衰疾江边卧，亲朋日暮回。
白鸥元水宿，何事有余哀？

遣兴

干戈犹未定，弟妹各何之。
拭泪沾襟血，梳头满面丝。
地卑荒野大，天远暮江迟。
衰疾那能久，应无见汝期。

遣愁

养拙蓬为户，茫茫何所开。
江通神女馆，地隔望乡台。
渐惜容颜老，无由弟妹来。
兵戈与人事，回首一悲哀。

北邻

明府岂辞满，藏身方告劳。
青钱买野竹，白帻岸江皋。
爱酒晋山简，能诗何水曹。
时来访老疾，步屧到蓬蒿。

过南邻朱山人水亭

相近竹参差，相过人不知。
幽花欹满树，细水曲通池。
归客村非远，残樽席更移。
看君多道气，从此数追随。

出郭

霜露晚凄凄，高天逐望低。
远烟盐井上，斜景雪峰西。
故国犹兵马，他乡亦鼓鼙。
江城今夜客，还与旧乌啼。

奉简高三十五使君

当代论才子，如公复几人。
骅骝开道路，鹰隼出风尘。

行色秋将晚，交情老更亲。
天涯喜相见，披豁对吾真。

和裴迪登新津寺寄王侍郎

何恨倚山木，吟诗秋叶黄。
蝉声集古寺，鸟影度寒塘。
风物悲游子，登临忆侍郎。
老夫贪佛日，随意宿僧房。

村夜

风色萧萧暮，江头人不行。
村舂雨外急，邻火夜深明。
胡羯何多难，樵渔寄此生。
中原有兄弟，万里正含情。

西郊

时出碧鸡坊，西郊向草堂。
市桥官柳细，江路野梅香。
旁架齐书帙，看题检药囊。
无人觉来往，疏懒意何长。

寄杨五桂州谭

五岭皆炎热，宜人独桂林。
梅花万里外，雪片一冬深。
闻此宽相忆，为邦复好音。
江边送孙楚，远附白头吟。

寄赠王十将军承俊

将军胆气雄，臂悬两角弓。
缠结青骢马，出入锦城中。
时危未授钺，势屈难为功。
宾客满堂上，何人高义同。

奉酬李都督表丈早春作

力疾坐清晓，来诗悲早春。
转添愁伴客，更觉老随人。
红入桃花嫩，青归柳叶新。
望乡应未已，四海尚风尘。

题新津北桥楼得郊字

望极春城上，开筵近鸟巢。
白花檐外朵，青柳槛前梢。
池水观为政，厨烟觉远庖。
西川供客眼，偏爱此江郊。

游修觉寺

野寺江天豁，山扉花竹幽。
诗应有神助，吾得及春游。
径石深萦带，川云自去留。
禅枝宿众鸟，漂转暮归愁。

后游

寺忆曾游处，桥怜再渡时。
江山如有待，花柳更无私。

野润烟光薄，沙暄日色迟。
客愁全为减，舍此复何之。

遣意二首

啭枝黄鸟近，泛渚白鸥轻。
一径野花落，孤村春水生。
衰年催酿黍，细雨更移橙。
渐喜交游绝，幽居不用名。

檐影微微落，津流脉脉斜。
野船明细火，宿鹭起圆沙。
云掩初弦月，香传小树花。
邻人有美酒，稚子夜能赊。

漫成二首

野日荒荒白，春流泯泯清。
渚蒲随地有，村径逐门成。
只作披衣惯，常从漉酒生。
眼边无俗物，多病也身轻。

江皋已仲春，花下复清晨。
仰面贪看鸟，回头错应人。
读书难字过，对酒满壶频。
近识峨眉老，知余懒是真。

春夜喜雨

好雨知时节，当春乃发生。
随风潜入夜，润物细无声。

野径云俱黑，江船火独明。
晓看红湿处，花重锦宫城。

春水

三月桃花浪，江流复旧痕。
朝来没沙尾，碧色动柴门。
接缕垂芳饵，连筒灌小园。
已添无数鸟，争浴故相喧。

江亭

坦腹江亭暖，长吟野望时。
水流心不竞，云在意俱迟。
寂寂春将晚，欣欣物自私。
江东犹苦战，回首一颦眉。

落日

落日在帘钩，溪边春事幽。
芳菲缘岸圃，樵爨倚滩舟。
啅雀争枝坠，飞虫满院游。
浊醪谁造汝，一酌散千忧。

可惜

花飞有底急，老去愿春迟。
可惜欢娱地，都非少壮时。
宽心应是酒，遣兴莫过诗。
此意陶潜解，吾生后汝期。

独酌

步屧深林晚，开樽独酌迟。
仰蜂粘落絮，行蚁上枯梨。
薄劣惭真隐，幽偏得自怡。
本无轩冕意，不是傲当时。

徐步

整履步青芜，荒庭日欲晡。
芹泥随燕觜，蕊粉上蜂须。
把酒从衣湿，吟诗信杖扶。
敢论才见忌，实有醉如愚。

寒食

寒食江村路，风花高下飞。
汀烟轻冉冉，竹日净晖晖。
田父要皆去，邻家问不违。
地偏相识尽，鸡犬亦忘归。

赠别何邕

生死论交地，何由见一人。
悲君随燕雀，薄宦走风尘。
绵谷元通汉，沱江不向秦。
五陵花满眼，传语故乡春。

石镜

蜀王将此镜，送死置空山。
冥寞怜香骨，提携近玉颜。

众妃无复叹，千骑亦虚还。
独有伤心石，埋轮月宇间。

琴台

茂陵多病后，尚爱卓文君。
酒肆人间世，琴台日暮云。
野花留宝靥，蔓草见罗裙。
归凤求凰意，寥寥不复闻。

水槛遣心二首

去郭轩楹敞，无村眺望赊。
澄江平少岸，幽树晚多花。
细雨鱼儿出，微风燕子斜。
城中十万户，此地两三家。

蜀天常夜雨，江槛已朝晴。
叶润林塘密，衣干枕席清。
不堪祇老病，何得尚浮名。
浅把涓涓酒，深凭送此生。

朝雨

凉气晓萧萧，江云乱眼飘。
风鸾藏近渚，雨燕集深条。
黄绮终辞汉，巢由不见尧。
草堂樽酒在，幸得过清朝。

晚晴

村晚惊风渡，庭幽过雨沾。
夕阳薰细草，江色映疏帘。
书乱谁能帙，杯干自可添，
时闻有余论，未怪老夫潜。

高柟

柟树色冥冥，江边一盖青。
近根开药圃，接叶制茅亭。
落景阴犹合，微风韵可听。
寻常绝醉困，卧此片时醒。

恶树

独绕虚斋径，常持小斧柯。
幽阴成颇杂，恶木翦还多。
枸杞因吾有，鸡栖奈汝何。
方知不材者，生长漫婆娑。

一室

一室他乡远，空林暮景悬。
正愁闻塞笛，独立见江船。
巴蜀来多病，荆蛮去几千。
应同王粲宅，留井岘山前。

闻斛斯六官未归

故人南郡去，去索作碑钱。
本卖文为活，翻令石倒悬。

荆扉深蔓草，土锉冷疏烟。
老罢休无赖，归来看醉眠。

赴青城县出成都寄陶王二少尹

老耻妻孥笑，贫嗟出入劳。
客情投异县，诗态忆吾曹。
东郭沧江合，西山白雪高。
文章差底病，回首兴滔滔。

野望因过常少仙

野桥齐度马，秋望转幽哉。
竹覆青城合，江从灌口来。
入村樵径引，尝果栗皱开。
落尽高天日，幽人未遣回。

送裴五赴东川

故人亦流落，高义动乾坤。
何日通燕塞，相看老蜀门。
东行应暂别，北望苦销魂。
凛凛悲秋意，非君谁与论。

逢唐兴刘主簿弟

分手开元末，连年绝尺书。
江山且相见，戎马未安居。
剑外官人冷，关中驿骑疏。
轻舟下吴会，主簿意何如？

敬简王明府

叶县郎官宰，周南太史公。
神仙才有数，流落意无穷。
骥病思偏秣，鹰秋怕苦笼。
看君用高义，耻与万人同。

重简王明府

甲子西南异，冬来只薄寒。
江云何夜尽，蜀雨几时干。
行李须相问，穷愁岂自宽。
君听鸿雁响，恐致稻粱难。

不见

不见李生久，佯狂真可哀。
世人皆欲杀，吾意独怜才。
敏捷诗千首，飘零酒一杯。
匡山读书处，头白好归来。

草堂即事

荒村建子月，独树老夫家。
雾里江船渡，风前径竹斜。
寒鱼依密藻，宿雁聚圆沙。
蜀酒禁愁得，无钱何处赊。

徐九少尹见过

晚景孤村僻，行军数骑来。
交新徒有喜，礼厚愧无才。

赏静怜云竹，忘归步月台。
何当看花蕊，欲发照江梅。

范二员外邈吴十侍御郁特枉驾阙展待聊寄此作

暂往比邻去，空闻二妙归。
幽栖诚简略，衰白已光辉。
野外贫家远，村中好客稀。
论文或不愧，重肯款柴扉。

王竟携酒高亦同过

卧疾荒郊远，通行小径难。
故人能领客，携酒重相看。
自愧无鲑菜，空烦卸马鞍。
移樽劝山简，头白恐风寒。

观作桥成月夜舟中有述还呈李司马

把烛桥成夜，回舟客坐时。
天高云去尽，江迥月来迟。
衰谢多扶病，招邀屡有期。
异方乘此兴，乐罢不无悲。

得广州张判官叔卿书使还以诗代意

乡关胡骑满，宇宙蜀城偏。
忽得炎州信，遥从月峡传。
云深骠骑幕，夜隔孝廉船。
却寄双愁眼，相思泪点悬。

魏十四侍御就敝庐相别

有客骑骢马，江边问草堂。
远寻留药价，惜别倒文场。
入幕旌旗动，归轩锦绣香。
时应念衰疾，书疏及沧浪。

赠别郑炼赴襄阳

戎马交驰际，柴门老病身。
把君诗过日，念此别惊神。
地阔峨眉晚，天高岘首春。
为于耆旧内，试觅姓庞人。

送段功曹归广州

南海春天外，功曹几月程。
峡云笼树小，湖日落船明。
交趾丹砂重，韶州白葛轻。
幸君因旅客，时寄锦官城。

江头三咏

丁香

丁香体柔弱，乱结枝犹垫。
细叶带浮毛，疏花披素艳。
深栽小斋后，庶近幽人占。
晚堕兰麝中，休怀粉身念。

丽春

百草竞春华，丽春应最胜。
少须好颜色，多漫枝条剩。

纷纷桃李枝，处处总能移。
如何贵此重，却怕有人知。

栀子

栀子比众木，人间诚未多。
于身色有用，与道气伤和。
红取风霜实，青看雨露柯。
无情移得汝，贵在映江波。

屏迹三首

用拙存吾道，幽居近物情。
桑麻深雨露，燕雀半生成。
村鼓时时急，渔舟个个轻。
杖藜从白首，心迹喜双清。

晚起家何事，无营地转幽。
竹光团野色，舍影漾江流。
失学从儿懒，长贫任妇愁。
百年浑得醉，一月不梳头。

衰颜甘屏迹，幽事供高卧。
鸟下竹根行，龟开萍叶过。
年荒酒价乏，日并园蔬课。
犹酌甘泉歌，歌长击樽破。

严公厅宴同咏蜀道画图得空字

日临公馆静，画列地图雄。
剑阁星桥北，松州雪岭东。
华夷山不断，吴蜀水相通。
兴与烟霞会，清樽幸不空。

奉济驿重送严公四韵

远送从此别，青山空复情。
几时杯重把，昨夜月同行。
列郡讴歌惜，三朝出入荣。
江村独归处，寂寞养残生。

题玄武禅师屋壁

何年顾虎头，满壁画沧州。
赤日石林气，青天江海流。
锡飞常近鹤，杯渡不惊鸥。
似得庐山路，真随惠远游。

客夜

客睡何曾著，秋天不肯明。
卷帘残月影，高枕远江声。
计拙无衣食，途穷仗友生。
老妻书数纸，应悉未归情。

客亭

秋窗犹曙色，落木更高风。
日出寒山外，江流宿雾中。
圣朝无弃物，衰病已成翁。
多少残生事，飘零任转蓬。

九日登梓州城

伊昔黄花酒，如今白发翁。
追欢筋力异，望远岁时同。

弟妹悲歌里，乾坤醉眼中。
兵戈与关塞，此日意无穷。

九日奉寄严大夫

九日应愁思，经时冒险艰。
不眠持汉节，何路出巴山。
小驿香醪嫩，重岩细菊斑。
遥知簇鞍马，回首白云间。

戏题寄上汉中王三首

西汉亲王子，成都老客星。
百年双白鬓，一别五秋萤。
忍断杯中物，只看座右铭。
不能随皂盖，自醉逐浮萍。

策杖时能出，王门异昔游。
已知嗟不起，未许醉相留。
蜀酒浓无敌，江鱼美可求。
终思一酩酊，净扫雁池头。

群盗无归路，衰颜会远方。
尚怜诗警策，犹记酒癫狂。
鲁卫弥尊重，徐陈略丧亡。
空余枚叟在，应念早升堂。

玩月呈汉中王

夜深露气清，江月满江城。
浮客转危坐，归舟应独行。

关山同一照，乌鹊自多惊。
欲得淮王术，风吹晕已生。

陪王侍御宴通泉东山野亭

江水东流去，清樽日复斜。
异方同宴赏，何处是京华。
亭景临山水，村烟对浦沙。
狂歌遇形胜，得醉即为家。

舍弟占归草堂检校聊示此诗

久客应吾道，相随独尔来。
熟知江路近，频为草堂回。
鹅鸭宜长数，柴荆莫浪开。
东林竹影薄，腊月更须栽。

春日梓州登楼二首

行路难如此，登楼望欲迷。
身无却少壮，迹有但羁栖。
江水流城郭，春风入鼓鞞。
双双新燕子，依旧已衔泥。

天畔登楼眼，随春入故园。
战场今始定，移柳岂能存。
厌蜀交游冷，思吴胜事繁。
应须理舟楫，长啸下荆门。

送司马入京

群盗至今日，先朝忝从臣。
叹君能恋主，久客羡归秦。
黄阁长司谏，丹墀有故人。
向来论社稷，为话涕沾巾。

远游

贱子何人记，迷方著处家。
竹风连野色，江水拥春沙。
种药扶衰病，吟诗解叹嗟。
似闻胡骑走，失喜问京华。

郪城西原送李判官兄武判官弟赴成都府

凭高送所亲，久坐惜芳辰。
远水非无浪，他山自有春。
野花随处发，官柳著行新。
天际伤愁别，离筵何太频。

涪江泛舟送韦班归京得山字

追饯同舟日，伤春一水间。
飘零为客久，衰老羡君还。
花远重重树，云轻处处山。
天涯故人少，更益鬓毛斑。

泛舟送魏十八仓曹还京因寄岑中允参范郎中季明

迟日深春水，轻舟送别筵。
帝乡愁绪外，春色泪痕边。

见酒须相忆，将诗莫浪传。
若逢岑与范，为报各衰年。

泛江送客

二月频送客，东津江欲平。
烟花山际重，舟楫浪前轻。
泪逐劝杯下，愁连吹笛生。
离筵不隔日，那得易为情。

双燕

旅食惊双燕，衔泥入此堂。
应同避燥湿，且复过炎凉。
养子风尘际，来时道路长。
今秋天地在，吾亦离殊方。

百舌

百舌来何处，重重祇报春。
知音兼众语，整翮岂多身。
花密藏难见，枝高听转新。
过时如发口？君侧有谗人。

登牛头山亭子

路出双林外，亭窥万井中。
江城孤照日，春谷远含风。
兵革身将老，关河信不通。
犹残数行泪，忍对百花丛。

上牛头寺

青山意不尽，衮衮上牛头。
无复能拘碍，真成浪出游。
花浓春寺静，竹细野池幽。
何处莺啼切，移时独未休。

望牛头寺

牛头见鹤林，梯径绕幽深。
春色浮山外，天河宿殿阴。
传灯无白日，布地有黄金。
休作狂歌老，回看不住心。

上兜率寺

兜率知名寺，真如会法堂。
江山有巴蜀，栋宇自齐梁。
庾信哀虽久，周颙好不忘。
白牛车远近，且欲上慈航。

望兜率寺

树密当山径，深江隔寺门。
霏霏云气动，闪闪浪花翻。
不复知天大，空余见佛尊。
时应清盥罢，随喜给孤园。

陪李梓州王阆州苏遂州李果州四使君登惠义寺

春日无人境，虚空不住天。
莺花随世界，楼阁倚山巅。

迟暮身何得，登临意惘然。
谁能解金印，潇洒共安禅。

数陪李梓州泛江有女乐在诸舫戏为艳曲二首赠李

上客回空骑，佳人满近船。
江清歌扇底，野旷舞衣前。
玉袖凌风并，金壶隐浪偏。
竟将明媚色，偷眼艳阳天。

白日移歌袖，清宵近笛床。
翠眉萦度曲，云鬓俨分行。
立马千山暮，回舟一水香。
使君自有妇，莫学野鸳鸯。

送何侍御归朝

舟楫诸侯饯，车舆使者归。
山花相映发，水鸟自孤飞。
春日垂霜鬓，天隅把绣衣。
故人从此去，寥落寸心违。

江亭送眉州辛别驾升之得芜字

柳影含云幕，江波近酒壶。
异方惊会面，终宴惜征途。
沙晚低风蝶，天晴喜浴凫。
别离伤老大，意绪日荒芜。

行次盐亭县聊题四韵奉简严遂州蓬州两使君谘议诸昆季

马首见盐亭，高山拥县青。
云溪花淡淡，春郭水泠泠。
全蜀多名士，严家聚德音。
长歌意无极，好为老夫听。

倚杖

看花虽郭内，倚杖即溪边。
山县早休市，江桥春聚船。
狎鸥轻白浪，归雁喜青天。
物色兼生意，凄凉忆去年。

陪王汉州留杜绵州泛房公西湖

旧相恩追后，春池赏不稀。
阙庭分未到，舟楫有光辉。
豉化莼丝熟，刀鸣鲙缕飞。
使君双皂盖，滩浅正相依。

舟前小鹅儿

鹅儿黄似酒，对酒爱新鹅。
引颈瞋船逼，无行乱眼多。
翅开遭宿雨，力小困沧波。
客散层城暮，狐狸奈若何。

送韦郎司直归成都

窜身来蜀地，同病得韦郎。
天下兵戈满，江边岁月长。

别筵花欲暮，春日鬓俱苍。
为问南溪竹，抽梢合过墙。

台上得凉字

改席台能迥，留门月复光。
云霄遗暑湿，山谷进风凉。
老去一杯足，谁怜屡舞长。
何烦把官烛，似恼鬓毛苍。

章梓州水亭

城晚通云雾，亭深到芰荷。
吏人桥外少，秋水席边多。
近属淮王至，高门蓟子过。
荆州爱山简，吾醉亦长歌。

有感五首

将帅蒙恩泽，兵戈有岁年。
至今劳圣主，何以报皇天。
白骨新交战，云台旧拓边。
乘槎断消息，无处觅张骞。

幽蓟余蛇豕，乾坤尚虎狼。
诸侯春不贡，使者日相望。
慎勿吞青海，无劳问越裳。
大君先息战，归马华山阳。

洛下舟车入，天中贡赋均。
日闻红粟腐，寒待翠华春。

莫取金汤固，长令宇宙新。
不过行俭德，盗贼本王臣。

丹桂风霜急，青梧日夜凋。
由来强干地，未有不臣朝。
受钺亲贤往，卑宫制诏遥。
终依古封建，岂独听箫韶。

胡灭人还乱，兵残将自疑。
登坛名绝假，执玉尔何迟。
领郡辄无色，之官皆有词。
愿闻哀痛诏，端拱问疮痍。

送元二适江左

乱后今相见，秋深复远行。
风尘为客日，江海送君情。
晋室丹阳尹，公孙白帝城。
经过自爱惜，取次莫论兵。

薄游

淅淅风生砌，团团日隐墙。
遥空秋雁灭，半岭暮云长。
病叶多先坠，寒花只暂香。
巴城添泪眼，今夜复清光。

薄暮

江水最深地，山云薄暮时。
寒花隐乱草，宿鸟探深枝。

故国见何日，高秋心苦悲。
人生不再好，鬓发自成丝。

放船

送客苍溪县，山寒雨不开。
直愁骑马滑，故作放舟回。
青惜峰峦过，黄知桔柚来。
江流大自在，坐稳兴优哉。

赠韦赞善别

扶病送君发，自怜犹不归。
只应尽客泪，复作掩荆扉。
江汉故人少，音书从此稀。
往还二十载，岁晚寸心违。

警急

才名旧楚将，妙略拥兵机。
玉垒虽传檄，松州会解围。
和亲知拙计，公主漫无归。
青海今谁得，西戎实饱飞。

王命

汉北豺狼满，巴西道路难。
血埋诸将甲，骨断使臣鞍。
牢落新烧栈，苍茫旧筑坛。
深怀喻蜀意，恸哭望王官。

征夫

十室几人在，千山空自多。
路衢唯见哭，城市不闻歌。
漂梗无安地，衔枚有荷戈。
官军未通蜀，吾道竟如何。

对雨

莽莽天涯雨，江边独立时。
不愁巴道路，恐湿汉旌旗。
雪岭防秋急，绳桥战胜迟。
西戎甥舅礼，未敢背恩私。

岁暮

岁暮远为客，边隅还用兵。
烟尘犯雪岭，鼓角动江城。
天地日流血，朝廷谁请缨。
济时敢爱死，寂寞壮心惊。

送李卿晔

王子思归日，长安已乱兵。
沾衣问行在，走马向承明。
暮景巴蜀僻，春风江汉清。
晋山虽自弃，魏阙尚含情。

城上

草满巴西绿，空城白日长。
风吹花片片，春动水茫茫。

八骏随天子，群臣从武皇。
遥闻出巡狩，早晚遍遐荒。

江亭王阆州筵饯萧遂州

离亭非旧国，春色是他乡。
老畏歌声断，愁随舞曲长。
二天开宠饯，五马烂生光。
川路风烟接，俱宜下凤凰。

陪王使君晦日泛江就黄家亭子二首

山豁何时断，江平不肯流。
稍知花改岸，始验鸟随舟。
结束多红粉，欢娱恨白头。
非君爱人客，晦日更添愁。

有径金沙软，无人碧草芳。
野畦连蛱蝶，江槛俯鸳鸯。
日晚烟花乱，风生锦绣香。
不须吹急管，衰老是悲伤。

泛江

方舟不用楫，极目总无波。
长日容杯酒，深江净绮罗。
乱离还奏乐，漂泊且听歌。
故国流清渭，如今花正多。

暮寒

雾隐平郊树，风寒广岸波。
沉沉春色静，惨惨暮寒多。
戍鼓犹长击，林莺遂不歌。
忽思高宴会，朱袖拂云和。

游子

巴蜀愁谁语，吴门兴杳然。
九江春草外，三峡暮帆前。
厌就成都卜，休为吏部眠。
蓬莱如可到，衰白问群仙。

滕王亭子

寂寞春山路，君王不复行。
古墙犹竹色，虚阁自松声。
鸟鹊荒村暮，云霞过客情。
尚思歌吹入，千骑拥霓旌。

玉台观

浩劫因王造，平台访古游。
彩云萧史驻，文字鲁恭留。
宫阙通群帝，乾坤到十洲。
人传有笙鹤，时过北山头。

卷　二十一

杜工部五律诗词下

渡江

春江不可渡，二月已风涛。
舟楫欹斜疾，鱼龙偃卧高。
渚花张素锦，汀草乱青袍。
戏问垂纶客，悠悠见汝曹。

寄贺兰铦

朝野欢娱后，乾坤震荡中。
相随万里日，总作白头翁。
岁晚仍分袂，江边更转蓬。
勿云俱异域，饮啄几回同。

别房太尉墓

他乡复行役，驻马别孤坟。
近泪无干土，低空有断云。
对棋陪谢傅，把剑觅徐君。
唯见林花落，莺啼送客闻。

自阆州领妻子却赴蜀山行三首

汩汩避群盗，悠悠经十年。
不成向南国，复作游西川。
物役水虚照，魂伤山寂然。
我生无倚着，尽室畏途边。

长林偃风色，回复意犹迷。
衫裛翠微润，马衔青草嘶。
栈悬斜避石，桥断却寻溪。
何日干戈尽，飘飘愧老妻。

行色递隐见，人烟时有无。
仆夫穿竹语，稚子入云呼。
转石惊魑魅，抨弓落狖鼯。
真供一笑乐，似欲慰穷途。

归来

客里有所适，归来知路难。
开门野鼠走，散帙壁鱼干。
洗杓开新酝，低头著小冠。
凭谁给曲蘖，细酌老江干。

寄邛州崔录事

邛州崔录事，闻在果园坊。
久待无消息，终朝有底忙。
应愁江树远，怯见野亭荒。
浩荡风尘外，谁知酒熟香。

严郑公阶下新松得沾字

弱质岂自负，移根方尔瞻。
细声闻玉帐，疏翠近珠帘。
未见紫烟集，虚蒙清露沾。
何当一百丈，欹盖拥高檐。

严郑公宅同咏竹得香字

绿竹半含箨，新梢才出墙。
色侵书帙晚，阴过酒樽凉。
雨洗涓涓净，风吹细细香。
但令无剪伐，会见拂云长。

军中醉歌寄沈八刘叟

酒渴爱江清，余甘漱晚汀。
软沙欹坐稳，冷石醉眠醒。
野膳随行帐，华音发从伶。
数杯君不见，都已遣沉冥。

村雨

雨声传两夜，寒事飒高秋。
揽带看朱绂，开箱睹黑裘。
世情只益睡，盗贼敢忘忧。
松菊新沾洗，茅斋慰远游。

独坐

悲秋回白首，倚杖背孤城。
江敛洲渚出，天虚风物清。

沧溟恨衰谢，朱绂负平生。
仰羡黄昏鸟，投林羽翮轻。

倦夜

竹凉侵卧内，野月满庭隅。
重露成涓滴，稀星乍有无。
暗飞萤自照，水宿鸟相呼。
万事干戈里，空悲清夜徂。

晚秋陪严郑公摩诃池泛舟得溪字

湍驶风醒酒，船回雾起堤。
高城秋自落，杂树晚相迷。
坐触鸳鸯起，巢倾翡翠低。
莫须惊白鹭，为伴宿清溪。

送舍弟颖赴齐州三首

岷岭南蛮北，徐关东海西。
此行何日到，送汝万行啼。
绝域惟高枕，清风独杖藜。
危时暂相见，衰白意都迷。

风尘暗不开，汝去几时来。
兄弟分离苦，形容老病催。
江通一柱观，日落望乡台。
客意长东北，齐州安在哉。

诸姑今海畔，两弟亦山东。
去傍干戈觅，来看道路通，

短衣防战地，匹马逐秋风。
莫作俱流落，长瞻碣石鸿。

怀旧

地下苏司业，情亲独有君。
那因丧乱后，便作死生分。
老罢知明镜，悲来望白云。
自从失词伯，不复更论文。

初冬

垂老戎衣窄，归休寒色深。
渔舟上急水，猎火著高林。
日有习池醉，愁来梁父吟。
干戈未偃息，出处遂何心。

观李固请司马弟山水图三首

易简高人意，匡床竹火炉。
寒天留远客，碧海挂新图。
虽对连山好，贪看绝岛孤。
群仙不愁思，冉冉下蓬壶。

方丈浑连水，天台总映云。
人间长见画，老去恨空闻。
范蠡舟偏小，王乔鹤不群。
此生随万物，何路出尘氛。

高浪垂翻屋，崩崖欲压床。
野桥分子细，沙岸绕微茫。

红浸珊瑚短，青悬薜荔长。
浮查并坐得，仙老暂相将。

送王侍御往东川放生池祖席

东川诗友合，此赠怯轻为。
况复传宗匠，空然惜别离。
梅花交近野，草色向平池。
傥忆江边卧，归期望早知。

春日江村五首

农务村村急，春流岸岸深。
乾坤万里眼，时序百年心。
茅屋还堪赋，桃源自可寻。
艰难昧生理，漂泊到如今。

迢递来三蜀，蹉跎有六年。
客身逢故旧，发兴自林泉。
过懒从衣结，频游任履穿。
藩篱颇无限，恣意向江天。

种竹交加翠，栽桃烂漫红。
经心石镜月，到面雪山风。
赤管随王命，银章付老翁。
岂知齿牙落，名玷荐贤中。

扶病垂朱绂，归休步紫苔。
郊扉存晚计，幕府愧群材。
燕外晴丝卷，鸥边水叶开。
邻家送鱼鳖，问我数能来。

群盗哀王粲，中年召贾生。
登楼初有作，前席竟为荣。
宅入先贤传，才高处士名。
异时怀二子，春日复含情。

春远

肃肃花絮晚，菲菲红叶轻。
日长唯鸟雀，春远独柴荆。
数有关中乱，何曾剑外清。
故乡归不得，地入亚夫营。

承闻故房相公灵榇自阆州启殡归葬东都有作二首

远闻房太尉，归葬陆浑山。
一德兴王后，孤魂久客间。
孔明多故事，安石竟崇班。
他日嘉陵泪，仍沾楚水还。

丹旐飞飞日，初传发阆州。
风尘终不解，江汉忽同流。
剑动亲身匣，书归故国楼。
尽哀知有处，为客恐长休。

宴戎州杨使君东楼

胜绝惊身老，情忘发兴奇。
座从歌妓密，乐任主人为。
重碧拈春酒，轻红擘荔枝。
楼高欲愁思，横笛未休吹。

喜雨

南国旱无雨，今朝江出云。
入空才漠漠，洒迥已纷纷。
巢燕高飞尽，林花润色分。
晚来声不绝，应得夜深闻。

渝州候严六侍御不到先下峡

闻道乘骢发，沙边待至今。
不知云雨散，虚费短长吟。
山带乌蛮阔，江连白帝深。
船经一柱观，留眼共登临。

宴忠州使君侄宅

出守吾家侄，殊方此日欢。
自须游阮舍，不是怕湖滩。
乐助长歌逸，杯饶旅思宽。
昔曾如意舞，牵率强为看。

闻高常侍亡

归朝不相见，蜀使忽传亡。
虚历金华省，何殊地下郎。
致君丹槛折，哭友白云长。
独步诗名在，祇令故旧伤。

禹庙

禹庙空山里，秋风落日斜。
荒庭垂桔柚，古屋画龙蛇。

云气嘘青壁，江声走白沙。
早知乘四载，疏凿控三巴。

哭严仆射归榇

素幔随流水，归舟返旧京。
老亲如宿昔，部曲异平生。
风逆蛟龙匣，天长骠骑营。
一哀三峡暮，遗后见君情。

旅夜书怀

细草微风岸，危樯独夜舟。
星垂平野阔，月涌大江流。
名岂文章著，官应老病休。
飘零何所似，天地一沙鸥。

别常征君

儿扶犹杖策，卧病一秋强。
白发少新洗，寒衣宽总长。
故人忧见及，此别泪相忘。
各逐萍流转，来书细作行。

长江二首

众水会涪万，瞿塘争一门。
朝宗人共挹，盗贼尔谁尊。
孤石隐如马，高萝垂饮猿。
归心异波浪，何事即飞翻。

浩浩终不息，乃知东极临。
众流归海意，万国奉君心。
色借潇湘阔，声驱滟预沉。
未辞添雾雨，接上过衣襟。

怀锦水居止二首

军旅西征僻，风尘战伐多。
犹闻蜀父老，不忘舜讴歌。
天险终难立，柴门岂重过。
朝朝巫峡水，远逗锦江波。

万里桥西宅，百花潭北庄。
层轩皆面水，老树饱经霜。
雪岭界天白，锦城曛日黄。
惜哉形胜地，回首一茫茫。

将晓二首

石城除击柝，铁锁欲开关。
鼓角悲荒塞，星河落曙山。
巴人常小梗，蜀使动无还。
垂老孤帆色，飘飘犯百蛮。

军吏回官烛，舟人自楚歌。
寒沙蒙薄雾，落月去清波。
壮惜身名晚，衰惭应接多。
归朝日簪笏，筋力定如何。

遣愤

闻道花门将，论功未尽归。
自从收帝里，谁复总戎机。
蜂虿终怀毒，雷霆可震威。
莫令鞭血地，再湿汉臣衣。

又雪

南雪不到地，青崖沾未消。
微微向日薄，脉脉去人遥。
冬热鸳鸯病，峡深豺虎骄。
愁边有江水，焉得北之朝。

南楚

南楚青春异，暄寒早早分。
无名江上草，随意岭头云。
正月蜂相见，非时鸟共闻。
杖藜妨跃马，不是故离群。

子规

峡里云安县，江楼翼瓦齐。
两边山木合，终日子规啼。
渺渺春风见，萧萧夜色凄。
客愁那听此，故作傍人低。

船下夔州郭宿雨湿不得上岸别王十二判官

依沙宿舸船，石濑月涓涓。
风起春灯乱，江鸣夜雨悬。

晨钟云岸湿，胜地石堂烟。
柔橹轻鸥外，含情觉汝贤。

移居夔州郭

伏枕云安县，迁居白帝城。
春知催柳别，江与放船清。
农事闻人说，山光见鸟情。
禹功饶断石，且就土微平。

晓望白帝城盐山

徐步携班杖，看山仰白头。
翠深开断壁，红远结飞楼。
日出清江望，暄和散旅愁。
春城见松雪，始拟进归舟。

上白帝城

城峻随天壁，楼高更女墙。
江流思夏后，风至忆襄王。
老去闻悲角，人扶报夕阳。
公孙初恃险，跃马意何长。

滟滪堆

巨水中央，江寒出水长。
沉牛答云雨，如马戒舟航。
天意存倾覆，神功接混茫。
干戈连解缆，行止忆垂堂。

忆郑南

郑南伏毒寺，潇洒到江心。
石影衔珠阁，泉声带玉琴。
风杉曾曙倚，云峤忆春临。
万里苍茫水，龙蛇只自深。

奉寄李十五秘书文嶷二首

避暑云安县，秋风早下来。
暂留鱼复浦，同过楚王台。
猿鸟千崖窄，江湖万里开。
竹枝歌未好，画舸莫迟回。

行李千金赠，衣冠八尺身。
飞腾知有策，意度不无神。
班秩兼通贵，公侯出异人。
玄成负文采，世业岂沉沦。

热二首

雷霆空霹雳，云雨竟虚无。
炎赫衣流汗，低垂气不苏。
乞为寒水玉，愿作冷秋菰。
那似儿童岁，风凉出舞雩。

瘴云终不灭，泸水复西来，
闭户人高卧，归林鸟却回。
峡中都似火，江上只空雷。
想见阴宫雪，风门飒沓开。

晚晴

返照斜初彻，浮云薄未归。
江虹明远饮，峡雨落余飞。
凫雁终高去，熊罴觉自肥。
秋分客尚在，竹露夕微微。

雨

万木云深隐，连山雨未开。
风扉掩不定，水鸟过仍回。
鱼交馆如鸣，樵舟岂伐枚。
清凉破炎毒，衰意欲登台。

白盐山

卓立群峰外，蟠根积水边。
他皆任厚地，尔独近高天。
白榜千家邑，青秋万估船。
词人取佳句，刻画竟谁传。

送十五弟侍御使蜀

喜弟文章进，添予别兴牵。
数杯巫峡酒，百丈内江船。
未息豺狼斗，空催犬马年。
归朝多便道，搏击望秋天。

中宵

西阁百寻余，中宵步绮疏。
飞星过水白，落月动沙虚。

择木知幽鸟，潜波想巨鱼。
亲朋满天地，兵甲少来书。

不寐

瞿塘夜水黑，城内改更筹。
翳翳月沉雾，辉辉星近楼。
气衰甘少寐。心弱恨容愁。
多垒满山谷，桃源无处求。

中夜

中夜江山静，危楼望北辰。
长为万里客，有愧百年身。
故国风云气，高堂战伐尘。
故雏负恩泽，嗟尔太平人。

垂白

垂白冯唐老，青秋宋玉悲。
江喧长少睡，楼迥独移时。
多难身何补，无家病不辞。
甘从千日醉。未许七哀诗。

草阁

草阁临无地，柴扉永不关。
鱼龙回夜水，星月动秋山。
久露晴初湿，高云薄未还。
泛舟惭小妇，漂泊损红颜。

月圆

孤月当楼满，寒江动夜扉。
委波金不定，照席绮逾依。
未缺空山静，高悬列宿稀。
故园松桂发，万里共清辉。

宿江边阁

暝色延山径，高斋次水门。
薄云岩际宿，孤月浪中翻。
鹳鹤追飞静，豺狼得食喧。
不眠忧战伐，无力正乾坤。

西阁雨望

楼雨沾云幔，山寒著水城。
径添沙面出，湍减石棱生。
菊蕊凄疏放，松林驻远情。
滂沱朱槛湿，万客傍檐楹。

雨四首

微雨不滑道，断云疏复行。
紫崖奔处黑，白鸟去边明。
秋日新沾影，寒江旧落声。
柴扉临野碓，半湿捣香粳。

江雨旧无时，天晴忽散丝。
暮秋沾物冷，今日过云迟。
上马回休出，看鸥坐不移。
高轩当滟滪，润色静书帷。

物色岁将晏，天隅人未归。
朔风鸣淅淅，寒雨下霏霏。
多病久加饭，衰容新授衣。
时危觉凋丧，故旧短书稀。

楚雨石苔滋，京华消息迟。
山寒青兕叫，江晚白鸥饥。
神女光钿落，鲛人织杼悲。
烦忧不自整，终日洒如丝。

江上

江上日多雨，萧萧荆楚秋。
高风下木叶，永夜揽貂裘。
勋业频看镜，行藏独倚楼。
时危思报主，衰谢不能休。

雨晴

雨时山不改，晴罢峡如新。
天路看殊俗，秋江思杀人。
有猿挥泪尽，无犬附书频。
故国愁眉外，长歌欲损神。

西阁夜

恍惚寒江暮，逶迤白雾昏。
山虚风落石，楼静月侵门。
击柝可怜子，无衣何处村。
时危关百虑，盗贼尔犹存。

月

四更山吐月，残夜水明楼。
尘匣元开镜，风帘自上钩。
兔应疑鹤发，蟾亦恋貂裘。
斟酌酌姮娥寡，天寒奈九秋。

巫峡敝庐奉赠侍御四舅别之澧朗

江城秋日落，山鬼闭门中。
行李淹吾舅，诛茅问老翁。
赤眉犹世乱，青眼只途穷。
传语桃源客，人今出处同。

第五弟丰独在江左近三四载寂无消息觅使寄此二首

乱后嗟吾在，羁栖见汝难。
草黄骐骥病，沙晚鹡鸰寒。
楚设关城险，吴吞水府宽。
十年朝夕泪，衣袖不曾干。

闻汝依山寺，杭州定越州。
风尘淹别日，江汉失清秋。
影著啼猿树，魂飘结蜃楼。
明年下春水，东尽白云求。

九日诸人集于林

九日明朝是，相要旧俗非。
老翁难早出，贤客幸知归。
旧采黄花剩，新梳白发微。
漫看年少乐，忍泪已沾衣。

洞房

洞房环珮冷，玉殿起秋风。
秦地应新月，龙地满旧宫。
系舟今夜远，清漏往时同。
万里黄山北，园陵白露中。

宿昔

宿昔青门里，蓬莱仗数移。
花娇迎杂树，龙喜出平池。
落日留王母，微风倚少儿。
宫中行乐秘，少有外人知。

能画

能画毛延寿，投壶郭舍人。
每蒙天一笑，复似物皆春。
政化平如水，皇明断若神。
时时用抵戏，亦未杂风尘。

历历

历历开元事，分明在眼前。
无端盗贼起，忽已岁时迁。
巫峡西江外，秦城北斗边。
为郎从白首，卧病数秋天。

洛阳

洛阳昔陷没，胡马犯潼关。
天子初愁思，都人惨别颜。

清笳去宫阙，翠盖出关山。
故老仍流涕，龙髯幸再攀。

骊山

骊山绝望幸，花萼罢登临。
地下无朝烛，人间有赐金。
鼎湖龙去远，银海雁飞深。
万岁蓬莱日，长悬旧羽林。

送李功曹之荆州充郑侍御判官重赠

曾闻宋玉宅，每欲到荆州。
此地生涯晚，遥悲水国秋。
孤城一柱观，落日九江流。
使者虽光彩，青枫远自愁。

夜宿西阁晓呈元二十一曹长

城暗更筹急，楼高雨雪微。
稍通绡幕霁，远带玉绳稀。
门鹊晨光起，樯乌宿处飞。
寒江流甚细，有意待人归。

西阁口号呈元二十一

山木抱云稠，寒空绕上头。
雪岩才变石，风幔不依楼。
社稷堪流涕，安危在运筹。
看君话王室，感动几销忧。

不离西阁二首

江柳非时发，江花冷色频。
地偏应有瘴，腊近已含春。
失学从愚子，无家任老身。
不知西阁意，肯别定留人。

西阁从人别，人今亦故亭。
江云飘素练，石壁断空青。
沧海先迎日，银河倒列星。
平生耽胜事，吁骇始初经。

览镜呈柏中丞

渭水流关内，终南在日边。
胆销豺虎窟，泪入犬羊天。
起晚堪从事，行迟更学仙。
镜中衰谢色，万一故人怜。

陪柏中丞观宴将士二首

极乐三军士，谁知百战场。
无私齐绮馔，久坐密金章。
醉客沾鹦鹉，佳人指凤凰。
几时来翠节，特地引红妆。

锦段装檐额，金花帖鼓腰。
一夫先舞剑，百戏后歌焦。
江树城孤远，云台使寂寥。
汉朝频选将，应拜霍嫖姚。

峡口二首

峡口大江间，西南控百蛮。
城欹连粉堞，岸断更青山。
开辟当天险，防隅一水关。
乱离闻鼓角，秋气动哀颜。

时清关失险，世乱戟如林。
去矣英雄事，荒哉割据心。
芦花留客晚，枫树坐猿深。
疲苶烦亲故，诸侯数赐金。

瞿塘两崖

三峡传何处，双崖壮此门。
入天犹石色，穿水忽云根。
猱玃须髯古，蛟龙窟宅尊。
羲和冬驭近，愁畏日车翻。

送鲜于万州迁巴州

京兆先时杰，琳琅照一门。
朝廷偏注意，接近与名藩。
祖帐排舟数，寒江触石喧。
看君妙为政，他日有殊恩。

奉送十七舅下邵桂

绝域三冬暮，浮生一病身。
感深辞舅氏，别后见何人。
缥缈苍梧帝，推迁孟母邻。
昏昏阻云水，侧望苦伤神。

寄杜位

寒日经檐短，穷猿失木悲。
峡中为客恨，江上忆君时。
天地身何在，风尘病敢辞。
封书两行泪，沾洒裛新诗。

瀼西寒望

水色含群动，朝光切太虚。
年侵频怅望，兴远一萧疏。
猿挂时相学，鸥行炯自如。
瞿塘春欲至，定卜瀼西居。

江梅

梅蕊腊前破，梅花年后多。
绝知春意好，最奈客愁何。
雪树元同色，江风亦自波。
故园不可见，巫岫郁嵯峨。

庭草

楚草经寒碧，庭春入眼浓。
旧低收叶举，新掩卷牙重。
步履宜轻过，开筵得屡供。
看花随节序，不敢强为容。

鹦鹉

鹦鹉含愁思，聪明忆别离。
翠衿浑短尽，红觜漫多知。

未有开笼日，空残旧宿枝。
世人怜复损，何用羽毛奇。

孤雁

孤雁不饮啄，飞鸣声念群。
谁怜一片影，相失万重云。
望断似犹见，哀多如更闻。
野鸦无意绪，鸣噪亦纷纷。

鸥

江浦寒鸥戏，无他亦自饶。
却思翻玉羽，随意点春苗。
雪暗还须浴，风生一任飘。
几群沧海上，清影日萧萧。

猿

袅袅啼虚壁，萧萧挂冷枝。
艰难人不免，隐见尔如知。
惯习元从众，全生或用奇。
前林腾每及，父子莫相离。

麂

永与清溪别，蒙将玉馔俱。
无才逐仙隐，不敢恨庖厨。
乱世轻全物，微声及祸枢。
衣冠兼盗贼，饕餮用斯须。

黄鱼

日见巴东峡，黄鱼出浪新。
脂膏兼饲犬，长大不容身。
筒桶相沿久，风雷肯为伸。
泥沙卷涎沫，回首怪龙鳞。

白小

白小群分命，天然二寸鱼。
细微沾水族，风俗当园蔬。
入肆银花乱，倾筐雪片虚。
生成犹拾卵，尽取义何如。

老病

老病巫山里，稽留楚客中。
药残他日裹，花发去年丛。
夜足沾沙雨，春多逆水风。
合分双赐笔，犹作一飘蓬。

雨

始贺天休雨，还嗟地出雷。
骤看浮峡过，密作渡江来。
牛马行无色，蛟龙斗不开。
干戈盛阴气，未必自阳台。

晴二首

久雨巫山暗，新晴锦绣文。
碧知湖外草，红见海东云。

竟日莺相和，摩宵鹤数群。
野花干更落，风处急纷纷。

啼乌争引子，鸣鹤不归林。
下食遭泥去，高飞恨久阴。
雨声冲塞尽，日气射江深。
回首周南客，驱驰魏阙心。

奉送韦中丞之晋赴湖南

宠渥征黄渐，权宜借寇频。
湖南安背水，峡内忆行春。
王室仍多故，苍生倚大臣。
还将徐孺榻，处处待高人。

别崔潩因寄薛据孟云卿

志士惜妄动，知深难固辞。
如何久磨砺，但取不磷缁。
夙夜听忧主，飞腾急济时。
荆州遇薛孟，为报欲论诗。

送王十六判官

客下荆南尽，君今复入舟。
买薪犹白帝，鸣橹已沙头。
衡霍生春早，潇湘共海浮。
荒林庾信宅，为仗主人留。

王十五前阁会

楚岸收新雨，春台引细风。
情人来石上，鲜鲙出江中。
邻舍烦书札，肩舆强老翁。
病身虚俊味，何幸饫儿童。

怀灞上游

怅望东陵道，平生灞上游。
春浓停野骑，夜宿敞云楼。
离别人谁在，经过老自休。
眼前今古意，江汉一归舟。

熟食日示宗文宗武

消渴游江汉，羁栖尚甲兵。
几年逢熟食，万里逼清明。
松柏邙山路，风花白帝城。
汝曹催我老，回首泪纵横。

又示两儿

令节成吾老，他时见汝心。
浮生看物变，为恨与年深。
长葛书难得，江州涕不禁。
团圆思弟妹，行坐白头吟。

入宅三首

奔峭背赤甲，断崖当白盐。
客居愧迁次，春色渐多添。

花亚欲移竹，鸟窥新卷帘。
衰年不敢恨，胜概欲相兼。

乱后居难定，春归客未还。
水生鱼复浦，云暖麝香山。
半顶梳头白，过眉拄杖斑。
相看多使者，一一问函关。

宋玉归州宅，云通白帝城。
吾人淹老病，旅食岂才名。
峡口风常急，江流气不平。
只应与儿子，飘转任浮生。

卜居

归羡辽东鹤，吟同楚执珪。
未成游碧海，著处觅丹梯。
云嶂宽江北，春耕破瀼西。
桃红客若至，定似昔人迷。

暮春题瀼西新赁草屋五首

久嗟三峡客，再与暮春期。
百舌欲无语，繁花能几时。
谷虚云气薄，波乱日华迟。
战伐何由定，哀伤不在兹。

此邦千树橘，不见比封君。
养拙干戈际，全生麋鹿群。
畏人江北草，旅食瀼西云。
万里巴渝曲，三年实饱闻。

彩云阴复白，锦树晓来青。
身世双篷鬓，乾坤一草亭。
哀歌时自惜，醉舞为谁醒。
细雨荷锄立，江猿吟翠屏。

壮年学书剑，他日委泥沙。
事主非无禄，浮生即有涯。
高斋依药饵，绝域改春华。
丧乱丹心破，王臣未一家。

欲陈济世策，已老尚书郎。
未息豺狼斗，空惭鸳鹭行。
时危人事急，风逆羽毛伤。
落日悲江汉，中宵泪满床。

过客相寻

穷老真无事，江山已定居。
地幽忘盥栉。客至罢琴书。
挂壁移筐果，呼儿间煮鱼。
时闻系舟楫，及此问吾庐。

竖子至

樝梨才缀碧，梅杏半传黄。
小子幽园至，轻笼熟柰香。
山风犹满把，野露及新尝。
欹枕江湖客，提携日月长。

喜观即到复题短篇二首

巫峡千山暗，终南万里春。
病中吾见弟，书到汝为人。
意答儿童问，来经战伐新。
泊船悲喜后，款款话归秦。

待尔瞋乌鹊，抛书示鹡鸰。
枝间喜不去，原上急曾经。
江阁嫌津柳，风帆数驿亭。
应谕十年事，撚绝始星星。

舍弟观归蓝田迎新妇送示两篇

汝去迎妻子，高秋念却回。
即今萤已乱，好与雁同来。
东望西江永，南游北户开。
卜居期静处，会有故人杯。

楚塞难为别，蓝田莫滞留。
衣裳判白露，鞍马信清秋。
满峡重江水，开帆八月舟。
此时同一醉，应在仲宣楼。

园

仲夏流多水，清晨向小园。
碧溪摇艇阔，朱果烂枝繁。
始为江山静，终防市井喧。
畦蔬绕茅屋，自足媚盘飧。

归

束带还骑马，东西却渡船。
林中才有地，峡外绝无天。
虚白高人静，喧卑俗累牵。
他乡阅迟暮，不敢废诗篇。

闻惠二过东溪特一送

惠子白驹瘦，归溪唯病身。
皇天无老眼，空谷滞斯人。
崖蜜松花熟，山杯竹叶新。
柴门了无事，黄绮未称臣。

月三首

断续巫山雨，天河此夜新。
若无青嶂月，愁杀白头人。
魍魉移深树，蛤蟆动半轮。
故园当北斗，直想照西秦。

并照巫山出，新窥楚水清。
羁栖愁里见，二十四回明。
必验升沉体，如知进退情。
不违银汉落，亦伴玉绳横。

万里瞿塘月，春来六上弦。
时时开暗室，故故满青天。
爽合风木禁，高当泪脸悬。
南飞有乌鹊，夜久落江边。

晨雨

小雨晨光内，初来叶上闻。
雾交才洒地，风折旋随云。
暂起柴荆色，轻沾鸟兽群。
麝香山一半，亭午未全分。

夜雨

小雨夜复密，回风吹早秋。
野凉侵闭户，江满带维舟。
通籍恨多病，为郎忝薄游。
天寒出巫峡，醉别仲宣楼。

更题

只应踏初雪，骑马发荆州。
直怕巫山雨，真伤白帝秋。
群公苍玉佩，天子翠云裘。
同舍晨趋侍，胡为淹此留。

溪上

峡内淹留客，溪边四五家。
古苔生迮地，秋竹隐疏花。
塞俗人无井，山田饭有沙。
西江使船至，时复问京华。

树间

岑寂双柑树，婆娑一院香。
交柯低几杖，垂实碍衣裳。

满岁如松碧，同时待菊黄。
几回沾叶露，乘月坐胡床。

白露

白露团甘子，清晨散马蹄。
圃开连石树，船渡入江溪。
凭几看鱼乐，回鞭急鸟栖。
渐知秋实美，幽径恐多蹊。

吾宗

吾宗老孙子，质朴古人风。
耕凿安时论，衣冠与世同。
在家常早起，忧国愿年丰。
语及君臣际，经书满腹中。

秋日寄题郑监湖上亭二首

新作湖边宅，还闻宾客过。
自须开竹径，谁道避云萝。
官序潘生拙，才名贾傅多。
舍舟应卜地，邻接意如何。

暂阻蓬莱阁，终为江海人。
挥金应物理，拖玉岂吾身。
羹煮秋莼滑，杯凝露菊新。
赋诗分气象，佳句莫频频。

社日两篇

九农成德业，百社发光辉。
报效神如在，馨香旧不违。
南翁巴曲醉，北雁塞声微。
尚想东方朔，诙谐割肉归。

陈平亦分肉，太史竟论功。
今日江南老，他时渭北童。
欢娱看绝塞，涕泪落秋风。
鸳鹭回金阙，谁怜病峡中。

八月十五夜月二首

满目飞明镜，归心折大刀。
转蓬行地远，攀桂仰天高。
水路疑霜雪，林栖见羽毛。
此时瞻白兔，直欲数秋毫。

稍下巫山峡，犹衔白帝城。
气沉全浦暗，轮仄半楼明。
刁斗皆催晓，蟾蜍且自倾。
张弓倚残魄，不独汉家营。

十六夜玩月

旧挹金波爽，皆传玉露秋。
关山随地阔，河汉近人流。
谷口樵归唱，孤城笛起愁。
巴童浑不寐，半夜有行舟。

十七夜对月

秋月仍圆夜，江村独老身。
卷帘还照客，倚杖更随人。
光射潜虬动，明翻宿鸟频。
茅斋依橘柚，清切露华新。

九月一日过孟十二仓曹十四主簿兄弟

黎杖侵寒露，蓬门起曙烟。
力稀经树歇，老困拨书眠。
秋觉追随尽，来因孝友偏。
清谈见滋味，尔辈可忘年。

送孟十二仓曹赴东京选

君行别老亲，此去苦家贫。
藻镜流连客，江山憔悴人。
秋风楚竹冷，夜雪巩梅春。
朝夕高堂念，应宜彩服新。

凭孟仓曹将书觅土娄旧庄

平居丧乱后，不到洛阳岑。
为历云山问，无辞荆棘深。
北风黄叶下，南浦白头吟。
十载江湖客，茫茫迟暮心。

秋野五首

秋野日疏芜，寒江动碧虚。
系舟蛮井络，卜宅楚村墟。

枣熟从人打，葵荒欲自锄。
盘飧老夫食，分减及溪鱼。

易识浮生理，难教一物违。
水深鱼极乐，林茂鸟知归。
衰老甘贫病，荣华有是非。
秋风吹几杖，不厌北山薇。

礼乐攻吾短，山林引兴长。
掉头纱帽仄，曝背竹书光。
风落收松子，天寒割蜜房。
稀疏小红翠，驻屐近微香。

远岸秋沙白，连山晚照红。
潜鳞输骇浪，归翼会高风。
砧响家家发，樵声个个同。
飞霜任青女，赐被隔南宫。

身许麒麟画，年衰鸳鹭群。
大江秋易盛，空峡夜多闻。
径隐千重石，帆留一片云。
儿童解蛮语，不必作参军。

课小竖锄斫舍北果林枝蔓污秽净讫移床三首

病枕依茅栋，荒锄净果林。
背堂资僻远，在野兴清深。
山雉防求敌，江猿应独吟。
泄云高不去，隐几亦无心。

众壑生寒早，长林卷雾齐。
青虫悬就日，朱果落封泥。

薄俗防人面，全身学马蹄。
吟诗重回首，随意葛巾低。

篱弱门何向，沙虚岸只摧。
日斜鱼更食，客散鸟还来。
寒水光难定，秋山响易哀。
天涯稍曛黑，倚杖独徘徊。

季秋苏五弟缨江楼夜宴崔十三评事韦少府侄三首

峡险江惊急，楼高月迥明。
一时今夕会，万里故乡情。
星落黄姑渚，秋辞白帝城。
老人因酒病，坚坐看君倾。

明月生长好，浮云薄渐遮。
悠悠照远塞，悄悄忆京华。
清动杯中物，高随海上槎。
不眠瞻白兔，百过落乌纱。

对月那无酒，登楼况有江。
听歌惊白鬓，笑舞拓秋窗。
樽蚁添相续，沙鸥并一双。
尽怜君醉倒，更觉片心降。

戏寄崔评事表侄苏五表弟韦大少府诸侄

隐豹深愁雨，潜龙故起云。
泥多仍径曲，心醉沮贤群。
忍待江山丽，还披鲍谢文。
高楼忆疏豁，秋兴坐氤氲。

季秋江村

乔木村墟古，疏篱野蔓悬。
素琴将暇日，白首望霜天。
登俎黄甘重，支床锦石圆。
远游虽寂寞，难见此山川。

小园

由来巫峡水，本自楚人家。
客病留因药，春深买为花。
秋庭风落果，瀼岸雨颓沙。
问俗营寒事，将诗待物华。

自瀼西荆扉且移居东屯茅屋四首

白盐危峤北，赤甲古城东。
平地一川稳，高山四面同。
烟霜凄野日，粳稻熟天风。
人事伤蓬转，吾将守桂丛。

东屯复瀼西，一种住清溪。
来往皆茅屋，淹留为稻畦。
市喧宜近利，林僻此无蹊。
若访衰翁语，须令剩客迷。

道北冯都使，高斋见一川。
子能渠细石，吾亦沼清泉。
枕带还相似，柴荆即有焉。
斫畲应费日，解缆不知年。

牢落西江外，参差北户间。
久游巴子国，卧病楚人山。
幽独移佳境，清深隔远关。
寒空见鸳鹭，回首忆朝班。

东屯北崦

盗贼浮生困，诛求异俗贫。
空村唯见鸟，落日不逢人。
步壑风吹面，看松露滴身。
远山回白首，战地有黄尘。

从驿次草堂复至东屯茅屋二首

峡内归田客，江边借马骑。
非寻戴安道，似向习家池。
山险风烟僻，天寒橘柚垂。
筑场看敛积，一学楚人为。

短景难高卧，衰年强此身。
山家蒸栗煖，野饭射麋新。
世路知交薄，门庭畏客频，
牧童斯在眼，田父实为邻。

暂往白帝复还东屯

复作归田去，犹残获稻功。
筑场怜穴蚁，拾穗许村童。
落杵光辉白，除芒子粒红。
加餐可扶老，仓廪慰飘蓬。

茅堂检校收稻二首

香稻三秋末，平田百顷间。
喜无多屋宇，幸不碍云山。
御夹侵寒气，尝新破旅颜。
红鲜终日有，玉粒未吾悭。

稻米炊能白，秋葵煮复新。
谁云滑易饱，老藉软俱匀。
种幸房州熟，苗同伊阙春。
无劳映渠碗，自有色如银。

刈稻了咏怀

稻获空云水，川平对石门。
寒风疏草木，旭日散鸡豚。
野哭初闻战，樵歌稍出村。
无家问消息，作客信乾坤。

晚晴吴郎见过北舍

圃畦新雨润，愧子废且来。
竹杖交头拄，柴扉扫径开。
欲栖群鸟乱，未去小童催。
明日重阳酒，相迎自酉发醅。

九日二首

旧日重阳日，传杯不放杯。
即今蓬鬓改，但愧菊花开。
北阙心长恋，西江首独回。
茱萸赐朝士，难得一枝来。

旧与苏司业，兼随郑广文。
采花香泛泛，坐客醉纷纷。
野树欹还倚，秋砧醒却闻。
欢娱两冥漠，西北有孤云。

秋峡

江涛万古峡，肺气久衰翁。
不寐防巴虎，全生狎楚童。
衣裳垂素发，门巷落丹枫。
常怪商山老，兼存翊赞功。

秋清

高秋苏肺气，白发自能梳。
药饵憎加减，门庭闷扫除。
杖藜还客拜，爱竹遣儿书。
十月江平稳，轻舟进所如。

峡隘

闻说江陵府，云沙静眇然。
白鱼如切玉，朱橘不论钱。
水有远湖树，人今何处船。
青山各在眼，却望峡中天。

晓望

白帝更声尽，阳台曙色分。
高峰寒上日，叠岭宿霾云。

地坼江帆隐，天清木叶闻。
荆扉对麋鹿，应共尔为群。

摇落

摇落巫山暮，寒江东北流。
烟尘多战鼓，风浪少行舟。
鹅费羲之墨，貂余季子裘。
长怀报明主，卧病复高秋。

日暮

牛羊下来久，各已闭柴门。
风月自清夜，江山非故园。
石泉流暗壁，草露滴秋根。
头白灯明里，何须花烬繁。

耳聋

生年鹖冠子，叹世鹿皮翁。
眼复几时暗，耳从前月聋。
猿鸣秋泪缺，雀噪晚愁空。
黄落惊山树，呼儿问朔风。

大历二年九月三十日

为客无时了，悲秋向夕终。
瘴余夔子国，霜薄楚王宫。
草敌虚岚翠，花禁冷叶红。
年年小摇落，不与故园同。

十月一日

有瘴非全歇，为冬亦不难。
夜郎溪日暖，白帝峡风寒。
蒸裹如千室，焦糖幸一柈。
兹辰南国重，旧俗自相欢。

孟冬

殊俗还多事，方冬变所为。
破甘霜落爪，尝稻雪翻匙。
巫峡寒都薄，黔溪瘴远随。
终然减滩濑，暂喜息蛟螭。

独坐二首

竟日雨冥冥，双崖洗更清。
水花寒落岸，山鸟暮过庭。
暖老思燕玉，充饥忆楚萍。
胡笳在楼上，哀怨不堪听。

白狗斜临北，黄牛更在东。
峡云常照夜，江月会兼风。
晒药安垂老，应门试小童。
亦知行不逮，苦恨耳多聋。

闷

瘴疠浮三蜀，风云暗百蛮。
卷帘唯白水，隐几亦青山。
猿捷长难见，鸥轻故不还。
无钱从滞客，有镜巧催颜。

反照

反照开巫峡，寒空半有无。
已低鱼复暗，不尽白盐孤。
荻岸如秋水，松门似画图。
牛羊识僮仆，既夕应传呼。

向夕

畎亩孤城外，江村乱水中。
深山催短景，乔木易高风。
鹤下云汀近，鸡栖草屋同。
琴书散明烛，长夜始堪终。

晚

杖藜寻巷晚，炙背近墙暄。
人见幽居僻，吾知拙养尊。
朝廷问府主，耕稼学山村。
归翼飞栖定，寒灯亦闭门。

暝

日下四山阴，山庭岚气侵。
牛羊归径险，鸟雀聚枝深。
正枕当星剑，收书动玉琴。
半扉开烛影，欲掩见清砧。

夜

绝岸风威动，寒房烛影微。
岭猿霜外宿，江鸟夜深飞。

独立亲雄剑，哀歌叹短衣。
烟尘绕阊阖，白首壮心违。

云

龙以瞿塘会，江依白帝深。
终年常起峡，每夜必通林。
收获辞霜渚，分明在夕岑。
高斋非一处，秀气豁烦襟。

雷

巫峡中宵动，沧江十月雷。
龙蛇不成蛰，天地划争回。
却碾空山过，深蟠绝壁来。
何须妒云雨，霹雳楚王台。

朝二首

清旭楚宫南，霜空万岭含。
野人时独往，云木晓相参。
俊鹘无声过，饥乌下食贪。
病身终不动，摇落任江潭。

浦帆晨初发，郊扉冷未开。
林疏黄叶坠，野静白鸥来。
础润休全湿，云晴欲半回。
巫山冬可怪，昨夜有奔雷。

夜二首

白夜月休弦，灯花半委眠。
号山无定鹿，落树有惊蝉。
暂忆江东鲙，兼怀雪下船。
蛮歌犯星起，空觉在天边。

城郭悲笳暮，村墟过翼稀。
甲兵年数久，赋敛夜深归。
暗树依岩落，明河绕塞微。
斗斜人更望，月细鹊休飞。

戏作俳谐体遣闷二首

异俗吁可怪，斯人难并居。
家家养乌鬼，顿顿食黄鱼。
旧识能为态，新知已暗疏。
治生且耕凿，只有不关渠。

西历青羌坂，南留白帝城。
於菟侵客恨，粔籹做人情。
瓦卜传神语，畲田费火耕。
是非何处定，高枕笑浮生。

谒真谛寺禅师

兰若山高处，烟霞嶂几重。
冻泉依细石，晴雪落长松。
问法看诗妄，观身向酒慵。
未能割妻子，卜宅近前峰。

奉送卿二翁统节度镇军还江陵

火旗还锦缆，白马出江城。
嘹唳吟笳发，萧条别浦清。
寒空巫峡曙，落日渭阳情。
留滞嗟衰疾，何时见息兵。

送田四弟将军将夔州柏中丞命起居江陵节度使阳城郡王卫公幕

离筵罢多酒，起舵发寒塘。
回首中丞座，驰笺异姓王。
燕辞枫树日，雁度麦城霜。
定醉山翁酒，遥怜似葛强。

玉腕骝

闻说荆南马，尚书玉腕骝。
骖马飘赤汗，局蹐顾长楸。
胡虏三年入，乾坤一战收。
举鞭如有问，欲伴习池游。

题柏大兄弟山居屋壁二首

叔父朱门贵，郎君玉树高。
山居精典籍，文雅涉风骚。
江汉终吾老，云林得尔曹。
哀弦绕白雪，未与俗人操。

野屋流寒水，山篱带薄云。
静应连虎穴，喧已去人群。
笔架沾窗雨，书签映隙曛。
萧萧千里足，个个五花文。

白帝楼

漠漠虚无里，连连睥睨侵。
楼光去日远，峡影入江深。
腊破思端绮，春归待一金。
去年梅柳意，还欲搅边心。

白帝城楼

江度寒山阁，城高绝塞楼。
翠屏宜晚对，白谷会深游。
急急能鸣雁，轻轻不下鸥。
夷陵春色起，渐拟放扁舟。

有叹

壮心久零落，白首寄人间。
天下兵常斗，江东客未还。
穷猿号雨雪，老马怯关山。
武德开元际，苍生岂重攀。

江涨

江发蛮夷涨，山添雨雪流。
大声吹地转，高浪蹴天浮。
鱼鳖为人得，蛟龙不自谋。
轻帆好去便，吾道付沧州。

人日

元日到人日，未有不阴时。
冰雪莺难至，春寒花较迟。

云随白水落，风振紫山悲。
蓬鬓稀疏久，无劳比素丝。

远游

江阔浮高栋，云长出断山。
尘沙连越巂，风雨暗荆蛮。
雁矫衔芦内，猿啼失木间。
敝裘苏季子，历国未知还。

归雁

闻道今春雁，南归自广州。
见花辞涨海，避雪到罗浮。
是物关兵气，何时免客愁。
年年霜露隔，不过五湖秋。

春夜峡州田侍御长史津亭留宴得筵字

北斗三更席，西江万里船。
杖藜登水榭，挥翰宿春天。
白发烦多酒，明星惜此筵。
始知云雨峡，忽尽下牢边。

泊松滋江亭

纱帽随鸥鸟，扁舟系此亭。
江湖深更白，松竹远微青。
一柱全应近，高唐莫再经。
今宵南极外，甘作老人星。

乘雨入行军六弟宅

曙角凌云乱，春城带雨长。
水花分堑弱，巢燕得泥忙。
令弟雄军佐，凡才污省郎。
萍漂忍流涕，衰飒近中堂。

上巳日徐司录林园宴集

鬓毛垂领白，花蕊亚枝红。
欹倒衰年废，招寻令节同。
薄衣临积水，吹面受和风。
有喜留攀桂，无劳问转蓬。

宴胡侍御书堂

江湖春欲暮，墙宇日犹微。
暗暗书籍满，轻轻花絮飞。
翰林名有素，墨客兴无违。
今夜文星动，吾侪醉不归。

和江陵宋大少府暮春雨后同诸公及舍弟宴书斋

渥洼汗血种，天上麒麟儿。
才士得神秀，书斋闻尔为。
棣华晴雨好，彩服暮春宜。
朋酒日欢会，老夫今始知。

暮春陪李尚书李中丞过郑监湖亭泛舟得过字

海内文章伯，湖边意绪多。
玉樽移晚兴，桂楫带酣歌。

春日繁鱼鸟，江天足芰荷。
郑庄宾客地，衰白远来过。

夏日杨长宁宅送崔侍御常正字入京得深字

醉酒扬雄宅，升堂子贱琴。
不堪垂老鬓，还对欲分襟。
天地西江远，晨辰北斗深。
乌台俯麟阁，长夏白头吟。

江边星月二首

骤雨清秋夜，金波耿玉绳。
天河元自白，江浦向来澄。
映物连珠断，缘空一镜升。
余光隐更漏，况乃露华凝。

江月辞风槛，江星别雾船。
鸡鸣还曙色，鹭浴自晴川。
历历竟谁种，悠悠何处圆。
客愁殊未已，他夕始相鲜。

舟月对驿近寺

更深不假烛，月朗自明船。
金刹青枫外，朱楼白水边。
城乌啼渺渺，野鹭宿娟娟。
皓首江湖客，钩帘独未眠。

舟中

风餐江柳下，雨卧驿楼边。
结缆排渔网，连樯并米船。
今朝云细薄，昨夜月清圆。
漂泊南庭老，只应学水仙。

江汉

江汉思归客，乾坤一腐儒。
片云天共远，永夜月同孤。
落日心犹壮，秋风病欲苏。
古来存老马，不必取长途。

地隅

江汉山重阻，风云地一隅。
年年非故物，处处是穷途。
丧乱秦公子，悲凉楚大夫。
平生心已折，行路日荒芜。

移居公安山馆

南国昼多雾，北风天正寒。
路危行木杪，身迥宿云端。
山鬼吹灯灭，厨人语夜阑。
鸡鸣问前馆，世乱敢求安。

重题

涕泗不能收，哭君余白头。
儿童相识尽，宇宙此生浮。

江雨铭旌湿，湖风井径秋。
还瞻魏太子，宾客减应刘。

哭李常侍峄二首

一代风流尽，修文地下深。
斯人不重见，将老失知音。
短日行梅岭，寒山落桂林。
长安若个伴，犹想映貂金。

青琐陪双入，铜梁阻一词。
风尘逢我地，江汉哭君时。
次第寻书札，呼儿检赠诗。
发挥王子表，不愧史臣词。

官亭夕坐戏简颜十少府

南国调寒杵，西江浸日车。
客愁连蟋蟀，亭古带蒹葭。
不返青丝鞚，虚烧夜烛花。
老翁须地主，细细酌流霞。

公安县怀古

野旷吕蒙营，江深刘备城。
寒天催日短，风浪与云平。
洒落君臣契，飞腾战伐名。
维舟倚前浦，长啸一含情。

宴王使君宅题二首

汉主追韩信，苍生起谢安。
吾徒自漂泊，世事各艰难。
逆旅招要近，他乡思绪宽。
不才甘朽质，高卧岂泥蟠。

泛爱容霜鬓，留欢卜夜阑。
自吟诗送老，相对酒开颜。
戎马今何地，乡园独旧山。
江湖堕清月，酩酊任扶还。

公安送李二十九弟晋肃入蜀余下沔鄂

正解柴桑缆，仍看蜀道行。
樯乌相背发，塞雁一行鸣。
南纪连铜柱，西江接锦城。
凭将百钱卜，漂泊问君平。

久客

羁旅知交态，淹留见俗情。
衰颜聊自哂，小吏最相轻。
去国哀王粲，伤时哭贾生。
狐狸何足道，豺虎正纵横。

冬深

花叶惟天意，江溪共石根。
早霞随类影，寒水各依痕。
易下杨朱泪，难招楚客魂。
风涛暮不稳，舍棹宿谁门？

泊岳阳城下

江国逾千里，山城近百层。
岸风翻夕浪，舟雪洒寒灯。
留滞才难尽，艰危气益增。
图南未可料，变化有昆鹏。

缆船苦风戏题四韵奉简郑十三判官泛

楚岸朔风疾，天寒鸧鸹呼。
涨沙霾草树，舞雪渡江湖。
吹帽时时落，维舟日日孤。
因声置驿外，为觅酒家垆。

登岳阳楼

昔闻洞庭水，今上岳阳楼。
吴楚东南坼，乾坤日夜浮。
亲朋无一字，老病有孤舟。
戎马关山北，凭轩涕泗流。

陪裴使君登岳阳楼

湖阔兼云雾，楼孤属晚晴。
礼加徐孺子，诗接谢宣城。
雪岸丛梅发，春泥百草生。
敢违渔父问，从此更南征。

登白马潭

水生春缆没，日出野船开。
宿鸟行犹去，丛花笑不来。

人人伤白首，处处接金杯。
莫道新知要，南征且未回。

南征

春岸桃花水，云帆枫树林。
偷生长避地，适远更沾襟。
老病南征日，君恩北望心。
百年歌自苦，未见有知音。

归梦

道路时通塞，江山日寂寥。
偷生唯一老，伐叛已三朝。
雨急青枫暮，云深黑水遥。
梦归归未得，不用楚辞招。

宿青草湖

洞庭犹在目，青草续为名。
宿桨依农事，邮签报水程。
寒冰争倚薄，云月递微明。
湖雁双双起，人来故北征。

宿白沙驿

水宿仍余照，人烟复此亭。
驿边沙旧白，湖外草新青。
万象皆春气，孤槎自客星。
随波无限月。的的近南溟。

湘夫人祠

肃肃湘妃庙，空墙碧水春。
虫书玉佩藓，燕舞翠帷尘。
晚泊登汀树，微馨借渚苹。
苍梧恨不尽，染泪在丛筠。

祠南夕望

百丈牵江色，孤舟泛日斜。
兴来犹杖屦，目断更云沙。
山鬼迷春竹，湘娥倚暮花。
湖南清绝地，万古一长嗟。

野望

纳纳乾坤大，行行郡国遥。
云山兼五岭，风壤带三苗。
野树侵江阔，春蒲长雪消。
扁舟空老去，无补圣明朝。

发潭州

夜醉长沙酒，晓行湘水春。
岸花飞送客，樯燕语留人。
贾傅才何有，褚公书绝伦。
高名前后事，回首一伤神。

双枫浦

辍棹青枫浦，双枫旧已摧。
自惊衰谢力，不道栋梁材。

浪足浮纱帽，皮须截锦苔。
江边地有主，暂借上天回。

入乔口

漠漠旧京远，迟迟归路赊。
残年傍水国，落日对春华。
树密早蜂乱，江泥轻燕斜。
贾生骨已朽，凄恻近长沙。

铜官渚守风

不夜楚帆落，避风湘渚间。
水耕先浸草，春火更烧山。
早泊云物晦，逆行波浪悭。
飞来双白鹤，过去杳难攀。

衡州送李大夫七丈勉赴广州

斧钺下青冥，楼船过洞庭。
北风随爽气，南斗避文星。
日月笼中鸟，乾坤水上萍。
王孙丈人行，垂老见飘零。

江阁对雨有怀行营裴二端公

南纪风涛壮，阴晴屡不分。
野流行地日，江入度山云。
层阁凭雷殷，长空面水文。
雨来铜柱北，应洗伏波军。

江阁卧病走笔寄呈崔卢两侍御

客子庖厨薄，江楼枕席清。
衰年病只瘦，长夏想为情。
滑忆雕胡饭，香闻锦带羹。
溜匙兼暖腹，谁欲致杯罂。

潭州送韦员外迢牧韶州

炎海韶州牧，风流汉署郎。
分符先令望，同舍有辉光。
白首多年疾，秋天昨夜凉。
洞庭无过雁，书疏莫相忘。

酬韦韶州见寄

养拙江湖外，朝廷记忆疏。
深惭长者辙，重得故人书。
白发丝难理，新诗锦不如。
虽无南去雁，看取北来鱼。

楼上

天地空搔首，频抽白玉簪。
皇舆三极北，身事五湖南。
恋阙劳肝肺，论材愧杞楠。
乱离难自救，终是老湘潭。

晚秋长沙蔡五侍御饮筵送殷六参军归澧州觐省

佳士欣相识，慈颜望远游。
甘从投辖饮，肯作置书邮。

高鸟黄云暮，寒蝉碧树秋。
湖南冬不雪，吾病得淹留。

北风

北风破南极，朱凤日威垂。
洞庭秋欲雪，鸿雁将安归。
十年杀气盛，六合人烟稀。
吾慕汉初老，时清犹茹芝。

舟中夜雪有怀卢十四侍御弟

朔风吹桂水，朔雪夜纷纷。
暗渡南楼月，寒深北渚云。
烛斜初近见，舟重竟无闻。
不识山阴道，听鸡更忆君。

对雪

北雪犯长沙，胡云冷万家。
随风且间叶，带雨不成花。
金错囊垂罄，银壶酒易赊。
无人竭浮蚁，有待至昏鸦。

归雁二首

万里衡阳雁，今年又北归。
双双瞻客上，一一背人飞。
云里相呼疾，沙边自宿稀。
系书元浪语，愁绝故山薇。

欲雪违胡地，先花别楚云。
却过清渭影，高起洞庭群。
塞北春阴暮，江南日色曛。
伤弓流落羽，行断不堪闻。

送赵十七明府之县

连城为宝重，茂宰得才新。
山雉迎舟楫，江花报邑人。
论交翻恨晚，卧病却愁春。
惠爱南翁悦，余波及老身。

奉酬寇十侍御锡见寄四韵复寄寇

往别郇瑕地，于今四十年。
来簪御府笔，故泊洞庭船。
诗忆伤心处，春深把臂前。
南瞻按百越，黄帽待君偏。

暮秋将归秦留别湖南亲友

水阔苍梧野，天高白帝秋。
途穷那免哭，身老不禁愁。
大府才能会，诸公德业优。
北归冲雨雪，谁悯敝貂裘。